世界税制现状与趋势

(2018)

《世界税制现状与趋势》课题组　编著

中国税务出版社

图书在版编目(CIP)数据

世界税制现状与趋势.2018/《世界税制现状与趋势》课题组编著.
--北京:中国税务出版社,2019.7
ISBN 978-7-5678-0848-5

Ⅰ.①世… Ⅱ.①世… Ⅲ.①税收改革-研究-世界
Ⅳ.①F811.4

中国版本图书馆 CIP 数据核字(2019)第 095544 号

书　　名: 世界税制现状与趋势(2018)
作　　者: 《世界税制现状与趋势》课题组　编著
责任编辑: 刘　菲　范竹青
责任校对: 姚浩晴
技术设计: 刘冬珂
出版发行: 中国税务出版社
北京市丰台区广安路 9 号国投财富广场 1 号楼 11 层
邮政编码:100055
http://www.taxation.cn
E-mail:swcb@taxation.cn
发行中心电话:(010)83362083/86/89
传真:(010)83362046/47/48/49
印　　刷: 北京天宇星印刷厂
规　　格: 787 毫米×1092 毫米　1/16
印　　张: 30.25
字　　数: 523000 字
版　　次: 2019 年 7 月第 1 版　2019 年 7 月第 1 次印刷
书　　号: ISBN 978-7-5678-0848-5
定　　价: 80.00 元

前　言

为进一步跟踪研究世界各国税制发展动态，总结国外税制和征管改革经验，促进中国税制改革，国家税务总局于2013年成立《世界税制现状与趋势》课题组，对世界税制发展现状与趋势开展专项研究。课题由国家税务总局领导主持，国家税务总局税收科学研究所负责实施。至今，已经出版了《世界税制现状与趋势》2014—2017年版。

2018年，在保持前四版基本内容的基础上，课题组结合世界税收领域的重大变革和国内税收改革需要，对相关内容进行了适当更新、补充和修订，最终形成《世界税制现状与趋势（2018）》。本书在保持原写作体例的同时，主要有以下特点：一是对世界税制改革发展进行概括，并得出一些新的结论；二是结合国际、国内税制改革实践的热点在各税种中增加了一些新的专题；三是对各章节内容进行了必要的精简。

本书由《世界税制现状与趋势》课题组编写，国家税务总局原副局长解学智、张志勇担任顾问，总审计师刘丽坚担任课题组组长，税收科学研究所所长李万甫、副所长黄立新和副所长李本贵任课题组副组长。具体编写分工如下：第一章“世界税制发展概况”，黄立新；第二章“2018年国际税收重大事件”，李平；第三章“个人所得税”，李本贵；第四章“公司所得税”，孙红梅、燕晓春、何振华、旷文雯、陈鑫、谭依然、普华永道税收政策服务团队；第五章“社会保障税”，陈文东、赵卓娅；第六章“增值税”，陈琍、王婷婷；第七章“特别消费税”，龚辉文；第八章“房地产税”，李旭红、陈晶晶、袁超东；第九章“资源和环境税”，龚辉文。

安永会计师事务所黎颂喜团队在本书校对过程中做了大量工作，确保了本书内容和数据的准确性，在此表示特别感谢。在课题研究和书稿出版过程中，孙红梅、燕晓春参加了组织协调工作，北京国家会计学院和中国税务出版社给予了大力支持，在此一并表示衷心感谢！

各国税制变化频繁，囿于我们的水平和资料有限，书中难免存在不足，恳请读者批评指正。我们将在以后的研究和再版中不断完善。

《世界税制现状与趋势》课题组

2019年4月

目录
CONTENTS

第一篇　总　论

第二篇　所得税

第四篇　财产和行为税

第一篇　总　论

第一章　世界税制发展概况

国家不同，则税制不同，没有一个国家的税收制度与其他国家完全一致。一国的税收制度往往与该国的经济发展状况息息相关。世界各国按经济发展程度可以分为发达国家（经济体）和发展中国家（经济体）。发达国家（经济体）由于具有较高的经济社会发展水平、成熟稳健的经济社会发展状态，其税收制度的发展变化往往主导着世界税收制度的改革和发展；而发展中国家（经济体）由于经济社会发展比较落后，往往是世界税制改革发展的跟随者。目前，尚未有关于发达国家的权威的、明确的定义和标准。为了便于研究，本章将经济合作与发展组织（OECD）成员视为发达国家（经济体），将OECD成员之外的国家（地区）视为发展中国家（经济体），并主要以这两类国家（经济体）为对象，对当今世界税制发展的现状和趋势进行简要梳理和分析。

第一节　世界各国税收总收入的变化情况

税收总收入是一国政府在一个财政年度征收的各个税种收入的总和，[①] 是国家税收制度的重要内容。税收总收入的变化情况反映了国家税收制度改革和发展变化的基本情况。

一、发达国家税收总收入的变化情况

根据 OECD 官方网站统计数据，2000—2017 年，OECD 成员税收总收入的平均值总体呈现向上攀升态势。OECD 成员平均税收总收入在 2008 年上升至一个阶段性的高点，达到 3864 亿美元。2009 年，OECD 成员平均税收总收入出现短暂回落，但随后从 2010 年又开始呈现新一轮的上升，并在 2011 年超越 2008 年的高点，不断再创新高，在 2014 年达到 4265 亿美元。之后在 2015 年，OECD 成员平均税收总收入有所回落，2016 年重新步入上升态势。具体情况见表 1－1 和图 1－1。

由于经济体量不同，OECD 各成员的税收总收入差别很大。美国、日本、德国、法国、英国、意大利等国税收总收入规模长期稳居前 6 位。加拿大、西班牙位于第 7 位和第 8 位。2012 年，澳大利亚取代荷兰进位至第 9 位，韩国则超过瑞典进位至第 10 位。2016 年，韩国超越澳大利亚进位至第 9 位。2016 年，OECD 成员平均税收总收入为 4097 亿美元，前 10 位国家依次是美国、日本、德国、法国、英国、意大利、加拿大、西班牙、韩国和澳大利亚。其中，税收总收入超过平均数的国家只有前 8 位，其他国家的税收总收入低于平均数。具体情况见表 1－2。

① 按照各国通行的做法，本书中的税收总收入是包含社会保障税（费）收入在内的各种税收收入的总和。

表 1-1　OECD 成员税收收入（2000—2017 年）

单位：10 亿美元

国家	2000 年	2001 年	2002 年	2003 年	2004 年	2005 年	2006 年	2007 年	2008 年	2009 年	2010 年	2011 年	2012 年	2013 年	2014 年	2015 年	2016 年	2017 年
澳大利亚	124.4	112.7	129.6	167.4	205.4	227.5	240.5	290.8	282.3	259.1	328.3	400.5	428	418.1	399.3	348.2	362	—
奥地利	83.2	86.7	91.2	111.1	126.3	129.5	135.8	157.6	177.8	164	160.5	177.3	171.1	183.3	188.7	164.7	165	174.1
比利时	103.6	103.4	113.1	137.8	160.4	167	176.1	201.6	223.9	205.3	206.1	227.4	220	234.9	239.2	204	206	219.8
加拿大	262.8	252	251.5	293	335.8	383.2	431.8	477.2	484.8	445.3	501.4	552.5	570.1	574.9	564.6	510	502.4	532.8
智利	14.7	13.5	13.3	14.3	18.9	25.5	34	39.4	38.4	30	42.8	53.3	57	55.3	51.1	49.7	50.4	55.9
捷克	20	22	27.4	34.1	41.3	47	52.9	64.8	78.8	66.6	67.4	75.9	70	71.4	68.8	62.3	66.8	75.3
丹麦	76.9	75.7	81.2	99.6	116.7	127	131.5	148.3	158.2	144.5	144.2	154.4	149	157.6	171.1	139	141.8	149.7
爱沙尼亚	1.8	1.9	2.3	3	3.8	4.2	5.2	7	7.6	6.9	6.5	7.3	7.3	7.9	8.6	7.6	8.1	8.8
芬兰	57.5	55.8	60.6	72.6	82.3	86	91.3	106	116.7	102.9	101.1	115.1	109.6	117.7	119.4	102.1	105.2	109.4
法国	591.8	593.7	634.6	778.1	897.9	941.6	1003.8	1130.7	1233.1	1117.2	1113.7	1240.3	1191.0	1275.1	1296.4	1104.3	1120.4	1194.3
德国	706.9	683.4	715.9	868.1	955.2	968.5	1036.0	1200.4	1326.1	1233.2	1196.2	1341.9	1290.1	1379.5	1431.0	1251.1	1307.9	1387.0
希腊	43.4	43.6	49.7	62.5	72	77.3	82.9	99.3	109.6	101.1	95.9	96.8	87.2	85	84.7	71.6	74.8	78.9
匈牙利	18.2	20.2	25.3	31.8	38.5	41.3	42.1	55.1	62.2	50.9	48.8	51.1	49.1	51.3	53.2	47.6	49.3	52.5
冰岛	3.2	2.8	3.1	4	5	6.6	6.9	8.3	6.2	4.1	4.4	5	5	5.5	6.6	6.2	10.5	9
爱尔兰	30.7	31.2	35	45.8	56.1	62.2	71.6	82	78.1	64.6	60	65.2	62	67.4	73.6	67.3	70.5	75.7
以色列	46.2	45.4	41.1	42.3	45.2	48	52.7	61.2	69.1	62	72	80.9	77.4	90.1	96.1	93.6	99.4	114.8
意大利	463.6	468.7	504.2	629.5	707.8	724.8	788.6	918.8	995.6	919.3	889.5	954.2	910.2	938.3	935.5	790.4	792.1	820.3
日本	1263.4	1108.5	1024.1	1095.5	1212.6	1252.5	1229.0	1242.0	1350.5	1365.3	1509.6	1702.1	1749.1	1500.1	1482.2	1351.5	1516.2	—
韩国	120.5	116.2	133.7	154.6	168	202.4	238.4	278.2	247.3	214.6	256.2	290.7	303.2	317.2	347	347.9	371.1	411.7
拉脱维亚	1.8	1.9	2.2	3	3.8	4.7	6.2	8.7	9.9	7.3	6.7	7.9	8	8.7	9.1	7.9	8.4	9.2

续表

国家	2000年	2001年	2002年	2003年	2004年	2005年	2006年	2007年	2008年	2009年	2010年	2011年	2012年	2013年	2014年	2015年	2016年	2017年
立陶宛	3.8	3.7	4.2	5.4	6.6	7.6	9.1	11.9	14.6	11.3	10.5	11.8	11.6	12.5	13.3	12	12.8	14.1
卢森堡	7.9	8	8.8	11.1	12.7	14.1	15.2	18.4	20.4	19.6	19.9	22.2	21.8	23.6	24.8	21.4	22.4	24.1
墨西哥	81.2	92.3	97.3	92.4	90.4	99.8	113	126.5	139.6	112.3	135.9	150.6	152.2	169.6	179.9	186.1	179.5	—
荷兰	153.7	153.7	165.4	201.6	228.9	239.7	264.5	302.5	340.1	303.3	301.9	320.5	298.7	316.6	330.1	283.3	300.8	322
新西兰	18	17.4	21.1	28.4	35.5	41.8	40.2	47.1	43.7	37.2	44.9	51.1	56.1	59.2	63.5	56.8	60.3	65.7
挪威	71.8	73.3	82.8	95.3	112.1	131.5	147.9	168.9	191.1	159.3	179.9	209.6	211.7	208.7	193.7	148.6	143.7	152.7
波兰	56.6	62.6	65.6	70.7	81.6	100.9	115.9	148.7	182.2	137.3	150.6	168.5	160.7	167.5	173.8	154.5	157.4	177.8
葡萄牙	36.8	37.5	42	51.7	57.1	60.7	65.4	76.4	83	72.9	72.5	79.2	68.8	77	78.7	68.7	70.4	75.5
斯洛伐克	9.8	10	11.5	15.2	18	19.6	20.7	25.2	29.1	25.7	25.1	28.1	26.5	29.8	31.4	28.2	29.1	31.5
斯洛文尼亚	6.4	7	8.3	10.8	12.9	13.8	14.9	17.8	20.2	18.2	17.7	18.7	17.1	17.5	18.1	15.7	16.3	17.6
西班牙	197.9	205.7	234.6	300.7	365	406.4	454.6	538	523.9	445.4	446.8	464	429.4	448.2	462.6	402.5	410.5	441.5
瑞典	127.3	112.3	119.4	150.7	174.3	181.3	193.2	219.4	226	189.5	211.2	239.5	231.7	248.3	244.4	214.7	226.7	236.6
瑞士	75.1	75.4	83.4	95.2	104.9	108.8	114	125.8	147.3	146.4	155.3	188.3	179.8	185.9	190.9	187.5	185.7	193.2
土耳其	64.5	51.1	57	78.5	94.4	117.4	130.1	156.2	177.3	151.7	192	216	218.6	240.8	229.6	215.5	218.4	211.8
英国	542.9	530	559.9	639.4	776.6	824.9	887.6	1016.8	935	748.4	792.2	875.4	870.1	886.5	966.4	931.4	870.1	874
美国	2900.5	2884.7	2738.0	2808.5	3022.4	3395.6	3694.3	3867.4	3781.2	3318.7	3515.8	3708.7	3888.5	4281.9	4526.9	4754.0	4821.5	5263.3
OECD平均值	233	226.8	228.8	258.4	290.2	313.6	337.2	373.5	386.4	346.1	363.4	398.7	398.8	414.3	426.5	400.2	409.7	—

注：1. 2016年7月1日，拉脱维亚正式加入OECD，成为其第35个成员；2018年7月5日，立陶宛正式加入OECD，成为其第36个成员。

2. 税收包含社会保障税。

3. 表中“—”表示还未提供可用数据。

资料来源：OECD：Revenue Statistics 1965－2017，https：//data. oecd. org/tax/tax-revenue. htm#indicator-chart；http：//www. oecd-ilibrary. org/taxation/data/revenue-statistics/comparative-tables_data-00262-en.

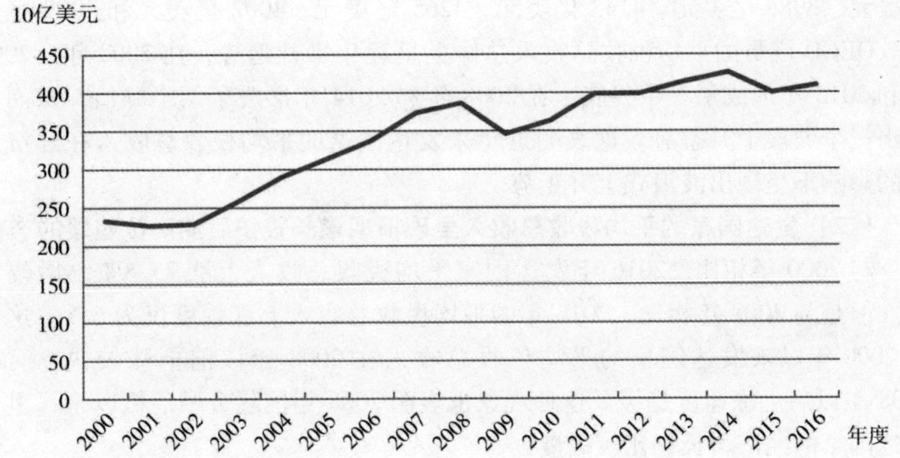

图 1－1　OECD 成员税收总收入平均值变化趋势（2000—2016 年）

表 1－2　　　　OECD 成员税收总收入前十名的变化情况

排名	2000 年	2008 年	2012 年	2016 年
1	美国	美国	美国	美国
2	日本	日本	日本	日本
3	德国	德国	德国	德国
4	法国	法国	法国	法国
5	英国	意大利	意大利	英国
6	意大利	英国	英国	意大利
7	加拿大	西班牙	加拿大	加拿大
8	西班牙	加拿大	西班牙	西班牙
9	荷兰	荷兰	澳大利亚	韩国
10	瑞典	澳大利亚	韩国	澳大利亚

从表 1－1、表 1－2 和图 1－1 可以看出，以 OECD 为代表的发达国家 2000—2017 年税收收入发展变化呈现出如下特点。

（一）发达国家的平均税收总收入呈现波浪式逐级上升趋势

数据显示，2000—2016 年，发达国家的平均税收总收入分别是 2330 亿美元、2268 亿美元、2288 亿美元、2584 亿美元、2902 亿美元、3136 亿美元、3372 亿美元、3735 亿美元、3864 亿美元、3461 亿美元、3634 亿美元、3987

亿美元、3988 亿美元、4143 亿美元、4265 亿美元、4002 亿美元和 4097 亿美元。OECD 成员的平均税收总收入总体上呈逐年攀升趋势，在 2002 年、2009 年和 2015 年形成了三个谷底，在 2008 年和 2014 年形成了两个峰值，从而呈现出三个波段上升态势。这表明近年来发达国家的平均税收总收入在经济波动的影响下呈现出波浪式上升走势。

（二）发达国家的平均税收总收入呈现前期增长较快后期高位趋缓的态势

与 2000 年相比，2016 年发达国家平均税收总收入上涨 75.8%，增幅较大。但是与 2008 年相比，2016 年的平均税收总收入上涨幅度仅为 6%。这表明 2000 年以来发达国家的平均税收总收入在 2008 年以前上涨较快，而在 2008 年以后上涨速度趋缓。这种现象也表明 2008 年国际金融危机以来，世界发达国家的经济增长仍比较缓慢。

（三）发达国家的税收总收入水平差距比较大

尽管 OECD 成员包含了当今主要发达国家，被称为“富人俱乐部”，但是在这些主要经济体之间税收总收入的差别依然很大。2016 年 OECD 成员平均税收总收入为 4097 亿美元，但超过平均值的成员仅有美国、日本、德国、法国、英国、意大利、加拿大、西班牙 8 个国家，其他 20 多个国家的税收总收入均在平均线以下，拉脱维亚、爱沙尼亚等国的税收收入甚至不超过 100 亿美元。这说明在发达经济体之间，税收总收入的差异也非常大。这既反映了发达国家之间经济总量的差异，也反映出发达国家之间的税收总收入也存在不小的差距。

二、发展中国家税收总收入的变化情况

根据 OECD 网站有关数据统计，以印度尼西亚、哈萨克斯坦、马来西亚、菲律宾、泰国等 10 个亚洲发展中国家为样本，以埃及、摩洛哥、南非、喀麦隆、佛得角、刚果等 21 个非洲发展中国家为样本，以阿根廷、巴西、哥伦比亚、委内瑞拉、秘鲁等 23 个拉丁美洲发展中国家为样本，来分析发展中国家税收总收入的变化走势。具体情况见表 1－3 和图 1－2。

表 1－3　　亚非拉 54 个发展中国家税收收入（2000—2016 年）　　单位：百万美元

国家	2000年	2001年	2002年	2003年	2004年	2005年	2006年	2007年	2008年	2009年	2010年	2011年	2012年	2013年	2014年	2015年	2016年
库克群岛	—	—	—	—	—	53.8	52.4	57.6	57.2	57.5	65.7	69.7	80.4	75.9	75.2	82.2	87.8
斐济	—	—	—	—	—	—	—	—	780.9	619.7	678.9	855	936.4	983.6	1078.4	1088.6	1126.8
印度尼西亚	14263.6	19142.1	24108.1	30333.3	34031.9	38654.2	47504.2	57549.9	72572.8	63897.1	85781.5	108579.7	114616.3	114026.2	108321.7	103682.5	108360.4
哈萨克斯坦	3621.4	4908.1	5055.3	7008	9354.5	14589.8	21146.4	27328.9	36852.4	24445.2	35168.9	49189	49613.9	53445	46681.8	28651.8	20451
马来西亚	13179.8	17000.5	18450.2	17960.1	19872.9	22218.1	24549.3	28690.1	35002.3	31308.1	35283.2	45553.8	50652.4	51097.6	51818.1	43794.2	42338
巴布亚新几内亚	—	—	608.6	752.4	1008.8	1247.1	1668.2	1981.1	2169	1847.6	2417.1	3595.8	4032.8	3908.7	4176	3302.2	2746.8
菲律宾	12769.7	11909.4	12186.2	12603.5	13316.4	15677.8	20116.7	24304.1	28200.5	25302.7	29500.7	33928.4	39530	44022.8	47563	49779	51782.1
萨摩亚群岛	—	—	—	—	—	100.1	120.8	121.9	127.7	123.9	134.4	150.3	175.3	187	189.3	204.1	196.7
所罗门群岛	—	—	—	—	—	—	—	—	134.8	131	170.7	237.2	279.1	299.8	308.1	303.2	297.6
泰国	18950.5	17871.1	20276.1	24492.4	29591.4	35031.1	37967.7	46248.1	52210.1	45095.8	57499.2	69640.2	69854	81621.7	74807.9	76699.3	73364.8
博茨瓦纳	—	—	—	—	1428.2	1529.5	1575.7	1498.4	1851	1718.4	2103.5	2439.9	2179	2237.6	2400.3	1921.3	1645.7
布基纳法索	269.5	297.8	354.1	490.1	627.9	748.1	743.8	963.6	1126.4	1183.9	1369.5	1696.4	1921.8	2158.3	2032.4	1814.6	2051.7
喀麦隆	1106.5	1306.2	1363	1786.2	1966.9	2155.8	2403.5	2876.8	3324.7	3421.5	3179.3	3820.6	3918	4573.4	5036.2	4546.9	4629
佛得角	91.7	104.2	130.9	157.6	191.2	212.3	258.1	315	379.6	315	306.9	364.8	310.8	329.3	315.1	300.3	311.8
刚果	138.5	168.5	216.2	304.8	371.4	377.3	431.7	496.2	669.8	735	871.5	1101.6	1142.7	1957	1621.4	1418.8	1242.8
刚果（金）	109.4	187.2	260.2	301.2	481.6	619.6	843	1158.3	1676.9	1468.5	1838.7	2285.7	3152.7	3311.4	3418.9	3710.4	3007.7
科特迪瓦	1647.3	1744.9	1968.6	2239	2628.4	2674.4	2882.7	3490.8	4117.3	4096.8	4122.6	3942.2	4748.9	5511	5968.2	5815.3	6345.6
埃及	—	—	15573.7	14269.2	14137.6	14473.9	19062.5	22474.8	27554.3	32660.4	34895	37932	39922	46041.8	45183.2	49918	50657.2
加纳	894.3	1017.1	1204.4	1694.4	2161.7	2732.3	3002.2	3672.5	4075.7	3602.9	4678.4	6350.2	6809.3	7184.1	6480.5	6353.7	7540.8
肯尼亚	—	2385.8	2356.2	2640.4	2984.2	3589.4	4087.7	5240.2	6418.3	6620.2	6896.1	7598	8234.6	9438.8	11146.3	11592.2	12195.4

续表

国家	2000年	2001年	2002年	2003年	2004年	2005年	2006年	2007年	2008年	2009年	2010年	2011年	2012年	2013年	2014年	2015年	2016年
马里	337.1	393.6	478	652.9	814.2	905.4	977.2	1165.8	1314	1470.6	1513.6	1781.8	1739.6	1884.8	1992.6	1961.1	2266.5
毛里求斯	870	796.8	787.7	960.4	1122.4	1225	1233.6	1296.8	1697.7	1862.3	1921.9	2210.5	2305.1	2360.3	2503	2287.3	2369.9
摩洛哥	9150.2	9228.4	9736	11853.7	13745.5	15407.4	17411.4	21909.1	27935.5	25035.1	25779.1	28883.1	28976.5	30038.7	29670.7	26234.5	27366.8
尼日尔	163.1	189	225.9	275.9	328	361.2	409.1	516.3	658.5	759	755.4	889.6	1001.5	1298.7	1343.5	1218.9	1087.9
卢旺达	175.1	182.3	207.3	224	252.3	313.3	374	467.9	645.9	686.2	755.8	895.3	1050.7	1175.6	1268.3	1380	1405.1
塞内加尔	787.7	820.9	944.3	1218.4	1462	1684.9	1842	2268.5	2555.8	2417.4	2564.6	2856.7	2841.4	2912.6	3205.6	2890.3	3240.1
南非	30505.6	28783	27720	39839.1	54349.6	65832.8	69543.4	80488	77020.2	74572.9	93051.9	105743.6	104701.1	99271.8	96898	91786.5	84467.6
伊斯瓦蒂尼	181.3	158.7	175.5	275.5	327.2	372.2	391	403.2	433.8	490	628.1	674.3	617.1	623.1	628.1	604.9	446.9
多哥	140.9	161	164.3	251.4	298	303.5	341	405.8	480.3	494	514.3	696	735.8	843.6	956.8	903.9	991.1
突尼斯	5250.1	5475.9	5746.4	6656.6	7524.7	7819.7	8377	9810.2	12034.1	11630	11977.1	13349.5	13110.8	13790.9	14725.2	13057	12381.4
乌干达	645.3	640.1	688	753.7	878.4	1078.6	1253	1497.5	1861.3	1986.9	2017.9	2191.4	2496	2835.3	3109.6	3361.8	3315.5
阿根廷	61083.7	56275.7	20020.3	29876.1	40119.9	48884.8	58407.5	75919	100425.2	96789.3	123456.1	154593.8	177582.4	190650.1	175336.4	202079	170477.6
巴哈马群岛	964.6	971	893.7	937	956.5	1060.3	1243.1	1359.9	1422.5	1289.8	1276.5	1487.4	1479.6	1444.9	1490.1	1760.9	1956.2
巴巴多斯岛	942.3	971.1	939.4	1020.3	1095.1	1148.4	1314	1374.1	1431	1405.2	1359.7	1410.9	1434.5	1288	1321.9	1473.5	1467.9
伯利兹	159.2	180.9	202.2	221.9	230	248.2	274.2	327.7	330.3	339.9	371.7	372.7	393.2	415.1	464.6	475	515.8
玻利维亚	1478.2	1353.8	1339.5	1325.3	1641.9	1910.2	2219.8	2620.3	3553.5	3784.6	4007.9	5331.6	6643.8	7809.2	8701.1	9165	8851.6
巴西	193921.1	171674.8	160280.8	172525.7	212909.4	292124.9	385154.2	490422.3	571018.7	535777.1	714793.6	868041.2	800442.7	801521.3	779901.9	576031.7	578459.8
哥伦比亚	14497.4	15976.8	15714.7	15860.9	20576.7	26498	30970.4	39637.2	45365.4	43068.8	51487.6	62892.4	72757.1	75794.3	76411.9	59919.7	56063.1
哥斯达黎加	3012.8	3275.7	3412.2	3550.1	3736.6	4112.8	4741	5930.2	6952.8	6385.5	7794.3	9059.2	9968.3	10970.4	10996.1	12085.7	12919.3
古巴	11366.5	11397.4	12296.9	13154.4	13582.6	17527.5	24020.8	26121.6	25333.3	25493	24201.1	26508.1	29067.7	28803.7	30236	33591	37377

续表

国家	2000年	2001年	2002年	2003年	2004年	2005年	2006年	2007年	2008年	2009年	2010年	2011年	2012年	2013年	2014年	2015年	2016年
多米尼加	2774.7	3243.6	3491	2426.4	2391.4	4301.3	5187.4	6579	6846	6132.4	6630.6	7178.3	7947.2	8511.7	9039.1	9207.6	9785.3
厄瓜多尔	1884.6	2892.6	3616.7	3816.7	4332.7	5029.4	5953.4	6712.4	8852.7	9513.3	11567.6	14019.5	17378.7	18631.3	19625.9	21165.1	20020.8
萨尔瓦多	1585	1677.4	1875.5	2003.6	2102.1	2419.7	2840.2	3104.5	3299.6	3024.8	3298.3	3620.8	3905.3	4222	4229	4491.8	4794.9
危地马拉	2129.4	2382.6	2843	2963.2	3218.9	3561.3	4162.2	4744.5	5053.7	4614.4	5111.7	6086.7	6498.1	7001	7439	7881.8	8473.6
圭亚那	234	227.6	243.4	245.4	279.5	301.5	330.2	349.1	436.5	484.4	550.2	605.1	643.2	684.9	733.5	773.8	814.4
洪都拉斯	1088.8	1164	1216.3	1321.3	1490.7	1638.2	1913.4	2328.6	2608.4	2478.4	2724.8	2966.1	3266.8	3379.2	3835.7	4218.7	4565.2
牙买加	2054.1	1983.8	2143.7	2355.2	2515.8	2619.3	2878.2	3191.6	3442.7	3010.9	3286	3531.4	3621.3	3542.6	3426.5	3649.5	3721.4
尼加拉瓜	662.8	669.8	696.6	784.2	883.5	1016.5	1158.2	1292.6	1429.7	1419.1	1699.4	1982.2	2202.7	2332	2585.8	2845.7	2985.3
巴拿马	1952.7	1844.7	1874.5	1934.8	2087.8	2256.8	2749.3	3297.9	3911.2	4193	4814.8	5665.6	6720.7	7650.4	7740.2	8268.1	9146.3
巴拉圭	1029	913.8	684	763.3	1055.4	1203.4	1509.1	1921.3	2692.8	2562.8	3302.3	4229.4	4353	4754	5484.5	4963.4	4809.6
秘鲁	7445.4	7922.2	8051.8	9160.9	10477.6	12308.1	15760.3	18843.5	22802.3	20465	26337.4	31469.1	36533.8	38015.3	38581.2	33150.2	31306.5
特立尼达和多巴哥	1747.5	2071.9	1969.3	2507.9	3044	4270	5578	5456.6	8182.3	5411.3	6076	6841.9	7142	7476.6	8056.1	7377.2	5318
乌拉圭	4936.2	4589	2870	2588.6	3105.6	4152.5	4933.7	5877.1	7937.5	8189.1	10565.5	12746.5	13790.2	15809	15639.7	14407.1	14604.4
委内瑞拉	16026.7	14968	10721.6	9937.4	14923.9	22752.5	29004.7	37610.6	41188.8	33724.2	34753.3	44921.5	46777	33810.3	40058	50513	34031
平均值	9744.0	9223.4	8334.3	9413.8	11240.3	13718.0	16978.3	21033.1	23712.1	22029.9	27739.0	33612.3	33745.1	34517.8	33819.6	29817.8	28744.1

注：税收包含社会保障税。表中“—”表示还未提供可用数据。

资料来源：OECD 网站，https：//stats. oecd. org/viewhtml. aspx？datasetcode = RSLACT&lang = en.

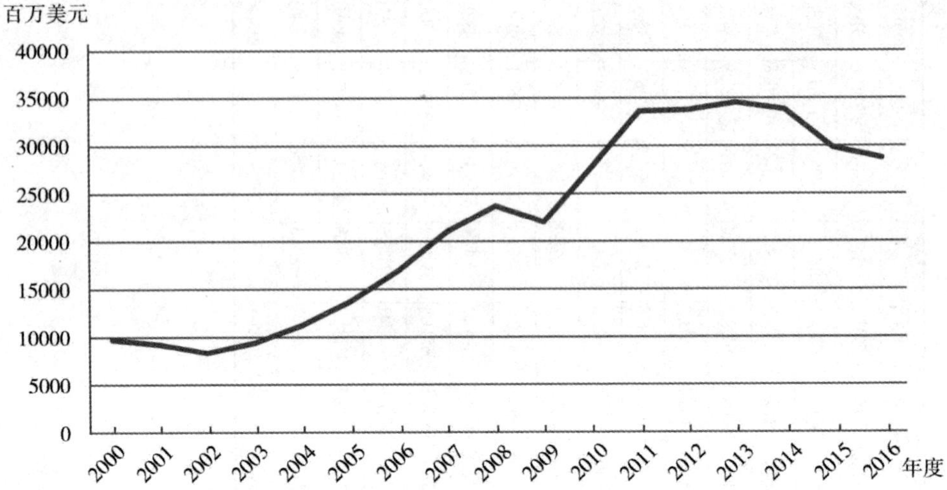

图 1－2　亚非拉 54 个发展中国家税收总收入平均值变化趋势（2000—2016 年）

从表 1－3 和图 1－2 可以看出，2000—2016 年，以亚非拉 54 个国家为代表的发展中国家的税收总收入的发展变化主要呈现以下特点。

（一）发展中国家税收总收入不断上升

从亚非拉 54 个发展中国家的情况看，2000—2016 年税收总收入的平均值分别是 97.4 亿美元、92.2 亿美元、83.3 亿美元、94.1 亿美元、112.4 亿美元、137.2 亿美元、169.8 亿美元、210.3 亿美元、237.1 亿美元、220.3 亿美元、277.4 亿美元、336.1 亿美元、337.5 亿美元、345.2 亿美元、338.2 亿美元、298.2 亿美元、287.4 亿美元，税收总收入规模不断扩大。特别是在 2002—2011 年上涨较快，尽管在 2009 年税收总收入的平均值稍微有所回落，但总体上升的态势没有改变。

（二）发展中国家税收总收入近年来有下降态势

亚非拉 54 个国家的税收总收入平均值在 2011 年上升到 336.1 亿美元，之后上涨步伐趋缓，在 2013 年达到 345.2 亿美元的峰值，从 2014 年开始呈现下滑势头。到 2016 年为 287.4 亿美元，回到了 2010 年左右的水平。发展中国家的经济还存在诸多风险。

（三）发展中国家之间的税收收入水平差距很大

尽管发展中国家的税收总收入增长很快，但是各个国家之间的税收收入差别很大。以 2016 年为例，54 个亚非拉国家的税收总收入的平均值为 287.4

亿美元，但超过这一平均值的国家仅有印度尼西亚、菲律宾、泰国、埃及、南非、阿根廷、巴西、哥伦比亚、秘鲁、委内瑞拉10个国家，其他44个国家的税收总收入均在平均线以下。这说明发展中国家之间的税收收入规模的差异非常大，也反映出发展中国家之间经济发展极不平衡。特别是，在税收收入超过平均值的10个国家中，纳入考察范围的10个亚洲国家中有3个国家、21个非洲国家中有2个国家、23个拉丁美洲国家中有5个国家的税收总收入超过了平均值的水平，这表明税收和经济发展的区域不平衡依然比较严峻。

三、发达国家与发展中国家税收总收入变化情况比较

发达国家和发展中国家尽管所处的发展阶段、经济状况和表现也有很大差异，但是在世界经济全球化的今天，发达国家和发展中国家的经济往来日益紧密、相互影响日渐深厚，这些影响反映在税收收入上，既呈现出有较强的关联性，也呈现出有明确的差异性。

（一）发达国家与发展中国家税收总收入发展变化的共同点

对比2000—2016年发达国家和发展中国家税收总收入的发展变化情况，可以发现它们主要有以下相同之处。

1. 总体上都呈现不断上升的趋势

2000—2016年，以OECD成员为代表的发达国家税收总收入的平均值从2330亿美元上升到4097亿美元，实现快速增长。同期，以亚非拉54个国家为代表的发展中国家税收总收入的平均值从97.4亿美元上升到287.4亿美元，也实现了快速增长。可以说，在这一时期发达国家和发展中国家的税收总收入都呈现出快速增长的趋势。

2. 呈现出波动上涨的态势

2000—2016年，发达国家税收总收入的上涨呈现出明显的阶段性、波浪性。在总体上涨的态势下，出现了2002—2008年的上涨，2008—2009年的回落，2009—2014年的上涨，2014—2016年的回落。同期，发展中国家的税收总收入水平也呈现出类似的走势，即2002—2008年的快速上涨，2008—2009年的短暂回落，2009—2013年的上涨，2013—2016年的下降。这表明2008年国际金融危机对发达国家和发展中国家的税收总收入都产生了较大的影响。

3. 各国税收总收入的差异都非常大

无论是发达国家还是发展中国家，其税收收入规模在不同国家之间都有着很大的差距。以2016年为例，在OECD成员中，税收总收入超过平均值的

国家仅有 7 个，绝大多数国家都处在平均水平以下。在 54 个亚非拉国家中，税收收入超过平均值的国家仅有 10 个，而且多集中在拉丁美洲和亚洲，其他 4/5 的国家都在平均值以下。

（二）发达国家与发展中国家税收总收入发展变化的不同点

比较而言，发达国家和发展中国家税收总收入也各自有着明显的差异，主要体现在以下两点。

1. 发达国家的税收总收入远远大于发展中国家

2000 年发达国家税收总收入平均值是 2330 亿美元，发展中国家税收总收入的平均值为 97.4 亿美元，发达国家是发展中国家的 23.9 倍。2016 年，发达国家税收总收入的平均值为 4097 亿美元，发展中国家税收总收入的平均值为 284.7 亿美元，发达国家是发展中国家的 14.4 倍。这表明发达国家和发展中国家之间的税收收入依然有着巨大的差距（见图 1－3）。

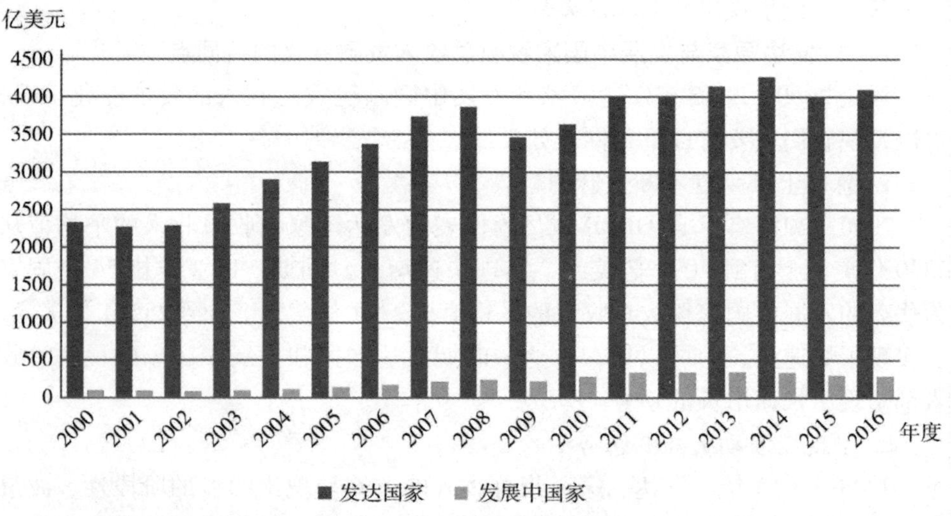

图 1－3　发达国家和发展中国家税收总收入平均值对比情况（2000—2016 年）

2. 发展中国家税收总收入的增幅远远高于发达国家

2000—2016 年，发展中国家税收总收入的增幅为 195%。同期，发达国家税收总收入的增幅为 75.8%。发展中国家的增幅远远超过发达国家。这表明发展中国家税收总收入的增长比发达国家更强劲、更有发展空间。

第二节　世界各国宏观税负的变化情况

宏观税负，通常是指一定时期内（一般为一年）一国的税收总收入占国内生产总值（GDP）的比值。宏观税负水平一方面反映了一个国家筹集财政收入、运用税收和财政手段调控经济的能力，另一方面也反映了该国纳税人税收负担的轻重。宏观税负是反映一个国家税收制度的重要内容，因而受到各国的重视和关注。本节中宏观税负口径为包括社会保障税在内的税收总收入占 GDP 的比重。

一、发达国家宏观税负的变化情况

以 OECD 成员作为发达国家代表，考察 2000—2017 年 OECD 成员宏观税负水平发展变化情况。具体情况见表 1－4 和图 1－4。

从表 1－4 和图 1－4 可以看出，在 2000—2017 年，OECD 成员宏观税负的平均值总体上比较稳定，在 32%～34.5% 的幅度内变动，波动幅度较小，不超过 2.5 个百分点。从走势上看，呈现反复先抑后扬的“W”形态。平均宏观税负在 2000 年处在一个相对高点，为 33.77%，之后有所下降，到 2004 年达到一个低点 32.88%，之后开始回升，到 2007 年升至 33.56%，2008 年国际金融危机以后迅速下降，到 2009 年降至 32.21%，成为阶段性最低点，之后进入持续上升期，到 2015 年升至 34%，超过了 2000 年的宏观税负水平，到 2017 年上升至 34.19%，成为 2000 年以来的最高点。这表明，经历了 2008 年的国际金融危机以后，OECD 成员的宏观税负水平不断提高，目前到达了一个历史的新高点。

从具体国家看，2017 年有奥地利、比利时、捷克、丹麦、芬兰、法国、德国、希腊、匈牙利、冰岛、意大利、卢森堡、荷兰、挪威、葡萄牙、斯洛文尼亚、瑞典等 17 个国家的宏观税负水平超过了 OECD 成员的平均值。比 2015 年增加了一个国家。宏观税负水平最高的国家是法国，达到 46.23%。其余 19 个国家的宏观税负低于 OECD 成员的平均水平。其中最低的是墨西哥为 16.17%，美国为 27.14%。

表 1－4　　OECD 成员宏观税负变化情况（2000—2017 年）

单位：%

国家	2000 年	2001 年	2002 年	2003 年	2004 年	2005 年	2006 年	2007 年	2008 年	2009 年	2010 年	2011 年	2012 年	2013 年	2014 年	2015 年	2016 年	2017 年
澳大利亚	30.47	28.94	29.81	29.99	30.3	30	29.43	29.56	26.87	25.57	25.31	25.93	26.95	27.16	27.32	27.92	27.76	—
奥地利	42.28	43.89	42.7	42.41	41.96	41.01	40.41	40.55	41.39	40.98	40.96	41.12	41.77	42.63	42.71	43.1	42.23	41.77
比利时	43.54	43.45	43.63	43.14	43.22	43.15	42.96	42.72	43.25	42.37	42.62	43.14	44.17	45.11	45.07	44.81	44.08	44.6
加拿大	34.79	34.21	33.2	32.82	32.83	32.77	32.82	32.58	31.31	32.43	31.08	30.88	31.25	31.21	31.34	32.68	32.71	32.24
智利	18.81	19.05	19.09	18.84	19.09	20.73	21.98	22.71	21.41	17.33	19.59	21.12	21.33	19.86	19.61	20.38	20.16	20.16
捷克	32.43	32.54	33.39	34.26	34.68	34.45	34.02	34.21	33.45	32.28	32.48	33.26	33.68	34.08	33.09	33.35	34.24	34.89
丹麦	46.88	45.92	45.41	45.58	46.39	48.01	46.46	46.42	44.77	44.96	44.76	44.79	45.51	45.89	48.53	46.13	46.19	45.98
爱沙尼亚	31.09	30.37	31.18	30.9	31.21	29.97	30.54	31.28	31.43	34.92	33.25	31.51	31.67	31.63	32.27	33.31	33.73	32.97
芬兰	45.82	43.17	43.33	42.39	41.82	42.11	42.15	41.51	41.21	40.93	40.79	42.03	42.68	43.62	43.81	43.93	44.02	43.34
法国	43.43	43.1	42.4	42.24	42.41	42.9	43.27	42.55	42.33	41.53	42.15	43.33	44.36	45.37	45.45	45.28	45.46	46.23
德国	36.24	35.01	34.38	34.61	33.86	33.87	34.49	34.89	35.41	36.08	35.01	35.7	36.39	36.77	36.7	36.99	37.43	37.54
希腊	33.36	31.98	32.24	30.91	29.92	31.21	30.33	31.18	30.98	30.63	32.02	33.64	35.5	35.45	35.74	36.58	38.84	39.39
匈牙利	38.51	37.6	37.36	37.25	37.02	36.53	36.53	39.39	39.45	38.95	37.27	36.25	38.36	37.95	37.98	38.71	39.21	37.71
冰岛	36.27	34.47	34.17	35.62	36.6	39.7	40.52	38.94	35	31.71	33.2	34.3	35.04	35.59	38.32	36.33	51.59	37.69
爱尔兰	30.76	28.61	27.28	27.86	28.94	29.4	30.83	30.39	28.46	27.32	27.01	27.39	27.55	28.22	28.41	23.11	23.33	22.84
以色列	34.89	34.74	33.96	33.29	33.33	33.71	34.26	34.23	31.98	29.83	30.75	30.9	30.03	30.8	31.15	31.31	31.29	32.73
意大利	40.6	40.3	39.75	40.07	39.33	39.15	40.57	41.7	41.72	42.07	41.86	41.91	43.9	44.05	43.47	43.11	42.61	42.38
日本	25.78	25.94	24.92	24.52	25.16	26.24	27.03	27.54	27.41	25.96	26.54	27.46	28.23	28.86	30.26	30.63	30.58	—
韩国	21.46	21.78	21.95	22.71	21.96	22.54	23.56	24.79	24.64	23.76	23.39	24.16	24.78	24.3	24.59	25.16	26.24	26.9
拉脱维亚	29.13	28.16	27.85	27.47	27.67	27.94	28.74	28.21	27.78	27.96	28.22	27.82	28.6	28.65	28.98	29.22	30.37	30.4

续表

国家	2000年	2001年	2002年	2003年	2004年	2005年	2006年	2007年	2008年	2009年	2010年	2011年	2012年	2013年	2014年	2015年	2016年	2017年
立陶宛	30.78	29.32	28.99	28.63	29	29.2	30.13	30.03	30.58	30.17	28.29	27.2	26.97	26.97	27.49	28.88	29.82	29.84
卢森堡	36.92	37.45	37.35	37.48	36.55	37.79	35.72	36.08	36.65	38.2	37.4	37.04	38.39	38.29	37.45	37.09	38.15	38.65
墨西哥	11.46	12.19	12.61	12.67	11.56	11.36	11.59	12.01	12.6	12.47	12.84	12.77	12.65	13.3	13.7	15.93	16.63	16.17
荷兰	36.91	35.61	35.01	34.8	34.81	35.01	36.05	35.69	35.95	34.94	35.66	35.44	35.59	36.11	37.05	37.01	38.4	38.75
新西兰	32.54	31.94	33.25	33.16	34.2	36.06	35.28	33.88	32.9	30.25	30.27	30.05	31.64	30.48	31.22	31.57	31.57	31.98
挪威	41.88	42.09	42.36	41.66	42.41	42.6	42.83	42.09	41.38	41.2	41.9	42.02	41.46	39.87	38.79	38.43	38.7	38.23
波兰	32.94	32.9	33.03	32.49	31.92	32.94	33.61	34.62	34.15	31.2	31.41	31.85	32.08	31.94	31.88	32.37	33.39	33.9
葡萄牙	31.05	30.82	31.25	31.34	30.15	30.81	31.33	31.82	31.73	29.91	30.41	32.33	31.78	34.07	34.26	34.45	34.32	34.71
斯洛伐克	33.63	32.69	32.81	32.53	31.51	31.26	29.31	29.21	29.05	28.87	28.07	28.62	28.34	30.23	31.12	32.18	32.38	32.9
斯洛文尼亚	36.63	36.82	37.16	37.34	37.43	37.95	37.65	37.07	36.39	36.21	36.9	36.48	36.8	36.42	36.19	36.35	36.45	36.02
西班牙	33.23	32.84	33.23	33.12	34.1	35.14	35.93	36.36	32.1	29.71	31.21	31.17	32.13	32.91	33.59	33.59	33.19	33.66
瑞典	48.98	46.83	45.17	45.47	45.65	46.62	45.97	44.97	44.01	44.09	43.22	42.51	42.57	42.91	42.59	43.08	44.04	43.96
瑞士	27.61	27.03	27.63	26.93	26.61	26.65	26.45	26.2	26.58	26.98	26.59	26.89	26.91	27	26.88	27.59	27.76	28.46
土耳其	23.59	25.55	24.01	25.2	23.32	23.37	23.57	23.06	23.14	23.49	24.82	25.9	24.95	25.35	24.58	25.09	25.3	24.89
英国	32.92	32.58	31.55	31.27	32.28	32.68	32.9	32.97	32.3	31.23	32.31	33.21	32.41	32.2	31.82	32.16	32.73	33.26
美国	28.2	27.16	24.94	24.4	24.62	25.93	26.66	26.71	25.69	23.02	23.49	23.9	24.07	25.65	25.98	26.23	25.89	27.14
OECD平均值	33.77	33.25	33.01	32.93	32.88	33.35	33.5	33.56	32.93	32.21	32.31	32.61	33.07	33.36	33.59	33.72	34.03	34.19

资料来源：OECD网站，http：//www. oecd-ilibrary. org/taxation/data/revenue-statistics/comparative-tables_data-00262-en.

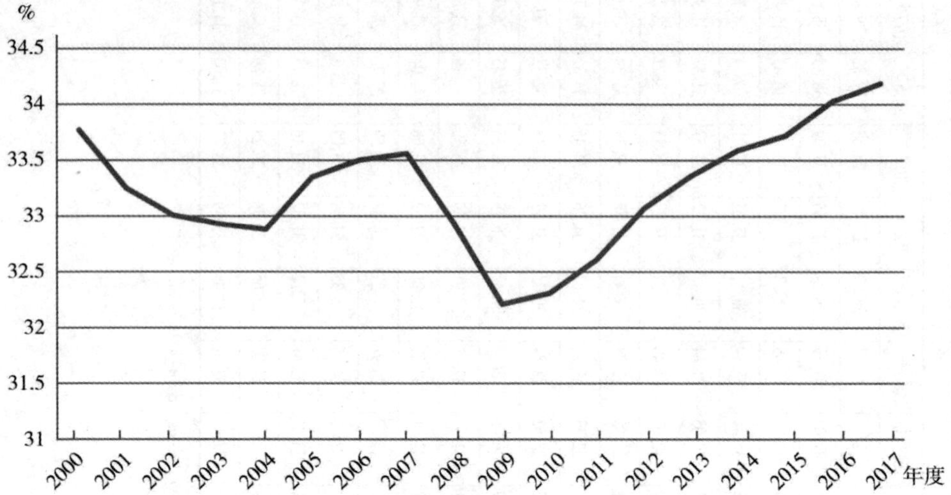

图 1－4　OECD 成员宏观税负走势情况（2000—2017 年）

从各国宏观税负的走势上看，在 2008 年国际金融危机前后 OECD 成员的宏观税负走势具体情况如下。与 2000 年相比，2017 年 OECD 36 个成员中有 21 个国家的宏观税负上升，15 个国家的宏观税负下降。其中，宏观税负上升最多的国家是希腊，上升了 6. 03 个百分点。韩国、日本（为 2016 年数据）、墨西哥、葡萄牙、法国和捷克的宏观税负上升也很快，分别上升了 5. 44 个、4. 8 个、4. 61 个、3. 66 个、2. 8 个、2. 46 个百分点；宏观税负水平下降幅度最大的国家是爱尔兰，下降了 7. 92 个百分点。瑞典、挪威、澳大利亚、加拿大、芬兰、以色列等国的宏观税负下降幅度也比较大，分别下降了 5. 02 个、3. 65 个、2. 71 个、2. 55 个、2. 48 个、2. 16 个百分点，美国下降了 1. 06 个百分点。

总体上看，以 OECD 成员为代表的发达国家的宏观税负走势近年来呈现出以下特点。

（一）发达国家的宏观税负水平总体变化不大

从 2000 年至今，发达国家的宏观税负水平基本稳定在 32% ~35% 的区间内，上下波动在 2 个百分点左右，呈窄幅波动态势。这表明近年来发达国家的宏观税负水平比较稳定，并没有因为经济发展的周期性变化以及突发的国际经济事件而受到影响。

（二）发达国家的宏观税负在国际金融危机后呈现不断上涨的走势

尽管发达国家的宏观税负总体变动不大，但是在 2008 年国际金融危机前后的走势完全不同。以2009年为界，2000—2009年，发达国家的宏观税负虽然有一些年份上涨，但总体上呈现小幅下降态势，从2000年的33.77%下降至2009年的32.21%，下降了1.56个百分点。在2009年以后呈现出持续上升的态势，从2009年的低点上升至2017年的34.19%，上涨了1.98个百分点。这种走势表明，2008年国际金融危机以后，各国纷纷采取经济刺激措施，税收收入不断回升，到2015年已经达到并超过了国际金融危机之前的水平，到2017年已经超过了2000年的宏观税负水平。

（三）主要发达国家的宏观税负走势出现了分化

2000年以来，尽管发达国家的宏观税负水平主流是上升，但也有一些主要经济体的宏观税负水平在持续下降。在宏观税负上涨的国家中，包括法国、德国、意大利、日本、韩国等主要经济体。同时，美国、加拿大、澳大利亚等主要经济体的宏观税负出现了不同程度的下降，而英国则多年来基本保持持平。这表明宏观税负上升依然是近年来世界上大多数发达国家税制发展的主流，但也有一些国家的宏观税负在持续下降，主要发达国家的宏观税负走势有分化的趋向。

二、发展中国家宏观税负的变化情况

下文将以亚非拉54个发展中国家为代表，考察2000年以来发展中国家宏观税负发展变化情况。具体情况见表1-5和图1-5。

从表1-5和图1-5可以看出，2000—2016年，亚非拉54个发展中国家的宏观税负水平不高，税收收入占GDP的比重在15%~21%区间波动，但总体上呈现上升态势。从走势上看，亚非拉54个发展中国家的宏观税负水平在2000年处在最低点，为15.8%，之后逐年上升，2008年上升至19.3%，在国际金融危机以后有所下降，2009年和2010年降至18.95%，成为阶段性最低点，之后又进入上升期，到2011年达到新的高点19.5%，并一直上升至2015年的20.7%，2016年稍微回落，为20.4%。

从具体国家看，2016年有不少发展中国家的宏观税负超过了平均值。包括阿根廷、巴西、南非、古巴、摩洛哥等24个国家，其中，宏观税负最高的国家是古巴，为41.7%，巴西、阿根廷的宏观税负也都在30%以上；其余30个国家的宏观税负水平都在平均值以下，宏观税负水平最低的是刚果（金），为7.6%。

表 1－5　　亚非拉 54 个发展中国家宏观税负情况（2000—2016 年）

单位：%

国家	2000 年	2001 年	2002 年	2003 年	2004 年	2005 年	2006 年	2007 年	2008 年	2009 年	2010 年	2011 年	2012 年	2013 年	2014 年	2015 年	2016 年
库克群岛	—	—	—	—	—	—	26.9	24.4	23.7	26	25.4	24	26.8	24.7	22.9	28.5	30
斐济	—	—	—	—	—	—	—	—	22.2	21.6	21.6	22.7	23.6	23.5	24.1	25.1	24.1
印度尼西亚	7.9	10.9	11.3	11.8	12.1	12.4	11.9	12.2	13	11.1	11.4	12.2	12.5	12.5	12.2	12	11.6
哈萨克斯坦	19.8	22.2	20.5	22.7	21.7	25.5	26.1	26.1	27.6	21.2	23.8	24.5	23.9	22.6	21.1	15.5	14.9
马来西亚	14.1	18.3	18.3	16.3	15.9	15.5	15.1	14.8	15.1	15.5	13.8	15.3	16.1	15.8	15.3	14.8	14.3
巴布亚新几内亚	—	—	13.3	13.5	16.1	17.1	20.1	20.8	18.6	15.9	17	20	18.9	18.4	18.2	14.4	12.2
菲律宾	15.8	15.6	15	15	14.6	15.2	16.5	16.3	16.2	15	14.8	15.1	15.8	16.2	16.7	17	17
萨摩亚群岛	—	—	—	—	—	20.4	23.1	20.7	19.3	21.4	20.1	19.9	21.9	23.1	23	24.7	24.6
所罗门群岛	—	—	—	—	—	—	—	—	22.2	21.9	25.1	25.4	26.2	26.5	26.2	26.2	24.1
泰国	14.8	14.9	15.6	16.9	17.6	18.8	17.9	17.6	17.1	16.6	17.6	18.5	18.5	19.3	18.4	18.9	18.1
博茨瓦纳	—	—	—	—	15.5	15.2	15.2	13.7	17.1	15.8	15.7	15.7	13.8	14.7	15.2	12.7	14
布基纳法索	10.2	10.5	11	11.6	13	13.7	12.8	14.2	13.4	14.1	15.3	15.8	17.2	18.1	16.4	17.4	18.1
喀麦隆	11.3	12.6	11.8	12.3	11.3	12	12.4	12.8	12.5	13.1	12.1	13	13.5	14.1	14.4	14.7	14.4
佛得角	15.6	16.9	19.3	17.7	18.7	19.5	20.9	20.8	21.2	18.4	18.4	19.6	17.7	17.8	16.9	18.8	19
刚果	4.3	6	7.2	8.7	8	6.2	5.6	6.7	6.6	7.8	7.1	7.4	8.4	14	11.5	16.6	16
刚果（金）	0.6	2.3	3	3.4	4.7	5.2	5.9	7.1	8.8	8	8.9	9.3	11.4	10.1	9.5	9.7	7.6
科特迪瓦	15.3	15.6	15.9	14.6	15.9	15.6	16.2	17.1	16.9	16.8	16.5	15.3	17.7	17.6	16.9	17.5	17.4
埃及	—	—	16.2	16.3	16.8	16.4	18.4	18	17.9	17.7	16.3	15.9	15.2	16.2	15.2	15.7	15.2
加纳	11	11.8	12	13.6	15	15.6	14.7	14.8	14.3	14.1	14.5	16.1	16.2	15	16.7	17.2	17.6
肯尼亚	—	16.6	16.1	16.7	17.1	18.4	17.5	18.1	18.9	18.2	17.9	18.6	17.9	17.9	19.1	18.5	18.1

续表

国家	2000年	2001年	2002年	2003年	2004年	2005年	2006年	2007年	2008年	2009年	2010年	2011年	2012年	2013年	2014年	2015年	2016年
马里	11.4	11.4	12.3	13.9	14.9	14.5	14.2	14.3	13.4	14.4	14.1	13.7	14	14.2	13.8	15	16.1
毛里求斯	19.3	17.2	16.7	18	18.1	18.7	18.7	17.9	19.5	20.2	19.8	19.6	20.1	19.8	19.8	19.9	20
摩洛哥	23.5	23.4	23.1	22.8	23.1	24.7	25.4	27.7	30.2	26.9	27.7	28.5	29.5	28.1	27	25.9	26.4
尼日尔	9.8	10.4	10.9	10.4	11.3	10.7	11.2	12	12.1	14	13.2	13.9	14.4	16.9	16.3	16.9	14.4
卢旺达	10.2	11.3	12.4	12.2	12.1	12.1	11.9	12.2	13.3	12.8	13.1	13.8	14.4	15.4	15.8	16.6	16.6
塞内加尔	16.8	16.8	17.7	17.7	18.2	19.3	19.7	20.1	19	18.9	19.8	19.9	20	19.6	20.9	21.1	22
南非	22.4	23.7	23.9	22.7	23.7	25.6	25.6	26.9	26.8	25.1	24.8	25.4	26.4	27.1	27.6	28.9	28.6
伊斯瓦蒂尼	10.4	10.1	10.5	11.4	11.1	11.4	11.5	11.6	12.7	12.7	13.7	13.9	13.2	14.2	14.9	14.9	15.5
多哥	9.4	10.9	9.6	11.9	13.2	13.3	14.5	15.2	14.4	14.6	15	18	19	19.5	20.9	21.6	22.2
突尼斯	24.4	24.8	24.8	24.2	24.1	24.2	24.4	25.2	26.8	26.7	27.2	29.1	29.1	29.8	30.9	30.3	29.4
乌干达	10.7	10.7	11	11.4	11.7	12.1	12.3	12.3	12.1	11.1	10.4	10.6	10.9	11.3	11.6	12.6	13.1
阿根廷	19.8	19.3	18.4	21.6	24.3	24.5	25.1	26.4	27.6	28.9	29.1	29.3	30.6	31.2	31.1	32	31.3
巴哈马群岛	15.2	14.9	12.8	13.5	13.5	13.8	15.6	16.3	17.2	16.5	16.1	18.9	17.6	17	17.3	19.9	22.4
巴巴多斯岛	30.2	31.2	29.6	31.2	31.2	29.5	30.5	30.2	31.1	30.5	30.6	32.4	33.1	29.5	30.4	33.6	32.2
伯利兹	19.1	20.7	21.7	22.4	21.7	22.3	22.5	25.4	24.1	25.4	26.6	25.1	25	25.7	27.2	27.3	29.6
玻利维亚	17.6	16.6	16.9	16.4	18.7	20	19.3	19.8	21.2	21.7	20.3	22.1	24.4	25.3	26.2	27.6	26
巴西	29.6	30.7	31.4	30.9	31.8	32.8	34.8	35.1	33.7	32.1	32.4	33.2	32.5	32.4	31.8	32	32.2
哥伦比亚	14.6	16.3	16.2	16.7	17.5	18.1	19.1	19.1	18.8	18.6	18	18.8	19.7	20.1	20.4	20.8	19.8
哥斯达黎加	18.4	19.4	19.7	19.7	19.6	20	20.5	21.9	22.5	21	20.7	21.2	21.2	21.9	21.9	22.6	22.2
古巴	37.2	36	36.6	36.6	35.6	41.1	45.5	44.6	41.7	41.1	37.6	38.4	39.7	37.3	37.5	38.6	41.7

续表

国家	2000年	2001年	2002年	2003年	2004年	2005年	2006年	2007年	2008年	2009年	2010年	2011年	2012年	2013年	2014年	2015年	2016年
多米尼加	10.8	12.2	12.4	10.8	10.2	11.9	13.6	15	14.2	12.7	12.3	12.3	13.1	13.7	13.8	13.5	13.7
厄瓜多尔	10.3	11.8	12.7	11.8	11.8	12.1	12.7	13.2	14.3	15.2	16.6	17.7	19.8	19.6	19.2	21.1	20.5
萨尔瓦多	12.1	12.1	13.1	13.3	13.3	14.2	15.3	15.4	15.4	14.6	15.4	15.6	16.4	17.3	16.9	17.2	17.9
危地马拉	12.4	12.7	13.7	13.5	13.4	13.1	13.8	13.9	12.9	12.2	12.4	12.8	12.9	13	12.7	12.4	12.6
圭亚那	20.8	20.2	21	20.5	22.2	23	22.7	20.1	22.8	23.5	24.2	23.4	22.5	22.9	23.8	24.2	23.2
洪都拉斯	15.3	15.4	15.6	16.2	17	16.9	17.6	19	18.9	17.1	17.3	16.9	17.8	18.4	19.6	20.4	21.4
牙买加	22.7	21.6	22.1	25	24.7	23.3	24.1	24.8	25.1	24.9	24.9	24.5	24.5	24.9	24.7	25.7	26.7
尼加拉瓜	13	12.6	13.3	14.7	15.3	16.1	17.1	17.4	16.8	17.1	19.4	20.3	20.9	21.2	21.8	22.3	22.6
巴拿马	15.9	14.8	14.4	14.1	13.9	13.8	15.2	15.7	16	15.8	16.7	16.5	16.8	17.1	15.7	15.9	16.6
巴拉圭	12.6	11.9	10.8	11.6	13.1	13.8	14.2	13.9	14.6	16.1	16.5	16.9	17.7	16.4	17.8	17.9	17.5
秘鲁	14.6	15.4	14.8	15.5	15.7	16.4	17.9	18.4	18.8	16.9	17.8	18.6	19.3	19.2	19	17.2	16.1
特立尼达和多巴哥	21.4	23.5	21.9	22.2	22.9	26.7	30.4	26.4	29.5	28.4	27.5	26.7	27.6	27.7	30.1	30.6	22.9
乌拉圭	21.6	22	21.1	21.5	22.7	23.9	25.1	25.1	26.1	25.9	26.2	26.6	26.9	27.5	27.3	27	27.9
委内瑞拉	13.6	12.2	11.2	11.9	13.3	15.9	16.3	17	14.2	14.2	11.8	13.4	14.1	14.4	18.9	20.8	14.4
平均值	15.8	16.3	16.3	16.7	17.2	17.9	18.8	19.0	19.3	18.9	18.9	19.5	20.0	20.1	20.3	20.7	20.4

注：税收包含社会保障税。表中“—”表示还未提供可用数据。

资料来源：OECD 网站，https：//stats. oecd. org/.

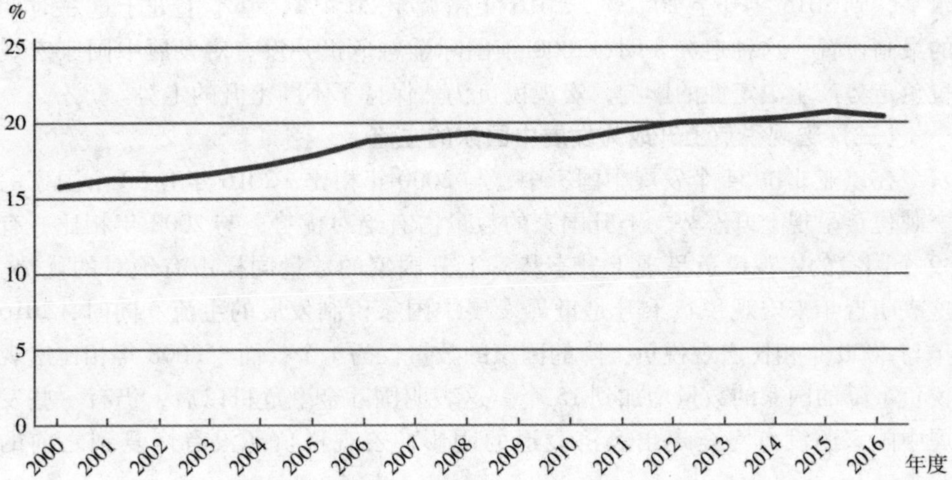

图 1-5　亚非拉 54 个发展中国家宏观税负走势情况（2000—2016 年）

从走势上看，近年来各发展中国家的宏观税负发展态势不尽相同。与 2000 年相比，2016 年亚非拉 54 个发展中国家中绝大多数的宏观税负呈现上升趋势。宏观税负上升的国家达到 50 个，其中，上升最多的国家为多哥，上升了 12.8 个百分点，阿根廷、伯利兹和厄瓜多尔上升幅度也很大，分别上升了 11.5 个、10.5 个和 10.2 个百分点。另外有 4 个发展中国家（哈萨克斯坦、巴布亚新几内亚、博茨瓦纳、埃及）的宏观税负出现下降，其中，哈萨克斯坦降幅最大，下降了 4.9 个百分点。

总体上看，以亚非拉 54 个国家为代表的发展中国家的宏观税负近年来的发展变化呈现出以下特点和趋势。

（一）发展中国家的宏观税负总体上呈现快速上升态势

2000—2016 年，发展中国家宏观税负的平均值从 15.8% 攀升至 20.4%，上升了 4.6 个百分点，增幅达到 29.1%。这表明近年来发展中国家的宏观税负水平处在快速提升阶段。

（二）发展中国家宏观税负的上升走势并没有因国际金融危机爆发而出现大的变化

2008 年国际金融危机爆发以前，发展中国家的宏观税负一直处在快速上升状态，亚非拉 54 个发展中国家的宏观税负平均值从 2000 年的 15.8% 上升至 2008 年的 19.3%，上升了 3.5 个百分点。尽管在 2009 年和 2010 年降至 18.9%，仅仅下降了 0.4 个百分点，但在 2011 年开始回升并超过了 2008 年的水平，到2015年升至20.7%，2016年微调至20.4%，基本上处于这一时期的最高位置。这种走势表明，2008年国际金融危机并没有对发展中国家宏观税负走势产生决定性的影响，宏观税负仍然保持了不断上升的走势。

（三）宏观税负上升成为发展中国家的主流

在以亚非拉54个发展中国家中，与2000年相比，2016年有50个国家的宏观税负呈现上升态势，上升国家的数量占有绝对优势；与2008年相比，有39个国家的宏观税负呈现上升态势，上升国家的数量同样占有绝对的优势。这表明近年来宏观税负上升是世界发展中国家税制发展的主流。同时，2016年与2000年相比宏观税负下降的国家的数量仅为4个，而与2008年相比宏观税负下降的国家的数量增加到15个。这表明国际金融危机以后，仍有一些发展中国家还没有完全走出经济衰退的阴影，宏观税负还没有恢复到之前的水平。

三、发达国家与发展中国家宏观税负变化情况比较

分析以上发达国家和发展中国家的宏观税负变化，可以发现发达国家的宏观税负与发展中国家相比，既有一些共同点，也有不少不同点。

（一）发达国家与发展中国家宏观税负变化的共同点

近年来，发达国家宏观税负与发展中国家宏观税负主要在以下几个方面具有共同点。

1. 宏观税负水平都呈现上升态势

近年来，发达国家和发展中国家的宏观税负都在不断上升。与2000年相比，发达国家（2017年数据）和发展中国家（2016年数据）的宏观税负分别上升了0.42个和4.6个百分点；与国际金融危机爆发后的2009年相比，发达国家和发展中国家的宏观税负分别上升了1.98个和1.5个百分点，发达国家的上升趋势更加明显。特别是与爆发国际金融危机的2008年相比，上升趋势更加明显。这表明国际金融危机以后，无论发达国家和发展中国家都致力于刺激经济发展，税收收入出现了快速增长，宏观税负也不断攀升（见图1-6）。

2. 宏观税负的波动幅度都不是很大

2000—2017年，发达国家的宏观税负水平上下波动在2个百分点以内，而发展中国家的宏观税负波动幅度也在5个百分点以内。总体而言波动幅度都不是很大。这种情况表明，尽管世界经济经历了周期波动，但宏观税负水平保持了相对稳定。

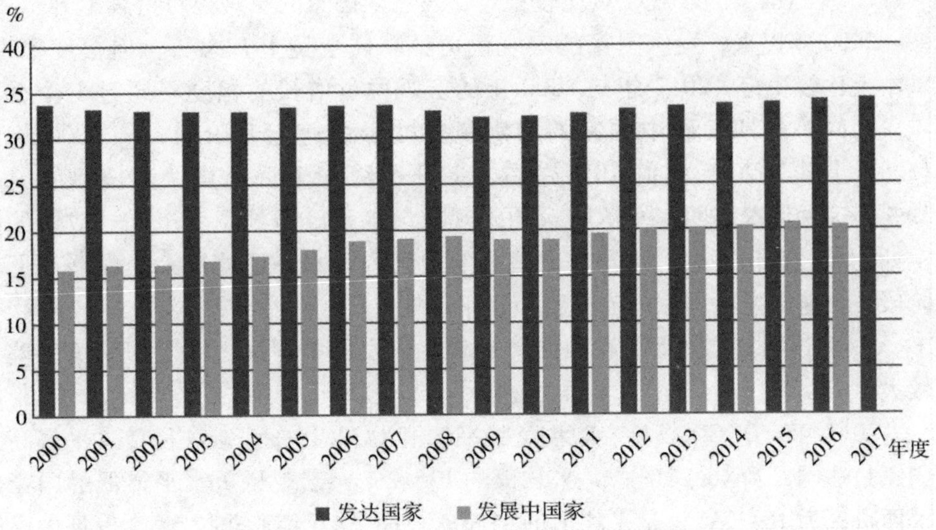

图 1-6　发达国家和发展中国家宏观税负走势比较情况（2000—2017 年）

3. 国际金融危机对发达国家和发展中国家的宏观税负都产生了一定的负面影响

2008 年的国际金融危机以后，发达国家的宏观税负水平下降了 0.72 个百分点，发展中国家的宏观税负下降了 0.4 个百分点。这表明国际金融危机无论对发达国家还是对发展中国家的宏观税负都产生了比较明显的负面影响，对发达国家的影响还要略大于发展中国家，但并没有影响宏观税负的长期走势。

（二）发达国家与发展中国家的宏观税负变化的不同点

比较而言，发达国家的宏观税负走势与发展中国家主要在以下几个方面具有较大差异。

1. 发达国家的宏观税负比较高，发展中国家的宏观税负比较低

近年来，发达国家的宏观税负水平一直保持在 32% ~35% 区间，即税收收入占 GDP 的比重约为 1/3，处在一个相对较高的水平。而同期发展中国家的宏观税负水平保持在 15% ~21% 区间，税收收入占 GDP 的比重约为 1/5，处在一个相对较低的水平。发达国家的宏观税负远远高于发展中国家。这表明发达国家的筹集税收收入的能力及提供公共服务的能力都要远远高于发展中国家。

2. 发达国家的宏观税负比较稳定，发展中国家的宏观税负持续上升

2000 年以来，发达国家的宏观税负虽总体上呈上升态势，但幅度很小，基本上比较稳定，2017 年与 2000 年的宏观税负增长的幅度不超过 1 个百分点。而同一时期发展中国家的宏观税负处于快速上升阶段，从 2000 年的 15. 8% 上升至 2016 年的 20% 左右，上升了约 4 个百分点，增长幅度约为 29% 。这种情况表明，发达国家的宏观税负水平已经处于一个比较成熟的稳定期，前后变化不大；而发展中国家的宏观税负水平还处于一个发展和上升阶段，快速向发达国家的宏观税负水平靠拢。

3. 发达国家之间宏观税负的差异较小，发展中国家之间宏观税负的差异较大

2017 年，OECD 成员宏观税负的平均值为 34. 19% ，宏观税负水平最高的国家是法国，为 46. 23% ，是平均值的 135. 2% ；宏观税负水平最低的国家是墨西哥，为 16. 17% ，是平均值的 47. 3% 。而 2016 年亚非拉 54 个发展中国家宏观税负的平均值为 20. 4% ，宏观税负水平最高的国家是古巴，为 41. 7% ，是平均值的 204. 4% ；宏观税负水平最低的国家是刚果（金），为 7. 6% ，是平均值的 37. 3% 。比较而言，发达国家的宏观税负水平与平均值差异的程度没有发展中国家的大。这表明发达国家之间的宏观税负差异较小，税制比较成熟，发展中国家之间的宏观税负差异较大，税制不太稳定，还处在不断完善成熟的阶段。

第三节　世界各国税制结构的变化情况

税制结构，是指国家各税种收入之间的关系及其在税收总收入中所占的比重，它反映一国税收制度的整体布局和总体结构。在理论上，可以将各个税种分为直接税和间接税，也可细分为所得税、货物和劳务税、财产税等税类，种类和名称都十分庞杂。在实践中，世界各国也主要关注税收收入规模较大的税种。为了便于研究，本节按照国际上的惯例和统计数据，将收入规模较大的个人所得税、公司所得税、社会保障税、货物和劳务税（包括增值税、销售税等）、财产税（包括房地产税、遗产与赠与税等）作为研究对象，分析各国的税收结构。

一、发达国家税制结构的变化情况

近年来，世界各国税收制度改革不断深化，税收政策调整频繁，相应地，各国的税制结构也发生了深刻的变化。以 OECD 成员为代表的发达国家各个税种占税收总收入的比重的发展变化也呈现出了一定的特点。具体情况见表 1－6、图 1－7 和图 1－8。

从表 1－6、图 1－7 和图 1－8 可以看出，2000 年以来，以 OECD 成员为代表的发达国家的税制结构虽然有一些变动，但总体格局并没有发生实质性的变化。从各主要税种收入的比重看，2016 年发达国家个人所得税、公司所得税、社会保障税、财产税、货物和劳务税收入占税收总收入的比重分别为 23.84%、9.02%、26.24%、5.66%、32.69%。其中，个人所得税、社会保障税、货物和劳务税的比重较大，都在 20% 以上，特别是货物和劳务税比重在 30% 以上，是主要税种。而公司所得税、财产税的比重较低，都不到 10%。总的来看，近年来发达国家的税制结构的发展变化主要呈现以下三个特点和趋势。

（一）税制结构非常稳定，各主要税种收入占税收总收入的比重变化不大

2000—2016 年，发达国家的个人所得税比重在 22.93% ~25.1% 区间波动，波动幅度为 2 个百分点左右；公司所得税比重在 8.64% ~11.08% 区间波动，波动幅度为 2 个百分点左右；社会保障税比重在 24.79% ~27.06% 区间波动，波动幅度为 2 个百分点左右；财产税比重在 5.26% ~5.66% 区间波动，波动幅度为 0.4 个百分点；货物和劳务税比重在 31.81% ~33.62% 区间波动，波动幅度在 2 个百分点以内。这表明发达国家的税制结构相对稳定，近年来各税种的比重和税制结构都没有发生大的变化，税收制度比较成熟。

（二）货物和劳务税、社会保障税、个人所得税的收入占税收总收入的比重较高，是发达国家的主体税种

在发达国家的税制结构中，货物和劳务税比重长期稳定在 33% 左右，社会保障税比重长期稳定在 26% 左右，个人所得税比重长期稳定在 23% 左右，在各税种中稳居前列，并且三个税种比重之和达到 82% 左右，在税收总收入中占有绝对比重。这表明货物和劳务税、社会保障税和个人所得税三个税种已经成为发达国家的主体税种。

表 1-6　OECD 成员各主要税种占税收总收入的比重（2000—2016 年）

单位：%

税种	2000年	2001年	2002年	2003年	2004年	2005年	2006年	2007年	2008年	2009年	2010年	2011年	2012年	2013年	2014年	2015年	2016年
个人所得税	24.62	25.1	24.14	23.73	23.39	23.16	23.22	23.66	24.04	23.64	22.93	23.03	23.39	23.58	23.75	24.06	23.84
公司所得税	9.34	8.65	8.74	8.88	9.43	10.19	10.95	11.08	10.32	8.71	8.64	8.96	8.95	8.9	8.75	8.78	9.02
社会保障税	24.96	25.54	25.81	25.95	25.73	25.3	24.94	24.79	25.55	27.06	26.82	26.68	26.6	26.52	26.36	26.2	26.24
财产税	5.38	5.33	5.38	5.45	5.43	5.46	5.51	5.45	5.26	5.47	5.43	5.42	5.41	5.54	5.62	5.66	5.66
货物和劳务税	33.1	32.93	33.46	33.62	33.44	33.01	32.39	32.03	31.81	32.48	33.19	32.97	32.83	32.68	32.7	32.63	32.69
其他	2.6	2.45	2.47	2.37	2.58	2.88	2.99	2.99	3.02	2.64	2.99	2.94	2.82	2.78	2.82	2.67	2.55

资料来源：OECD 网站，https：//data. oecd. org/.

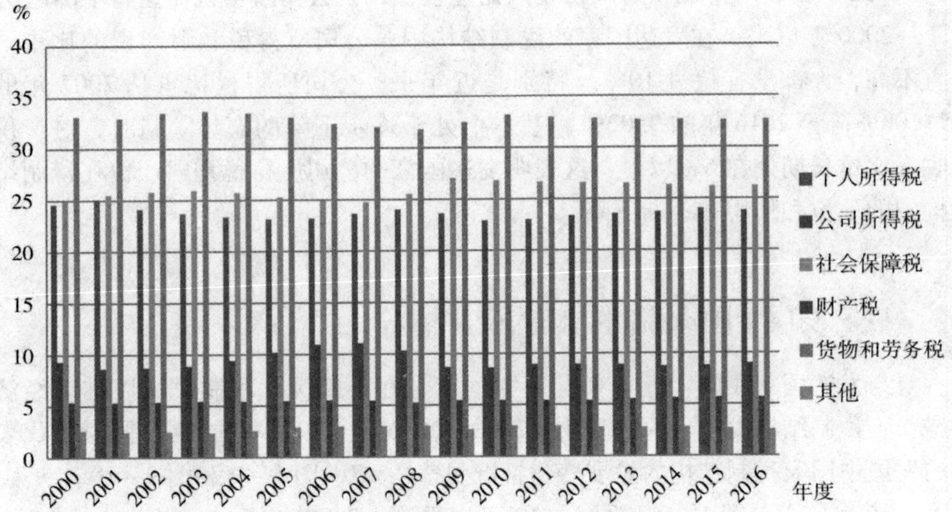

图 1－7　OECD 成员各税种收入占税收总收入的比重情况（2000—2016 年）

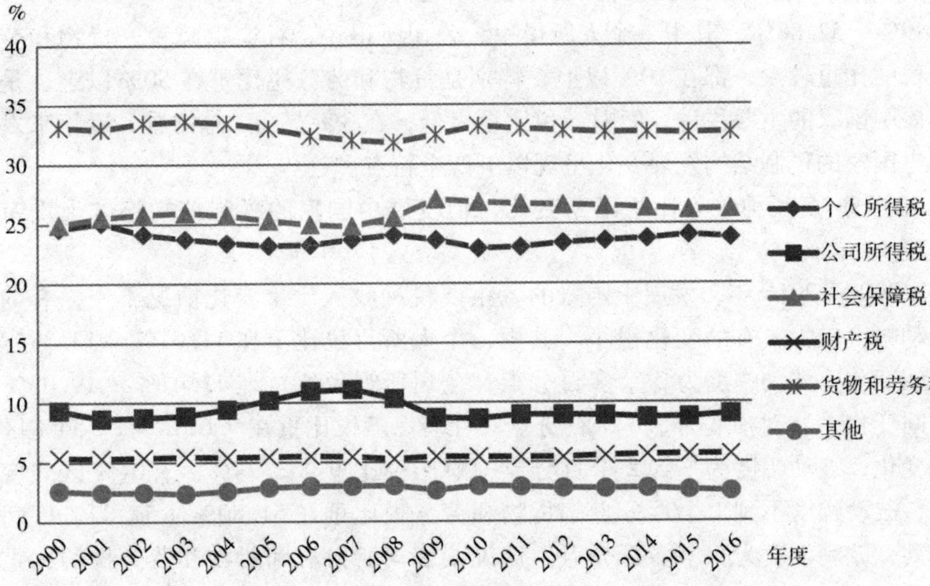

图 1－8　OECD 成员税制结构变化情况（2000—2016 年）

（三）公司所得税和财产税收入比重较低，且公司所得税比重有下降趋势

2000 年以来，在发达国家的税制结构中，公司所得税和财产税的比重一直不高，大都没有超过 10%。特别是近年来，公司所得税比重从 2007 年的 11.08%降至 2016 年的 9.02%，基本上处于逐步下降的态势。同时，财产税收入比重长期处在 6%以下。这表明发达国家的公司所得税和财产税在税制结构中的地位和作用在不断下降。

二、发展中国家税制结构的变化情况

与发达国家相同，近年来发展中国家也在不断深化税制改革以推动经济增长，税制结构发生了深刻变化。2000—2016 年，以亚非拉 54 个国家为代表的发展中国家税制结构的发展变化情况见表 1－7、图 1－9 和图 1－10。

从表 1－7、图 1－9 和图 1－10 可以看出，2000 年以来，以亚非拉 54 个国家为代表的发展中国家各主要税种收入占税收总收入的比重变化明显，但从总体上看税制结构仍没有实质性的改变。从各主要税种收入的比重看，2016 年，发展中国家的个人所得税、公司所得税、社会保障税、财产税、货物和劳务税收入占税收总收入的比重分别为 13.39%、16.52%、11.07%、2.49%、52.88%。其中，个人所得税、公司所得税、社会保障税、货物和劳务税的比重较大，都在 10%以上，特别是货物和劳务税比重在 50%以上，是发展中国家的主要税种。而财产税比重极低，在 3%左右。总的看，近年来发展中国家的税制结构发展变化呈现以下四个特点和趋势。

（一）各税种收入比重不断变化，但发展中国家的税制结构整体上没有改变

2000—2016 年，发展中国家的各主要税种收入比重变化情况不一，有的波动幅度较大，有的变化很小。其中，个人所得税比重在 11.01%～13.39%区间变化，波动幅度为 2 个多百分点；公司所得税比重在 13.61%～19.08%区间变化，波动幅度为 5.6 个百分点；社会保障税比重在 9.61%～11.54%区间变化，波动幅度为不到 2 个百分点；财产税比重在 2.34%～3.04%区间变化，波动幅度不到 1 个百分点；货物和劳务税比重在 51.80%～57.02%区间变动，波动幅度为 5 个多百分点。这说明公司所得税和货物和劳务税的比重变化较大，而个人所得税、社会保障税和财产税的比重变化较小。同时，各主要税种比重的变化并没有改变其在税收总收入中的地位，说明发展中国家税制结构的格局基本没变。

表 1－7　　亚非拉 54 个发展中国家各主要税种占税收总收入的比重（2000—2016 年）　　单位：%

税种	2000年	2001年	2002年	2003年	2004年	2005年	2006年	2007年	2008年	2009年	2010年	2011年	2012年	2013年	2014年	2015年	2016年
个人所得税	11.20	10.74	11.67	11.35	10.86	11.30	11.01	11.22	11.80	12.31	12.14	12.23	12.38	12.79	12.49	12.99	13.39
公司所得税	13.61	14.39	14.85	15.17	15.70	16.93	18.42	19.08	19.21	18.91	17.90	18.53	18.41	18.48	18.25	17.10	16.52
社会保障税	11.54	11.31	11.34	11.12	10.91	10.16	10.09	10.05	9.61	10.36	10.50	10.32	10.54	10.81	10.91	11.03	11.07
财产税	2.47	2.66	3.10	3.04	2.91	2.83	2.60	2.70	2.59	2.51	2.42	2.36	2.34	2.43	2.44	2.51	2.49
货物和劳务税	57.02	56.80	56.59	56.23	55.44	54.50	53.51	52.93	52.96	52.12	53.48	52.93	52.72	51.80	52.02	52.68	52.88
其他	4.16	4.1	2.45	3.09	4.18	4.28	4.37	4.02	3.83	3.79	3.56	3.63	3.61	3.69	3.89	3.69	3.65

资料来源：OECD 网站，https：//data. oecd. org/.

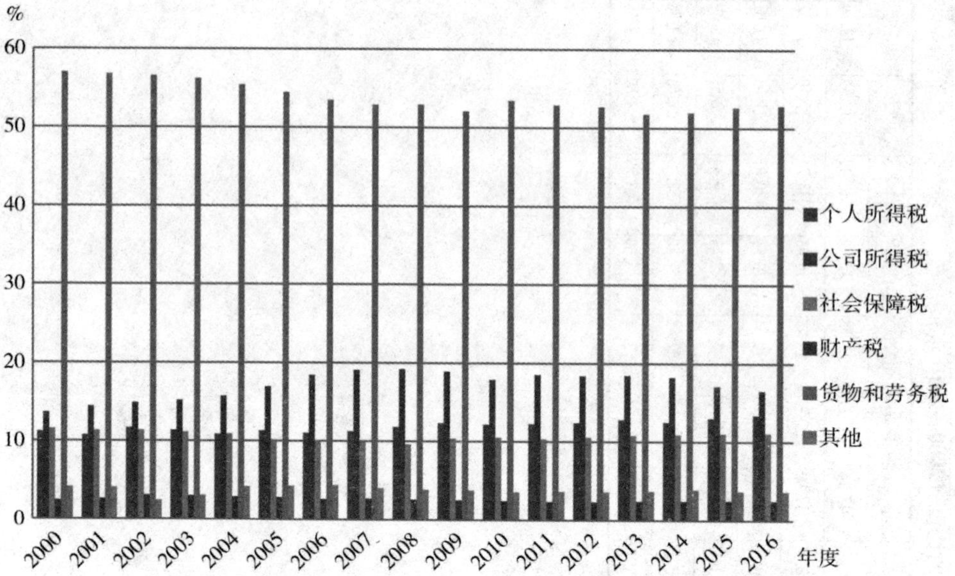

图 1－9　亚非拉 54 个发展中国家各税种收入占税收总收入比重情况（2000—2016 年）

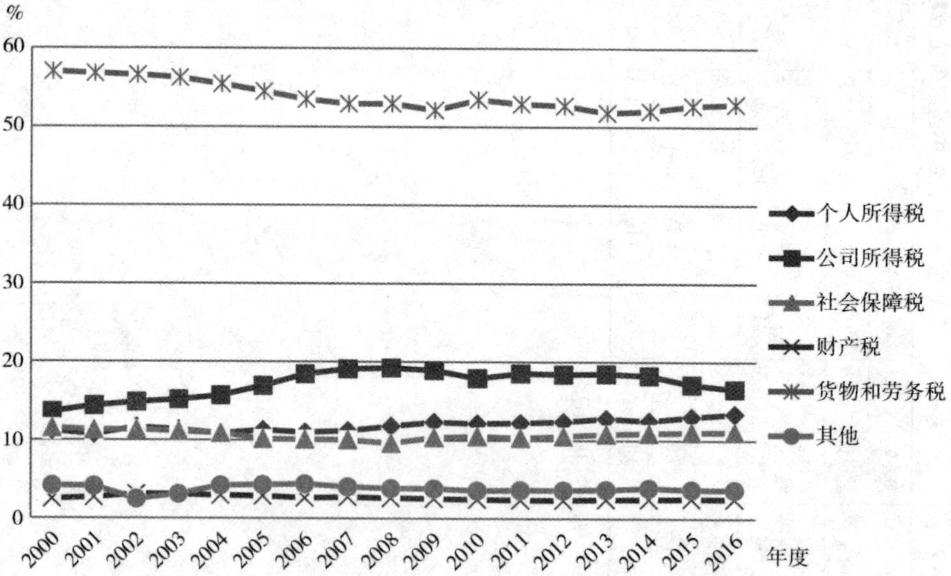

图 1－10　亚非拉 54 个发展中国家税制结构变化情况（2000—2016 年）

（二）货物和劳务税一枝独秀，在发展中国家的税收总收入中占有绝对比重

在发展中国家的税制结构中，货物和劳务税比重长期处在52%以上，比其他所有税种收入的总和都要高。2000年货物和劳务税比重为57.02%，之后虽然呈现稳步下降态势，到2016年降为52.88%，但是依然占据着税收总收入的一半以上。这表明货物和劳务税是发展中国家的主体税种，是发展中国家税制结构的重点和核心。而且由于发展中国家经济仍处在不断发展的阶段，货物和劳务税收入占较大比重的这一税制结构特点仍将长期存在。

（三）个人所得税、公司所得税和社会保障税收入也是发展中国家税收收入的重要来源

在发展中国家的税制结构中，尽管个人所得税、公司所得税、社会保障税的比重达不到货物和劳务税的比重，但是也都超过了10%。其中个人所得税和公司所得税比重上升较快，分别从2000年的11.20%、13.61%上升至2016年的13.39%、16.52%，分别提高了2.19个和2.91个百分点。社会保障税比重基本稳定，2000年为11.54%，到2016年为11.07%，稳定在11%左右。2016年发展中国家的个人所得税、公司所得税、社会保障税三个税种收入的比重之和为40.89%，在税制结构中的地位也非常重要。

（四）财产税在发展中国家的税收总收入中的比重较低

财产税在发展中国家的税制结构中的比重一直不高。2000—2016年，财产税比重基本维持在3%左右的水平，2016年仅为2.49%。这表明财产税收入在发展中国家的税制结构中的地位和作用也比较低。

三、发达国家与发展中国家税制结构变化情况比较

2000—2016年，发达国家和发展中国家的税制结构都在不断发生着变化。这些变化既有各自不同的轨迹，又相互作用，共同影响世界税制结构发展变化的趋势。

（一）发达国家和发展中国家税制结构的共同点

近年来，发达国家的税制结构与发展中国家相比主要在以下三个方面具有共同点。

1. 发达国家和发展中国家的税制结构都比较稳定

2000年以来，虽然世界各国都在进行着税制的改革，各个主要税种的比重也都在发生着变化，但是无论发达国家还是发展中国家的税制结构都没有

出现根本性的变化，比较稳定。其中，个人所得税、公司所得税、社会保障税、财产税、货物和劳务税等主要税种的收入占税收总收入的比重都维持着原有的格局。比较而言，发达国家的税制结构的稳定性要高于发展中国家。这表明这一段时间世界各国的税制结构处在一个相对稳定的时期。

2. 发达国家和发展中国家都呈现出以所得税和货物和劳务税为主体的税制结构

从税种的类别上看，个人所得税、公司所得税和社会保障税都属于所得税类。与之相对应的是货物和劳务税类。从近年来的情况看，所得税、货物和劳务税都已经成为发达国家和发展中国家的税制结构中的主体税种。也就是说，发达国家和发展中国家的税制结构大致相同。从发达国家的情况看，2016 年所得税类的税种收入比重达到了 59. 1%，货物和劳务税收入比重为 32. 69%，两类税种收入比重达到 91. 79%。从发展中国家的情况看，同期所得税类收入比重为 40. 98%，货物和劳务税收入比重为 52. 88%，两类税种收入比重达到 93. 86%。这说明无论发达国家还是发展中国家，所得税和货物和劳务税收入的比重都在税制结构中占有绝对的地位。

3. 发达国家和发展中国家的财产税在税制结构中的比重都比较低

近年来，财产税在发达国家和发展中国家税制结构中的的比重都比较低，且长期保持稳定。发达国家财产税比重长期在 6% 以下，发展中国家的财产税比重长期在 3% 以下。这表明无论发达国家还是发展中国家，财产税收入对税收总收入的贡献和影响非常小，在税制结构中的地位都很低。

（二）发达国家和发展中国家税制结构的不同点

比较而言，发达国家与发展中国家的税制结构主要在以下三个方面具有较大差异。

1. 发达国家的税制结构比发展中国家更加均衡

尽管发达国家与发展中国家的税制结构中都以所得税和货物和劳务税为主要税种，但从具体的税种上看，仍有很大差异。在发达国家的税制结构中，个人所得税和社会保障税收入的比重分别约为 1/4，货物和劳务税收入的比重则约为 1/3，这三个税种共同构成了发达国家的主体税种。而在发展中国家的税制结构中，个人所得税、公司所得税、社会保障税收入的比重都在 1/10 左右，最高约为 1/7，而货物和劳务税比重在 1/2 以上，远远超过其他税种，因此，货物和劳务税是发展中国家最重要的主体税种。这表明发达国家的税制结构比发展中国家更加合理均衡，税收制度更加成熟。

2. 发达国家主要税种的波动幅度比发展中国家小

在发达国家的税制结构中，各税种比重变化不大，个人所得税、公司所得税、社会保障税、货物和劳务税的波动幅度都在 2 个百分点左右，财产税的波动幅度更小。发展中国家的各税种比重波动相对较大，个人所得税、社会保障税的波动幅度在 2 个百分点左右，而公司所得税、货物和劳务税的波动幅度都超过了 5 个百分点。这表明发达国家各税种比重比发展中国家的波动更小，发达国家的税制结构也更加成熟。

3. 发达国家主要税种的走势与发展中国家部分主要税种的走势不同

近年来，发达国家和发展中国家各主要税种收入比重尽管总体上变化不大，但也呈现出一些不同走势。其中，发达国家的个人所得税、公司所得税都呈下降趋势，而社会保障税呈现上升趋势，货物和劳务税基本稳定。与之不同，发展中国家的个人所得税、公司所得税收入比重呈现上升趋势，而货物和劳务税、社会保障税呈现下降趋势，特别是货物和劳务税收入比重下降幅度较大。这说明受自身经济发展阶段和特点的影响，发达国家和发展中国家的税制结构调整出现了不同的走向。发达国家由于社会保障支出方面的压力较大，反映在税制结构上就是社会保障税收入比重不断提高。而发展中国家经济发展水平在不断提高，反映在税制结构上就是货物和劳务税比重过大的情况在逐步缓解。这种情况也说明发展中国家的主要税种的比重有向发达国家有关税种比重不断靠拢的趋势。

第四节 世界税制的发展趋势

近年来，世界经济尽管出现了不少积极向好的因素，但是依然面临较多风险，增长速度放缓，保护主义、单边主义抬头。因此，世界各国纷纷出台各种税收政策措施，努力化解矛盾、走出危机。世界税收制度的发展也随之呈现出新的特点和趋势。主要有以下四点。

一、税制改革步入新一轮活跃期

2008 年国际金融危机以来，为了推动经济尽快走出低迷，世界各国大多出台和实施了包括税制改革和税收政策调整在内的诸多经济政策，刺激经济发展，世界范围内的税制改革非常活跃。特别是以美国特朗普政府实施新的减税法案为标志，世界上又掀起了一个新的减税热潮，税制改革进入新一轮的活跃期。

美国实施大规模减税改革。美国特朗普总统上台以后，落实竞选承诺积极推动税制改革，经过一年左右的准备，在2017年底通过了《减税与就业法案》。该法案从2018年开始实施，主要内容包括：一是大幅降低公司所得税税率，允许企业投资在税前扣除；二是大幅提高个人所得税税前扣除标准，降低个人所得税税率；三是实行属地征税制度。这一税改法案号称是自1986年以来美国历史上最大规模的减税，目的是大幅降低美国企业和个人的税收负担、刺激就业和资本回流，使美国再次强大。

一些国家跟进美国实施减税改革。美国税制改革在世界上产生了重大的影响，为了应对美国税制改革，同时也为了进一步解决本国经济发展问题，世界不少国家和地区纷纷采取措施，出台了各自的税制改革措施。例如，阿根廷于2018年实施综合税收改革法案，大幅降低公司所得税税率，加强对避税天堂税收征管，强化进出口贸易的税收征管等；韩国通过了税收改革法案，降低企业税收负担，鼓励海外企业回国投资；瑞典议会通过新的政府预算案，实施减税改革刺激经济发展。

一些国家关注解决自身问题，坚决推进税制改革。例如，印度为了增加财政收入、统一国内市场、简化税制，从2017年7月起在全国范围内实施统一的货物和劳务税（GST）改革。改革以后，印度初步在全国范围内建立了统一的现代增值税制度，取消了原来各邦各自征收的销售税，强化了财政收入的能力。俄罗斯为了改变过分依赖油气收入促进经济转型，增加财政收入，为改善民生提供资金，实施提高增值税税率的改革。决定从2019年开始，将税率由18%上调至20%。日本为了减少财政赤字，缓解人口老龄化带来的社会保障支出压力大的难题，决定在2019年10月将消费税（即增值税）税率从8%提高至10%。这是日本开征消费税以来第三次提高税率。

一些国家为了缓解社会矛盾推进税制改革。例如，法国在2018年底爆发的“黄背心”运动，原因是法国为了落实巴黎气候协定的承诺，推广清洁能源，决定在2019年提高燃油税税率。但是，此举加剧了民众的负担，激化了社会矛盾，民众走上街头抗议，一些人借机打砸商店，社会一度陷入混乱。为了平息民众不满，法国总统马克龙被迫宣布暂停提高燃油税税率，并在全国范围就税收与公共服务展开辩论，研究出台降低税负、振兴经济、促进社会公平的税收改革措施。

一些国际组织也在积极倡导税制改革。例如，欧盟发布新的增值税指令，提出了单一增值税改革方案，加快推动欧盟成员增值税制度现代化。同时，欧盟还倡导成员大幅简化公司所得税制度，提高透明度。

总之，在美国特朗普税改的影响和推动下，世界各国再次兴起了税制改革的热潮，世界税制改革已经进入了新一轮的活跃期。

资料链接

法国“黄背心”运动

2018 年 11 月中旬，法国总统马克龙宣布，自 2019 年 1 月 1 日起，将再次提高燃油税税率，每升柴油涨价 6.5 欧分，每升汽油涨价 2.9 欧分，以减少法国对化石燃料的依赖，减少空气污染，以便法国实现降低碳排放的目标，并为可再生能源投资提供资金。此次调整后，平均每个家庭的月支出将增加 10 欧元。

提高燃油税税率的决定引起了民众的不满。2018 年 11 月 17 日，通过网络动员，20 万名抗议者身穿法国司机常备的、在车辆紧急遇险时才需要穿上的“黄背心”展开抗议活动。活动首日有逾 28 万法国民众参与了抗议示威。之后，“黄背心”运动如燎原之火扩散至全国，首都巴黎成为了示威者抗议活动的“主战场”。每到周六，“黄背心”抗议者就涌向巴黎的各种公共场所抗议。“黄背心”抗议者指责马克龙仅关注气候变化导致的“世界末日”，却忽视为支付油费、寻找工作和过上体面生活而挣扎的农村和城郊区域民众的疾苦。“黄背心”运动的提议者吉斯兰·库塔尔认为，政府所做的一切使富人保持富裕，穷人保持贫穷。马克龙总统的政策被认为使工人阶级生活艰难，使富人生活更加轻松。提高燃油税税率只是一个导火索，引发了工人阶级和中产阶级的不满，点燃了人民长期郁结的愤怒情绪。示威者封锁道路，并与警方发生冲突，打砸抢烧事件屡有发生。在抗争中，他们诉求的议题迅速扩大，从对燃油税的不快，到对政府一年来种种政策的不满，一直到喊出要总统辞职的口号。该运动还蔓延至比利时、加拿大多国。

2019 年 3 月 16 日，“黄背心”抗议者展开了第 18 轮抗议，巴黎香榭丽舍大街再次沦为“战场”。巴黎市区特别是香榭丽舍大街，沿街有 27 家商店被洗劫、124 个餐馆和店铺被砸或被烧。法国政府数据则显示，自 2018 年 11 月爆发抗议活动以来，已有 2000 多名抗议者和 1000 多名警察受伤。

法国总理菲利普在 2018 年 12 月 4 日宣布，政府将暂缓六个月上调燃油税税率。2018 年 12 月 10 日晚 8 点，法国总统马克龙发表电视讲话，对“黄背心”运动做出了一些让步：第一，自 2019 年起，将把每月最低工资标准上调 100 欧元，且政府将确保这 100 欧元的增加将不会给企业主带来额外负担。目前的税前每月最低工资为 1498.47 欧元。第二，免除对加班所获收入的一切税收。第三，不再对月收入低于 2000 欧元的退休人员提升社会普摊税（contribution sociale généralisée）的税率。此外，马克龙还呼吁企业主向员工发放年终奖金。不过，由于不少“黄背心”运动的参加者把恢复“巨富税”（Impt de solidarit sur la fortune，ISF）作为主要诉求之一，因此，马克龙同时也强调，他将会继续推进他的改革，并且不会重新设立“巨富税”。

为应对示威，缓和社会矛盾，2019 年 1 月 13 日，马克龙办公室发表公开信，呼吁民众参与讨论税收制度等事宜，希望借助全国讨论形式、而非街头示威方式，将不满转化为解决问题的方案。法国政府于 1 月 15 日至 3 月 15 日举行全国讨论，在各地市政厅和互联网上征集民众意见，主要涉及税收制度、绿色能源、制度改革和公民身份四大主题。3 月 15 日，这场“大辩论”结束。法国电视新闻网称，两个月来全法共举行 1 万多场辩论会议，并获得在线谏言 181 万多条。

据 2018 年 11 月 20 日法国智库——法国经济形势研究所发布的一份研究报告显示，2008—2016 年，由于经济不景气，法国政府为防止贫富差距拉大而加大各种税费负担等因素，法国所有家庭年购买力平均下降 440 欧元。分析人士指出，从报告来看，最富有的 5% 的家庭虽然收入下降，但其富裕程度决定了他们承受能力较强，最贫穷的 5% 的家庭往往可以享受各类补助，作为“夹心层”的中低阶层受到加税的冲击影响则是最大的。据 OECD 最新数据显示，法国是发达国家中税率最高的国家之一。法国政治学家、政治创新基金会负责人多米尼克曾公开表示，此次“黄背心”运动反映出生活方式受到影响的中产阶层对于现状的不满。

二、降低公司所得税税率成为各国提高税制竞争力的重要政策工具

近年来，世界各国为了吸引国际投资、实现就业和产业政策，将提高本国的税制竞争力作为重要策略。不少国家认为，从国际角度而言，公司所得税税率的高低直接反映了企业税负的高低，降低税率对吸引国外投资的效果非常直接；从国内角度而言，降低公司所得税税率有利于企业减轻负担、有更大的动力和积累发展，从而增强企业的国际竞争力。因此，各国纷纷把降低公司所得税税率作为提高税制竞争力的重要手段。

一些国家一次性大幅降低税率。例如，美国为了促进制造业回流，其税改法案最重大的措施就是大幅降低公司所得税税率，将联邦公司所得税税率从原来的35%降至21%，降幅高达40%。同时，还通过加大公司所得税税前扣除力度，将独资企业、合伙企业和S型公司等小企业（即穿透性实体）的收入减征20%的税款等措施，在实质上降低企业的税率水平。匈牙利在2010年将税率从20%降至19%，后来在2017年降至9%，下降了11个百分点，降幅达55%。德国在2008年将税率从38.9%降至30.18%，下降了8个多百分点，降幅达22.4%。韩国在2009年将税率从27.5%降至24.2%，下降了3.3个百分点，降幅达12%。阿根廷在2018年将公司所得税税率从35%降至30%，并将在2020年进一步降至25%。比利时在2018年将税率从33%降至29%，2020年再降至25%。爱沙尼亚在2018年将税率从20%降至14%。

一些国家是分阶段逐年多次下调公司所得税税率。例如，英国在2008年将公司所得税税率从30%降至28%，之后又在2011年、2012年、2013年、2014年、2015年、2017年分别将税率降至26%、24%、23%、21%、20%、19%，下降了11个百分点，降幅达到36.7%，并计划到2020年降至17%。意大利在2008年将税率从37.25%降至31.4%，之后又在2012年、2017年分别降至31.29%、27.81%，下降了将近10个百分点，降幅达25.3%。日本在2013年将税率从39.54%降至36.99%，之后又在2015年、2016年分别降至32.11%、29.97%，下降了近10个百分点，降幅达24.2%。西班牙在2008年将税率从32.5%降至30%，之后又在2015年、2016年降至28%、25%，下降了7.5个百分点，降幅达23.1%。法国在2018—2020年逐步将税率从33.3%降至25%，2021年降至26.5%，2022年降至25%，降幅达24.9%。卢森堡在2017年将税率从21%降至19%，2018年降至18%。挪威

在2017年将税率从25%降至24%，2018年降至23%。瑞典在2019年将税率从22%降至21.4%，2021年将降至20.6%。

事实上，21世纪以来世界各国不断下调公司所得税税率使得平均税率水平不断下降。据OECD发布的《税收政策改革（2018）》报告显示，各成员公司所得税平均税率从2000年的32.5%下降至2018年的23.9%。同时，各国公司所得税收入占税收总收入的比重也都一直呈现下降趋势。因此，降低税率已经成为各国提高税制竞争力的重要手段，也是世界税制改革的重要趋势。

三、国际税收合作依然是世界税收发展的主流和方向

由于经济增长缓慢、贫富分化、难民等问题，保护主义、单边主义日益加剧，近年来国际上出现了一股逆全球化的潮流。主要表现为英国“脱欧”，美国特朗普政府退出多个国际组织，并向全球其他国家挥舞“关税大棒”，以及中美贸易摩擦等。这些无疑给国际税收合作的前景蒙上了一层阴影。尽管如此，各国仍致力于加强国际税收交流与合作，不断提高全球税收治理水平。

首先，世界各国稳步落实税基侵蚀和利润转移（BEPS）行动计划。BEPS行动计划是二十国集团（G20）委托OECD研究并实施的国际税收改革项目，2015年发布了全部15项行动计划内容。这一行动计划旨在修改国际税收规则、遏制企业规避全球纳税义务，即税基侵蚀和利润转移行为，防止有害税收竞争，促进公平。BEPS行动计划的推出，是国际税收合作历史上的标志性事件。之后，各国积极推动BEPS行动计划的有效落实。其中，打击有害税收实践、防止税收协定滥用、转让定价文档和国别报告、改进争端解决机制等项目已经开始同行评议，将国别报告纳入本国法律框架的税收辖区已经超过60个。英国、法国、德国等国家按照BEPS行动计划要求调整了转让定价政策。《实施税收协定相关措施以防止税基侵蚀和利润转移的多边公约》在多方努力下正式生效，实现了税收协定历史上规模最大、范围最广的一次多边合作与协调。

其次，权威国际组织成为深化税收领域务实合作的重要力量。一些具有重大影响力的权威性的国际组织高度关注国际税收领域，并成为推动国际税收合作的重要平台和主导力量，国际税收合作向高端化、多边化发展。作为包括全球绝大多数重要经济体的G20，在2013年委托OECD开展国际税收合作研究。2014年，澳大利亚布里斯班峰会通过了《布里斯班行动计划》，强调加强全球税收合作，得到国际社会广泛认同。2015年，安塔利亚峰会通过

BEPS 行动计划，并呼吁各国和 OECD 认真落实。2016 年 9 月召开的 G20 杭州峰会，继续支持开展国际税收合作，强调建立一个全球公平和现代化的国际税收体系并促进经济增长。2018 年 2 月，联合国（UN）、国际货币基金组织（IMF）、世界银行集团（WBG）和 OECD 在美国纽约联合国总部联合举办第一届税收合作平台全球大会，旨在加强各国税收合作，支持发展中国家税收能力建设。这说明 UN、IMF、WBG、OECD、G20 等国际组织已经成为推动全球税收合作的重要平台和力量，国际税收合作已经迈上了一个新的台阶。

同时，区域合作平台在加强国际税收合作方面取得新成绩。与美国特朗普政府奉行单边主义不同，国际社会中新的区域合作的新平台蓬勃发展，成为推动国际税收合作新的力量。2018 年 5 月，“一带一路”税收合作会议在哈萨克斯坦首都阿斯塔纳开幕，会议以“共建一带一路税收协调与合作”为主题，旨在加强参与“一带一路”建设的国家及地区之间的税收交流与合作，助力经济的可持续和包容性发展。

可以说，虽然当前国际上出现了一些保护主义抬头的现象，国际税收合作受到一些影响，但是总体上看，国际税收合作依然是国际社会的共识，也是各国努力的方向，国际税收合作仍将破除诸多困难继续前行。

四、数字经济税收问题成为世界税收的新边疆

当前经济全球化以及大数据、物联网、人工智能等数字技术、信息技术迅猛发展，给整个世界经济带来深刻变化，经济的数字化进程不断加快并深化。在这一进程中，传统的经济模式、经营模式、生产模式、贸易模式及国际税收规则受到严峻挑战。一方面，跨国企业在全球范围内整合资源、配置产业链，并利用各国税制的差异调整价值链，规避纳税责任，产生了税基侵蚀和利润转移，冲击原有的国际税收制度体系。另一方面，企业依托数字技术、信息技术构建新的企业组织模式、产品生产模式、商业模式等，新的业态、产品、交易平台等大量涌现，脱离了各国税收管理范围，冲击原有的税收管理模式。为了有效应对这些挑战，世界各国开始高度关注数字经济税收问题，并研究出台相关税收政策。

第一，国际组织积极主导推动研究解决数字经济税收问题。充分意识到数字经济对现有税收制度和国际税收体系造成的严重冲击，国际社会高度关注数字经济的税收问题。

G20 将数字经济税收问题作为关注重点。2013 年，G20 委托 OECD 开展

BEPS 项目研究，把数字经济征税问题列为第 1 项内容。2015 年，G20 和 OECD 发布了 BEPS 15 项行动计划，其中第 1 项行动计划全面分析了数字经济带来的挑战，提出了一些可能的应对措施。之后，OECD 成立 BEPS 项目数字经济工作组（Task Force on the Digital Economy，TFDE），继续开展相关研究工作。2018 年 3 月，OECD 发布《数字化带来的税收挑战——2018 年中期报告》，主要探讨了数字化商业模式的主要特点、数字经济对税收的影响、各国的态度及其应对方案等。报告强调 G20 将继续加强协调，并计划于 2020 年就数字经济征税解决方案达成共识。该报告虽然并没有给出解决数字经济税收问题的最终方案，但是将各国对数字经济的认识向前推进了一大步，并描画了解决方案的时间表和路线图。

欧盟非常热衷研究解决数字经济税收问题。2018 年 3 月，欧盟发布了关于数字经济税收的一系列文件①，认为当前的国际税收规则没能对数字经济有效征税，既不公平，也不利于欧盟经济的增长，要求修改国际税收规则，并提出了在欧盟内部适用的短期征税措施建议。主张对数字企业在欧盟取得的收入、客户数量、合同数量设定一定的阈值，并对超过阈值企业取得的在线广告、数字中介服务等营业收入征税。具体是提议对全球年收入超过 7.5 亿欧元、欧盟境内年收入超过 5000 万欧元的大型互联网企业来自欧盟的营业收入征收 3% 的数字服务税。这一建议在成员国内部产生了强烈反响。之后，欧盟又对方案的细节做了一定的修改。虽然目前还没有形成统一的意见，但欧盟已经成为对数字经济征收的重要推动者。

第二，一些国家在争议中强势推出数字服务税。随着数字经济的快速发展，世界各国对数字经济税收问题的认识不断深化，并从自身利益出发进行了热烈的争论，提出了不同意见和措施。

法国、英国等国极力主张开征某种形式的数字服务税。这些国家认为，大型跨国互联网企业从该国获取了大量的收入，但只缴纳了非常少的税收，有失公平，且破坏了现有的国际经济规则和国际税收框架，因此应该对大型互联网企业征收某种形式的数字服务税。事实上，这些国家的大型跨国互联网企业数量往往比较少，数字经济的发展对其传统经济造成严重冲击，征收数字服务税，既能获取一定的财政利益，又能保护其传统经济。

美国、爱尔兰等国反对贸然开征数字服务税。美国财政部长史蒂文·姆

① 参见 https://ec.europa.eu/taxation_customs/business/company-tax/fair-taxation-digital-economy_en.

努钦等人认为，应该对企业的利润而不是营业额征税，征收数字服务税会导致重复征税，破坏国际税收协定制度，而且也不应针对某一特定行业征税，他呼吁采取全球性方案来解决问题。爱尔兰、丹麦、瑞典、芬兰、卢森堡等国则反对在达成共识之前贸然对数字经济征税。这些国家认为，对数字经济征税会降低资本的投资意愿，对经济增长、创新造成负面影响；同时，提高的征税成本会全部或部分转嫁给消费者，从而影响消费增长。而且，如果单方面对大型跨国科技企业征收数字服务税，将受到有关国家的报复，从而破坏国际税收合作，进而损害本国的利益。事实上，美国、爱尔兰等国之所以反对征收数字服务税，是因为有着不同的利益诉求。美国作为世界上头号科技大国，拥有最多的大型跨国互联网企业，谷歌、苹果、脸书、亚马逊等世界科技巨头总部都在美国，美国也是出口数字服务最多的国家，开征数字服务税无疑将有损美国的利益。爱尔兰作为欧洲小国，依靠低税率制度吸引了不少大型跨国科技企业，爱尔兰也由此成为数字服务出口国，开征数字服务税将带来不利后果。

尽管各国对数字经济征税存在较大争议，但是一些国家开始强势推出征税措施。法国决定从 2019 年开始，对全球数字服务收入超过 7.5 亿欧元、法国营业收入超过 2500 万欧元的公司征收数字服务税，税率为 3%，预计将在 2019 年征收税款 5 亿欧元。英国财政大臣菲利普 · 哈蒙德宣布将自 2020 年 4 月起，对全球营业收入超过 5 亿英镑且盈利的科技企业，就其来自英国的收入按照 2% 的税率征收数字服务税，预计每年带来 4 亿英镑的税收。西班牙通过了数字服务税计划，对全球营业收入超过 7.5 亿欧元、本国营业收入超过 300 万欧元的科技公司，按照 3% 的税率征收数字服务税，预计每年征收税款 12 亿欧元。奥地利宣布于 2019 年开征数字服务税，适用于全球营业收入超过 7.5 亿欧元，本国营业收入超过 1000 万欧元的科技公司，税率为 3%。意大利计划从 2019 年 4 月开征数字服务税，征收对象为全球营业收入超过 5 亿欧元，本国营业收入超过 5000 万欧元的科技公司，税率为 3%。另外，新西兰①、新加坡、马来西亚等国也声称准备开征数字服务税。

除了新开征的数字服务税，各国也在不断探索和强化对数字经济的税收政策。例如，韩国通过了《增值税法案》的修订案，决定从 2019 年 7 月 1 日

① 2019 年 2 月，新西兰总理杰欣达 · 阿德恩已经发布一份改进新西兰税收框架的文件，准备对跨国科技公司来自新西兰的收入征收数字服务税，税率为 2% ~3%，预计每年将征收 3000 万 ~8000 万新西兰元的收入。参见 http：//finance. sina. com. cn/roll/2019 -02 -19/doc-ihqfskcp6677076. shtml.

开始，对外国企业对韩国消费者提供的数字服务征收10%的增值税。2019年2月，英国下议院发布报告，认为电子商务的发展造成英国传统的商业区业绩下滑，提议对亚马逊等在线零售商征收在线销售税、更高的增值税。①

第三，各国探索强化数字经济税收征管的措施。数字经济虚拟化、网络化的特征也给传统的税收征管带来了新的挑战。因此，国际社会加大力度探索数字经济有效管理的措施。例如，欧盟于2019年公布了《电子商务增值税改革实施条例》，规定网上销售平台在跨境销售时对卖家代征增值税，并对平台销售的漏缴增值税负责。增值税将由消费者所在国收缴，以确保成员国之间税收的公平分配。② 2018年8月，德国政府通过一项法律草案，拟对跨境电商平台加强税收监管。规定在电子商务交易中，电商平台有义务收集卖家数据等交易的详细信息，还有义务检查卖家是否在德国缴税，若卖家偷漏税款，还要承担所欠税款。③

经济的数字化是时代的潮流，数字经济已经成为当今世界经济中最活跃、增长最快、潜力最大的领域。数字经济在蓬勃发展的同时，也产生了税基侵蚀和利润转移、冲击传统经济等问题，对国际税收规则、国际税收制度带来了巨大的挑战。正是在这样的背景下，近年来国际社会一直高度关注数字经济相关税收问题。一方面，积极研究完善国际税收规则和税收制度，探索如何建立公平有效的数字经济税收制度；另一方面，加强国际协调，探索强化数字经济税收管理的措施。在这一过程中，一些国家甚至在国际社会没有达成一致意见的情况下，强势推出数字经济征税的措施。尽管目前征收到的税款数额不是很大，但这些尝试使得这些国家在数字服务税的实践方面占得先机，也无形中赢得了未来国际社会在制定数字经济税收制度和政策中的话语权。这些举措也无疑加剧了国际社会解决数字经济税收问题的紧迫感。可以说，随着数字经济的迅猛发展，其在世界经济中的比重及在税收总收入的比重也将越来越大，对世界经济及世界税收领域的必将产生深远影响。

---

① 参见中国税网，http：//www. ctaxnews. com. cn/2019 －02/27/content_948782. html.

② 参见中国新闻网，http：//www. chinanews. com/gj/2019/02 －20/8759191. shtml.

③ 参见凤凰网，http：//finance. ifeng. com/a/20180802/16423701_0. shtml.

第二章　2018 年国际税收重大事件

2018 年，国际税收舞台重大事件频现，亮点纷呈：中美就经贸问题开展磋商，《实施税收协定相关措施以防止税基侵蚀和利润转移的多边公约》（以下简称《BEPS 多边公约》）于 7 月 1 日正式生效，美国自 1986 年以来最大规模减税法案《减税与就业法案》开始实施，OECD 发布《数字化带来的税收挑战——2018 中期报告》，第一届税收合作平台全球大会在联合国总部召开，“一带一路”税收合作会议在哈萨克斯坦首都阿斯塔纳召开，全面与进步跨太平洋伙伴关系协定（CPTPP）正式生效，英国皇家批准适应脱欧的《2018 年（跨境交易）税收法》。2018 年的国际税收重大事件，表明多边主义和多边合作仍是当前国际税收发展的主流趋势。

第一节　《EBPS 多边公约》正式生效

2018 年 7 月 1 日，《BEPS 多边公约》正式生效。这是第一份在全球范围内就税收协定相关措施进行多边协调的法律文件，实现了国际税收合作的多重目标，实现了税收协定历史上规模最大、范围最广的一次多边合作与协调，标志着 G20 国际税制改革取得重大成果。

一、《BEPS 多边公约》的背景

跨国企业利用国际税收规则存在的不足，以及各国税制差异和征管漏洞，最大限度地减少其全球总体税负，甚至达到双重不征税的效果，造成对各国税基的侵蚀，这被 G20 称为税基侵蚀和利润转移（BEPS）。

2012 年 6 月，G20 财长和央行行长会议同意通过国际合作应对 BEPS 问题，并委托 OECD 开展研究。

2013 年 2 月 12 日，OECD 向 G20 财长和央行行长莫斯科会议提供了一份《解决税基侵蚀和利润转移报告》（BEPS 报告），建议制定全面解决 BEPS 问题的行动计划，引起了与会各国和国际社会的高度关注。

2013 年 7 月 19 日，OECD 财政事务委员会（CFA）在 G20 财长及央行行长莫斯科会议上正式提交了 BEPS 行动计划，确定了 BEPS 的 15 项行动计划，并规定了实施这些行动的时间表。G20 领导人于 2013 年 9 月发布圣彼得堡峰会公报，决定实施国际税收改革 BEPS 行动计划，并委托 OECD 牵头推进该项工作。包括所有 G20 成员、OECD 成员和 19 个其他国家在内的 62 个国家共同参与了 BEPS 项目。

2014 年 9 月 16 日，OECD 公布了 BEPS 15 项行动计划中的 7 项产出成果和 1 份针对这些成果的解释性声明。其中，BEPS 第 15 项行动计划《开发用于修订双边协定的多边工具》的中期报告，呼吁各国签署《BEPS 多边公约》，以起到同时重新谈判数以千计的双边税收协定的效果。

2015 年 2 月，OECD 财政事务委员会公布了成立 BEPS 包容性框架的计划，并由 G20 财长和央行行长会议授权有意向参与包容性框架的各国平等加入。后有 100 多个国家和地区申请加入 BEPS 包容性框架，以便参与《BEPS 多边公约》谈判。

2015 年 10 月，OECD 公布了 BEPS 15 项行动计划的最终报告。最终报告涵盖了从最低标准，强化的国际标准到一致性办法在内的不同类别的建议。建议中的一部分是针对国内税法规定，而另外一些则是针对税收协定的相关条款，例如，BEPS 第 2 项行动计划《消除混合错配安排的影响》、BEPS 第 6 项行动计划《防止税收协定优惠的不当授予》、BEPS 第 7 项行动计划《防止人为规避构成常设机构》和 BEPS 第 14 项行动计划《使争议解决机制更有效》。BEPS 行动计划中这些与税收协定相关的措施，无法通过各国单边修订国内法的方式落实，而是需要将其纳入双边税收协定，对于已经签署的税收协定，则需要进行修订。为尽快落实 BEPS 成果，避免逐个修订双边税收协定，BEPS 第 15 项行动计划提出制定一个多边协议来修订现有的几千个双边税收协定，这也就是《BEPS 多边公约》产生的背景。

为了确保相关国家（地区）能够迅速并一致地实施基于税收协定的建议，BEPS 最终报告中的第 15 项行动计划具体分析了多边协议是否可行。最终报告的结论认为，多边协议不仅可行而且势在必行。据此，OECD 成立了专门小组起草《BEPS 多边公约》。

2016 年 6 月 30 日至 7 月 1 日，OECD 财政事务委员会在日本东京举行 BEPS 包容性框架成立大会，80 多个国家和地区的政府代表参会，全球共同实施 BEPS 项目成果迈出新的实质性步伐。包容性框架依托 OECD 财政事务委员会现有组织架构建立，目前有 100 多个成员。《BEPS 多边公约》于 2016 年 11 月完成起草并通过。《BEPS 多边公约》由包括 OECD 成员、G20 成员及其他发达及发展中国家在内的约 100 个国家（地区）共同参与起草。《BEPS 多边公约》向任何有意向参与的国家（地区）开放签署。《BEPS 多边公约》要求签署国实施一定的 BEPS 最低标准，即：税收协定滥用（第 6 项行动计划）的最低标准和争议解决（第 14 项行动计划）的最低标准。但是，针对最低标准的实施办法，《BEPS 多边公约》向其缔约国提供了一定的灵活性。此外，《BEPS 多边公约》针对某些与最低标准无关的选择性条款的适用也提供了一定的灵活性，该灵活性通过提交选择性条款的保留，或在某些情况下通知某些条款的适用来实现。

2017 年 6 月 7 日，《BEPS 多边公约》首次联合签字仪式在法国巴黎的 OECD 总部举行，67 个国家和地区的政府代表共同签署了《BEPS 多边公约》。BEPS 公约实现了税收协定历史上规模最大、范围最广的一次多边合作与协调，标志着G20国际税改取得重大成果，树立了国际税收合作的良好典范，成为打开国际税收协调之门的“金钥匙”。

二、《BEPS多边公约》的主要内容

《BEPS多边公约》在序言中开宗明义地指出：“要建立一个有效机制，以同步、高效地在现有避免双重征税协定网络中作出已达成共识的修改，无须逐一开展双边谈判修订协定。”

《BEPS多边公约》共有7章39条。第1章为公约范围和术语解释；第2章是混合错配，纳入了BEPS第2项行动计划（消除混合错配安排的影响）的成果建议，明确当某实体被协定缔约一方视为税收透明体时，其取得的所得应如何适用税收协定；第3章是防止协定滥用，纳入了BEPS第6项行动计划（防止协定优惠的不当授予）的成果建议，主要涉及在税收协定中纳入防范税收协定滥用的措施；第4章是规避常设机构构成，纳入了BEPS第7项行动计划（防止人为规避构成常设机构）的成果建议，主要涉及防止纳税人通过规避构成常设机构侵蚀来源国（即投资目的地国）税基；第5章为改进争议解决，纳入了BEPS第14项行动计划（使争议解决机制更有效）的成果建议，主要涉及提高税收协定缔约方主管当局解决涉税争议的效率，为纳税人增加确定性；第6章是仲裁，根据BEPS第14项行动计划的成果建议，规定了强制仲裁条款；第7章为最终条款，包括签署、生效、执行、退约等内容。

从《BEPS多边公约》的内容来看，除第1章“公约范围和术语解释”、第7章“最终条款”对公约的适用范围、公约的加入（签署）与退出、公约的生效与修订等一些程序性条款作出规定以外，内容主要包括“混合错配”“协定滥用”“规避常设机构构成”“改进争议解决”和“仲裁”（第2~6章）五个部分，反映BEPS成果中提出四个方面与税收协定相关的“反BEPS措施”：应对混合错配的措施、防止滥用税收协定的措施、修订常设机构条款的措施和有效解决争端的措施（包括完善相互协商程序、在税收协定中增加强制仲裁条款等）。①

《BEPS多边公约》的实质性条款分为最低标准和可选项，缔约国可以选择最低标准中的不同选项。只有在缔约国双方意见达成一致时，协定才能被

① 实施税收协定相关措施以防止税基侵蚀和利润转移的多边公约（中文译本）[EB/OL]. http://www.chinatax.gov.cn/n810341/n810770/c2672578/part/2672593.pdf.

修订，一国可以保留一些不希望被修订的条款。这些做法保证了《BEPS 多边公约》的灵活性，有利于其在短时间内获得多个国家的签署，也意味着《BEPS 多边公约》并不是为了取代双边税收协定，而是为了尽快地在协定框架中落实 BEPS 的成果。《BEPS 多边公约》的具体内容如下。[①]

（一）混合错配安排

《BEPS 多边公约》中关于混合错配安排主要包括三大部分。第一，对于经济主体的身份认定，建议来源国应该根据居民国的相关规定处理。如果居民国将其当作实体，则来源国也应将其当作实体，否则，将其当作透明体。这可以避免出现企业在缔约国双方都不缴纳税收的情况。第二，对于双重居民身份的企业实体，《BEPS 多边公约》建议通过相互协商的方式取代实际管理机构原则。第三，对于消除双重征税，《BEPS 多边公约》提出三个可选方法：一是若来源国对所得不征税，居民国的免税法不再适用；若来源国对征税有所限制，居民国可采用抵免法。二是若来源国允许股息在税前扣除，居民国应采用抵免法。三是完全用抵免法取代免税法，即使所得中一部分为免税收入，在计算抵免限额时也应纳入考虑范围。

（二）反滥用双边税收协定规则

《BEPS 多边公约》提出了反对双边税收协定滥用的两个最低标准和四个修改建议。一个最低标准是双边税收协定中应明确加入协定的目的是消除国际双重征税问题而不是创造不征税或少征税的条件。另一个最低标准是《BEPS 多边公约》第 7 条提供的三种选项，包括协定中加入主要目的测试（PPT）；协定中同时采用主要目的测试和简化的利益限制条款（LOB）；在协定中加入利益限制条款和一些反导管公司的具体措施。PPT 和 LOB 是应对协定滥用的两个措施。PPT，指如果在考虑所有相关事实和条件后，一项交易或安排的主要目的是直接或间接地获取协定的利益，相关所得的协定条款将不适用。LOB，指对缔约国一方居民享受协定待遇所作出的限制，但对于双重居民（非个人）认定、避免双重征税的再调整措施和允许居民向税务机关提出申请的条款除外。

《BEPS 多边公约》所提的修改建议分别是对股息预提所得税最低持股比例和期限的限定、处置不动产相关股权涉及的预提所得税减免的规定、向第三方国家常设机构支付所涉及的预提所得税减免的规定和防止居民国滥用税

---

① 田志伟，王钰．BEPS 多边公约 7 月生效：遏制跨国避税的重要一步［N］．中国税务报，2018－05－23.

收管辖权的条款。

（三）常设机构规则

《BEPS 多边公约》中对常设机构的规定被列为可选项，缔约国可根据自身的情况选择适用。这一部分主要包括对代理人常设机构范围的修改，对常设机构排除项的目的测试规定和反合同拆分的规定。《BEPS 多边公约》对非独立代理人构成常设机构的要求做了修改。只有经常签订合同或在企业不对合同进行实质性修改的情况下，在合同订立中起主导作用的才被认定为常设机构。对于之前常设机构的排除项，即企业储存、陈列或交付相关活动，根据《BEPS 多边公约》的最新规定，都要对其进行相关测试，看其是否为辅助或准备性活动。《BEPS 多边公约》中还加入了防止功能拆分和反合同拆分的规定。反功能拆分是为了防止外国企业将其在一国的整体业务分拆成两个以上的业务避免构成常设机构的行为。

（四）强化争议解决机制

《BEPS 多边公约》增加了相互协商程序的规定。如果纳税人认为缔约国对其税务处理结果与协定条款不符，可以针对自身情况向缔约国任何一方的主管当局作出说明。主管当局应在纳税人第一次纳税义务发生的 3 年内处理，若一方无法通过自身处理找到合适解决方法，可以通过双方主管当局相互协商的方法达成满意结果。

（五）强制仲裁条款

《BEPS 多边公约》对强制仲裁的程序、时间安排和成本等作了具体规定。这一部分属于可选择项，缔约国可根据自己的情况作出选择，只有在被涵盖税收协定缔约双方均选择适用的情况下生效。

三、《BEPS 多边公约》的特点

《BEPS 多边公约》具有针对性、开放性和灵活性等特点。

一是针对性。《BEPS 多边公约》旨在终结滥用双边税收协定，通过多边公约的方式，将 BEPS 成果中提出的与税收协定相关的反 BEPS 措施，在税收协定中一次性得到落实。同时，通过改进相互协商程序，为纳税人提供更大的确定性。

二是开放性。BEPS 项目虽然由 G20 发起，但欢迎世界上所有国家和地区平等地参与。为此，《BEPS 多边公约》建立了“BEPS 包容性框架”机制，让更多的国家和地区通过加入该机制来共同研究、落实、推广和完善 BEPS 成果，这将为《BEPS 多边公约》内容的进一步完善提供基础。《BEPS 多边公约》的开放性还体现在加入、退出公约的自愿性，以及《BEPS 多边公约》内容修订的自主性。

三是灵活性。《BEPS 多边公约》的灵活性主要体现在两个方面：一是条款的选择性设计，对有分歧的建议性措施设计成可选择的不同方案（条款）。二是设计了众多的“保留”条款，几乎每项措施的落实都允许缔约方提出“保留”的选项，从而为不同缔约方实施公约提供了足够的灵活性。例如，目前有 28 个签署国选择适用多边仲裁条款，但其他签署国今后也可以选择该条款。

四、《BEPS 多边公约》的实施步骤

鉴于《BEPS 多边公约》实施的复杂性，2017 年 6 月 16 日，OECD 公布《〈BEPS 多边公约〉实施步骤指南》，将《BEPS 多边公约》的实施分为五步。

第一步：《BEPS 多边公约》本身已生效。根据《BEPS 多边公约》第 34 条的规定，《BEPS 多边公约》生效的条件是至少 5 个缔约方的加入，并在此 3 个月后生效。从目前看，2017 年 6 月 7 日有 67 个缔约方一次性共同签署加入，因此《BEPS 多边公约》的生效已不成问题。

第二步：判定某个具体税收协定是否属于《BEPS 多边公约》涵盖的税收协定，其条件是，该协定的所有缔约方都必须已加入《BEPS 多边公约》。税收协定若有一方未加入《BEPS 多边公约》，则该协定不属于《BEPS 多边公约》涵盖的协定，不能按照《BEPS 多边公约》的规定修订相关条款。

第三步：确定《BEPS 多边公约》中哪些条款将用于修订协定。其条件是：未作保留的条款和所选定的选择性条款。

第四步：确定现行协定中被修订的条款并通知《BEPS 多边公约》保存人（即 OECD 秘书长）。协定条款被修订的条件是，协定的所有缔约方对该条款的修订内容都未作保留，或者都选择了《BEPS 多边公约》中的同一可选条款。

第五步：税收协定修订条款的实际生效。根据《BEPS 多边公约》第 35 条的规定，修订的条款，涉及非居民预提税的，1 年以后生效；涉及非预提税的，6 个月以后生效。

五、《BEPS 多边公约》正式生效

《BEPS 多边公约》于 2017 年 6 月 7 日顺利签署后，迅速得到积极响应。

根据《BEPS 多边公约》第 34 条的规定，公约生效的条件是至少得到 5 个缔约方的批准（交存批准书），并在此 3 个月后生效。根据《BEPS 多边公约》第 35 条的规定，税收协定修订的条款，涉及非居民预提税的，1 年以后生效；涉及非预提税的，6 个月以后生效。

2018 年 1 月 24 日，科特迪瓦、巴巴多斯、牙买加、巴拿马、马来西亚和突尼斯签署加入，使得《BEPS 多边公约》成员达到 78 个，国际税收合作迈出重要一步。①

2018 年 3 月 22 日，OECD 发布公告《BEPS 实施的里程碑：BEPS 多边公约将在斯洛文尼亚批准后于 7 月 1 日生效》。OECD 宣称斯洛文尼亚已经批准并提交文书，成为第 5 个批准实施《BEPS 多边公约》并提交文书的税收管辖区。这标志着处于关键立场的 5 个国家都认同《BEPS 多边公约》的规定与精神，《BEPS 多边公约》基本达成实施条件。这意味着《BEPS 多边公约》将在第 5 份批准、接受或核准书交存之日起 3 个日历月期满后的第一个月的第一天生效，即 2018 年 7 月 1 日生效。在此之前，奥地利（2017 年 9 月 22 日）、马恩岛（2017 年 10 月 19 日）、泽西岛（2017 年 12 月 15 日）和波兰（2018 年 1 月 23 日）已经将其文书交存 OECD。②

2018 年 6 月 27 日，哈萨克斯坦、秘鲁、阿拉伯联合酋长国签署《EPS 多边公约》。

2018 年 6 月 29 日，爱沙尼亚签署《BEPS 多边公约》。

2018 年 7 月 23 日，乌克兰签署《BEPS 多边公约》。

2018 年 9 月 18 日，沙特阿拉伯签署《BEPS 多边公约》。③

2018 年 12 月 4 日，卡塔尔签署《BEPS 多边公约》。

---

① OECD/（2018），Major step forward in international tax co-operation as additional countries sign landmark agreement to strengthen tax treaties，OECD Publishing，Paris. http：//www. oecd. org/tax/major-step-forward-in-international-tax-cooperation-as-additional-countries-sign-landmark-agreement-to-strengthen-tax-treaties. htm.

② OECD/（2018），Milestone in BEPS implementation：Multilateral BEPS Convention will enter into force on1July following Slovenia's ratification，OECD Publishing，Paris. http：//www. oecd. org/ctp/beps/milestone-in-beps-implementation-multilateral-beps-convention-will-enter-intoforce-on-1-july-following-slovenia-s-ratification. htm.

③ OECD/（2018），Saudi Arabia signs landmark agreement to strengthen its tax treaties. http：//www. oecd. org/tax/saudi-arabia-signs-landmark-agreement-to-strengthen-its-tax-treaties. htm.

截至 2018 年年底，签署加入《BEPS 多边公约》的成员已达 85 个。①

2018 年 6 月 5 日，塞尔维亚向 OECD 秘书长安吉尔・古里亚交存《BEPS 多边公约》的批准文书。

2018 年 6 月 5 日，瑞典向 OECD 秘书长交存《BEPS 多边公约》的批准文书。

2018 年 6 月 27 日，新西兰向 OECD 秘书长交存《BEPS 多边公约》的批准文书。

2018 年 6 月 29 日，英国向 OECD 秘书长交存《BEPS 多边公约》的批准文书。

2018 年 9 月 13 日，以色列和立陶宛向 OECD 秘书长交存《BEPS 多边公约》的批准书，并强调其致力于防止跨国企业滥用税收协定、税基侵蚀和利润转移（BEPS）的坚定决心。②

2018 年 9 月 26 日，澳大利亚、法国、日本和斯洛伐克向 OECD 秘书长交存《BEPS 多边公约》的批准文书，③ 并强调其致力于防止跨国企业滥用税收协定、税基侵蚀和利润转移的坚定决心。

2018 年 12 月 18 日，马耳他向 OECD 秘书长交存《BEPS 多边公约》的批准文书。

2018 年 12 月 21 日，新加坡向 OECD 秘书长交存《BEPS 多边公约》的批准文书。

截至 2018 年底，向 OECD 递交批准文书的税收管辖区已达 17 个。④

六、《BEPS 多边公约》正式生效的深远意义

《BEPS 多边公约》是第一个在全球范围内就所得税税收协定政策进行多

---

① OECD/（2019），Signatories and Parties to the Multilateral Convention to Implement Tax Treaty Related Measures to prevent Base Erosion and Profit Shifting，Status as of 25 February 2019，http：//www. oecd. org/tax/treaties/beps-mli-signatories-and-parties. pdf.

② OECD/（2018），Israel and Lithuania deposit their instruments of ratification for the Multilateral BEPS Convention，http：//www. oecd. org/tax/treaties/beps-mli-signatories-and-parties. pdf.

③ OECD/（2018），Australia，France，Japan and Slovak Republic deposit their instrument of ratification or acceptance for the Multilateral BEPS Convention. http：//www. oecd. org/tax/treaties/multilateral-convention-to-implement-tax-treaty-related-measures-to-prevent-beps. htm.

④ OECD/（2019），Signatories and Parties to the Multilateral Convention to Implement Tax Treaty Related Measures to prevent Base Erosion and Profit Shifting，Status as of 25 February 2019，http：//www. oecd. org/tax/treaties/beps-mli-signatories-and-parties. pdf.

边协调的法律文件，在经济全球化和生产要素全球配置的条件下，为促进世界经济合作、防止跨境逃避税提供了多边税收合作法律框架，有利于促进主要经济体之间协调一致，开展务实高效合作，构建公平和现代化的国际税收体系，促进世界经济包容性增长。

《BEPS 多边公约》于 2018 年 7 月 1 日起正式生效，标志着国际税收组织不断努力改进双边税收协定现有网络，并迈出了减少跨国企业避税的重要一步。实施《BEPS 多边公约》旨在将国际税改 BEPS 项目的成果应用于全球 3000 多个税收协定中。此外，《BEPS 多边公约》还可以为具体税收协定政策提供灵活性的同时，执行最低标准防止协定滥用，并改进争议解决机制。最后，《BEPS 多边公约》也将使各国政府可以通过 BEPS 项目所制定的其他税收协定措施来完善本国的税收协定。

OECD 秘书长安吉尔·古里亚曾表示，签署《BEPS 多边公约》是通过迅速实施 BEPS 计划来完善国际税收规则的又一重要举措。除了让签署国免除成千上万的双边税收协定的谈判之外，该公约还为企业带来了更多的确定性和可预测性，以及为各国公民创造更好的国际税收体系。安吉尔·古里亚表示，《BEPS 多边公约》的生效标志着为适应适应 21 世纪新时代 OECD/G20 出台的国际税务规则的一个转折点。《BEPS 多边公约》作为 OECD 和 G20 的 BEPS 项目最突出的成果之一，它是更新双边税收协定和减少跨国企业避税机会的世界领先工具。更多的国家加入《BEPS 多边公约》意味着这些签署国都愿意致力于为国际税务合作贡献力量。

目前，在 BEPS 包容性框架成员中，还有美国和巴西等几十个成员尚未签署公约。由于美国和巴西等大国未签署《BEPS 多边公约》，这给全球税收协定格局出现新的不平衡埋下了伏笔。

第二节　中美就关税等经贸问题开展磋商

中美经贸关系一直是中美两个大国关系的“压舱石”和“稳定器”。但是 2018 年以来，美国采取单边主义措施，挑起“贸易战”，导致中美之间贸易摩擦和争端不断升级。2018 年 3 月，美国炮制出所谓“301 调查报告”。7 月 6 日，美国不顾多方面反对，对中国 340 亿美元输美产品加征 25% 关税。8

月 23 日，美国对另外 160 亿美元中国输美产品加征关税。中国政府为维护正当权益，及时采取了相应的反制措施。美国单方面挑起“贸易战”，不仅严重威胁中美双边经贸关系，而且对世界经济也有负面影响。9 月 24 日，中国发布《关于中美经贸摩擦的事实与中方立场》白皮书，旨在澄清中美经贸关系事实，阐明中国政策立场，推动问题合理解决。12 月 1 日，在阿根廷布宜诺斯艾利斯举行的 G20 峰会上，中国国家主席习近平与美国总统特朗普就中美经贸问题达成基本共识，双方决定停止升级关税等贸易限制措施。两国元首指示双方经贸团队加紧磋商，达成协议，取消 2018 年以来加征的关税，推动双边经贸关系尽快回到正常轨道，实现双赢。

一、中美贸易摩擦的背景

2017 年新一届美国政府上任以来，在“美国优先”的口号下，抛弃相互尊重、平等协商等国际交往基本准则，实行单边主义、保护主义和经济霸权主义，对许多国家和地区特别是中国作出一系列不实指责，利用不断加征关税等手段进行经济恫吓，试图采取极限施压方法将自身利益诉求强加于中国。

2017 年 8 月 14 日，美国总统特朗普签署行政备忘录授权美国贸易代表办公室对中国开展“301 调查”。所谓“301 调查”，是指美国《1974 年贸易法》第 301 条授权美国政府在与其他国家发生贸易争端时，作出单边裁决，并采取不存在于世界贸易组织（WTO）争端解决机制中的单边措施。美国 301 条款分为一般 301 条款、特别 301 条款和超级 301 条款。《1988 年综合贸易与竞争法》的 1301 节为美国采取“301 调查”提供了范围，主要包括以下三类：一是违反贸易协议；二是国外不正当的行为、政策或者措施导致美国商业受损；三是国外不合理的或者歧视性的行为、政策或者措施导致美国商业受损。“301 调查”由美国贸易代表办公室（USTR）来执行。如果 USTR 认定国外的行为、政策或者措施违反了贸易协定，或者不正当、不合理、具有歧视性等，USTR 可以采取制裁措施。制裁措施主要涉及两类：一是施加报复性关税，旨在最大限度降低外国商品对美国国内经济造成的负面影响；二是针对与美国签订贸易协定的伙伴，停止其享有的贸易优惠待遇。“301 调查”往往针对一国实施，由美国自身发起、调查、裁决、执行，具有强烈的单边主义色彩。

2017 年 8 月 18 日，美国贸易代表莱特希泽（Robert Lighthizer）宣布，美

国正式对中国发起“301 调查”。[①]

2017 年 8 月 21 日，中国商务部新闻发言人就美国对华启动“301 调查”发表谈话。美方无视 WTO 规则，依据国内法对华发起贸易调查，是不负责任的，对中方的指责是不客观的。中方对美方这种单边主义、保护主义的做法表示强烈不满。[②]

二、中美贸易摩擦的发展过程

（一）美国主动挑起中美贸易摩擦

2018 年 1 月，美国特朗普政府宣布，“对进口大型洗衣机和光伏产品分别采取为期 4 年和 3 年的全球保障措施，并分别征收最高税率达 30% 和 50% 的关税”。

2018 年 2 月，特朗普政府宣布，“对进口中国的铸铁污水管道配件征收 109.95% 的反倾销关税”。

2018 年 2 月 27 日，美国商务部宣布“对中国铝箔产品厂商征收 48.64% ~106.09% 的反倾销税，以及 17.14% ~80.97% 的反补贴税”。

2018 年 3 月 9 日，美国总统特朗普正式签署关税法令，“对进口钢铁和铝分别征收 25% 和 10% 的关税”。

2018 年 3 月 22 日，美国总统特朗普在白宫正式签署对华贸易备忘录，宣布将有可能对从中国进口的 600 亿美元商品加征关税，并限制中国企业对美投资并购。

2018 年 3 月 23 日，中国商务部发布了针对美国进口钢铁和铝产品 232 措施的中止减让产品清单并征求公众意见，拟对自美进口部分产品加征关税，以平衡因美国对进口钢铁和铝产品加征关税给中方利益造成的损失。其中，计划对价值 30 亿美元的美国产水果、猪肉、葡萄酒、无缝钢管和另外 100 多种商品征收关税。

2018 年 3 月 27 日，美国贸易代表办公室发布针对中国的“301 调查报告”[③]。USTR 认为中国技术转让制度不合理、许可制度存在歧视性、存在入

① 参见新华网，www. xinhuanet. com/video/sjxw/2018 –04/04/c_129844446. htm.

② 参见中国商务部网站，http：//www. mofcom. gov. cn/article/ae/ag/201708/20170802630129. shtml.

③ 该报告全称为 FINDINGS OF THE INVESTIGATION INTO CHINA'S ACTS，POLICIES，AND PRACTICES RELATED TO TECHNOLOGY TRANSFER，INTELLECTUAL PROPERTY，AND INNOVATION UNDER SECTION 301 OF THE TRADE ACT OF 1974。

侵美国商业网络行为等，认定中国的行为、政策或者措施存在不合理、歧视性，损害了美国商业利益。

2018 年 4 月 3 日，USTR 在其网站公布了长达 58 页的对中国征税建议清单。该清单基于“301 调查”，包含大约 1300 个独立关税项目，建议税率为 25%，总额涉及约 500 亿美元中国出口商品，主要涉及航空航天、信息和通信技术、机器人和机械、医药等行业。

2018 年 4 月 4 日，中国迅速对美方对华产品加征关税建议清单做出回击。中国国务院关税税则委员会发布《关于降低汽车整车及零部件进口关税的公告》（税委会公告〔2018〕3 号），决定对原产于美国的大豆、汽车、化工品等 14 类 106 项商品加征 25% 的关税，涉及 2017 年中国自美国进口金额约 500 亿美元。具体实施日期视美国政府对中国商品加征关税实施情况，另行公布。

2018 年 4 月 5 日，美国总统特朗普要求美国贸易代表办公室依据“301 调查”，额外对 1000 亿美元中国进口商品加征关税。

2018 年 4 月 17 日，美国商务部长罗斯宣布，对产自中国的钢制轮毂产品发起反倾销和反补贴调查（即“双反”调查）；美商务部还初裁从中国进口的通用铝合金板存在补贴行为。

2018 年 4 月 17 日，中国商务部发布 2018 年第 38 号公告，公布对原产于美国的进口高粱反倾销调查的初步裁定。商务部裁定原产于美国的进口高粱存在倾销，国内高粱产业受到了实质损害，且倾销与实质损害之间存在因果关系，并决定对原产于美国的进口高粱实施临时反倾销措施。

2018 年 4 月 19 日，中国商务部发布 2018 年第 39 号公告，公布对原产于美国、欧盟和新加坡的进口卤化丁基橡胶（也称卤代丁基橡胶）反倾销调查的初裁裁定。

2018 年 5 月 21 日，美国财政部长姆努表示，中美两国达成协议，停止“贸易战”，并且双方将继续就经贸问题保持磋商。

2018 年 5 月 29 日，美国白宫宣布将对从中国进口的含有“重要工业技术”的 500 亿美元商品征收 25% 的关税。其中包括与“中国制造 2025”计划相关的商品。最终的进口商品清单于 2018 年 6 月 15 日公布，并很快对这些进口产品征收关税。

2018 年 6 月 15 日，美国政府发布了加征关税的商品清单，将对从中国进口的约 500 亿美元商品加征 25% 的关税，其中，对约 340 亿美元商品自 2018 年 7 月 6 日起实施加征关税措施，同时对约 160 亿美元商品加征关税开始征求公众意见。

2018 年 6 月 15 日，中国国务院关税税则委员会发布公告决定，对原产于美国的 659 项约 500 亿美元进口商品加征 25% 的关税，其中对农产品、汽车、水产品等 545 项约 340 亿美元商品自 2018 年 7 月 6 日起实施加征关税，对其余商品加征关税的实施时间另行公告。

至此，2018 年国际经济领域最令人瞩目的一场纷争在中美两国间打响。

（二）中美贸易摩擦升级

2018 年 7 月 6 日，美国东部时间午夜 00：01，美国开始对第一批清单上 818 个类别、价值 340 亿美元的中国商品加征 25% 的进口关税。当日北京时间 12：01，中国发出反击，对同等规模的美国产品加征 25% 的进口关税。就此，中美贸易摩擦进入实战阶段。

2018 年 7 月 10 日，美国政府公布进一步对华加征关税清单，拟对约 2000 亿美元中国产品加征 10% 的关税，其中包括海产品、农产品、水果、日用品等项目。

2018 年 8 月 2 日，美国贸易代表声明称拟将加征税率由 10% 提高至 25%。

2018 年 8 月 3 日，针对美方措施，中方被迫采取反制措施。中国国务院关税税则委员会决定对原产于美国的 5207 个税目约 600 亿美元商品，加征 25%、20%、10%、5% 不等的关税。

2018 年 8 月 8 日，USTR 公布第二批对价值 160 亿美元中国进口商品加征关税的清单。同日，中国决定对 160 亿美元自美进口产品加征 25% 的关税，并与美方同步实施。

2018 年 8 月 23 日，美国对自中国进口的 160 亿美元产品加征 25% 关税。同日，中国在 WTO 起诉美国“301 调查”项下对华 160 亿美元输美产品实施的征税措施，并即日对约 160 亿美元自美进口产品加征 25% 的关税。

2018 年 9 月 18 日，美国政府宣布实施对从中国进口的约 2000 亿美元商品加征关税的措施，自 2018 年 9 月 24 日起加征关税税率为 10%，2019 年 1 月 1 日起加征关税税率提高到 25%。同时，美国总统特朗普还称，如果中国政府对美国农民和其他行业采取报复性行动，美国将“立即”对另外价值 2670 亿美元的中国商品加征关税。

2018 年 9 月 18 日，国务院关税税则委员会发布公告称将对原产于美国约 600 亿美元进口商品实施加征关税。根据《国务院关税税则委员会关于对原产于美国的部分进口商品（第二批）加征关税的公告》（税委会公告〔2018〕6 号），自 2018 年 9 月 24 日 12：01 起加征关税，对其附件 1 所列 2493 个税目商品、附件 2 所列 1078 个税目商品加征 10% 的关税，对其附件 3 所列 974 个税目商品、附件 4 所列 662 个税目商品加征 5% 的关税。

2018 年 9 月 18 日，中国商务部新闻发言人就美方决定对 2000 亿美元中国输美产品加征关税发表谈话，发言人指出，美方不顾国际国内绝大多数意见反对，宣布自 9 月 24 日起对 2000 亿美元中国输美产品加征 10% 的关税，进而还要采取其他关税升级措施。对此中方深表遗憾。为了维护自身正当权益和全球自由贸易秩序，中方将不得不同步进行反制，美方执意加征关税，给双方磋商带来了新的不确定性。希望美方认识到这种行为可能引发的不良后果，并采取令人信服的手段及时加以纠正。①

三、中美贸易摩擦的影响②

美国特朗普政府片面强调“美国优先”，推行贸易霸权主义，四面出击挑起国际贸易摩擦，不仅损害了中国和其他国家利益，伤害了包括中美经贸交往在内的全球经贸关系，冲击了全球价值链和国际分工体系，成为全球经济复苏的最大不确定因素和风险源；更是损害了美国自身国际形象，动摇了全球多边贸易体制根基，最终必将损害美国长远利益。

（一）破坏多边贸易规则和国际经济秩序

在走向文明的历史进程中，人类社会已普遍接受一套基于规则和信用的国际治理体系。然而，美国政府采取了一系列违背甚至破坏现行多边贸易规则的不当做法，严重损害了现行国际经济秩序。美国现任政府以产业损害和保护知识产权为由，绕开 WTO 争端解决机制，单纯根据美国国内法挑起国际贸易摩擦，以“232 条款”“201 条款”和“301 条款”名义发起一系列调查。在调查中选择性使用证据材料，得出武断结论，而且未经 WTO 授权，非法使用惩罚性高关税对待 WTO 成员，严重违反 WTO 最基本、最核心的最惠国待遇、关税约束等规则和纪律。这种单边主义行为，不仅损害了中国和其他成员利益，更损害了 WTO 及其争端解决机制的权威性，使多边贸易体制和国际贸易秩序面临空前险境。世界经济论坛发布的《2018 年全球风险报告》指出，美国对多边主义秩序造成的侵害，以及美国阻挠世界贸易组织上诉机构

---

① 参见中国商务部网站，http：//www. mofcom. gov. cn/article/ae/ag/201809/20180902788074. shtml.

② 中国国务院新闻办公室．关于中美经贸摩擦的事实与中方立场［M］．北京：人民出版社，2018.

新法官任命，将加剧2018年的全球风险。

（二）阻碍国际贸易和全球经济复苏

随着全球化进程发展，各国经济基于经贸关系的相互关联度越来越高，贸易已成为全球经济增长的重要动力。根据世界银行集团统计，全球经济对贸易增长的依存度已从1960年的17.5%上升到2017年的51.9%。当前，全球经济刚刚走出国际金融危机的阴影，回升态势并不稳固。美国政府大范围挑起贸易摩擦，阻碍国际贸易，势必会对世界经济复苏造成负面影响。世界银行集团于2018年6月5日发布的《全球经济展望》报告指出，全球关税广泛上升将会给全球贸易带来重大负面影响，至2020年全球贸易额下降可达9%，对新兴市场和发展中经济体的影响尤为明显，特别是那些与美国贸易或金融市场关联度较高的经济体。

（三）冲击全球价值链

当前，全球经济已经深度一体化，各国充分发挥各自在技术、劳动力、资本等方面的比较优势，在全球经济中分工合作，形成运转高效的全球价值链，共同分享价值链创造的经济全球化红利。美国政府通过加征关税、高筑贸易壁垒等手段在世界范围内挑起贸易摩擦，以威胁加税等方式要求美资跨国公司回流美国，将严重破坏甚至割裂全球价值链，冲击全球范围内正常的产品贸易和资源配置，产生广泛的负面溢出效应，降低全球经济的运行效率。IMF于2018年4月17日发布的《世界经济展望》报告指出，关税和非关税贸易壁垒的增加将破坏全球价值链，减缓新技术的扩散，导致全球生产率和投资下降。彼得森国际经济研究所认为，若美国对中国施加贸易制裁并导致中国反制，许多向中国出口中间产品和原材料的国家与地区也将遭受严重冲击。①

（四）贸易保护主义最终损害美国自身利益

在经济全球化的时代，各国经济你中有我、我中有你，特别是大型经济体存在紧密的相互联系。美国政府单方面挑起“贸易战”，不仅会对世界各国经济产生冲击，也会损害美国自身利益。

一是提高美国制造业成本，影响美国就业。彼得森国际经济研究所发布报告指出，95%被加征关税的中国商品是零配件与电子组件，它们被组装在“美国制造”的最终产品中，提高相关产品关税将损害美国企业自身。②通用电气公司预测，美国对产自中国的进口商品加征关税将导致其成本上升3

①② 参见彼得森国际经济研究所网站，https：//piie. com.

亿~4 亿美元。[①] 通用汽车、福特及菲亚特—克莱斯勒等汽车制造商纷纷下调了全年利润预测。彼得森国际经济研究所的评估指出，美国对进口汽车加征关税将导致美国减少 19.5 万个就业岗位，若受到其他国家报复性措施，就业岗位可能减少 62.4 万个。[②]

二是导致美国国内物价上升，消费者福利受损。美国自中国进口产品中，消费品一直占很高比重。根据美国商务部经济分析局统计，2017 年消费品（不包括食品和汽车）占中国对美出口的比重为 46.6%。长期进口中国物美价廉的消费品是美国通货膨胀率保持低位的重要因素之一。美国设备制造商协会在敦促美国政府不要实施损害经济的关税措施时指出，关税是对美国消费者的税收。美国国家纳税人联盟在 2018 年 5 月 3 日写给国会与总统的公开信中警告称，保护性关税将导致美国消费品价格上涨，伤害多数美国公民利益。[③] 美国汽车制造商联盟在 2018 年 6 月提交给政府的一份文件称，其对 2017 年汽车销售数据的分析显示，对进口汽车征收 25% 的关税将导致平均价格上涨 5800 美元，这将使美国消费者每年的消费成本增加近 450 亿美元。[④]

三是引发贸易伙伴反制措施，反过来损害美国经济。美国政府向包括中国在内的很多重要贸易伙伴发动"贸易战"，已引发各贸易伙伴的反制措施，势必使美国一些地区、产业、企业承担大量损失。美国商会指出，"贸易战"将导致美国相关州利益受损，得克萨斯州 39 亿美元的出口产品、南卡罗来纳州 30 亿美元的出口产品，以及田纳西州 14 亿美元的出口产品或受到报复性关税打击。[⑤] 美国消费者选择研究中心称，美国政府实际上在用关税"惩罚"其选民，依赖出口的北卡罗来纳州超过 15 万个工作岗位、南卡罗来纳州 6500 名工人将受到报复性关税的直接影响。[⑥] 美国知名摩托车制造企业哈雷公司评估，欧盟的报复性关税措施将导致每辆销往欧洲的摩托车成本增加 2200 美元，会在 2018 年内给公司造成 3000 万~4500 万美元的损失。为应对这一不利局面，哈雷公司已表示计划将部分摩托车制造产能转移出美国。[⑦]

---

① 国务院新闻办公室．关于中美经贸摩擦的事实与中方立场［EB/OL］. 2018－09－25. http：//paper. ce. cn/jjrb/html/2018－09/25/node_6. html.

② 参见彼得森国际经济研究所网站，https：//piie. com.

③ 参见美国国家纳税人联盟网站，https：//www. ntu. org.

④ 参见美国汽车制造商联盟网站，https：//autoalliance. org.

⑤ 参见美国全国广播公司网站，https：//www. nbc. com.

⑥ 参见夏洛特观察家报网站，https：//www. charlotteobserver. com.

⑦ 参见彭博新闻社网站，https：//www. bloombergquint. com.

四是影响投资者对美国经济环境的信心，导致外国直接投资净流入降低。不断升级的经贸摩擦使企业信心不稳，在投资上持观望态度。彼得森国际经济研究所所长亚当·波森指出，美国政府的“经济民族主义”政策不仅使美国在贸易领域付出了代价，在投资领域引发的消极后果也开始显现。近期，美国及外国跨国公司在美投资数量几乎为零，企业投资方向转变将影响美国的长期收入增长和高收入就业岗位，并使全球企业加速远离美国。根据美国商务部经济分析局数据，2016 年和 2017 年第一季度，美国外国直接投资流入额分别为 1465 亿美元和 897 亿美元，而 2018 年同期已降至 513 亿美元。这一变化是美国对长期投资吸引力下降的结果。①

四、中美两国元首就关税等问题达成重要共识

中美两国经济发展阶段、经济制度不同，存在经贸摩擦是正常的。事实证明，良好的中美经贸关系对两国发展都具有重要意义，合则两利，斗则两伤。

2018 年 12 月 1 日晚，中国国家主席习近平与美国总统特朗普在阿根廷布宜诺斯艾利斯举行会晤。会晤后，中方经贸团队相关负责人对记者表示，两国元首讨论了中美经贸问题并达成了共识。

两国元首积极评价双方经贸团队近期进行的积极有效的磋商。双方认为，健康稳定的中美经贸关系符合两国和全世界的共同利益。

双方决定，停止升级关税等贸易限制措施，包括不再提高现有针对对方的关税税率，以及不对其他商品出台新的加征关税措施。并设下自 2018 年 12 月 1 日开始的为时 90 日的宽限期。中国国务院关税税则委员会于 2018 年 12 月 14 日表示，自 2019 年 1 月起对原产于美国的汽车及零部件暂停加征关税 3 个月，希望朝着取消所有加征关税的方向加紧磋商。

两国元首指示双方经贸团队加紧磋商，达成协议，取消 2018 年以来加征的关税，推动双边经贸关系尽快回到正常轨道，实现双赢。

2018 年 12 月 14 日，USTR 在联邦公报上正式将针对中国 2000 亿美元产品加征关税从 10% 提高至 25% 的时间改为 2019 年 3 月 2 日 00：01。

2018 年 12 月 14 日，中国国务院关税税则委员会发布《关于对原产于美

---

① 国务院新闻办公室．关于中美经贸摩擦的事实与中方立场［EB/OL］. 2018 - 09 - 25. http：//paper. ce. cn/jjrb/html/2018 - 09/25/node_6. html.

国的汽车及零部件暂停加征关税的公告》（税委会公告〔2018〕10 号），宣布国务院关税税则委员会决定从 2019 年 1 月 1 日起，对原产于美国的汽车及零部件暂停加征关税 3 个月，涉及 211 个税目。

五、中美经贸团队加紧经贸磋商并取得实质性进展

（一）在中美两国元首会晤决定停止升级关税等贸易限制措施之前，中美已经举行三轮经贸磋商

2018 年 5 月 3 日—4 日，中美首轮经贸磋商在北京举行。美国总统特使、财政部长姆努钦率领的美方代表团来华，与中国国务院副总理刘鹤就中美经贸磋商部分问题达成共识，双方同意继续就有关问题保持密切沟通，并建立相应工作机制。

2018 年 5 月中旬，中国国务院副总理刘鹤赴美磋商。中美两国于 5 月 20 日发表联合声明称，双方同意，将采取有效措施实质性减少美对华货物贸易逆差，中方将大量增加自美购买商品和服务；双方还同意有意义地增加美国农产品和能源出口。

2018 年 6 月 2 日—3 日，中国国务院副总理、中美全面经济对话中方牵头人刘鹤带领中方团队与美国商务部长罗斯带领的美方团队在北京钓鱼台国宾馆就两国经贸问题进行了磋商。双方就落实两国在华盛顿的共识，在农业、能源等多个领域进行了良好沟通，取得了积极的、具体的进展，相关细节有待双方最终确认。

此外，2018 年 8 月 22 日—23 日，应美方邀请，中国商务部副部长兼国际贸易谈判副代表王受文率中方代表团在华盛顿与美国财政部副部长马尔帕斯率领的美方代表团就双方关注的经贸问题进行了磋商。

（二）在中美两国元首会晤决定停止升级关税等贸易限制措施之后，中美双方加快经贸磋商，并取得实质性进展

2019 年 1 月 7 日—8 日，美国副贸易代表格里什率领美方工作组访华，与中方工作组就落实两国元首阿根廷会晤重要共识进行积极和建设性讨论。

2019 年 1 月 30 日—31 日，中国国务院副总理、中美全面经济对话中方牵头人刘鹤带领中方团队与美国贸易代表莱特希泽带领的美方团队在华盛顿举行经贸磋商。双方在两国元首阿根廷会晤达成的重要共识指引下，讨论了贸易平衡、技术转让、知识产权保护、非关税壁垒、服务业、农业、实施机制以及中方关切问题。双方牵头人重点就其中的贸易平衡、技术转让、知识产

权保护、实施机制等共同关心的议题以及中方关切问题进行了坦诚、具体、建设性的讨论，取得重要阶段性进展。双方还明确了下一步磋商的时间表和路线图。双方高度重视知识产权保护和技术转让问题，同意进一步加强合作。创造公平竞争的市场环境符合中国改革开放大方向，中方将积极回应美方关切。双方同意，将采取有效措施推动中美贸易平衡化发展。中方将有力度地扩大自美农产品、能源产品、工业制成品、服务产品进口，满足中国经济高质量发展和人民美好生活需要。双方就中方具体关切进行了交流，美方将认真回应中方关切。双方一致认为，建立有效的双向实施机制十分重要，有助于确保协商一致的各项举措落地见效。双方已就实施机制的框架和基本要点达成了原则共识，将继续细化。

2019 年 2 月 14 日—15 日，中国国务院副总理、中美全面经济对话中方牵头人刘鹤与美国贸易代表莱特希泽、财政部长姆努钦在北京举行第六轮中美经贸高级别磋商。双方认真落实两国元首阿根廷会晤共识，对技术转让、知识产权保护、非关税壁垒、服务业、农业、贸易平衡、实施机制等共同关注的议题以及中方关切问题进行了深入交流。双方就主要问题达成原则共识，并就双边经贸问题谅解备忘录进行了具体磋商。双方表示，将根据两国元首确定的磋商期限抓紧工作，努力达成一致。

2019 年 2 月 15 日，中国国家主席习近平在会见美国贸易代表莱特希泽和财政部长姆努钦时指出，对于双方经贸分歧和摩擦问题，愿意采取合作的方式加以解决，推动达成双方都能接受的协议。当天在北京结束的第六轮中美经贸高级别磋商又就主要问题达成原则共识，一系列积极信号向世界宣示了双方致力于解决中美经贸争端的决心，也表明在两国元首共识的引领下，中美继续相向而行、平等磋商，朝着解决经贸问题的方向又前进一步。

2019 年 2 月 21 日，习近平主席特使、国务院副总理、中美全面经济对话中方牵头人刘鹤与美国贸易代表莱特希泽、财政部长姆努钦，在美国白宫艾森豪威尔行政办公楼共同主持第七轮中美经贸高级别磋商开幕式。本轮高级别磋商定于 21 日—22 日在华盛顿举行，双方团队已于 19 日开始工作层磋商。2019 年 2 月 22 日，美国总统特朗普在白宫椭圆形办公室会见中方牵头人刘鹤。刘鹤表示，两天来，两国经贸团队进行了富有成效的谈判，在贸易平衡、农业、技术转让、知识产权保护、金融服务等方面取得积极进展。2019 年 2 月 24 日，第七轮中美经贸高级别磋商结束，双方进一步落实两国元首阿根廷会晤达成重要共识，围绕协议文本开展谈判，在技术转让、知识产权保护、非关税壁垒、服务业、农业以及汇率等方面的具体问题上取得实质性进展。

美国总统特朗普表示，磋商取得实质性进展，美国将延后原定于 3 月 1 日对中国产品加征关税的措施。

截至 2019 年 2 月底，中美经贸团队已经开展了七轮磋商。特别是自 2019 年 1 月起，双方的磋商更为密集，2 个月内进行了四轮磋商，外界期待中美两国早日达成最终协议。

第三节 美国 30 年来最大规模减税法案正式实施

2018 年 1 月 1 日，美国自 1986 年以来最大规模减税法案《减税与就业法案》（Tax Cuts and Jobs Act）开始实施。由于受联邦预算约束，《减税与就业法案》只实现了公司所得税减税措施的永久化，个人所得税减税措施则只到 2025 年有效。为了使个人所得税减税措施永久化，共和党又推动“美国税改法案 2.0 版”。美国税改文化“常态化”，将对世界各国税制改革带来压力，为世界税制发展趋势与方向带来不确定性。

一、美国《减税与就业法案》主要内容简介

《减税与就业法案》修正了《美国国内税法》（the Internal Revenue Code），以降低税率，并修改了关于个人和公司的税收抵免和扣除政策。

（一）《减税与就业法案》在个人税收政策方面的主要修改内容

一是提高个人所得税起征点，维持目前 7 档纳税等级（10%，15%，25%，28%，33%，35% 和 39.6%）不变，但税率的适用范围有所调整且大部分税率有所下降（10%，12%，22%，24%，32%，35% 和 37%），其中，最高税率从目前的 39.6% 降至 37%。

二是个人所得税标准扣除额（standard deduction）翻倍。例如，个人申报的标准扣除额从 6500 美元增加到 12000 美元。

三是废除《病人保护和经济适用医疗法案》（Patient Protection and Affordable Care Act，PPACA，也称奥巴马医改法）中要求必须购买医疗保险的强制性条款。

四是取消和调整数十项税收抵免和扣除，包括：儿童税收抵免额翻倍（从1000美元每人增至2000美元每人），建立新的家庭税收抵免制度；取消杂项列举扣除；取消特定分项扣除额的限制；保留州税和地方税（state and local tax，SALT）扣除，但扣除上限调整为10000美元；增加慈善捐款的税收扣除额度；提高医疗费用扣除占应税收入的比例上限；提高个人替代性最低税（Alternative Minimum Tax）的门槛，简化税制；增加遗产税的免税额度等。

个人所得税变动的有效期仅至2025年底。

（二）《减税与就业法案》在公司税收政策方面的主要修改内容

一是将公司所得税最高税率从35%降低到21%，即从发达国家的最高水平下降到OECD成员的平均水平以下。

二是推行"属地"征税原则，未来美国公司的海外利润将只需在利润产生的国家缴税，而无须向美国政府缴税。

三是对美国公司留存海外的利润一次性征税，其中，现金利润的税率为15.5%，非流动性资产的税率为8%。

四是取消和调整数十项税收抵免和扣除，包括：取消工作机会税收抵免；取消和调整数项与能源相关的税收扣除和抵免；取消公司替代性最低税等。

五是规定税基侵蚀与反滥用税（Base Erosion and Anti-abuse Tax），若跨国公司与海外分支机构或总部的交易降低了这些公司在美国的纳税义务，美国政府将对此类交易征税。《减税与就业法案》规定公司税基侵蚀与反滥用税的税率在2018年为5%，到2025年为10%，2026年为12.5%。

公司所得税的税改内容是永久的。

二、美国税改争议不断，远未达到预期成效

2018年6月29日，美国总统特朗普在白宫举行的《减税与就业法案》实施6个月的庆祝活动上发表演讲。[①] 他说："减税政策实施这6个月以来，给美国带来更多的工作机会，让工人赚更多薪水，我们国家终于拥有了一个有利于就业，有利于工人，有利于家庭，有利于美国人的税收系统。"特朗普在演讲中声称，6个月以来，超过600万工人获得奖金、加薪和退休金账户存款。商业减税措施使得超过100家能源公司降低了收费价格，为美国人节省

① 国家税务总局税收科学研究所美国税改专题研究小组. 美国白宫庆祝税改法案实施半年[N]. 中国税务报，2018-07-10.

了30亿美元的水电费。美国失业率达到44年来最低点，非裔和拉美裔美国人失业率创历史最低。女性失业率创65年来最低，残疾人失业率也创历史最低。小企业提高福利和薪酬的幅度创造了新的纪录，制造业的乐观指数达到有史以来最高。数千亿美元资金从海外回流，仅在第一季度就有3000亿美元资金回流，还有数万亿美元正在回流中。

2018年6月29日，美国财政部（Treasury）网站发布新闻稿，纪念美国税改法案——《减税与就业法案》通过立法"半周年"，并更新税改专栏网页信息，从"美国家庭减税""增加就业与提高收入""更加简化与公平的税收法典"三个方面总结税改半年以来的成就。①

2018年8月7日，IMF发布由尼杰尔·查克（Nigel A Chalk）等三位学者撰写的美国税改专题评估报告——《〈减税与就业法〉评价》（The Tax Cuts and Jobs Act：An Appraisal）。该报告从美国自身和世界两个角度分析美国《减税与就业法案》的影响。该报告称，美国税改有许多积极的方面，包括简化与降低个人所得税、减少对投资和融资决策的扭曲以及减缓向境外转移利润等，但税改存在巨大的财政代价，而且使美国税制的发展面临很大的不确定性。个人所得税改革还可以更好地给低收入者减税为目标，还可以更充分地解决企业税收造成的扭曲问题，新的国际税收方面的改革措施，使国际税制更为复杂，对国际影响具有积极和消极的双重性，并对国际税制重塑产生产生潜在影响。②

美国税改在争议声中实施，虽然取得一定成效，但是远未达到预期。

（一）税改促进经济增长和就业的成效未到达历史高峰

根据公布的数据，美国2018年第二季度的GDP增长了4.1%，特朗普当选总统以来新增就业达到370万人。初看这些数字应该认为还不错，但是和美国历史上的税改相比则还不是最突出的。20世纪80年代以来的美国各届总统都推行过各种税制改革，例如，里根推行的《经济复兴法案》（1981）、《税制改革法案》（1986），以及小布什推行的《经济增长与减税协调法案》（2001）、《增加就业和援助雇工法案》（2002）、《就业与增长税收减免协调法案》（2003）都属于以减税为主的税改，而老布什、克林顿和奥巴马任内推行的税改则属于减税与增税并举的措施。上述税改措施都对经济增长发挥了或多或少的刺激作用。若以经济增长率排序，特朗普4.1%的增长率只能排在第

① 参见 https：//home. treasury. gov/TaxCutCutCut.

② 参见 http：//www. imf. org/ ~ /media/Files/Publications/WP/2018/wp18185. ashx.

五位（见表2-1）。据《纽约时报》数据显示，特朗普上任以来的一年半美国就业增加了370万人，低于之前的奥巴马任期的一年半中就业增加的430万人。①

表2-1　2008年国际金融危机以来美国排名前五位的季度增长率

排位	所属季度	GDP增长率（%）	任期总统
1	2014年第二季度	5.1	奥巴马
2	2014年第三季度	4.9	奥巴马
3	2011年第四季度	4.7	奥巴马
4	2009年第四季度	4.5	奥巴马
5	2018年第二季度	4.1	特朗普

（二）税改对美国社会各阶层的效应不一

尽管特朗普代表的共和党宣称新税法有利于中产阶级，但人们在经过测算后发现，普通中产阶级一年所少缴的税款只相当于小半个月的工资。而受益最大的还是高收入阶层和富豪们，一方面最高税率由39.6%降到了37%，另一方面适用最高税率的起征额提高到了个人50万美元、家庭60万美元，这双重的好处使高收入阶层获利更大。加上遗产税起征点的提高，富豪们得到了巨额减免。

对于中产阶级及以下的阶层来说，由于抵扣项目的减少，各个家庭减税幅度不同，加上各州及地方政府的抵扣数额不一，因此，一些免州税的州（如新罕布什尔州、俄勒冈州、蒙他拿州等）更吸引人们迁入，可能会导致美国地区结构的变动。

（三）税改推动海外资金回流，但与预期相差甚远

根据美国经济分析局（Bureau of Economic Analysis，BEA）和美国国内收入局（Internal Revenue Service，IRS）统计数据估算，美国企业海外存留的利润总量约3万亿美元以上。美国经济分析局数据显示，美国跨国公司汇回的资金为4650亿美元，远高于2017年上半年汇回的730亿美元，但与美国总统特朗普预计的海量现金相比，这只是很小一部分。美国跨国公司并未在2018年上半年从海外业务中撤回大量现金。“我们预计很快就会有超过4万亿美元的现金汇回。”这是特朗普2017年8月声称的，然而，2018年第二季度的汇

① 孙钢．对美国税改的阶段性评价［J］．财政科学，2018（8）．

回金额仅为 1700 亿美元，低于第一季度的 2950 亿美元。[①]

（四）税改扩大了财政赤字，增加了政府债务，成为特朗普政府打“贸易战”的原始冲动[②]

美国税改 1.5 万亿美元的减税措施在提振经济的同时，也导致了政府财政的恶化。个人所得税与公司所得税约占联邦财政收入的 53%，为了弥补减税导致的财政亏空，联邦政府只能依赖于增加国债发行规模。联邦财政部预计 2018 年将举债 9550 亿美元，这是 6 年来最高的举债数额，而 2017 年的举债额为 5190 亿美元。据美国尽责联邦预算委员会预计，到 2028 年赤字将进一步增加到 1.7 万亿美元，从占 2017 年 GDP 的 3.5%、2019 年 GDP 的 5.3% 最终增加到 2028 年 GDP 的 5.7%，这一结果远远高于 2017 年 6 月美国国会预算办公室（CBO）的规划数值，风险极大。

在此情况下，增加关税收入成为弥补财政亏空的另一项重要手段。因此，特朗普政府不仅与中国大打加征关税的“贸易战”，而且不顾与欧盟、加拿大和墨西哥等国家和地区长年的盟友关系，不容解释地对这些国家出口到美国的汽车、钢铁、铝等加征关税。虽然促使特朗普实行单边主义、开打“贸易战”的因素很多，但大规模减税导致的财政亏空也是根本致因之一。

然而“贸易战”是把双刃剑，加征关税除了影响其他国家的出口，也增加了本国企业的制造成本和国民的消费成本，美联储前主席格林斯潘指出，美国加征关税是由美国国民在买单，这种铤而走险的关税政策在一定程度上会大大抵销税改对经济的刺激作用，其负面效应将会逐步显现出来，搞不好会使美国税改的努力前功尽弃。

三、美国税改法案 2.0 版推出

2018 年 1 月才实施的大规模的税改刚过半年，方兴未艾。由于受联邦预算约束，《减税与就业法案》只实现了公司所得税减税措施的永久化，个人所得税减税措施则只到 2025 年有效。为了使个人所得税减税措施永久化，共和

---

① Gary Clyde Hufbauer, Surprised? US Multinationals Didn't Repatriate a Gusher of Cash [EB/OL]. [2018-09-21]. https: piie. com/blogs/realtime-economic-issues-watch/surprised-us-multinationals-didnt-repatriate-gusher-cash.

② 孙钢. 对美国税改的阶段性评价［J］. 财政科学，2018（8）.

党又推动“美国税改法案2.0版”（以下简称税改法案2.0版）立法。[①]

2018年7月27日、28日，美国众议院通过《保护家庭和小企业减税法》《家庭储蓄法》《美国创新法》三个法案，统称税改法案2.0版（2019年将提交参议院表决）。税改法案2.0版被认为是2017年《减税与就业法案》的续篇。

（一）税改法案2.0版的立法目的[②]

2018年以来，为了赢得国会中期选举，特朗普一直将税制改革的成效作为重要“卖点”，以帮助共和党候选议员拉票造势。共和党在中期选举之前有计划地推进了税改法案2.0版在众议院获得通过。尽管这在很大程度上是为了中期选举而造势，但若再获参议院通过，税改法案2.0版还是能解决特朗普政府以下利益关切。

1. 对税改法案不足之处进行完善

税改法案由于制定时过于仓促，很多惠及普通民众的政策并未落地。税改法案2.0版除将个人所得税减税政策永久化之外，还对学生贷款抵扣、研究生学费减免、退休金免税等税改法案未落地政策进行细化、修正、完善。

2. 通过税收政策提高美国家庭储蓄率

在美国，约1/3的员工无法通过其雇主获得退休储蓄计划，再加上税改法案废除了奥巴马医改中“不买保险、就交罚金”的个人强制性条款，使富人不再为穷人的医疗买单。税改法案2.0版拟推出税收优惠政策，鼓励工薪阶层更广泛地参与退休储蓄计划。

3. 减轻初创企业税收负担

2018年1月，美国彭博社发布的《彭博创新指数2018》显示，美国首次从世界排名前10位最具创新性国家的名单中跌落到第11名。税改法案2.0版允许初创企业扣除更多开办费和启动费用，从而鼓励更多美国人创新创业。

（二）税改法案2.0版的立法过程

与2017年大张旗鼓推进税改法案立法进程形成鲜明对比的是，共和党2018年推进税改法案2.0版立法相对低调。

---

① 何振华，周敏行，陈鑫，等．美国税改2.0版本公布：具体措施有三项［N］．中国税务报，2018-08-14.

② 国家税务总局税收科学研究所．“美国税改法案2.0版”简介及评析［R］．国外税收要参，2019-01-10.

1. 共和党有计划地推进税改法案 2.0 版

2018 年 2 月，税改法案刚实施一个月，特朗普就在公开场合宣称，可能存在 2.0 版的税改方案。这显示共和党正有计划地逐步推进税改进程。此后，各界对税改法案 2.0 版提出了多种猜测。2018 年 6 月 29 日，特朗普表示共和党将很快公布第二轮减税计划。随后，2018 年 7 月 24 日，美国众议院筹款委员会（The House Ways and Means Committee）在其官方网站公布了《税改法案 2.0 版政策框架》。

2. 众议院通过税改法案 2.0 版

2018 年 9 月 10 日，众议院筹款委员会通过税改法案 2.0 版，9 月 13 日提交全体议员审议；9 月 27 日和 28 日，美国众议院陆续通过了美国税改法案 2.0 版的三部法律。可以说，当全世界还在关注“特朗普贸易冲突的各项新举动”和“特朗普与民主党较量”等新闻热点时，作为特朗普执政基石的税改法案 2.0 版已经不声不响地走完了众议院的立法程序。

3. 参议院将于 2019 年审议税改法案 2.0 版

2018 年 11 月，美国中期选举尘埃落定，共和党继续巩固了其在参议院的优势地位。根据美国法律，第 116 届国会议员将于 2019 年 1 月 3 日就职。在第 116 届国会开始工作时，税改法案 2.0 版将呈交参议院审议表决。

（三）税改法案 2.0 版的主要内容简介①

税改法案 2.0 版的政策目标和主要内容如下：

1. 对美国中产阶级和小企业实施永久性减税措施

《保护家庭和小企业减税法案》拟将税改法案中原本将于 2025 年到期的一些关键条款永久化，包括永久降低个人所得税税率、永久扩大标准扣除额、永久提高遗产税免征额、永久对穿透实体给予减征 20% 所得的优惠等条款。除此之外还包括增加“美好生活体验法（ABLE）”账户的存款额度，以及降低医疗费用扣除最低限额等条款。根据国会税收联合委员会的测算，长期来看，仅个人所得税减税政策永久化就将促使美国 GDP 增长 2.2%、新增 150 万个就业岗位、工资薪酬水平提升 0.9%。

2. 为提高储蓄率实行组合型税收解决方案

《家庭储蓄法案》主要包括四项改革举措。第一，简化退休储蓄规则。小企业雇主可以与员工共同缴纳退休金，取消缴款的最高年龄限制，增加最低

① 参见 https://waysandmeansforms.house.gov/uploadedfiles/tax_reform_2.0_house_gop_listening_session_framework_.pdf.

缴款规则，鼓励个人进行退休储蓄。第二，鼓励家庭创建小额通用储蓄账户。允许纳税人每年最多可以向该账户储蓄2500美元，且不附带任何退休提款条件，提款免于征税。第三，拓展529教育储蓄账户支出范围，鼓励人们在教育方面进行更多选择。第四，新生儿童提款支出，该账户允许美国家庭从退休储蓄账户中提取资金而免于处罚。根据国会税收联合委员会的测算，该法案如实施，将为工薪阶层减税210亿美元。

3. 大幅提高初创企业开办费用扣除限额

《美国创新法案》将允许初创企业摊销更多的初始启动成本。开办费用扣除限额将从目前的5000美元增加到20000美元，无法立即扣除的费用允许在15年内摊销。提高开办成本费用化额度将使小企业能够立即扣除更多成本，从而减轻新办企业的负担和企业成长中的烦恼。根据国会税收联合委员会的测算，该法案将为初创企业减税54亿美元。

四、美国税改“新常态”将进一步加剧国际税收竞争

（一）税制改革文化将成为“新常态”

对于税改法案2.0版可能对经济造成的影响，共和党人和民主党人的观点显然并不相同。特朗普和共和党人士将减税誉为振兴经济之举，并将其作为共和党捍卫其参众两院多数席次的宣传活动中的重要部分。不过，民主党则称这些减税措施受惠的主要是富人和企业。美国众议院民主党领袖佩洛西于2018年9月10日在一项声明中指出：“有了共和党的富人税负诈骗2.0版，共和党想增加更多赤字，甚至让那1%的最富阶层的银行户头更有钱。”

虽然各方看法不一，但不可否认的是美国税改文化将成为“新常态”。正如税改法案2.0版框架强调的，美国税改应创建一种改革文化，不同于过去30年才对税收制度进行大幅改革的陈旧惯例，这种改革文化是一种每年持续修订、不断推进的改革文化。美国众议院筹款委员会承诺，每年都将设法为美国家庭和企业优化税法——就像纳税人手机上的应用软件定期都会得到更新。每年，国会都会审查税法，并采取有效措施确保美国税制持续保持竞争力、创新性，在世界主要经济体中更具竞争力。从税改法案2.0版开始，税制改革文化将成为“新常态”。

（二）美国税改将进一步加剧国际税收竞争

2018年10月23日，美国税收基金会发布《2018年国际税收竞争力指

数》报告[1]，2018 年美国在国际税收竞争力指数的总体排名从第 28 位上升到了第 24 位，其中公司所得税部分排名从第 34 位跃升至第 20 位。美国税改引发了新一轮国际减税竞争。

美国税改将对世界各国税制改革带来压力，为世界税制发展趋势与方向带来不确定性。由于美国跨境税制的改革和海外利润汇回政策以及降低公司所得税的政策互相叠加，可能引发各国美资回撤和本国资本外流的风险。为了应对美国税改，各国可能跟风减税以保持在国际资本竞争中的有利地位。实际上，在经济复苏“乍暖还寒”情况下，减税已成为全球各主要经济体拉动经济增长的主要手段。

2018 年，OECD 成员中已经有 8 个国家降低了法定的公司所得税税率，平均下降了 4.8%。这些成员包括阿根廷、比利时、法国、日本、卢森堡、挪威、瑞典和美国。与之对比，2017 年同样有 8 个国家降低了公司所得税税率，平均则为 2.7%。

在公司所得税减税的背景下，一些国家通过法律法规等形式，颁布了 2018 年及未来几年的具体减税措施和阶段性降低税率的详细计划；也有一些国家虽然未采取立法的手段，但也公开宣布该国国会采取降低公司所得税税率的举措。通过减税计划可以看出，各国减税力度巨大。如继美国税改法案通过以后，2017 年 12 月 21 日法国议会通过《2018 年财政法》，规定 2019 年、2020 年公司所得税普通税率从 33.33% 分别降至 31% 和 28%；2021 年、2022 年进一步降至 26.5% 和 25%。2017 年 12 月 27 日，阿根廷议会通过综合税改法案，2018 年公司所得税税率从 35% 降至 30%，并将于 2020 年进一步降至 25%。2017 年 12 月 22 日，比利时议会通过税改法案，规定 2018 年公司所得税税率从 33% 降至 29%，2020 年进一步降至 25%。2018 年 10 月 18 日，澳大利亚通过法案加速实施小企业优惠步伐，适用 25% 优惠税率的时间从原来的 2026 年 7 月提前至 2020 年 7 月，并逐步扩大小企业的范围等，公司所得税税率面临新一轮下调趋势。

---

① 参见 https：//files. taxfoundation. org/20181026153532/2018-International-Tax-Competitiveness-Index-Tax-Foundation. pdf.

第四节　OECD 发布《数字化带来的税收挑战——2018 中期报告》

十年之前，全球市值最大的前 20 家公司中仅有 1 家属于数字企业，而目前全球前 20 家公司中，共有 9 家数字企业。全球大型数字企业平均年收入增速为 14%，而传统跨国企业仅为 0.2% ~3%。数字企业海外分支机构的比例仅为 50%，而传统跨国企业的海外分支机构数量占比则高达 80%。全球化、商业模式和科技的发展对 20 世纪初制定的国际税收体系及理论构成压力，数字化加剧了这一状况。

2018 年 3 月 16 日，OECD 网站发布了由其数字经济工作组（TFDE）撰写的《数字化带来的税收挑战——2018 中期报告》（以下简称《中期报告》）①。该报告梳理了数字经济下的新商业模式和相关价值创造过程，分析了数字经济给现有国际税收规则带来的挑战，为下一步调整国际规则奠定基础。该报告认为，尽管目前各国尚未就如何修改数字时代的国际税收规划框架达成共识，但 BEPS 包容性框架将力求在 2020 年达成新的全球共识。

一、历史沿革与《中期报告》概览

（一）历史沿革

OECD 计划在 2020 年前就数字化商业模式推出基于广泛共识的、全球一致的税收政策，《中期报告》的发布无疑是该计划中具有里程碑意义的事件。

实际上，OECD 和 G20 对“应对数字化带来的税收挑战”的 BEPS 倡议也是在过去五年中逐步形成。《中期报告》的标题本身正反映了对这一倡议的思维转变，从原来将“数字经济”视为更广泛的 BEPS 问题的一个组成部分来加以关注，到后来转变为关注整体经济的数字化的应对方案。在这一思维转

① OECD (2018) Tax Challenges Arising from Digitalisation-Interim Report 2018 [EB/OL]. [2018 - 03 - 16]. http://www.oecd.org/tax/tax-challenges-arising-from-digitalisation-interim-report-9789264293083-en.htm.

变过程中，发生了以下关键事件：

2013 年 1 月，法国政府公布了其针对数字经济征税的报告。该报告提出了部分出现在《中期报告》中的核心概念，并且是最早提出“对数字经济征税存在问题”的报告之一。

2013 年 2 月，OECD 发布了首份应对 BEPS 问题的报告，并与 G20 共同发起了 BEPS 行动计划。

2013 年 9 月，44 个 OECD 成员及 G20 成员认可了 BEPS 的 15 项行动，其中，第 1 项行动计划为《应对数字经济的税收挑战》。

2014 年 9 月，数字经济工作组发布了关于应对第 1 项行动计划的提案的中期报告。

2015 年 11 月，BEPS 一揽子行动计划提案（共 15 项）提交 G20 并全部通过。

2016 年 6 月，建立 BEPS 包容性框架，使参与 BEPS 行动计划的国家超过 110 个。

2017 年 1 月，包容性框架授权数字经济工作组在 2018 年提交《中期报告》，并在 2020 年提交最终报告。

2017 年 6 月，67 个国家签署《BEPS 多边公约》，以促进与 BEPS 有关的税收协定的更新。

2018 年 3 月，包容性框架批准《中期报告》的发布。

2020 年 12 月之前包容性框架发布最终报告。

（二）主要观点①

《中期报告》反映了截至目前包容性框架就经济数字化及其带来的税收挑战所取得的共识，其主要观点包括：

（1）包容性框架不仅关注那些旨在实现低税负结果的企业架构，还主要关注如何将征税权公平地分配至（各个）商业价值的创造地。

（2）在确定“联结度（nexus）”规则（用以确定非居民企业何种情况下应就来源于某国的利润缴税）及利润分配规则（用以确定企业利润的多少应在来源国缴税）是否需要修订以确保在数字化商业模式背景下产生公平、合理的结果之前，需要进行更多的研究和分析。

（3）如果结论是需要修订，那么需要决定是采用“定量门槛”还是“定

① 毕马威. OECD 数字经济工作组发布《中期报告》[EB/OL]. [2018-03-17]. https://home.kpmg/cn/zh/home/insights/2018/03/china-tax-alert-08.html.

性门槛”规则。

（4）那些赞成在达成全球共识前采取短期（可能是单边）措施的包容性框架成员提出了短期措施设计时的考量因素，以减轻短期措施的不利影响。这些考量因素包括：遵守现行双重征税协定及贸易协议，设置门槛以降低对初创企业和创新活动的不利影响等。与此同时，有几个国家表示《中期报告》似乎不应限制其自主权。

（5）OECD的工作很可能影响所有存在数字化收入的企业，而不仅是那些经常出现在财经新闻头条中的高度数字化企业。

二、《中期报告》主要内容①

《中期报告》详细地研究了一系列问题，反映出企业架构和价值创造过程在经济的数字化背景下的巨大变化。《中期报告》描述了数字经济影响价值创造过程的三个主要因素，即跨辖区没有实质的规模（cross jurisdictional scale without mass）、高度依赖无形资产（heavy reliance on intangible assets）及数据和用户参与的重要性（the role of data and user participation），这些也是众多数字化业务的共同特征。根据《中期报告》，包容性框架成员的意见可以分为以下三组：

第一组成员认为数字化业务的特点导致了价值创造地与利润征税地之间的不匹配。他们认为问题仅限于某些业务，因此可以考虑针对性修订相关税收规则而非整体改革现行国际税收规则来解决问题。

第二组成员认为持续的经济数字化转型及全球化趋势正在挑战现存营业利润国际征税分配规则的有效性。这些挑战涉及的范围很广泛，不仅仅是高度数字化业务，所以应该重新设计税收规则。

第三组成员认为BEPS一揽子措施已基本解决双重不征税问题，现有国际税收规则无须进行重大改革。

《中期报告》分8个章节，主要包括“引言”“数字化、商业模式和价值创造”“BEPS项目实施及其影响”“相关税收政策进展”“国际税制应对数字经济的长期措施”“应对数字经济税收挑战的短期措施”“数字化对国际税制的其他影响”“结论”等内容，共218页。重点包括以下内容。

（一）数字化企业的价值创造

《中期报告》第2章《数字化、商业模式和价值创造》（Digitalisation,

① 参见http：//www.oecd-ilibrary.org/docserver/download/2318161e.pdf.

Business Models and Value Creation）提供了一个新的理论框架，用来分析数字化商业模式中的价值创造过程。除了传统的“价值链”类型以外，还描述了另外两种价值创造类别，即“价值商店”和“价值网络”。其中，“价值网络”包括互联网广告模式和中介服务模式，这些模式依赖于积极的用户贡献/参与，以及目标市场中的直接网络效应和间接网络效应。该报告指出，在三个价值创造类别中，“价值网络”是支持“价值在目标市场创造（没有实体存在的情况下）”的最强有力的例子。

（二）BEPS 成果的实施及影响

《中期报告》第 3 章《BEPS 项目的实施和影响》（Implementation and Impact of the BEPS Package）认为，2015 年以来随着各国陆续采纳 BEPS 措施，解决跨国公司税收筹划行为取得了一些成效。尽管还需更多证据加以支持，已有一些迹象表明跨国公司正在改变其公司架构（如转向本地分销模式、知识产权回归本国等）。同时，虽然各国对 BEPS 常设机构规则的采纳低于预期，但 BEPS 其他建议的落地和增值税标准的推出，以及受控外国公司（CFC）规则、协定滥用措施、转让定价和知识产权制度等都取得了一定的进展。不过尽管如此，《中期报告》还是认为仅通过 BEPS 措施不足以解决数字化和商业模式变化给传统国际税收规则带来的更为根本的长期问题。

（三）单边措施

《中期报告》第 4 章《相关税收政策发展》（Relevant Tax Policy Developments）将单边数字经济征税规则分为四类，即：①常设机构门槛的不同应用（如印度、以色列）；②预提所得税；③流转税（如印度、意大利、法国）；④应对大型跨国公司的特定制度（如英国、澳大利亚、美国）。该报告指出，这些措施的采纳不仅反映了各国对目前国际税收规则产生的税收结果日益不满，也增加了改革现行税收框架的紧迫性。

（四）长期解决方案

展望国际税收规则的长期改革，《中期报告》第 5 章《调整国际税收制度以适应经济数字化》（Adapting the International Tax System to the Digitalisation of the Economy）将持不同意见的国家分为三组。第一组国家认为，考虑到高度数字化企业的商业模式对用户参与/贡献的依赖，应仅对特定企业采取有针对性的措施。第二组国家认为，鉴于整体经济正在不断数字化，因此，需要对国际税收框架进行更广泛的重新审视，以便同时适用于数字化企业和传统企业。但是，第二组国家间的意见也高度分化，其中一些国家认为在重新设计税收规则时不应特别强调用户参与/贡献，而另一些国家则认为需要对联结度和利润分配规则进行重大修改。第三组国家则认为现行国际税收框架无须改动。

（五）短期措施

《中期报告》第6章《应对数字化带来的税收挑战的短期措施》（Interim Measures to address the tax challenges arising from Digitalisation）明确表示，许多国家强烈反对对数字化企业征收短期流转税，并列示了短期措施的采纳将给经济福利、生产力和竞争力带来的风险和不利后果。然而，由于一些国家执意采纳短期措施，因此报告列明了为最大限度地降低短期措施负面影响所需考虑的因素（例如，设定高收入门槛，仅针对互联网广告和中介服务等）。

其中，最值得关注的是第5章和第6章。第5章《调整国际税收制度以适应经济数字化》阐述了各国对调整国际税收规则的长则阐述了各国对短期流转税措施立场的相互冲突。

三、国际社会在数字化的税收挑战方面取得了重要进展①

2018年3月21日，欧盟委员会（EC）公布针对大型数字跨国公司课税提案；9月，欧洲各国财长同意就针对科技巨头征税一事加强商讨；10月，英国政府宣布，拟于2020年开征数字服务税；12月，法国决定从2019年1月1日开始向互联网巨头征收数字服务税。

2018年12月1日，G20领导人第十三次峰会通过了《二十国集团领导人布宜诺斯艾利斯峰会宣言》（以下简称《宣言》）。《宣言》最重要的涉税内容之一就是“承诺继续寻求以共识为基础的解决方案，以应对经济数字化对国际税收体系的影响，要求OECD在2019年对经济数字化的税收挑战报告进行更新，并于2020年发布最终报告”。此承诺包含了四个层次的含义：一是经济数字化使现行国际税收规则面临严峻挑战；二是G20委托OECD开展相关工作并取得了进展；三是目前各方就如何应对经济数字化的税收挑战还未达成共识；四是各方需共同努力，就应对经济数字化的税收解决方案尽快达成一致。②

---

① OECD（2019），International community makes important progress on the tax challenges of digitalisation，OECD Publishing，Paris. http：//www. oecd. org/tax/international-community-makes-important-progress-on-the-tax-challenges-of-digitalisatio n. htm.

② 陈琍. 应对经济数字化　全球需尽快达成协调一致的税收方案［N］. 中国税务报，2018－12－26.

2019 年 1 月 29 日，OECD 宣布，国际社会在应对数字化经济带来的税收挑战方面取得了重要进展，各国同意继续展开多边合作，争取在 2020 年达成一项基于共识的长期解决方案。OECD 在开展的税务会谈网络直播①中讨论了包括数字经济税收等在内的诸项话题，在该直播活动结束后不久，分别发布了《新闻报道》和《政策报告》。

（一）具体内容

《新闻报道》显示，OECD 认为，国际社会在应对数字经济税收挑战领域已经取得了重要进展，并一致同意继续开展多边合作，力争在 2020 年达成基于共识的长期解决方案。

《新闻报道》还指出，此次重启的国际间对话的焦点将集中于《政策报告》中所确定的两大核心支柱提案。该报告发布于 1 月 23 日—24 日召开的税基侵蚀和利润转移方案包容性框架会议结束之后。来自 95 个成员的 264 名代表及 12 个观察员组织参与了此次会议。

《新闻报道》指出，自 2018 年《中期报告》提交以来，OECD 数字经济工作组（TFDE）一直致力于深化开展相关工作。OECD 数字经济工作组（TFDE）基于对 BEPS 第 1 项行动计划《应对数字经济的税收挑战》及 2018 年《中期报告》的分析，并经 2018 年 7 月和 12 月举行的数字经济工作组会议上的讨论，目前 OECD 数字经济工作组（TFDE）已经提出了一些预案。其中，包括来自新兴市场国家的二十四国集团（G24）提出的一项提案，该项提案在税务网络会谈直播中有所涉及，但并未在《政策报告》或《新闻报道》中被提及。这些提案连同最近 BEPS 包容性框架成员的讨论及意见反馈，将为各方达成最终共识打下基础。

（二）具体成果

OECD 表示，BEPS 包容性框架成员目前已达成一致意见，将就涉及两项支柱的提案开展审核工作，而这也可能成为达成最终共识的基础。其中，第一项支柱旨在应对数字化经济带来的更为广泛的税收挑战，并侧重于解决征税权的分配及联结度等问题；第二项支柱将主要涉及其他 BEPS 问题。OECD 认为，两大支柱将有助于加深业界对数字经济的认识。

1. 第一项支柱：修订利润分配及联结度规则

在第一项支柱中，OECD 将研究用户参与方案（User Participation）、营销

① OECD Tax Talks, Update on tax and digitalization. http: //www. oecd. org/tax/tax-talks-webcasts. htm.

型无形资产方案（Marketing Intangibles）、显著经济存在方案（Significant Economic Presence）三项解决方案。这三项解决方案将根本性地改变利润分配及联结度（Nexus）规则，并扩大用户/市场所在国的征税权。虽然三项方案重新分配征税权的方法有所不同，但它们都试图从不同的角度识别现有税收规则下利润分配时未被识别的价值创造活动或用户/市场所在国的参与。

解决方案一：用户参与方案（User Participation）

该方案主要针对高度数字化业务通过扩展活跃用户群，用户主动提供的数据与内容而创造出的价值。这类价值在社交媒体平台、搜索引擎及在线销售平台三种模式中体现得尤为明显。该方案建议基于活跃参与用户所在地来分配利润，无论企业是否在用户所在国构成常设机构或设立实体企业，并通过如下非常规或剩余利润分配方法将利润分配给用户所在国：①计算剩余利润（扣除分配给常规功能的利润后）；②将部分剩余利润归属于用户活动创造的价值（以一定比例或根据详细分析结果）；③按既定的因素（如收入额）在用户所在国之间分配；④给予用户所在国对应利润的征税权。

解决方案二：营销型无形资产方案（Marketing Intangibles）

该方案主要针对跨国公司通过远程方式拓展用户或者创造其他营销型无形资产，并认为营销型无形资产和市场所在国之间存在一种内在功能性的联系。该方案建议基于“营销型无形资产”对现存的利润分配规则进行修订，将营销型无形资产及相关利润分配给市场所在国。市场所在国的利润分配可以通过下述两种方法之一实现。

①使用传统的基于交易的转让定价方法：根据具体情况，识别营销型无形资产及其对利润的贡献，采用现行的转让定价方法确定相应归属于市场所在国的利润；②使用修改后的剩余利润分割法：先在总体利润中识别并扣除常规利润，然后根据多种潜在指标（如成本费用或特定公式）将剩余利润归属于营销型无形资产，再根据一定分配标准（如收入）将此部分利润分配至各市场所在地。

在这种新的联结度规则下，即使一个企业在市场所在国没有构成常设机构或设立实体企业，也可能需要在当地纳税。这一方案不仅仅适用于高度数字化的业务，可能也会影响其他类型的业务。

解决方案三：显著经济存在方案（Significant Economic Presence）

该方案主要考虑到经济数字化和其他科技手段的进步使得企业在未设立实体的情况下也可以高度参与当地经济活动的情况，并建议按照一定比例（fractional apportionment method）将利润分配至各个“显著经济存在”，即通过以下三个步骤：①定义需要分摊的税基（如跨国公司全球利润率乘以当地销售额）；②确定分摊税基的要素（如销售额、资产、员工或用户等）；③衡量分摊要素的权重。

在判断是否构成“显著经济存在”时，除了考虑在当地是否取得持续性收入这一重要因素外，还可以考虑用户群所在地、用户对数据的贡献度、来源地的数字化内容体量、是否以当地货币收款、网站是否以当地语言运营、送货或提供售后服务的责任、持续性的营销活动等因素。总体来说，“显著经济存在”方案旨在确定业务的重要经济关系所在地，同时实现以一种更简单、更易管理的方式分配征税权。

第一项支柱中包含了多样化的方案，最终方案可能选择单独一项方案或将多种方案合并。其中，第一项方案与英国此前发布的数字经济征税方案内容类似；第二项方案由美国提出；第三项方案是由印度等国家提出的，印度已基于“显著经济存在”概念修改其国内税收法规。OECD 的此份公开意见征询文件中，第一项和第二项方案更为详细，且都会要求企业将相关利润分配到市场所在国，无论企业是否在该国构成了常设机构。相比第三项方案，前两项更容易合并为一项方案。

2. 第二项支柱：全球防税基侵蚀解决方案

第二项支柱的解决方案旨在通过收入归入股东规则（income inclusion rule）和对税基侵蚀支出征税两项措施来应对企业向低税国转移利润：

收入归入股东规则：针对公司在境外的分支机构或受控实体（关联方）所获取的境外收入，若此项收入在当地适用的税率低于最低要求，则股东所在国对此项收入可以进行征税。作为对现行受控外国企业规定的补充，这一规则适用于股东直接或间接拥有另一企业重大控制权（如 25%）的情况。这一规则需要进一步考量如何进行受控测试或确定受控企业范围、如何判定低于最低缴纳额、安全港范围、收入归属方法、适用门槛等。

对税基侵蚀支出征税：为了防止来源国（支付方）税基侵蚀的风险，若向关联方支付的款项在对方国适用的税率低于最低标准，则来源国不允许支付方税前扣除该笔款项；以及仅对在对方国已缴纳足够税款的收入才给予税收协定优惠待遇。

第二项支柱方案的适用范围显然超出了单纯“高度数字化”业务，可能会受到一些重视反避税规则国家的欢迎。同时，各国可能需要修改税收协定来避免双重征税。此外，由于涉及两项措施的融合，OECD 认为还需要制定两项措施的协调政策。

（三）指导性原则

《政策报告》中提到，从合规及管理成本的角度出发，各成员将在税收政策允许的范围内，尽可能地简化规则，包括简化相应征管措施等。另外，考虑到所讨论的问题间的关联性、时间的紧迫性及所提议的政策变动的本质，BEPS IF 决定授权 BEPS IF 指导小组制订详细的工作方案。此外，BEPS IF 也向其附属机构传达了有关工作计划的详细指示，该计划可能将在 2019 年 5 月召开的 BEPS IF 会议上通过，旨在于 2019 年 6 月向 G20 财长报告进展情况，并于 2020 年提交最终建议。

《政策报告》指出，BEPS IF 工作将力求在准确性和简洁性方面寻求平衡。OECD 表示，这意味着任何解决方案都需要综合考虑成员不同程度的发展和能力水平，并由税务部门与纳税人共同促成。《政策报告》还指出，BEPS IF 对探索解决方案、简化行政管理和征收机制持开放态度，但这些都应当基于一定原则，可包括不导致重复征税的预提税政策等。

（四）时间表

在 OECD 的税务会谈网络直播中，OECD 税收政策与行政中心的主管 Pascal Saint-Amans 表示，在 2019 年 2 月会就税收解决方案向公众征集意见，征集意见会在 2019 年 3 月举行的数字经济工作组会议上进行讨论，期间部分会议内容可能会向公众发布。

OECD 工作小组在 2019 年 4 月和 5 月继续开展工作，并计划于同年 6 月向 G20 财长提交中期报告。

2020 年 6 月，OECD 提出最终建议。

四、《中期报告》的影响及意义

近年来，G20 在 BEPS、税收透明度等方面取得了重大务实成果，这是 G20 成员共同努力的结果，也得益于 OECD、IMF 和 WBG 等国际组织的贡献。当前数字经济蓬勃发展，这是创新的成果，数字经济的发展反过来又促进了生产率的提升，增强了经济增长动力。与此同时，数字经济发展也给税收征管、反洗钱等领域带来新挑战。G20 成员应坚持税收中性原则，更好地促进经济新模式的发展。

《中期报告》的发布标志着国际社会如今已经对解决经济数字化带来的税收挑战迈出重要一步。数字化为国际税收体系之外的税收政策和管理提供了新的机遇以及一些挑战。其中包括共享经济的增长及非标准工作的兴起如何影响税收遵从。与此同时，区块链等技术既产生了新的安全的记录保存方法，又促进了加密货币，这类货币在过去 10 年对税收透明度所带来的收益构成风险。为了更好地理解和解决这些挑战，需要进一步的工作来确保政府能够利用这些变化带来的机遇，同时确保税收系统的持续有效性。

五、欧盟推出数字服务税方案

在 OECD 发布《中期报告》之后不久，2018 年 3 月 21 日，欧盟委员会发布了两份对数字化企业征税的指令草案，以确保对欧盟内的数字商业活动以公平和增长的方式征税。2018 年 12 月 13 日，欧洲议会高票通过两份有关开征数字服务税的非约束性报告，希望借此推动欧盟理事会在 2019 年 4 月之前达成共识。

（一）欧盟数字服务税主要内容

2018 年 3 月 21 日，欧盟委员会提出了推动欧盟内数字经营活动公平课税的两项立法提案。一是对“显著数字化存在”征税的方案，统一改革欧盟公司所得税中适用于数字活动的规则，作为长期策略。该方案将推动欧盟成员对产生于其境内的利润征税，即使公司在该国境内没有物理存在。数字企业如果符合下列标准之一，就应该在该成员纳税：①该平台在一个成员国内的年收入超过了 700 万欧元的最低额度；②该平台在一个纳税年度内在成员国内有 10 万名以上的用户；③在一个纳税年度内在公司和企业用户之间缔结了超过 3000 份数字服务的商业合同。纳入征税范围的数字活动收入包括：①从出售在线广告空间获得的收入；②从用户互动及商品和服务销售的数字中介活动创造的收入；③从出售源于用户提供信息产生的数据创造的收入。

二是“数字服务税”这一临时措施，对源于数字活动的特定所得征收临时税，以解决迫在眉睫的税收不公平问题。该措施是欧盟在 OECD 等全球税收改革协议达成前的临时解决方案。按照方案规定，临时税由用户所在地的成员征收，且适用于全球数字活动年收入 7.5 亿欧元以上和欧盟内收入 5000 万欧元以上的企业。初创型企业可以不受此税的影响。设定的税率为 3%。

2018 年 12 月 13 日，欧洲议会通过的报告，对欧盟委员会提交的数字服务税方案做出了部分修改。一是将企业在欧盟内 5000 万欧元的收入门槛降低至 4000 万欧元；二是将在线销售和服务征收的临时性 3% 税率提高至 5%；三是将提供视频、音频、游戏或文本等数字内容的收入纳入征税范围。

（二）各方立场

欧洲议会最为积极。欧洲议会自一开始就采取了较为积极主动的姿态，认为这涉及基本公平问题，努力向欧洲理事会施压，希望尽快达成一份富有雄心的征税协议。社会党荷兰籍议员、数字服务税改革报告起草人保罗·唐表示，欧洲议会和欧洲人民都希望科技巨头们缴税，期待能有更具雄心的数字服务税方案，将在线流媒体服务等收入纳入征税范围。也有欧洲议员提出，鉴于该立法对欧盟公民至关重要，欧盟理事会可采用有效多数表决机制，而不必成员一致通过。

欧盟内部讨论意见不一。法国作为主要支持方，希望尽快对国际科技巨头征收更高税款；德国致力于推动 OECD 在 2020 年夏季前达成国际性的税收解决方案，但支持欧盟制定临时数字服务税收框架；爱尔兰、瑞典和丹麦明确表示反对，认为现有方案难以接受，且欧盟不应在国际税法达成前贸然行动；奥地利表示数字服务税计划是其担任欧盟轮值主席国的首要任务。为弥合意见分歧，2018 年 12 月 4 日，法国、德国拿出了一份大幅缩水的数字服务税方案，提议仅对广告收入征收 3% 的税，而不对用户数据销售和网络平台市场服务等征税，但各成员依旧没有达成共识。

成员声称将先行先试。英国、法国、意大利等已明确表示，如果不能在欧盟或 OECD 内部达成关于数字服务税的协议，将各自独立开展对数字企业的征税计划。2018 年 10 月，英国财政大臣哈蒙德表示，预计在 2020 年 4 月前开始对科技公司的数字服务征税，其征税对象是在全球总收入不低于 5 亿英镑的大型数字企业，且以在英国境内的营业收入为征税额，税率为 2%。

美国批评欧盟征税计划。2018 年 10 月，美国共和党领袖奥林·哈奇和民主党领袖罗恩·怀登联合致信欧洲理事会主席图斯克和欧盟委员会主席容克，认为欧盟数字服务税涉嫌歧视美国公司，破坏国际税收协定制度，为跨大西洋贸易设置新的壁垒，与美欧当前的贸易谈判背道而驰。美国众议院筹款委员会主席凯文·布雷迪表示，欧盟此项税收计划是对美国企业主导的产业实施“抢钱”。丹麦等国呼吁欧盟考虑美国的意见和观点。

欧盟业界持反对意见。一方面，谷歌、脸书、苹果等美国科技公司积极游说欧盟为数字企业减轻负担；另一方面，欧洲本土科技公司也联名反对数字服务税。2018 年 10 月，全球最大在线音乐服务商声田公司（Spotify）、知名游戏《愤怒的小鸟》的开发商 Rovio 及订票网站缤客网（Booking. com）等 16 家欧洲科技企业发表联名公开信，认为许多初创型科技公司依赖销售收入来发展业务，数字服务税将会剥夺后续发展的资本，影响欧洲科技企业在全球的竞争力。①

第五节 英国皇家批准适应“脱欧”的《2018年税收（跨境交易）法》

2016年，英国经由公民投票决定“脱欧”。2018年3月19日，欧盟与英国就2019年3月29日英国脱离欧盟后为期两年的过渡期条款达成广泛协议。2018年7月6日，英国首相特雷莎·梅宣布，内阁已就英国脱欧后与欧盟的关系问题达成一致意见。英国政府内阁成员一致同意将与欧盟建立一个新的“自由贸易区”，并支持设立“联合关税区”。7月16日，英国议会下院以318票赞成、285票反对的表决结果通过《税收（跨境贸易）法案》，首相特雷莎·梅提出的英国脱离欧洲联盟总战略由此保持基本稳定。2018年9月13日，在英国下议院和上议院就《2018年税收（跨境贸易）法案》［Taxation（Cross-border Trade）Bill 2018］文本分歧达成协议后，英国皇家批准了该法案使其成为法律。

一、欧盟与英国就间接税和行政合作程序达成协议②

2018年6月19日，欧洲联盟和英国就“欧盟运作条约”（Treaty on the Functioning of the EU，TFEU）第50条关于英国有秩序地退出欧洲联盟的谈判进展发表了联合声明。根据联合声明，双方就若干主题达成了协议，包括：①提供在英国或成员设立的指定机构持有的信息；②持续增值税和消费税事宜；③知识产权；④承认和执行司法决定的管辖权，以及中央当局之间的相关合作；⑤适用于正在进行的程序和审查程序的规则；⑥英国的特殊裂变材料的所有权和使用权；⑦与间接税和互助有关的事项的行政合作，以收回与

① 中华人民共和国驻欧盟使团经商参处．欧洲议会以压倒性多数投票支持征收数字服务税［EB/OL］．［2018-12-20］．http：//eu.mofcom.gov.cn/article/jmxw/201812/20181202819613.shtml.

② 参见 https：//online.ibfd.org/kbase/#topic=doc&url=/data/tns/docs/html/tns_2018-06-21_e2_3.html&WT.z_nav=Navigation.

税收、关税和其他措施有关的税款；⑧结束临时储存或海关程序；⑨访问相关的网络、信息系统和数据库。

关于增值税，双方商定了以下项目，其中包括：①欧盟增值税指令（2006/112）将适用于过渡期结束前开始但之后结束的跨境货物供应；②在过渡期结束之前或在此期间结束之前开始运输的跨境供应相关的权利和义务受欧盟增值税指令（2006/112）的规定约束，期限是从过渡期结束算起的5年；③根据2008/9号指令，跨境增值税退税申请最迟需要在2021年3月31日之前提交。

关于间接税的行政合作，双方同意适用理事会条例（EU）第904/2010条（增值税）和理事会条例第389/2012条（消费税），直至过渡期结束后4年。

为了收回与税收，关税和其他措施相关的税款，将根据理事会指令（2010/24）提供互助，直至过渡期结束后的5年。

二、英国批准《2018年税收（跨境交易）法》

2018年9月13日，在英国下议院和上议院就《2018年税收（跨境贸易）法案》文本分歧达成协议后，英国批准了该法案使其成为法律，即《2018年税收（跨境交易）法》（Taxation（Cross-border Trade）Act 2018）[①]。

《2018年税收（跨境交易）法》立法目的包括：①对进口英国的货物征收和调整关税；②对英国出口的货物征收和调整关税；③制定英国推出欧盟的有关关税条款；④修订与退出欧盟有关的增值税的法律、消费税的法律。

《2018年税收（跨境交易）法》在内容上是对英国“脱欧”以后的跨境交易的涉税事项，包括关税、增值税和消费税等作出规定。具体内容包含六个部分：进口税、出口税、增值税、消费税、与退出欧盟有关的其他条款、最后条款。

三、英国公布无协议“脱欧”计划

为应对在未达成“脱欧”协议情况下出现的“硬脱欧”，2018年8月23

① 《2018年税收（跨境交易）法》原文参见 http：//www. legislation. gov. uk/ukpga/2018/22/pdfs/ukpga_20180022_en. pdf.

日，英国税务海关总署（HMRC）发布了包括《无协议脱欧情况下企业增值税指南》（Guidance：VAT for businesses if there's no Brexit deal）在内的 24 份“无协议脱欧”的预备性文件，阐述在英国与欧盟没能达成“脱欧”协议的情况下，2019 年 3 月 29 日正式脱欧后的具体政策计划。

（一）2019 年 3 月 29 日之前，继续执行现行增值税规则

对于在英国和欧盟境内销售的大多数商品和服务，均需缴纳增值税。企业将货物运往英国时应缴纳增值税。根据货物是来自欧盟国家还是非欧盟国家，有不同的规则。英国企业向非欧盟国家和欧盟企业出口的商品均为零评级，这意味着在销售点不收取英国增值税。英国企业向欧盟消费者出口的商品需要征收英国或欧盟增值税，具体取决于距离销售门槛。对于服务，“供应地”规则决定了需要收费和征收增值税的国家（地区）。

（二）2019 年 3 月 29 日之后，如果没有达成“脱欧”协议，调整相应税种

如果 2019 年 3 月 29 日英国“脱欧”以前，英国与欧盟就“脱欧”细节问题未能达成协议，即出现所谓的“无协议脱欧”（no deal Brexit）或称“硬脱欧”（Hard Brexit）情况下，对英国企业与欧盟国家进行的货物劳务交易的增值税规则所可能产生的影响，以及英国企业需要考虑的相关信息。2018 年 10 月 22 日，HMRC 发布一份合作伙伴计划，该计划目的是 2019 年 3 月 29 日英国没有就脱欧达成协议时帮助企业。具体来说，HMRC 指的是在这种情况下对关税、消费税和增值税做出的改变。

就增值税而言，英国退出欧盟后将继续实行增值税制度。增值税提供的收入对于资助公共服务至关重要。与英国国内交易相关的增值税规则将继续适用于现在的企业。如果英国于 2019 年 3 月 29 日退出欧盟而没有达成协议，政府的目标是使增值税程序尽可能保持不变，这将为企业提供连续性和确定性。但是，如果英国在没有达成协议的情况下退出欧盟，那么适用于英国和欧盟成员之间交易的增值税规则和程序将会有一些具体的变化。以欧盟增值税退税制度为例，如果英国在没有达成协议的情况下退出欧盟，那么英国企业将继续能够向欧盟成员申请退税，但未来它们需要将现有流程用于非欧盟企业。英国企业将无法再使用欧盟增值税退税系统，并将继续通过使用非欧盟企业的现有流程向欧盟成员申请退税。这个过程因欧盟而异，企业需要了解各个国家的流程，这些流程会产生成本并要求退款。

第六节　第一届税收合作平台全球大会在联合国总部召开

2018 年 2 月 14 日—16 日，由 IMF、OECD、UN 和 WBG 联合举办的税收合作平台第一届全球大会在 UN 总部召开。本次大会的主题是“税收与可持续发展目标”。约 500 名来自世界各国政府部门的高级官员，以及重要国际组织、学术界、经济界和民间组织代表参加大会。①

一、税收合作平台的建立

近年来，国际税收改革、税收能力建设成为历届 G20 峰会公报的重要内容。2016 年 2 月，G20 财长与央行行长会议发布联合公报，IMF、OECD、UN 和 WBG 联合建立税收合作平台（Platform for Collaboration on Tax，PCT），旨在加强税收问题的国际合作，促进发展中国家和新兴国家在强化税收制度方面采取集体行动。PCT 的四个伙伴分别通过政策对话、技术援助和能力建设、知识创造和传播以及输入国际税务事项标准的设计和实施来支持各国的努力。PCT 还就能力建设和国际税收的关键问题提供指导和工具，制定中期税收收入战略，这是协调和持续支持国家主导的全面税收改革的一种途径。为了更广泛地讨论相关税收问题，PCT 将每两年组织一次全球会议。② OECD 税收政策与管理中心副主任佩雷斯·纳瓦罗表示，PCT 的建立，标志着四大国际组织在税收征管能力建设领域进一步深化务实合作的开始。

二、第一届税收合作平台全球大会召开

2018 年 2 月 14 日，为期三天的第一届税收合作平台全球大会围绕如何将税收作为政策工具用以实现可持续发展目标展开讨论。“税收与可持续发展目

---

① 参见 https：//www. un. org/development/desa/en/news/financing/tax4dev. html.

② 参见 https：//www. un. org/development/desa/en/news/financing/collaboration-on-tax. html.

标”作为本次大会主题，涵盖 5 个领域：①调动国内资源促发展；②税收在支持可持续经济增长、投资和贸易方面的作用；③税收的社会层面（贫困、不平等和人类发展）；④税收能力发展；⑤国际税务合作。

PCT 认为国内资源调动对发展中国家来说是一个特殊的挑战，发展中国家努力需要筹集足够的收入来提供基础服务，如道路基础设施、医疗保健和公共安全。研究表明，税收收入占 GDP 的比重在 15% 以上才能满足基本服务需要；但在 75 个最贫穷国家中，近 30 个国家税收收入占 GDP 的比重低于 15% 的门槛。与此同时，所有国家都需要更加重视其税收政策的溢出效应，并加强对更强有力的税收体系的支持。各国政府和相关利益攸关方还需要继续共同努力，建立公平和高效的国际税收制度，包括努力打击逃税和避税。

在本次大会上，联合国秘书长安东尼奥·古特雷斯表示：“我呼吁国际社会建立有效机制，打击逃税、洗钱和非法资金流动，以便发展中国家更好地调动自己的资源。”

IMF 总经理克里斯蒂娜·拉加德（Christine Lagarde）表示：“为可持续发展目标提供资金是一项经济和道德上的紧迫任务，对税收有重大影响。各国本身需要以公平的方式增加收入。整个国际社会需要根除逃税和避税。”

OECD 秘书长安吉尔·古里亚认为：“有效的税收对于促进更具包容性和可持续的增长至关重要。它是使全球化为所有人服务的基础。这对实现可持续发展目标至关重要。”

世界银行行长金墉表示：“公平高效的税收体系，加上良好的服务提供和公共责任，才能促进建立公民对政府的信任，增进社会繁荣。”①

中国国家税务总局局长王军应邀出席并作主旨发言，介绍中国税务部门支持和推动可持续发展的做法和经验；并在大会发言中提出三点倡议：一是协调更多组织、国家和地区开展国际税收合作，二是共同制定公平合理、普遍适用的国际税收规则，三是借助 PCT 促进可持续发展惠及更多国家和地区。中国在税收支持可持续发展方面的做法、成效及倡议，得到了与会代表的积极评价和响应。②

本次大会认为，随着信息自动交换、BEPS 项目及联合国税务委员会的积

---

① 参见 https://www.un.org/development/desa/en/news/financing/tax4dev.html.

② 第一届税收合作平台全球大会在联合国总部召开［EB/OL］.［2018-02-15］. http://world.people.com.cn/n1/2018/0215/c1002-29824900.html.

极参与等举措的出现，一个前所未有的国际税务合作时代正在来临，所有这些举措都为加强发展中国家的参与创造了新的机遇。本次大会旨在就如何更好地针对税收努力，以实现更广泛的发展目标，向各国和其他利益攸关方提供指导。会议的见解将有助于为 PCT 成员和合作伙伴（包括 IMF、OECD、UN 和 WBG）的未来工作提供信息和指导。

第一届税收合作平台全球大会的胜利召开，预示着四大国际组织在税收征管能力建设领域进一步深化务实合作进入了新阶段。

第七节　“一带一路”税收合作会议在哈萨克斯坦首都阿斯塔纳召开

2018 年 5 月 14 日—16 日，由哈萨克斯坦国家收入委员会、中国国家税务总局、OECD 税收政策与管理中心、OECD 税收征管论坛共同主办的“一带一路”税收合作会议在哈萨克斯坦首都阿斯塔纳召开。这是首次以“一带一路”税收合作为主题举办的国际税收会议，来自 50 个多国家、地区和国际组织的 200 多名代表出席会议。参会各方一致通过了《阿斯塔纳“一带一路”税收合作倡议》，同意构建“一带一路”沿线国家税收合作长效机制、推动“一带一路”各国税务部门在依法治税、提升税收争端解决效率、提高纳税服务水平等领域拓展合作空间。

一、阿斯塔纳“一带一路”税收合作倡议

“一带一路”税收合作会议参会代表，秉持和平合作、开放包容、互学互鉴、互利共赢的精神，在广泛讨论的基础上，就未来税收合作提出以下倡议：

一是加强税收法治建设，坚持依法治税，落实税收法定原则，增强税收政策的一致性和确定性，促进规范文明执法。

二是优化纳税服务，尊重和保护纳税人合法权益，以促进纳税遵从、降低税收征纳成本、优化营商环境，促进“一带一路”建设参与国家（地区）的生产要素有序流动。

三是通过合作提高税收争端解决机制的效率和执行效力，提高税收确定

性，加大相关资源投入，规范税收争端解决程序，完善税收争端解决机制，更好地保障投资者的合法权益，同时维护"一带一路"建设参与国家（地区）的税基安全。

四是在税收征管能力建设方面加强合作，聚合资源，相互支持，建立和完善现代化税收征管体系，促进"一带一路"建设参与国家（地区）经济的稳定、可持续性和包容性发展。

五是建立强有力的"一带一路"税收合作机制，致力于分享成功经验和最佳实践，共同提升税收征管能力，协调解决税收争端，加强税收政策沟通与征管协作，实施增长友好型的税收政策，推动全球税收体系向更加公平、透明和现代化的方向发展。

二、"一带一路"税收合作会议取得重要成果

"一带一路"税收合作会议取得了以下重要成果：

一是开创了一个新的对话平台。参会代表高度认同加强税收合作的重要性，并对通过召开税收合作会议来加强对话沟通、表达各自关切、寻求共赢途径，表示一致赞同，彰显了以此作为"一带一路"沿线国家（地区）税收对话平台的积极意义。

二是探索了一个新的合作框架。会议针对"一带一路"沿线国家（地区）实际需要，着眼于为现有多边税收合作体系提供有益补充，初步形成了构建税收合作长效机制的框架性构想。参会代表赞同就此组建专家工作组开展进一步深入研究，并建议于 2019 年在北京举行"一带一路"税务局长会议商定。

三是形成了四点重要共识。各方一致同意，积极推动国际税收规则完善，着力消除税收壁垒，为推进贸易和投资自由化便利化创造更加公平公正的税收法治环境；创新跨境涉税服务，大力发展电子纳税服务，建立健全纳税信用管理体系，促进生产要素高效有序流动；拓展双边、多边合作，进一步聚合资源、互学互鉴，共同提高税收征管能力；着力提升税收争端解决效率和执行力，增强税收确定性，推动营商环境优化，增进投资者信心。

上述成果将带来两个方面的积极影响：一方面，有利于推动"一带一路"税收合作更加紧密、更加深入并更加规范化、机制化、实体化，为完善全球税收治理体系做出积极贡献；另一方面，将更好促进"一带一路"贸易和投资便利化，为经济全球化深入发展乃至全球经济治理持续改善，发挥积极的

推动作用。

三、“一带一路”沿线国家（地区）税收合作前景广阔

在税收领域，以 OECD 和 UN 为首的多边合作平台，为帮助发展中国家和低收入国家应对税收挑战付出了大量努力。为进一步加强“一带一路”税收合作，仍需构建更有针对性的合作机制，帮助“一带一路”沿线国家（地区）加强能力建设，促进贸易自由化和投资便利化，助推 UN 2030 年可持续发展目标实现。

“一带一路”税收合作平台将作为现行多边税收合作机制的重要补充，聚焦“一带一路”建设的重要税收议题，以“共商共建共享”为原则，面向所有支持“一带一路”建设的国家开放，借鉴国际组织和区域性组织在开展多边合作方面的经验，通过分享成功经验和最佳实践，协调解决税收争端，加强税收政策沟通与征管协作，推动实施经济增长友好型的税收政策，提升税收征管能力，实现经济互惠互利，推动全球税收体系向更加公平、透明和现代化的方向发展。①

在阿斯塔纳国际税收合作会议上，来自 50 多个国家（地区）的税务局长、高级官员与国际组织代表通过深入对话与交流，形成了构建“一带一路”税收合作长效机制的框架性构想，相关国家（地区）将就此组建专家工作组开展进一步深入研究。相信在“一带一路”沿线国家（地区）的共同努力下，一定能把“一带一路”税收合作机制打造成为顺应经济全球化潮流、推动世界经济包容性发展的国际合作典范。

哈萨克斯坦国家收入委员会主席腾格巴耶夫在主持闭幕式时表示，哈方坚定支持“一带一路”倡议，近年来，税收在消除跨境贸易和投资障碍、推动国际经济合作、促进区域协调发展和经济全球化包容性增长等方面承担了日益重要的使命。进一步加强税收合作，有利于为“一带一路”建设发展提供重要支持和有力保障。

阿富汗税务局局长阿卜杜拉扎德兰表示，此次会议是完善国际税收治理体系、凝聚各方共识与力量、提升发展中国家税收征管能力的重要平台。

挪威税务局副局长尼娜·芬恩马克表示，这次会议显现出各国加强税收能力建设、共同应对税收挑战的广阔合作前景。

---

① 廖体忠．“一带一路”税收合作新格局［J］．国际税收，2018（7）．

维也纳经济大学全球税收政策中心主任杰弗里·欧文斯认为，会议为各国税收政策顺畅沟通提供了契机，为国际税收发展与合作贡献了力量，为税收促进全球经济平稳增长注入了动力，将成为“一带一路”沿线国家（地区）税收合作的新起点，对全球经济治理体系建设产生积极影响。

2018 年 9 月 7 日，“一带一路”倡议迎来 5 周年。5 年来，中国已与 140 多个国家和国际组织签署共建“一带一路”合作文件，“一带一路”相关国家和地区覆盖全球超过 60% 的人口和全球 1/3 以上的贸易。截至 2018 年 6 月，中国与相关国家货物贸易累计超过 5 万亿美元，对外直接投资超过 600 亿美元，为当地创造了 20 多万个就业岗位。“一带一路”建设正在成为国际经济合作、完善全球发展模式和全球治理、推进经济全球化健康发展的重要平台。

最后特别值得一提的是，2018 年“逆全球化”的贸易保护主义抬头，多边贸易体制受到挑战，多个国家和地区力求重构新的区域一体化，签署了多个旨在降低关税和非关税壁垒的区域性贸易协定。

2018 年 3 月 21 日，非洲 44 个国家在卢旺达首都基加利举行的非洲联盟（以下简称非盟）首脑特别会议上签署成立非洲大陆自由贸易区协议。非盟希望通过非洲大陆自贸区进一步降低关税、消除贸易壁垒，促进区域内贸易和投资，实现商品、服务、资金在非洲大陆自由流动。按照非盟的定义，非洲大陆自贸区将成为世界贸易组织成立以来成员数量最多的自由贸易区，形成覆盖 12 亿人口、国内生产总值达到 2.5 万亿美元的非洲单一市场。

2018 年 7 月 17 日，欧盟和日本签署《经济伙伴关系协定》（EPA）。根据该协定，欧盟将取消日本进口商品 99% 的关税，日本将取消欧盟进口商品 94% 的关税，此举意在对抗美国的贸易保护主义措施。

2018 年 9 月 30 日，美国、加拿大和墨西哥历时 13 个月的北美自由贸易协定谈判终于落下帷幕。三国一致同意将其重新命名为《美国—墨西哥—加拿大三国协定》（The United States-Mexico-Canada Agreement，USMCA），取代 1994 年 1 月 1 日生效的《北美自由贸易协定》（North American Free Trade Agreement，NAFTA）。

2018 年 12 月 30 日，《全面与进步跨太平洋伙伴关系协定》（CPTPP）正式生效。CPTPP 覆盖环太平洋区域内文莱、智利、新西兰、新加坡、澳大利亚、马来西亚、秘鲁、越南、加拿大、日本、墨西哥等 11 个国家，4.98 亿人口，签署国的国内生产总值之和占全球经济总量的 13%。CPTPP 将逐渐取消 98% 的商品关税，将促进亚太地区的贸易、投资和经济增长。

第二篇　所得税

第三章　个人所得税

在相当长时期内，个人所得税制度最有代表性的是英国和美国。主要原因是：首先，个人所得税最早出现在英国。其次，英国在第二次世界大战前是世界头号强国，美国在第二次世界大战后取代英国成为世界头号强国，这两个国家的个人所得税制度对其他国家影响较大。最后，英国和美国的个人所得税制度是分类税制（英国）和综合税制（美国）的典型代表。

20 世纪末以来，世界政治经济格局发生了较大的变化，由美国和苏联的两强主导，逐渐呈现为多元化发展趋势，特别是欧盟的出现、中国等发展中国家的崛起，使得大国集团的规模不断扩大。从 1975 年的六国集团（G6），到 1976 年的 G7（加拿大加入），到 1998 年的八国集团（G8），再到 2008 年的二十国集团（G20）。G20 的经济总量约占世界经济总量的 90%，贸易额占全球贸易额总量的 80%，人口约 40 亿，占到全球的一半以上。与 G8 相比，G20 不仅包括发达国家，还包括了中国在内的众多具有代表性的新兴市场国家。在税收制度方面，特别是个人所得税方面，G20 各成员已完全摆脱了英、美两国制度的痕迹，开始按自己的国情设计制度。目前，G20 各成员除沙特阿拉伯外都开征了个人所得税（沙特阿拉伯对个人经营所得按照公司所得税课税，对于其他个人所得一律不征收个人所得税）。

本章将主要研究除欧盟、中国和沙特阿拉伯以外的 G20 成员的个人所得税制度及其特点。

第一节 个人所得税纳税人

个人所得税纳税人是个人所得税制度的重要因素，个人所得税纳税人除了规定对哪些人征收外，还涉及税收管辖权的问题。

一、个人所得税纳税人的范围

个人所得税一般对个人征税，在G20成员中，多数成员还对合伙企业的合伙人征收个人所得税（见表3－1）。但也有一些特例，例如，印度尼西亚规定，对于合伙企业只在企业层面上征收公司所得税，合伙人分得的利润免税。意大利规定，普通合伙企业或有限合伙企业的合伙人，不论其从合伙企业实际取得多少所得，均应根据其占合伙份额的比例确定所得，普通个人合伙人和有限合伙人从2017年开始，可选择以24%的税率（与公司所得税税率相同）缴纳个人所得税，而且一经选择5年不变。德国规定，普通合伙企业和个体工商户取得的经营活动所得、农业所得、林业所得和独立劳务活动所得，在不进行分配的情况下，按照净价值比较法核算的留存利润，应按照28.25%的低税率在企业层面征收所得税。合伙企业分配利润时，个人合伙人取得的收益净值超出其在合伙企业保留的所得中享有的份额的部分，应按照25%的税率征收个人所得税（加征5.5%的团结附加税后最终税率为26.38%）。

正常情况下，个人作为投资者或者公司的股东，在公司获得利润后，在公司环节要缴纳公司所得税，税后利润分配给个人时，再由个人缴纳个人所得税。所以，股息、红利等存在一定程度上的重复课税（尽管许多国家对部分股息、红利征收较低的比例税率）。G20成员中，美国和意大利扩大了适用个人所得税的范围。这两个国家将部分有限责任公司（一般是针对规模较小的企业）的股东也视同个人所得税的纳税人进行处理，进行“先分后税”，在企业层面不再征公司所得税，只对分配到个人名下（按股权比例）的利润征收个人所得税，起到了鼓励个人投资中小企业的作用。

表 3－1　　G20 成员个人所得税纳税人范围（2019 年）

国家	个人	合伙企业的个人合伙人	其他
阿根廷	征税	普通合伙企业的个人合伙人	个人独资企业
澳大利亚	征税	有限合伙企业之外的合伙企业合伙人	信托净收入的受益个人
巴西	征税	合伙企业的个人合伙人	
加拿大	征税	合伙企业的个人合伙人	
法国	征税	合伙企业的个人合伙人	
德国	征税	合伙企业的个人合伙人	
印度	征税	合伙企业如果详细说明了合伙人之间的利润分配制度，则缴纳公司所得税。否则，合伙人的所得要按各合伙人的边际税率缴纳个人所得税	
印度尼西亚	征税	合伙企业征收公司所得税，分配给个人合伙人的部分免税	
意大利	征税	合伙企业的个人合伙人，可以选择按公司所得税税率征收	股东不超过 10 名自然人的有限责任公司和股东（或合伙人）不超过 20 名自然人的有限责任合伙公司，可以选择按个人所得税征税
日本	征税	没有法律地位的合伙企业的个人合伙人	
韩国	征税	合伙企业的个人合伙人	
墨西哥	征税	合伙企业的个人合伙人	
俄罗斯	征税	普通合伙和有限合伙公司征收公司所得税，穿透性合伙企业在个人合伙层面征收个人所得税	不适用于特殊制度的个人企业经营者按个人所得税征收
沙特阿拉伯	不征税	个人经营所得按公司所得税征税，包括合伙企业的个人合伙人都征收公司税	
南非	征税	合伙企业的个人合伙人	信托收益的个人部分
土耳其	征税	合伙企业的个人合伙人	
英国	征税	普通合伙的个人合伙人	
美国	征税	合伙企业的个人合伙人	S 公司（有限责任制）、财产和信托的个人受益人

资料来源：国际财税文献局数据库。表中的数据是 G20 中除中国、欧盟外的 18 个成员的数据。

美国专门制定了 S 公司条款。按照该条款的规定，S 公司的股东必须符合以下条件：股东不超过 100 个，股东中不得有非居民外国人，股票种类应是单一的，公司的股票 100% 由公司股东持有。如果符合 S 公司的规定，则该公司的利润或者损失按股份比例分配给股东，作为股东的经营所得或者损失申报个人所得税。美国为了堵住S公司条款的漏洞，规定了一系列复杂的条款。S公司条款的好处是避免了双重征税，有利于鼓励个人投资和中小企业的发展，缺点是太复杂。

意大利规定，在特定条件下，股东不超过10名自然人的有限责任公司和股东（或合伙人）不超过20名自然人的有限责任合伙公司，可以选择作为税收透明实体。税收透明实体的所得将直接分配给股东（或合伙人），由股东或合伙人缴纳个人所得税，而不用缴纳公司所得税。

美国和意大利是采取税收透明体的方式，对小企业的股东进行鼓励。英国则是另一种思路，其个人所得税制度实施“种子企业投资计划”（Seed Enterprise Investment Scheme），该计划从2012年4月6日开始实施，可用于对开展新业务的公司的投资进行鼓励。其主要特点如下：它的目标是小公司、早期公司的投资者；所得税税前扣除为认购公司股票金额的50%，限额为10万英镑；纳税人可选择将部分扣除“结转”到上一个纳税年度；对符合资格的股份的处置不征收资本利得税；投资者处置应课税资产时，若收益用于认购种子企业投资计划股份，则可免除资本利得税，上述最高限额为10万英镑。但也有一些限制条件：纳税人不得是被投资公司的雇员，也不得在被投资公司中拥有实质性利益。一般而言，“实质性权益”等同于拥有或有权获得此类权利，使其能够在清盘时获得公司30%或更多资产；公司必须是一家进行“合格业务活动”的贸易公司；参股仅限于投资前总资产不超过20万英镑的公司。如有关公司是某集团的母公司，则该限额适用于整个集团的总资产；公司发行股票时，全职员工不得超过25人。企业为集团母公司的，适用于整个集团；股票发行筹集的所有资金必须在发行后3年内用于符合资格的业务活动。

二、个人所得税课税单位

（一）关于课税单位的争论

个人所得税是对个人课税还是对家庭课税，或者是允许个人选择，在相当长时间内，一些经济学家一直从经济学的角度来研究课税单位问题。

从纯经济学的角度来看，有同样税前所得水平的单身个人和已婚纳税人，其纳税能力是否一致，一直是争论的焦点。主流经济学家的观点是：已婚夫妇享受一定的“规模经济”效应，已婚夫妇与两个单身个人如果拥有同样的所得，已婚夫妇的所得效用要比两个单身个人的要高。按所谓按能力付税的原则，已婚夫妇与两个单身个人相比，即使所得相同，也应负担更高的税负。这成为很多国家趋向于对已婚夫妇征收婚姻“惩罚税”的理由，也就是说，在许多国家的个人所得税制度中，夫妇俩结婚后联合申报会比两个人单独申报税负要重。

近年来，认识到存在婚姻“惩罚税”的问题后，一些经济学家已经形成了较一致的观点：男人和女人在法律与社会经济地位方面，有权利被当作是独立的个人，不应因为税收政策被强迫形成挣钱与开支的某种特殊习惯，更不能因为婚姻关系影响纳税人的负担。换句话说，税收政策不能影响个人的婚姻状况。因此，目前许多国家都中性地对待单身和婚姻，而不考虑所谓的“规模经济”效应对实际所得的影响。

各国一般主要按配偶的所得为税收目的是否累计在一起进行分类，联合或家庭课税制度通常是将夫妇两人的所得累计在一起，而单独课税制度则对夫妻俩分别课税，所得不累计在一起。实施单独课税制度的国家在某些情况下可能联合课税，甚至将已婚夫妇当作一个合法的课税单位，而实施联合课税制度的国家也可能允许已婚夫妇单独申报。有些实施联合课税制度的国家采用夫妇每一方被认为有相同所得的所得分割制度，而不管他们各自的所得是多少，以便在累进课税制度下，减少他们的个人所得税税率累进幅度。

在相当长的时间内，从税收管理的角度看，有一种观点认为：只有以家庭为课税单位，才能在个人所得税政策中体现家庭生计扣除。实际上，随着计算机技术在税收征管中的广泛应用，信息储存和处理能力大幅提高，个人申报也完全可以考虑家庭生计扣除，同时可以避免夫妻之间重复申报某一扣除项目。另外，随着社会的开放，在一些国家，合法的同性伴侣也与传统夫妇享受同样的税收待遇。

（二）G20成员课税单位的相关规定

目前，G20成员中，阿根廷、澳大利亚、加拿大、印度、日本、韩国、意大利、墨西哥、俄罗斯、南非、土耳其、英国12个国家都是个人单独申报，而不以家庭为课税单位；巴西、印度尼西亚和德国3个国家把选择权给予纳税人；法国和美国是对号入座式的课税制度，即按照婚姻状况，由纳税人选择相应的申报身份（见表3－2），需要说明的是，许多国家都承认同性伴侣在民事关系上与夫妻等同。

在给予纳税人选择权的国家中，各个国家的制度不尽相同。例如，巴西规定，一般情况下，个人单独申报，但夫妻或者同性伴侣可以选择联合申报；德国规定夫妻或者同性伴侣（自2013年起）可以联合申报，但纳税人也可以要求单独申报；印度尼西亚规定，由纳税人选择是联合申报还是单独申报。在单独申报的国家中，意大利规定夫妻各自的劳动所得应分别纳税，夫妻双方还应将以下所得各按50%计入各自所得：因婚姻关系而共同所有的财产产生的所得；因家庭财产分配取得的所得。英国规定，对于已婚夫妇，夫妻双方分别独自负责自己的税务事宜；各自都可以获得一项基本的个人税收宽免优惠，并且配偶双方之间可以共享各自的宽免优惠额度；对子女的所得也进行单独征税，除非这些所得来源于父母授予子女的款项或者财产；根据《民事伴侣关系法案（2004）》登记的同性伴侣关系（即民事伴侣），在税务处理方面与已婚夫妇相同。

因此，从G20成员的情况来看，各国在简化个人所得税税率表，倾向于由个人单独申报。分析其原因，主要是个人所得税累进税率表一般适用于勤劳所得，对于资本利得、股息、红利等所得一般适用比例税率，而且按个人婚否分别适用不同的税率表，一是侵犯了个人的隐私，二是很难进行税负平衡。

在G20成员中，实行严格意义的家庭联合申报的是法国。法国规定，个人所得税以家庭为单位缴纳，只在特殊情况下才采用配偶单独申报。家庭所得由夫妻双方和未满18周岁的未婚子女（如果子女为学生则为25岁）的所得构成。在所得税中，民事伴侣（签订合约共同生活的两个异性或同性成年自然人）被视为夫妻联合申报缴纳所得税。法国根据不同家庭情况，制定不同的系数，独创了一套家庭系数课税制度（具体内容参见下文法国家庭系数课税制度）。

美国则是根据个人的不同家庭状况，分设了不同的税率表，综合所得个人所得税税率表根据申报身份分为已婚联合申报、户主申报、单身申报和已婚单独申报4类，还对财产和信托单独设立了一套税率表。美国的课税制度，实际上是列举了不同家庭的情况，由纳税人对号入座，选择相应的申报表申报（具体内容参见下文美国的不同申报表制度）。

印度的个人所得税税率表则与其他国家不同，尽管印度是对个人单独课税，但印度的个人所得税税率表按年龄来划分，60岁以下是一个税率表，60~79岁是一个税率表，80岁及以上是一个税率表。

G20成员个人所得税课税单位比较见表3-2。

表 3－2　　G20 成员个人所得税课税单位比较（2019 年）

国家	对个人单独课税	配偶联合申报	备注
阿根廷	是		
澳大利亚	是		
巴西	是	是	纳税人有选择权
加拿大	是		
法国	特殊情况下使用	按家庭系数课税	
德国	是	是	纳税人有选择权
印度	是		
印度尼西亚	是	是	纳税人有选择权
意大利	是		
日本	是		
韩国	是		
墨西哥	是		
俄罗斯	是		
沙特阿拉伯			无个人所得税
南非	是		
土耳其	是		
英国	是		
美国	是	是	不同的税率表 供纳税人对号入座

资料来源：国际财税文献局数据库。表中的数据是 G20 中除中国、欧盟外 18 个成员的数据。

（三）法国家庭系数课税制度

法国的个人所得税是一套独创的家庭系数课税制度。其程序是，先算出应纳税所得额，根据不同的家庭分别确定不同的家庭系数；再根据个人所得税累进税率表，制定一套结合家庭应纳税所得额和家庭系数的计算公式表；最后算出应纳税所得额（见表 3－3～表 3－5）。

家庭系数充分考虑了纳税人的家庭情况，以确定其负担所得税的能力，这有利于增强个人所得税的公平性。

表 3－3　　法国个人所得税适用于一般家庭的系数（2018 年）

不同情况	系数（份额数）
没有被赡养者的单身、离婚或寡居的丈夫或妻子	1
单身、离婚或者寡居人但有 1 个超过 18 周岁的子女、残疾人和退伍军人	1.5
没有子女的已婚夫妇，单身或者离婚有 1 个子女	2
已婚或者寡居个人有 1 个子女，单身或离婚有 2 个子女	2.5
已婚或寡居有 2 个子女	3
单身或离婚人士有 3 个子女	3.5
已婚或寡居人士有 3 个子女	4
单身或离婚人士有 4 个子女	4.5
已婚或寡居人士有 4 个子女	5
单身或离婚人士有 5 个子女	5.5
已婚或寡居人士有 5 个子女	6
单身或离婚人士有 6 个子女	6.5

资料来源：国际财税文献局关于法国个人所得税制度的介绍。

表 3－4　　法国个人所得税税率　　单位：欧元

应税所得额（每个系数、份额）	税率（%）
0～9964	0
9965～27519	14
27520～73779	30
73780～156224	41
156224 以上	45

资料来源：国际财税文献局关于法国个人所得税制度的介绍。

表 3－5　　法国个人所得税应纳税额计算（2018 年）　　单位：欧元

应纳税所得额（份额）	总税额
0～9964	0
9965～27519	$(I\times0.14)-(1394.96\times C)$
27520～73779	$(I\times0.30)-(5798.00\times C)$
73780～156224	$(I\times0.41)-(13913.69\times C)$
156224 以上	$(I\times0.45)-(20163.45\times C)$

注：I 表示净应税所得，C 表示家庭的系数（份额数）。

资料来源：国际财税文献局关于法国个人所得税制度的介绍。

例如，一个已婚纳税人2018年的应税所得额为60000欧元，家庭系数为3，应纳税所得额除以家庭系数为20000欧元，适用于应纳税额计算表（见表3－5）中第2行所示的公式。因此，该纳税人应纳所得税额的计算方式如下：（60000×0.14）－（1394.96×3）＝4215.12（欧元）。

法国的家庭课税制度实际上是通过家庭系数表来实现的，个人纳税人没有选择权，只能被动对号入座。

（四）美国的不同申报表制度

美国的个人所得税课税单位在表面上给予了纳税人选择权，列出了适用于不同家庭的税率表：合并申报的已婚人士及丧偶人士、户主、单身个人、分别申报的已婚个人、不动产及信托，等等。但从其列出的适用于不同家庭情况的税率表，已婚人士只能从“合并申报的已婚人士及丧偶人士”或者“分开申报的已婚个人”中选择。其他纳税人只能根据家庭状况，对号入座选择相应的税率表（见表3－6～表3－10）。

从表3－8和表3－9的比较来看，如果收入较高，则分开申报的已婚人士要比单身个人的税负较重，前者在应纳税所得额超过306715美元时，适用37%的边际税率，而单身个人在应纳税所得额超过510300美元时，才适用37%的边际税率。另外，单身个人申报表和分开申报的已婚人士申报表，在适用32%的税率以下的各档级距都相同，只是适用35%和37%两档税率的级距不一样，因此还存在婚姻惩罚问题。

表3－6 美国合并申报的已婚人士及丧偶人士适用的个人所得税税率（2019年）

应纳税所得额（美元）	税率（%）
不超过19400	10
19401～78950	12
78951～168400	22
168401～321450	24
321451～408200	32
408201～612350	35
超过612350	37

资料来源：国际财税文献局关于美国个人所得税制的介绍。

表3－7　　美国户主适用的个人所得税税率（2019年）

应纳税所得额（美元）	税率（%）
不超过13850	10
13851～52850	12
52851～84200	22
84201～160700	24
160701～204100	32
204101～510300	35
超过510300	37

资料来源：国际财税文献局关于美国个人所得税制的介绍。

表3－8　　美国单身个人适用的个人所得税税率（2019年）

应纳税所得额（美元）	税率（%）
不超过9700	10
9701～39475	12
39476～84200	22
84201～160725	24
160726～204100	32
204101～510300	35
超过510300	37

资料来源：国际财税文献局关于美国个人所得税制的介绍。

表3－9　　美国分别申报的已婚个人适用的个人所得税税率（2019年）

应纳税所得额（美元）	税率（%）
不超过9700	10
9701～39475	12
39476～84200	22
84201～160725	24
160726～204100	32
204101～306175	35
超过306175	37

资料来源：国际财税文献局关于美国个人所得税制的介绍。

表 3－10　　美国财产及信托适用的个人所得税税率（2019 年）

应纳税所得额（美元）	税率（%）
不超过 2600	10
2601～9300	24
9301～12750	35
超过 12750	37

资料来源：国际财税文献局关于美国个人所得税制的介绍。

（五）印度的不同税率表制度

印度的税率表按年龄进行划分，60 岁以下及 60～79 岁的居民纳税人，个人所得税税率档次都为 4 个，税率也相同，分别为 0、5%、20%、30%。但 80 岁及以上的税率档次为三档，分别是 0、20%、30%。实际上也只是在最低两档税率级次上有所区别。由居民纳税人按年龄自动对号入座。具体见表 3－11～表 3－13。

表 3－11　　印度 60 岁以下居民纳税人个人所得税税率（2018—2019 财政年度）

应纳税所得额（卢比）	税率（%）
不超过 250000	0
250001～500000	5
500001～1000000	20
超过 1000000	30

资料来源：国际财税文献局。

表 3－12　　印度 60～79 岁居民纳税人个人所得税税率（2018—2019 财政年度）

应纳税所得额（卢比）	税率（%）
不超过 300000	0
300001～500000	5
500001～1000000	20
超过 1000000	30

资料来源：国际财税文献局。

表 3－13　印度 80 岁及以上居民纳税人个人所得税税率（2018—2019 财政年度）

应纳税所得额（卢比）	税率（%）
不超过 500000	0
500001～1000000	20
超过 1000000	30

资料来源：国际财税文献局。

第二节　个人所得税纳税人管辖权

一般而言，应对居民纳税人的全球所得课税，对非居民纳税人仅就其来源于境内的所得课税。本部分先介绍 G20 成员个人所得税纳税人管辖权的基本情况，其次介绍公民管辖权和居民管辖权的代表——英国和美国的相关制度。美国和英国对居民纳税人的判定标准非常严格和细致。一般发展中国家的税收管理水平很难达到，纳税人若没有中介的帮助很难遵守相关制度。

一、G20 成员个人所得税纳税人管辖权状况

G20 成员中实施居民管辖权的国家有：澳大利亚、阿根廷、巴西、加拿大、法国、德国、印度、印度尼西亚、意大利、日本、韩国、墨西哥、俄罗斯、沙特阿拉伯、南非、土耳其、英国等国家。

美国实施居民和公民管辖权，实际上就是所有的管辖权都实施，对个人来源于美国境内的收入、居民来自于境内外的收入和非居民公民的境内外收入都课税。也就是说，美国公民，不管居住在哪里，只要不并认定为其他国家的居民纳税人，都必须缴纳联邦个人所得税。

OECD 和联合国的税收协定范本中，对于个人是否是一国的居民纳税人，主要以住所、居所、经济联系、利益中心和国民等标准进行判定，特殊情况下，由相关国家进行协商。在现实中，各个国家的居民判定标准出于不同政策目标考虑，在现实中千差万别，而且许多国家是各种标准并用。

一些国家会结合居所标准和时间标准来进行判断。例如，澳大利亚规定，居民是指，个人定居在澳大利亚，或者一年内在澳大利亚的居住天数为 183

天以上的个人。意大利规定，居民纳税人是指，在一个纳税年度之内，具备以下两项条件之一者：在意大利常住人口民事登记处登记的时间超过半年；按照民法的规定，在意大利拥有住宅或住所的时间超过半年。

一些国家还会对纳税人以前年度居住的时间加以考虑。例如，印度规定，在一个纳税年度在印度居住时间超过 182 天；或者在某一个纳税年度在印度居住时间达到 60 天（对于在海外工作的印度人和来印度度假的个人，时间放宽为 180 天），且在以前 4 年内，在印度居住时间超过 365 天；符合以上任何一个条件，则为印度的居民纳税人。美国和英国也采取类似的方法。

一些国家会将国民标准和时间标准结合起来。例如，阿根廷规定，阿根廷国民，除非他们因成为另一个国家的居民或居住于阿根廷以外不少于 12 个月而失去阿根廷居民身份（不包括在境外的且为联邦州、省、自治市工作的阿根廷官方代表）；外国国民，持永久居证住（出于移民目的）在阿根廷停留的，或持临时签证在阿根廷停留不少于 12 个月的；都会被判定为阿根廷居民纳税人。日本则规定，居民纳税人是指，在日本国内拥有住所或者在日本居住期满 1 年以上的个人。如果居民不具有日本国籍，并曾在日本有住所或者过去在日本居住 5 年以上 10 年以内，则被归为非永久居民。个人不是非永久居民则被归为永久居民。

一些国家则明确并强调经济联系标准。例如，墨西哥规定，如果个人在其他国家拥有住所，且其重要利益的中心位于墨西哥境内，则其被认定是墨西哥的居民。在满足以下任一条件时，其重要利益中心被认定在墨西哥：在一个日历年度超过 50% 的总收入来源于墨西哥或者该个人的经营活动中心在墨西哥。意大利规定，从 2014 纳税年度开始，如果非居民纳税人同时符合以下条件者，视同意大利居民纳税人纳税：该非居民纳税人是欧洲经济区国家的居民，且其居民国与意大利进行的税收情报交换充分有效；该非居民纳税人的所得 75% 以上来源于意大利境内。

一些国家出于反避税的目的，增加了对非居民纳税人的严格限制条款。例如，巴西规定，为防止居民个人滥用非居民身份避税，自 2010 年起，巴西公民只有同时符合以下情形时才属于非居民个人：必须实际居住在低税收国家（地区）或避税国家（地区）；根据低税收国家（地区）或避税国家（地区）的税法规定，已就其劳动所得和资本利得实际缴纳税款。意大利规定，如果意大利公民移民到避税地国家，即使该公民已在意大利常住人口登记处除名，仍将被视为意大利的居民纳税人。墨西哥规定，该国国民，在没有反面证据的情况下，被认定为墨西哥税收居民。将住所变更到其他管辖区的居民，必须提交放弃国籍的通知。没有提交的居民，视为继续在墨西哥居住。此外，墨西哥国民移居国外的，如果在所得适用税收优惠制度的国家建立住所，仍继续认定为墨西哥居民。如果在墨西哥与该国家间存在一个有效的广泛的信息交换协议，则不适用该规定。

二、美国公民管辖权制度①

美国包括美国 50 个州和华盛顿特区（哥伦比亚特区）。美国行使主权管辖的领地和领土，包括美属萨摩亚、北马里亚纳群岛自治邦、关岛、波多黎各和美属维尔京群岛。但这些领地和领土不适用于美国税法的规定，不受美国所得税条约制约。

美国的公民都被认定为具有缴纳美国联邦所得税义务的居民，不管他们的物理居所在哪，即无论他们是否居住在美国国内。外国公民如果满足法律上的永久居住权标准或实质居住标准，也被认定为美国的纳税义务人。这两个标准分别是指获得美国绿卡和居住时间满 183 天。

美国的居住标准以日历年度为基础，因此，外国公民或许会在居民和非居民之间交替变换。此外，日历年度的期间会与外国公民母国法律规定的会计年度不一致，会形成美国和母国之间收入和扣除标准的时间差异。

被认定为美国居民的外国公民会按照美国联邦所得税的居民标准课税（即对全球所得征税），无论其实际居住在何处，即便其住所搬至美国境外也适用这一征税标准，直到美国的居民身份结束。

（一）法定永久居住标准

外国公民在法律上符合永久居住条件的将被认定为美国的居民，在日历年度的任何期间内其都属于法律上的美国永久居民。具体是指外国人在移民法上合法获得移民身份的个人，即在法律上获得美国永久居住权。

这一标准涉及绿卡资格的获得，持有绿卡才被承认为移民，美国入籍及移民服务局（USCIS）负责绿卡的登记，来确认其是否具有永久居住身份。官方上称绿卡为永久居住卡。

（二）实质居住标准

外国公民符合实质居住标准（183 天标准）的将被认定为美国的居民，

① 本书删减了美国公民管辖权制度的部分内容，有兴趣的读者可以参考《世界税制现状与趋势（2017）》。

即如果在本年内，在美国停留超过 31 天，并且通过加权方法计算，在当年和另 2 个年度期间内，居留至少 183 天。31 天和加权 183 天的标准都是为了判断其是否具有美国居住权。因此，在本年内在美国停留不超过 31 天的外国公民，即使其加权天数超过 183 天，也绝不能被认定为美国居民。同时，在一个日历年度内，在美国停留 183 天及以上的外国公民，将在该年度被视为美国居民。

1. 加权天数计算方法

加权天数的计算基于 3 个年度。通过以下步骤计算在美国停留天数的总数：①计算出本年停留天数的全部；②计算出去年停留天数的 1/3；③计算出前年停留天数的 1/6。计算出的三年天数相加的总和如果超过了 183 天，则符合实质停留天数的标准。例如，一个外国人本年在美国停留了 140 天，在前两个年度各停留了 90 天，根据加权天数方法，3 个年度内在美国停留的天数总和如下计算：本年 = 140 天，去年 = 90 × 1/3 = 30（天），前年 = 90 × 1/6 = 15（天），合计为 185 天，由于该外国人当年在美国停留的天数超过了 31 天，并且当年和前两年的停留天数加权值超过了 183 天，他符合实质居住的标准，被视为美国居民。

事实上，按照加权天数的计算方法，每年在美国停留 121 天是这种方法的临界值。只要在三年的期间中每一年停留的天数均不超过 121 天，即（121 × 1）+（121 × 1/3）+（121 × 1/6）= 121 + 40 + 20 = 181（天），则不会达到 183 天的计算标准。

2. 与国外更紧密联系

在一个日历年内在美国居留不超过 183 天的外国公民（这里的 183 天是指实际天数，不是上文中提到的加权天数），如果与美国以外的税收国家有更紧密的联系，则可以选择非居民地位，尽管他已经达到了实质居住的标准。

更紧密联系的免税必须满足以下三个条件：①个人本年度在美国目前为止的停留时间不到 183 天；②个人必须在本年度与其他纳税国保持征纳关系；③个人必须在本年度与其他国家的税收关系比美国更加紧密。

个人的纳税所在国一般认为是在个人的固定经营地或主要经营地。如果没有固定的经营场所或不进行商业活动，则他的经常居住地为纳税国。

符合条件的纳税国必须在整个纳税年度内，连续地与个人保持征纳关系，并且这种征纳关系应该更加紧密。

个人一旦达到了别国的要求与该税收国建立了征纳关系，那么决定其是否与该国有更紧密的联系的因素中，就要考虑所有相关的实事和情况。纳税人与别国的联系是否比美国“更紧密”，这是需要进行判定的。判定的条件包括以下内容：①个人的永久居住地；②个人的家庭住所；③个人拥有的财产如汽车、家具、衣服和珠宝以及个人的家庭情况；④社会、政治、文化地位或与个人有关系的宗教组织；⑤个人的开户银行所在地；⑥个人的经营地（除了构成的个体纳税家庭）；⑦个人持有的驾驶执照管辖区所在地；⑧个人选举权管辖权所在地；⑨表格和文件中指定的个人居住地；⑩特定的官方表格和文件，如 IRS Form 1078（外国人在美国的居留证明）、IRS Form W－8（外国身份证）和 IRS Form W－9（收款人要求的纳税人识别号）。

个人可以与最多两个国家建立更紧密的联系，如果个人想在纳税年度内将与其保持更紧密联系的国家变为另外一个国家，必须满足一些指定的条件。

想要获得更紧密联系的免税资格需要提交个人的美国所得税申报表，如果不需要提交申请，就要给美国国内收入局（IRS）寄送信件，地点在费城的宾夕法尼亚 19255 号。具体要求的相关信息在其必须遵循的声明和程序规定中。适用的表格为 IRS 表格 8840（外国人更紧密联系免税申请表）。

如果在一个纳税年度的到期日前（包括延期）没有按要求提交 IRS 申请表或者寄送信件，个人将没有免税资格，并且如果符合了实质居住的标准，将被视同美国的居民对待。

如果个人向美国移民局（前身为移民归化局）申请将其移民身份变更为永久居民身份，移民局还未作出批准，也不能申请更紧密联系的免税资格。通常，如果个人向移民局提交申请表，美国劳工部或者美国国务院就会将其视为关于就业和移民的案件。提交以下一个或多个的申请表，都不能享受更紧密联系的免税资格：①移民局表格 I－508（放弃豁免权）；②移民局表格 I－485（申请永久居民地位）；③移民局表格 I－130（外国亲属申请）；④移民局表格 I－140（准移民雇员申请）；⑤劳工部表格 ETA－750（外国人就业证申请）；⑥外交部表格 OF－230（移民签证和外国人登记申请）。

3. 特殊人群

（1）免税人群。

为了特殊的目的或执行特殊的任务而临时在美国停留的个人，不适用于实质居住天数的标准。包括以下类别的人群：①外国政府人员，即临时在美国停留的专职外交人员、领事身份的人员以及国际组织人员，包括其直系亲属；②教师和学员，即拥有美国签证中特殊类别签证，可以在限定期限内申请免税的个人，包括其直系亲属；③学生，即拥有美国签证中特殊类别签证，可以在限定期限内申请免税的个人，包括其直系亲属；④专业运动员，即参加慈善体育比赛而临时在美国停留的个人。

这些人被称为免税人群，在他们的免税期限内在美国实际居住的日子不算作实质居住天数标准中的天数。

（2）符合医疗条件的人群。

因医学病症或医疗问题而不能离开美国或在美国停留，在美国居住期间也享受免税资格的个人。

免税条件适用于由于医学病症或医疗问题无法离开美国而在美国停留的时间。这些天数不算作实质居住天数标准中的天数。

但是免税条件不适用于预先存在的医学病症或医疗问题，如个人在来美国时就存在的病症或问题。

（3）来自加拿大或墨西哥通勤的人群。

居住在加拿大或墨西哥而工作地点在美国的经常通勤的个人，包括自主创业的人群，他们因通勤而在美国实际停留的日子不算作实质居住天数标准中的天数。

是否通勤是按照75%的标准来判定其行为是“经常”发生的，也就是说，个人必须在美国的工作岗位或自主创业的工作日要超过整个工作时间的75%。

（4）运输过程中的人群。

在美国停留的时间少于24个小时，只是在两个国际站点间进行运输的个人，其运输期间的天数不算作在美国的实际居住天数。这样的时间也不算作实质居住天数标准中的天数。

（5）外国船只的船员。

从事美国和外国或美国属地之间的交通运输的外国船只上的船员，临时在美国停留的时间不被视为在美国的实际居住天数。这段时间也不算作实质居住天数标准中的天数。如果个人在此期间在美国从事任何其他的贸易或业务，免税资格将不能使用。

三、英国居民纳税人判定制度

英国在2013—2014财政年度以前，没有定义居民的法律。2013年4月6日，居民测试法（Statutory Residence Test）出台，主要用于确定与所得税、资本利得税和与之相关联公司税、遗产税的居民纳税人地位。

（一）居民测试法的主要内容

这一法律提供了3套测试个人居民身份的方法，即自动居民测试、自动国外测试和实质联系测试，并取消了习惯性居所的概念。

1. 自动居民测试

英国的自动居民测试有如下3项：①在一个纳税年度内在英国停留183天以上。②个人没有国外住所，或者有国外住所但在本纳税年度内在国外住所居住少于30天，在1个或部分纳税年度内，至少91个连续天内在英国住所（30天是在本纳税年度内）。③在365天内，在英国有效小时的工作没有实质性中断，365天的全部或部分天应在本纳税年度；在英国工作日（每天至少3小时在英国工作）必须占365天工作期间的75%以上。

当个人在每个连续3个纳税年度内符合上述一个自动测试条件而被当作英国居民对待，当他在英国有住所时该法律不适用，当个人在前一年是外国人并适用分劈年度待遇的情况下，这一法律也不适用。

2. 自动外国测试

英国的自动外国测试有5项：①前3个年度内有一个以上的年度是英国居民，但在本纳税年度内在英国居民少于16天；②前3个年度内不是英国居民，本年度在英国居住少于46天；③在本纳税年度内，个人在国外有没有实质性中断的足够时间的工作，在英国工作少于31个工作日（在英国一天工作3小时），并在英国停留时间少于91天；④如果个人在该纳税年度死亡，在英国停留时间少于46天，并在死亡前2年或者在死亡前1年和实行年度分劈前1年不是英国居民；⑤个人在纳税年度死亡，如果个人根据第3项判断标准，在前2年不是英国居民，或者在死亡前1年和实行年度分劈前1年不是英国居民。

另外，对于上述第3项测试，在下面情况下不适用：即当个人在相关纳税年度内，在国外的汽车、飞机或者轮船上有工作，且在本年度内，作为工作的一部分，至少有6次跨境行为，且这些跨境行为都是从英国开始，或者终点是英国，或者起点和终点都是英国。

3. 实质联系测试

如果个人既不符合自动英国居民的测试任何一个条件，也不符合自动国外测试条件，但如果与英国有实质联系，则可以判定为英国居民，实质联系主要考虑家庭、住所、工作、90天（在英国停留90天以上）、国家（如果英国是个人在1年内，于午夜时间停留在英国天数最多）等联系。在测试时，结合个人在英国居住的时间和与英国实质联系项目的多少来测试个人是否是英国居民纳税人。

（二）一般性测试程序

个人根据居民测试法判定为英国居民，则整个纳税年度被当作英国居民对待。在特殊情况下，征税年度可以分劈。判定居民纳税人的基本原则是，如果通过了自动英国居民测试和实质联系测试，则判定为英国居民纳税人，否则为非居民纳税人。

如果个人不符合任何自动外国测试，并且满足一条自动英国测试或者实质联系测试，则该个人是英国居民纳税人。通常情况下，可以采取如下步骤测试个人的居民纳税人身份：

步骤 1：是否在英国居住了 183 天。如果是，则是英国居民纳税人；如果不是则进入步骤 2。

步骤 2：考虑前 3 项自动外国测试，如果满足 1 项，则不是英国居民纳税人，如果不满足任何 1 项，则进入步骤 3。

步骤 3：是否满足第 2 和第 3 项自动居民测试。如果满足中间 1 项，则是英国居民纳税人；如果不满足，则进入步骤 4。

步骤 4：考虑实质联系，如果满足实质联系测试，则是英国居民纳税人；如果不满足，则不是居民纳税人。

上述步骤实际上由英国税务海关总署（HMRC）在 2016 年 8 月发布。[①] 实际上是规定了一个居民纳税人判定的基本步骤。

第三节　个人所得税的应纳税所得额

应纳税所得额的大小主要由征税所得范围、免税所得和扣除决定。

---

① 参见 HM Revenue and Customs：Guidance Note：Statutory Residence Test（SRT），Published August2016. https：//www. gov. uk/government/publications/rdr3-statutory-residence-test-srt. 该文档为英文 PDF 格式，共 105 页，对如何判定为英国居民纳税人进行了详尽介绍，本部分主要参考了该指引，但由于篇幅所限，2019 年版作了大幅删减，有兴趣的读者可以参考本书以前年度的版本。

一、征税所得范围

个人所得从来源上看，通常分为受雇所得、经营所得、投资所得、资本利得等。受雇所得包括工资薪金、实物福利、养老金、董事费等；经营所得指个人从事生产经营而获得的所得，也包括提供专业服务的所得；投资所得包括股息、利息、特许权使用费、不动产所得；资本利得一般是转让个人持有的资产而形成的所得。对上述收入进行分类，主要目的是精确地确定应税所得，以便根据不同的收入类型规定不同的费用扣除项，尤其是那些特定类别所独有的扣除项；同时还有助于对不同类型的所得适用不同的税率和征管方法。一般而言，受雇所得只会规定标准的扣除项目和限额的扣除项目；而经营所得和投资所得会允许据实扣除合理费用，有的还类似公司所得税，允许跨年度扣除亏损或损失；资本利得会根据持有时间的长短而适用不同的税收政策；受雇所得可以方便地从源头扣缴等。

总体上看，G20 成员中，新兴经济体一般所得分类较为复杂，传统发达国家所得分类相对简单，但也有例外情况（见表 3－14）。

表 3－14　　G20 成员个人所得税所得分类（2019 年）

国家	所得分类
阿根廷	从土地取得的收入、从资本资产取得的收入、从企业取得的收入、从受雇和个人工作中取得的收入
澳大利亚	普通所得（例如营业收入、工资薪金所得、利息所得和特许权使用费）和法定所得（例如净资本利得）
巴西	劳动所得、资本所得、处置资产或财产权利实现的资本利得、净财富增值
加拿大	受雇所得；经营所得；财产所得；资本利得
法国	受雇所得、经营所得、农业所得、专业服务所得、管理者控制家族企业或有限合伙企业的所得、不动产所得、投资所得、资本利得
德国	农业、林业所得；经营所得；自由职业者劳务所得；受雇所得，包括因解除雇用关系取得的补偿金；资本投资所得（如利息和股息）；不动产或者其他有形动产的出租所得，特许权使用费所得；其他所得（如非公开交易所得、赡养费、养老金等）
印度	薪金、房产所得、经营活动和专业服务所得、资本利得、其他来源所得
印度尼西亚	商业收入或独立职业收入；就业收入；其他收入包括利息、股息、保险金、特许权使用费、彩票奖金、出售或转让资产收益、计入费用的税收退回、债务豁免收益、汇兑收益、保险费以及其他任何未征税收入
意大利	来源于不动产的所得；股息红利所得；受雇所得；劳务所得；经营所得；其他所得，包括资本利得

续表

国家	所得分类
日本	普通所得、资本利得
韩国	综合所得、退职金所得、资本利得
墨西哥	雇用收入、经营及职业活动收入、不动产租金、财产转让产生的资本收益、获得商品的收入（如接受的捐赠）、股息红利及利润分配、利息收益、奖金收入、其他收入
俄罗斯	股息和利息；根据保险合同获得的保险支付款项；特许权使用费；租金；财产转让收入；受雇所得和从事独立活动的收入，包括经营所得；由雇主缴付的私人养老金、奖学金及其他类似福利；运输收入；提供管道、输电线路的使用、数据传输和其他类似服务获得的收入；受控外国公司利润
沙特阿拉伯	个人从事经营的所得
南非	资本利得、资本利得外其他所有所得
土耳其	经营所得、农业所得、受雇所得、专业服务所得、不动产所得、动产所得、其他所得（资本利得和偶然所得）
英国	不动产所得、经营所得和专业性服务所得、投资所得、股息所得、境外所得和受雇所得等
美国	工资、薪金、经营所得和投资所得。所有类型的所得（除了资本利得外）加总合并

资料来源：国际财税文献局数据库。表中数据不包含中国和欧盟。

随着经济全球化，交通和通信日益便利，人员在全球的流动日益加快，为了避免双重课税，世界各国之间签订的税收协定不断增加，税收协定的签订在某种程度上也促进了各国个人所得税征收范围的趋同。因为如果征收范围不一致，或者对相关所得的解释不一致，则很难在税收协定方面进行谈判。世界上征收个人所得税的国家，在征收范围上有趋同的趋势，都对工资薪金、资本利得、股息、红利、特许权使用费、劳务报酬、经营性所得课税，只是对不同类型的所得，在税收政策上会有所区别，一般都会对不征税的所得采取列举的方式明确说明。

二、免税范围

不管是实行什么类型的所得税，在其税收政策中，都会有一些不征税的所得。免税的范围主要的人身伤害赔偿、保险赔偿、赡养费、失业补偿、遣散补偿、养老金、政府补贴、社会救济金、遗产和赠品、基本住宅处置、政府债券利息、银行存款利息、奖学金、资本利得和农业所得等。在 G20 成员中，每个国家的免税项目都不尽相同，但大致在上述范围之内（见表 3 – 15）。

在上述免税所得中，有的是无条件的免税，如人身伤害赔偿，基本住宅处置的资本得利等；有的是限定条件的，如俄罗斯规定，在俄罗斯联邦境内银行的卢布存款所获得的利息免税，但不得超过俄罗斯中央银行再融资利率5个百分点以上；在俄罗斯联邦境内银行的外币存款获得的利息收入，年利率不超过9%。印度尼西亚规定，公民所获得的用于小学、初中、高中教育的学费、考试费、科研费、书本费及合理的奖学金，但奖学金的接受人与授予人之间应不存在特殊关系。还有的免税是有限额的，如日本规定，个人储蓄账户中持有上市公司股票的股息和资本收益部分，2014—2023年，每人每年最多可以投资100万日元，最长持有时间为5年。新兴经济体一般对符合条件的储蓄存款利息免税，美国对于政府债券利息免税在发达国家中较为突出。相对而言，免税范围最小的是英国（见表3－15）。

表3－15　　G20成员个人所得税免税所得（2019年）

国家	免税所得类型
阿根廷	赠品、遗产和遗赠；来自体育博彩应征奖金税的利得；由出售、交换、实物交换或处置股票、债券或居民个人取得的其他有价证券而取得的利得；来自债券、短期国库券和其他由国家发行的债权债券的利得；银行和受法律管控的其他金融实体的储蓄利息；通常是储蓄账户，定期存单等；政府债券利息；特许权使用费及其他作者或作者继承人取得的版权收入（最高额为10000比索）；遣散费；根据劳动法或民法支付的伤亡赔偿金
澳大利亚	政府养老金和社会保障费、福利、奖学金、人身伤害赔偿等，在某些情况下也包括国外就业收入
巴西	个人自投资的巴西企业的税后利润中分配的股息红利所得；配偶及近亲属之间免租金使用居民住宅或经营场所；工伤赔偿不超过法定最高标准和部分；个人来自社会一体化计划（PIS）和员工分储蓄账户（PASEP）的所得；企业为员工（包括董事）参加私人养老金计划缴纳的款项；人寿保险的被保险人死亡后，其保单受益人获得的赔付所得，以及退保费；个人取得的捐赠所得和遗产所得
加拿大	变卖主要住宅取得的资本利得；人身伤害赔偿；根据人身保险取得的死亡赔偿金
法国	特定的辞退费和退休补偿；满25周岁的学生取得的受雇所得，但不得超过最高限额（每月最低法定工资的3倍）；取决于受益者年龄的终生年金报酬；特定类型的资本利得
德国	医疗保险、意外伤害保险、残疾保险赔款和养老保险金所得；各类社会救济金；参与法定养老保险计划取得的一次性支付；研究开发、科学和艺术的教育培训奖学金
印度	旅游优惠；裁员补偿金；失业保险金；保险收入；养老金；从政府取得的福利或退休金；农业所得
印度尼西亚	继承所得；针对劳务和服务给予的实物或特权形式的报酬，以及保险公司支付的赔款。开办微型和小型企业的家庭和个人获得补助、援助或捐赠收入免税；公民所获得的用于小学、初中、高中教育的学费、考试费、科研费、书本费及合理的奖学金（奖学金的接受人与授予人之间不存在特殊关系）

续表

国家	免税所得类型
意大利	与工作相关的部分保险费用；与工作相关的以实物形式发放的部分福利；符合条件的侨民取得的受雇所得、经营所得以及从事个体工商经营所得金额的70%或80%；来源于不动产的部分资本利得
日本	健在的家庭成员收到去世的家庭成员的养老金服务；销售用于普通生活的必需的资产取得的资本利得，如家具、家庭用品和衣服；根据人身意外精神或身体伤害保险政策规定取得的理赔金；个人储蓄账户中持有上市公司股票的股息和资本收益部分（2014—2023年，每人每年最多可以投资100万日元，最长持有时间可以达到5年）
韩国	来自公益依托的所得；雇主支付给雇员的补偿款；部分储蓄账户的利息所得
墨西哥	损害赔偿不超过相关财产的市场价值；农业、畜牧业、林业、渔业收入（不超过年均最低工资的40倍且其年收入的90%来源于这些活动）；金融机构对符合条件的银行账户支付的利息（日均余额不超过年均最低工资的5倍）；来源于墨西哥保险公司人寿保险政策的特定收益；退休和养老金账户的提款所得；用于婚姻费用支付或者失业救助；遗产及遗赠；来源于祖先、配偶或后代的赠品（不包括祖先对由其后代赠与的赠品，转赠与其他后代）；部分资本利得；特定的社会保障福利（如全国社保基金制度下一定限额的养老金）及工人收到的某些福利
俄罗斯	特定利息收入；国家养老金、特定的社会保障金（如依法支付的符合标准的失业津贴和生育津贴、工伤或者职业疾病津贴），以及根据强制保险和长期保险合同获得的赔付款项；留存收益转增资本取得的红股；特定资本利得；按规定提供相应凭据并在规定范围内报销的职工差旅费；在俄罗斯联邦境内银行的卢布存款所获得的利息（不得超过俄罗斯中央银行再融资利率5个百分点以上）；在俄罗斯联邦境内银行的外币存款获得的利息收入，年利率不超过9%；补贴给职工的教育费用和贷款利息；个人取得的，已扣缴所得税的股息收入；个人因外国公司或无法人资格的外国实体清算而得到的资产（不包括现金）（需满足特定条件）
沙特阿拉伯	除个人经营所得外，其他所得都不征收个人所得税
南非	残障人员养老金或者工人的补偿金；按照南非社会保障制度，个人获取的或应计入个人的数额；居民获得外国养老金；由居民股东在非居民公司持有高于10%的股份和选举权的股权而收取的外国股息所得；由雇主由于服务的开始、转移或终止而支付的搬家费；给雇员或其亲属的真实资助；从前配偶获得的赡养费；除了缴纳股息税的大部分本地股息；从保险公司购买的年金中的资本得利；从南非道路事故基金中的支出；从免税投资宽免中获得所得或利得等
土耳其	为低收入个人提供了多种形式的免税优惠
英国	来自英国或者境外的赡养费；分居配偶收到的符合规定的所得
美国	来源于人寿保险合同的所得；赠与和遗产所得；美国各州和市发行的公共债券利息所得；符合条件的境外劳动所得；因受伤或疾病而取得的一定数额的赔偿

资料来源：国际财税文献局数据库。表中数据不包含中国和欧盟。

三、所得扣除

一个国家在设计个人所得税制时，除了先确定对税收管辖权和征税所得范围外，明确个人的应税总所得额外，还要确定可以从总所得中扣除哪些项目，以计算出所谓的应税净所得，最后使用应税税率乘以应税净所得，得出应纳税所得额。因此，所谓应税净所得是指应税总所得中实际被课税的部分。

扣除可以从两个方面进行分类，一是按对扣除额度的管理分为：标准扣除，每个人的扣除额度一样，一般按人头计算，如有的国家规定的对每个人适用基本扣除；据实扣除，对成本费用类适用，如财产转让所得的原始成本及相关费用，经营所得的成本费用；限额扣除，规定一个最高的扣除限额，在限额内据实扣除，超过限额后按最高限额扣除。二是按扣除的性质分为：成本费用扣除，主要是个人生产经营费用，也包括个人维持体面的生存所需要的费用，如医疗保险、再教育、捐赠等费用；个人基本扣除，是对每个纳税人都适用的扣除；家庭生计扣除，一般是对被赡养人，如配偶、父母、子女及其他被赡养人的扣除。

（一）成本费用扣除

一般来说，税法并不对所得生产成本的扣除是否符合需要做出判断，而只是规定哪些实际发生的成本可以扣除，但区分哪些成本可以扣除，哪些成本不可以扣除是经常遇到的问题，也是很难明确处理的。从理论上讲，把所有可扣除的成本，在税法中单独规定，而不是将每项所得生产成本与相应的应税所得联系起来，这是可以办到的，但这样很容易造成税法过于复杂，在实际中难以执行。在各国的实践中，所得生产成本大都是按其性质与一定收入联系在一起的，这样有助于控制纳税人无限制地扩张成本。如很多国家规定，投资损失只能从资本利得中弥补。

成本、费用扣除，除通常的经营所得和资本利得有所谓的成本费用外，还存在一些补偿个人为了取得所得而花费的成本或者代价。例如，交通费用、差旅费用、培训费用、医疗费用、医疗和养老保险费用、退休保险和基金、丧葬费、子女教育费用、抚养费、分居赡养费、房屋贷款利息、捐赠等，都可以视为取得所得而花费的成本或者代价，或者是个人体面生活所必需的费用（如捐赠）。多数国家规定这些费用可以扣除，但是对某些开支有限定数额或者比例的规定，即最多只能扣除一定数额或者一定比例的费用，超过的部分不允许扣除。还有的采取比例限制和限额扣除同时适用的政策，以减少个人成本费用扣除的滥用。G20 成员的具体成本费用扣除项目见表 3 - 16。

有的国家将家政费用也纳入了扣除范围。例如，阿根廷规定，纳税人准予扣除支付给女佣和其他家政人员的报酬和社会保障费，2019 年的扣除限额为 85848.99 比索。法国规定，6 岁以下的小孩的照看费用可以获得费用开支 50% 的税收抵免，每个小孩的税收抵免限额为 1150 欧元。德国规定，单亲家庭或者夫妻双方（联合申报）可以扣减14岁及以下儿童（残疾儿童的年龄限制为25岁）照看费的2/3，但最高不能超过4000欧元。德国还规定，对于2007年1月1日以后出生的孩子，父母停止工作以在出生后第一年照顾孩子的配偶将获得资助。扣除的金额为以前净收入的65%（如果以前净收入不超过1240欧元，则为67%），最高可达1800欧元，最低为300欧元。无收入的父母和收入超过25万欧元的父母不能获得此项扣除。父母的抚养费期为12个月，如果父亲在家照顾孩子，则可延长2个“父亲月”。如果只部分放弃工作，将按比例扣除；但是，如果每周工作时间超过30小时，则不给予扣除。

有的国家则明确规定，一些费用不能扣除。例如，澳大利亚规定，个人或家庭开支，包含有双重性质的开支（例如，上班通勤费用、为获得或更换工作的开支、搬迁开支）；免税或不征不免收入相关的支出；与政府援助相关的支出；招待费，即使与工作相关；罚款；与取得资本利得相关的支出；向公职人员的行贿支出以及与被起诉犯罪行为相关的支出；等等。这些支出都不得税前扣除。

表3-16　G20成员个人税前综合扣除项目对比（2019年）

国家	税前综合扣除项目
阿根廷	房屋贷款利息限额扣除；纳税人及受赡养者的实际医药费限比例扣除；强制的健康计划保险税是可扣除税款；额外的、保障纳税人及其受赡养者的健康保险费可以在一定程度上扣除；人寿保险费可限额扣除；“混合”人寿保险费；捐赠给联邦、省市地方的财政、政党、基金会，以及其他满足其申请或目的的特定要求的非营利实体可以限比例扣除；养老基金；丧葬费限额扣除；差旅费用；纳税人准予扣除支付给女佣和其他家政人员的报酬限额扣除
澳大利亚	与雇用直接相关的支出，例如，工厂之间的交通开支；与工作相关的支出，包括劳保用品；抵押贷款利息，但仅对投资资产而言（即使贷款利息超过资产的投资所得）；符合条件的个体经营者个人支付的保险费，但人寿保险费不可扣除；符合条件的捐赠；税务咨询费用；对雇员的教育培训支出，且金额大于150澳元；经营资产的折旧，小企业低于1000澳元的资产可以直接扣除；经营贷款的利息支出（经营资产或者投资资产）；与经营直接相关的家庭办公支出
巴西	与个人独立专业服务收入相关的可扣除费用；经法庭判决支付的赡养费和儿童抚养费；税法规定的抚养者的月度必要生活支出；社会保障税；私人养老计划限额扣除；65岁以上老人取得的符合条件的养老金。纳税人及其受抚养人发生的经证实未获得补偿的手术费、牙科及其他医疗费；支付的医疗保险费；税法规定的受抚养人的年度必要生活支出；纳税人及其受抚养人发生的符合条件的教育费用限额扣除
加拿大	因外出工作或接受资格教育无法照顾子女而发生的托儿费限额扣除；符合条件的养老保险费可税前扣除

续表

国家	税前综合扣除项目
法国	纳税人在2017年12月31日前对合格的法国境外公司的直接投资；在一定条件和限额内，纳税人支付给前配偶的赡养费以及法律义务或法院命令下规定支付给孩子的抚养费；支付给达到法定年龄且不再是纳税人应税家庭中的一部分的子女的抚养费可限额扣除；工会会费可在最大限额内扣除；购买普及养老储蓄计划的保险费可限额扣除（扣除额为以下两个数额中的较高者：①上一年度收入的10%，但不高于年度平均社会保险税最高限额的8倍；②年度社会保险最高限额的10%）
德国	保险费，包括纳税人购买法定养老保险计划或符合条件的私人养老保险计划所支付的养老保险费限额扣除；带有强制参与性质的医疗保险、意外伤害保险、残障和养老保险；类似的私人保险；失业保险。 捐赠，纳税人为促进非营利活动发生的捐赠支出限比例扣除；个人在10年内，为新成立的基金会捐赠资金限额扣除；个人为政党捐款限额扣除；个人纳税人在离婚或分居后，向其配偶（德国居民纳税人）支付的赡养费限额扣除，且取得赡养费的一方须将赡养费计入应纳税所得额；纳税人的第一次职业技术教育或者第一学业（如学校或者大学的学费、书本费以及在家或宿舍设置工作室的费用）的费用支出可限额扣除。额外支出，额外支出主要是指重大疾病医药费支出。符合条件的父母抚育14岁以下儿童或照顾残疾人的支出，可按照规定进行扣除
印度	个人缴纳的养老金、人寿保险费、某些教育费用、高等教育的贷款的利息、医疗保险费以及保险没有涵盖的医疗费；对于养老金、人寿保险费等限额扣除；预防性医疗检查的医疗保险费、纳税人父母的医疗保险费、不在保险范围的医疗费用可以限额扣除；高等教育贷款的利息可以无限制扣除；纳税人是残疾人或纳税人领养残疾人的可以限额扣除；偿还抵押贷款的本金和利息也可以扣除；居民个人向"拉吉夫甘地储蓄计划"的投资额实行限比例扣除
印度尼西亚	为取得、维持及保障所得所发生的费用允许税前扣除
意大利	因为分居或离婚而向对方定期支付的赡养费准予全额扣除，其中属于抚养小孩的专项支出除外。残障人士的医疗支出准予扣除；依法或者自愿向强制性养老金计划缴纳的社会保险费和福利费用准予扣除；此外，向意大利或者其他欧洲经济区的"白名单"国家设立的养老金计划缴纳的费用支出可以限额扣除；向符合规定的医疗保险金计划缴纳的医疗保险费用也可以限额扣除；个人于2018年1月1日以前购买或者建造新的住宅或翻新住宅型不动产，并随后连续出租8年以上的（满足相关条件），可以限额和限比例扣除。准予扣除的金额在签订租赁合同的纳税年度起8个年度内平均分摊；对符合条件的宗教机构的捐赠支出可限额扣除；对符合条件的非营利组织的捐赠支出可限比例和限额扣除；对大学或者符合条件的研究机构的捐赠支出
日本	纳税人或者住在同一居所的家庭成员产生的资产损失，或者灾难或抢劫造成的损失允许扣除；医疗费用允许扣除，抵扣额为医疗费用减去获得的保险赔款后的余额；纳税人与住在同一居所的家庭成员支付的社会保险费和纳税人支付的失业保险费，允许全额扣除。捐赠给某一地方政府指定的当地政府或者其他实体，可以获得特殊抵免（称为"故乡捐赠计划"）
韩国	住房扣除、投资扣除、保险费支出、医疗支出、教育支出、住房贷款利息支出、捐赠支出（以上都是限额扣除）

续表

国家	税前综合扣除项目
墨西哥	义务教育区内，纳税人接送其子女上学发生的交通运输费用；纳税人或者纳税人家属的医疗费、牙科支出以及住院费；受益人是纳税人或者其家属的医疗保险费用；纳税人家属的丧葬费，不超过当年最低年工资的部分；慈善捐赠，如果符合财政部的相关要求，对于捐赠给慈善机构的捐款限比例扣除；捐赠给墨西哥政府限比例扣除；纳税人购买其住所的实际利息（即名义利率减去通货膨胀）限额扣除；特定养老金缴款以及保险费在计算雇员应纳税收入时可以扣除
俄罗斯	建造或购买住房时发生的费用可以在住房税收宽免（财产税收扣除）范围内进行扣除；纳税人自己发生的教育性支出（社会性税收扣除）和与其子女教育相关的支出可以按规定扣除；医疗费用（社会性税收扣除），包括为本人及其配偶、子女和父母支付的自愿医疗保险费用；以纳税人自己、其家庭成员、近亲属为受益人的私人养老保险协议缴付的养老金；以纳税人自己，或其配偶、父母、残疾子女为受益人的自愿养老协议缴付的保险费；以纳税人自己，或其配偶、父母、子女为受益人的自愿人寿保险协议缴付的保险费；向教育、文化、科学和医疗机构的捐款，以及特定向体育教育机构的捐款限比例扣除
沙特阿拉伯	对个人经营所得比照公司所得税征税，个人经营所得以外的所得免税
南非	对向穷人、贫困者、老年人或残疾人提供服务的公益机构，或者是与教育和住房、自然保护、艾滋病防治、救灾和减贫等相关的捐赠是可以限比例扣除
土耳其	个人捐赠扣除限比例扣除；个人保险费限比例扣除；个人为自己、配偶以及 18 岁以下的子女缴纳的养老保险费可以限比例扣除；对纳税人、配偶和 18 周岁以下子女发生的能够提供证明的教育和卫生保健支出可以限比例扣除
英国	限定的利息费用；缴付给养老金计划的养老保险缴费，符合法定范围和标准的，准予税前扣除；个人按照“礼物援助（gift aid）”和“工资扣除捐赠计划”向英国慈善机构进行捐赠，可相应获得税收减免优惠；根据在 1988 年 3 月 15 日之后法院决议所支付的赡养费和离婚后子女抚养费，都不得在税前扣除，但接收方可就该项所得免予征税，但在 1988 年 3 月 15 日之前的法院决议所支付的赡养费和抚养费，准予支付方在税前扣除，并相应地对接收方进行征税，但是可获得一项赡养费免税优惠。此外，支付方可以选择适用“在 1988 年 3 月 15 日之后规则”
美国	贸易或经营性扣除，不包括因雇员产生的费用扣除；雇主因雇员从事贸易或经营活动而支付的补偿；出售或者交换财产发生的亏损；财产在产生收入过程中发生的耗损；自由职业者参与养老保险、利润分享计划和年金的缴费；传统个人退休账户的缴费；抚养费和分居赡养费；搬迁费用；符合条件的学费和相关教育支出；设立有资质的健康储蓄账户的缴费

资料来源：国际财税文献局数据库。表中数据不包含中国和欧盟。

（二）个人免税扣除或税收抵免

个人免税扣除，其作用是补偿劳动者的基本消耗，这是实现劳动者简单再生产的必要费用扣除。个人免税扣除一般适用于所有纳税人，不管是富人还是一般收入者，都有一个按照人头规定的基本免税扣除额，有些国家对一定年龄以上的老人、残疾人和外国人还有附加扣除的规定或者是优惠的规定。

由于各国个人所得税税率是超额累进税率，故适用更高个人所得税边际税率的纳税人的每 1 元税前扣除额的含金量更高，如同样是 100 货币单位的税前扣除额，适用 40% 最高边际税率的纳税人，可以减少 40 货币单位的税款，而适用 6% 边际税率的个人，则只能减少 6 货币单位的税款。为了消除这种高收入者受益更大的税前扣除制度弊端，有的国家干脆取消了个人基本扣除，如澳大利亚、法国、印度、俄罗斯、土耳其；有的采用了税收抵免制，根据个人收入高低，抵免一定数额的税款，如意大利、墨西哥、英国；一些国家规定，当个人应税总所得超过一定水平时，个人的基本扣除额便开始逐步减少，有的国家可以直至取消其个人基本免税扣除，使收入特别高的个人不能享受个人基本免税扣除，以增加公平，如韩国、英国。韩国对于工资收入者，使用“工资所得税抵免”，纳税人的所得税抵免为 50 万韩元以下的 55%，超过 50 万韩元的部分为 30%，根据纳税人的收入等级，税收抵免额也有上限。目的是防止高收入阶层获得更多的税收优惠（见表 3－17）。日本的配偶扣除也会随着双方收入的增加而逐步减少，日本还专门为此设计了类似个人所得税税率表的扣除累退表。

表 3－17　G20 成员个人所得税个人免税扣除或税收抵免对比（2019 年）

国家	个人免税扣除
阿根廷	个人：基本扣除为 85848.99 比索。特殊扣除：雇员为 412075.14 比索，自营业者为 171697.97 比索，自营的“新企业家”和“新专业”为 214622.47 比索
澳大利亚	无
巴西	受雇所得的 20%，年度限额为 16754.34 雷亚尔，仅用于年度申报
加拿大	2019 年，无受赡养人的未婚纳税人可申请基本个人税收抵免：12069 加元 × 15%（2019 年最低税率）。如果纳税人的唯一受赡养人是没有收入的配偶，已婚纳税人可申请相当于 24138 加元 15% 的税收抵免。税收抵免额度将减少配偶收入的 15%，一旦配偶收入超过 12069 加元，税收抵免额度将被取消
法国	没有个人标准扣除。纳税人有权获得相当于工资 50% 的税收抵免，自 2006 年起，最高限额为 12000 欧元，即最高年度税收抵免为 6000 欧元。每增加一个受赡养的儿童和 65 周岁以上的家庭成员，最高限额增加 1500 欧元，即年度抵免限额增加到 6750 欧元。对于低收入个人，也有额外的税收抵免
德国	2019 年，个人可享受 9168 欧元的基本宽免额，联合申报的伴侣可享受 18336 欧元的基本宽免额
印度	没有个人标准扣除。如果居民纳税人终身残疾，在得到相关部门确认后可以在上一年底申请最高可达 7.5 万印度卢比（2016 年 4 月 1 日起实施）的宽免。如果纳税人被认定为重度残疾，从 2016 年 4 月 1 日起宽免额达到 12.5 万印度卢比
印度尼西亚	2016 年以后，纳税人为 5400 万印尼盾。伴侣为 450 万印尼盾，每个受抚养人为 450 万印尼盾（最多 3 个）
意大利	个人税收抵免额根据纳税人总所得额的不同而有所变化

续表

国家	个人免税扣除
日本	个人的免税扣除额为380000日元，70岁以上者为480000日元。如果纳税人、配偶或受养人有残疾，给予27万日元扣除。如果是严重残疾人士，则增加至40万日元
韩国	工薪所得有超额累退式的扣除规定。居民个人有权每年为其本人、配偶和受养人扣减150万韩元。其中，超过70岁的，增加100万韩元；残障人增加200万韩元；以女性为户主的家庭增加50万韩元
墨西哥	居民个人还可以进行一般个人扣除。一般个人扣除额为个人收入的15%（含税和免税），或每年最低年收入（147014比索）的5倍，以较低者为准。个人对其养老金和退休计划的缴款可扣除个人收入的10%（含税和免税）或每年最低收入的5倍，以较低者为准
俄罗斯	无标准个人扣除。对某些纳税人群体（如切尔诺贝利核试验导致的残疾人）每月给予3000卢布免税额；对于某些纳税人群体（如世界大战导致的残疾人），为500卢布免税额
沙特阿拉伯	无
南非	采取类似起征点的免税额制度，即收入不超过一定的数额不用纳税，也不用申报，在2019—2020财政年度，65岁以下的自然人享受的税收起征点为79000兰特；65~75岁的为121300兰特；75岁以上的则是136750兰特
土耳其	无个人标准扣除。残疾人取得雇用所得、专业服务所得、经营所得的，根据纳税人的残疾程度，每年给予一定的免税优惠。2019年残疾人适用的免税额在3480~14400土耳其里拉
英国	2019年，个人基本扣除额为12500英镑，盲人的基本扣除额增加2450英镑。个人基本扣除额会随着收入额的增加而逐步减少
美国	自2019年起，单身个人和已婚分开申报的标准扣除额为12200美元，夫妻联合申报的为24400美元；户主申报的为18350美元

资料来源：国际财税文献局数据库。表中数据不包含中国和欧盟。

英国规定，如果纳税人调整后总所得超过100000英镑时，每超过2英镑，减少1英镑的个人扣除额，直至完全取消个人扣除额。

韩国对于工资所得则专门制定了一套税前扣除办法，根据工资水平给予不同的税前扣除额（见表3-18），实际上是一套类似个人所得税累进税率表式的税前扣除表，只不过是工薪所得越高，税前扣除比例越少。

墨西哥也有对工薪所得的类似规定，只不过是采取税收抵免的办法。对于工薪所得每月预扣个人所得税时，适用税收抵免。工资薪金所得越低，税收抵免越高，工资薪金所得收入越高，税收抵免越低，直至为0。这种累退性的税收抵免与简单的税收扣除相比，更有利于低收入群体（见表3-19）。

表 3-18　　韩国工薪所得税前扣除（2019 年）　　单位：韩元

工薪所得	税前扣除额
0~5000000	工薪的 70%
5000001~15000000	3500000+工薪超过 5000000 部分的 40%
15000001~45000000	7500000+工薪超过 15000000 部分的 15%
45000001~100000000	12000000+工薪超过 45000000 部分的 5%
超过 100000000	14750000+工薪超过 100000000 部分的 2%

注：对于每日结薪的工人，每天的扣除额是 100000 韩元。上述材料来自国际财税文献局关于韩国的税制介绍。该表与以前年度相比，没有变化。

表 3-19　　墨西哥按月预扣工薪个人所得税税收抵免（2019 年）　　单位：比索

月应纳税工薪所得	税收抵免
1768.96 及以下	407.02
1768.97~1978.70	406.83
1978.71~2653.38	359.84
2653.39~3472.84	343.60
3472.85~3537.87	310.29
3537.88~4446.15	298.44
4446.16~4717.18	354.23
4717.19~5335.42	324.87
5335.43~6224.67	294.63
6224.68~7113.90	253.54
7113.91~7382.33	217.61
超过 7382.33	0.00

资料来源：国际财税文献局关于墨西哥的税制介绍。此表的数据近几年没有变化。

还有一些国家规定，在扣除各项费用以后，应纳税所得额在一定标准以下的，适用税率为 0，实际上又增加了税前扣除额。例如，2019 年，澳大利亚、巴西、法国、德国、印度等国家都规定，个人所得税税率级距第一档税率为 0。

（三）家庭生计扣除

家庭生计扣除，其作用是补偿家庭生活开支，这是实现劳动力再生产的必要扣除费用。家庭生计扣除依据纳税人家庭结构、婚姻状况、子女人数和其他被赡养人口等情况设计。如果一个单身汉与没有孩子的夫妇，或者与有几个孩子的夫妇享受同样的个人基本扣除，这显然是不公平的。因为在一个大家庭中，相当部分的所得要专门用于满足家庭成员的基本生活需要，因而必须在税法中设立受抚养人扣除，使单身汉和不同规模家庭的可支配所得达到某种程度的平等。

1. 赡养费用

在 G20 成员中，有的国家采用固定的配偶扣除和子女扣除，如阿根廷、巴西、德国、印度尼西亚。有些国家视不同年龄和子女的数量而规定不同标准的扣除额，如法国、日本、韩国。有的国家则采取税收抵免的形式，如德国、意大利、韩国和英国。也有的国家没有对家庭成员设立标准扣除或税收抵免，如澳大利亚、印度、墨西哥、南非、美国。土耳其只是规定为配偶以及 18 岁以下的子女缴纳的养老保险费在纳税人申报所得的 10% 以内的部分准予税前扣除。美国是 2017 年税改后，大幅提高了个人的扣除额，取消了对配偶及子女的标准扣除额，但对于低收入群体，保留了可返还的勤劳所得抵免（针对儿童）。从 G20 成员来看，赡养费用扣除或者税收抵免政策一般集中用于孩子和配偶，对于老人用得相对较少（见表 3 – 20）。

表 3 – 20　G20 成员个人所得税赡养费用的扣除项目对比（2019 年）

国家	赡养子女的费用	老人及其他赡养人的费用
阿根廷	每个小孩扣除 40361.43 比索	受赡养的配偶扣除 80033.97 比索
澳大利亚	无	无
巴西	每个符合条件的受赡养人，每年可扣除 2275.08 雷亚尔	同前栏
加拿大	2019 年每个符合条件的小孩：7 岁以下每年扣 8000 加元，其他扣 5000 加元。如果夫妻都工作，上述扣除由较低收入的一方扣除	无
法国	2018 年，每个小孩可以获得 5888 欧元的扣除额。每个小孩可增加个人税收抵免额度 750 欧元	每个超过 65 周岁的家庭成员可增加税收抵免额度 750 欧元
德国	对纳税人的自己的子女和领养的子女，以及继子女、养子女和孙子女，只要他们生活在纳税人的家庭中。第一个和第二个孩子的税收抵免为 194 欧元（204 欧元，自 2019 年 7 月 1 日起生效）。对于第三个孩子，税收抵免为 200 欧元（210 欧元，自 2019 年 7 月 1 日起生效）。对于第四个或任何其他儿童，可享受 225 欧元（235 欧元，自 2019 年 7 月 1 日起生效）的税收抵免	无

续表

国家	赡养子女的费用	老人及其他赡养人的费用
印度	无	无
印度尼西亚	每个受抚养人（最多3个）扣除为450万印尼盾	伴侣扣除为450万印尼盾
意大利	每名儿童的税收抵免为950欧元，3岁以下儿童为1220欧元。对于残疾儿童，再增加400欧元；对于三个以上的儿童，在第一个儿童之后，每名儿童的税收抵免增加200欧元	无
日本	正常配偶的税收扣除为38万日元，如果超过70岁，则为48万日元。如果配偶或受抚养人有残疾，给予27万日元扣除。如果是严重残疾人士，则增加至40万日元	对与纳税人同住并由纳税人抚养的亲属（配偶除外）给予扣除，每个受抚养人的基本扣除为38万日元。19～22岁的63万日元，16～18岁和23～69岁的38万日元，70岁以上的48万日元（如果住在一起为58万日元）
韩国	第一个孩子税收抵免15万韩元，第二个孩子30万韩元，第三个以后每增加一个孩子增加30万韩元	无
墨西哥	无	无
俄罗斯	每个纳税人每月为每个儿童提供1400卢布的儿童扣除额	无
沙特阿拉伯	无	无
南非	无	无
土耳其	为配偶以及18岁以下的子女缴纳的养老保险费在纳税人申报所得的10%以内的部分准予税前扣除	无
英国	无	1935年4月6日之前出生的已婚配偶和民事伴侣可享受相应税收抵免，2019—2020财政年度，税收抵免最低为3450英镑，最高为8915英镑
美国	无	无

资料来源：国际财税文献局数据库。表中数据不包含中国和欧盟。

英国对赡养扣除，也有随收入增加而逐步取消的规定。英国税法规定，英国对于已婚夫妇和民事伴侣，如果其中至少一人在1935年4月6日之前出生，则可获得税收抵免，2019—2020财政年度，税收抵免最低为3450英镑，最高为8915英镑。但如果纳税人的收入超过29600英镑，超过上限的收入中每2英镑减少1英镑税收抵免，直至为0。

日本对配偶的基本扣除，也采取随着所得额提高而逐步减少配偶扣除的方法，直到纳税人所得超过一定数额，配偶税前扣除为0（见表3-21）。

表3-21　日本个人所得税配偶税前扣除超额累退表（2019年）　单位：日元

纳税人所得额	个人所得税	
	配偶税前扣除	超过70岁的配偶税前扣除
0~9000000	380000	480000
9000001~9500000	260000	320000
9500001~10000000	130000	160000
超过10000000	0	0

资料来源：国际财税文献局关于日本税制介绍。此表的数据近几年没有变化。

日本还规定，与配偶共同生活的纳税人，其配偶收入在38万元以上但不超过123万元的，可享受配偶特别扣除，该项配偶扣除，也会随着配偶收入的增加而减少，直至为0（见表3-22）。

表3-22　日本配偶特别扣除（2019年）　单位：日元

配偶所得	配偶特别扣除
380001~850000	380000
850001~900000	360000
900001~950000	310000
950001~1000000	260000
1000001~1050000	210000
1050001~1100000	160000
1100001~1150000	110000
1150001~1200000	60000
1200001~1230000	30000
超过1230000	0

资料来源：国际财税文献局关于日本税制介绍。

2. 医药开支

医药开支在当今社会中已成为家庭中较大的风险开支，往往对家庭的收入有重大影响。

G20成员中，一般对法定的医疗保险予以税前扣除或税收抵免，对医药开支也允许税前扣除。许多国家还将此项政策延伸到了纳税人及其被赡养人，如阿根廷、巴西、印度、日本、墨西哥、俄罗斯、土耳其等。有的国家还扩大了医药费用的范围。例如，意大利，合格医疗费用包括手术费、医疗专家费、牙科和其他假肢费用，包括移动设备、纳税人的交通费和盲人导盲犬（1000 欧元税收抵免）。又如，日本，医疗费用包括与医疗相关的直接费用（如差旅费和住院餐费），但不包括某些费用（如常规体检）。印度则是根据不同情况，对医药费用扣除政策进行了细化。印度规定，如果受抚养人是严重残疾人士，每年扣除额将增加至 100000 卢比（从 2016 年 4 月 1 日起为 125000 卢比）。居民个人纳税人每年扣除不超过 40000 卢比的纳税人或其受抚养人的疾病治疗费用。如果承担费用的人年龄超过 65 岁，最高扣除额将增加至每年 100000 卢比。此外，只有当纳税人从神经科医生、肿瘤科医生、泌尿科医生、血液科医生、免疫科医生或可能规定的其他专家处获得此类医疗处方时，才允许扣除。员工或其家属向雇主报销的实际医疗费用限额为 15000 卢比。具体见表 3－23。

表 3－23　　G20 成员个人所得税医药费用扣除项目对比（2019 年）

国家	购买医疗保险开支	医药开支
阿根廷	纳税人及其受赡养者的附加健康保险可以在纳税人净所得 5% 的范围内扣除	可以扣除医药开支的 40% 和纳税人净收入的 5% 两者中的较低的数额
澳大利亚	有抵偿私人健康保险的税收抵免	无
巴西	支付健康保险政策的保险费可扣除	纳税人和纳税人的被赡养人已实际发生的无偿付的药品、牙医和医院相关的相关开支可以税前扣除
加拿大	购买法定保险可以扣除	个人可以获得符合条件的医药开支（超过一定数额后）15% 的税收抵免
法国	购买法定的保险可以扣除	医药费用不能扣除。医药补偿费用不算个人收入
德国	所有保险扣除限额为每年 2800 欧元	医疗费用可作为特殊支出在一定限额内扣除
印度	纳税人限额 25000 卢比，纳税人家庭限额 50000 卢比	居民个人纳税人每年扣除不超过 50000 卢比（自 2016 年 4 月 1 日起每年 75000 卢比）用于残疾受抚养人的医疗、培训和康复费用
印度尼西亚	医疗保险费可扣除	无
意大利	符合规定的保险费用。法定之外的限额抵免 1291. 14 欧元	准予对某些医疗费用的税收抵免。税收抵免仅限于超过 129. 11 欧元（受永久性残疾人为所有费用）的费用的 19%

续表

国家	购买医疗保险开支	医药开支
日本	法定医疗保险可以扣除。法定之外包括医疗保险在内的所有保险扣除限额为12万日元	纳税人为其本人、配偶或其他经济上独立的亲属支付的医疗或牙科费用超过10万日元或收入总额的5%两者中的较低者，可予扣除。允许的最大扣除额为200万日元；医疗费用包括与医疗相关的直接费用（如差旅费和住院餐费），但不包括某些费用（如常规体检）。只有以现金支付医疗账单时，才能申请扣除。从2017年1月1日起，可扣除超过12000日元的非处方药品费用，但最高限额为88000日元
韩国	对于（国家健康保险法和失业保险法除外）支付的保险费，给予12%的税收抵免（残疾人15%），最高限额100万韩元。100万韩元的单独上限适用于残疾人士的保险	如果医疗费用总额每年超过700万韩元或就业收入的3%（以较小者为准），则可享受15%的税收抵免
墨西哥	医疗保险费，受益人为纳税人或者其受抚养人的，可以扣除	纳税人及其家属的医疗、牙科和医院费用可以扣除
俄罗斯	法定内可以扣除	纳税人有资格扣除为其本人以及其配偶、子女和父母支付的医疗费用（医生费、医疗费用、医药费）。教育费用和医疗费用（为儿童教育和某些昂贵的医疗保健而发生的费用除外）等每年不得超过12万卢布
沙特阿拉伯	无	无
南非	自2018年3月1日起，实际向医疗计划支付费用的每个月的医疗计划费用税收抵免金额：纳税人抵免310南非兰特；纳税人和一名受抚养人抵免620南非兰特，每名额外受抚养人抵免209南非兰特。65岁或以上及残疾人士有权获得额外的医疗费用税收抵免	无
土耳其	无	允许对纳税人或其配偶和18岁以下儿童在土耳其发生的经证实的教育和健康费用进行一般扣除。扣除额以纳税人申报总收入的10%为限
英国	无	个人发生的医疗费用或医疗保险费不得扣除
美国	个人购买保险可以扣除。个人可对健康储蓄账户进行税前扣除，2019年，对于纳税人个人，限额扣除不得低于1350美元，不得高于6750美元；对于家庭不得低于2700美元，不得超过13500美元	医疗费用可申请扣除。医疗费用包括照顾个人、配偶和家属的费用，也包括牙科费用。医疗费用仅在其超过纳税年度个人调整后总收入的指定百分比的情况下才可扣除。对于2016年12月31日之后至2019年1月1日之前的纳税年度，所有个人医疗费用只有超过调整后总收入的7.5%时，才能扣除

资料来源：国际财税文献局数据库。表中数据不包含中国和欧盟。

3. 教育费用

教育费用一般分为子女的教育费用和纳税人自己的再教育费用。根据目前掌握的数据，在G20成员中，阿根廷、加拿大、南非、沙特和英国没有教育费用方面的税收政策。只有澳大利亚、德国、美国有与纳税人自己教育有关的税收政策，其中，澳大利亚没有子女教育方面的税收政策。其他国家是没有针对纳税人自己的教育费用政策，而主要是子女教育费用。

对于教育费用开支范围，有的国家限制少，有的国家则限制较多。例如，印度规定，贷款利息可以扣除，但只针对工程、医学、管理或应用科学或纯科学（包括数学和统计学）的研究生或研究生课程的全日制学习。有的是给予税收抵免，如意大利规定教育费用的19%可以进行税收抵免：符合条件的初等和中等教育费用，每个学生每个纳税年度最高税收抵免为786欧元，但私立大学教育费用，不超过教育、大学和研究部规定的数额。详见表3－24。

表3－24　G20成员个人所得税教育方面的扣除项目对比（2019年）

国家	子女教育费用	纳税人再教育费用
阿根廷	无	无
澳大利亚	无	与目前工作和收入来源有关的教育费用且超过150澳元的，可以扣除
巴西	从2015年开始，支付纳税人或者受赡养人的教育费用在3561.50雷亚尔限额内可以扣除	无
加拿大	无	无
法国	纳税人根据不同情况，每个上中学或大学的孩子分别可以获得61欧元、153欧元、183欧元的税收抵免	无
德国	向位于欧盟成员/EEA国家的私立学校和附属学校（在某些条件下）捐款的30%可以扣除，限额为5000欧元。每个孩子可以获得每年2490欧元的教育扣除	纳税人第一次接受专业教育或第一次学习的费用（如学校和大学费用、住宿费），每个日历年度最多可扣除6000欧元。对于共同申报的配偶或民事合伙人，每个人有权获得最高6000欧元的扣除
印度	教育贷款的利息可以在开始还款时的8年内扣除。贷款是针对工程、医学、管理或应用科学或纯科学（包括数学和统计学）的研究生或研究生课程的全日制学习；贷款用于纳税人本人或其配偶或子女的学习；以及贷款来自金融机构或认可慈善机构	同“子女教育费用”一栏

续表

国家	子女教育费用	纳税人再教育费用
印度尼西亚	自2009年1月1日起，印度尼西亚公民在印度尼西亚或海外获得的学费、考试费、研究费、书本费和基本、中等、高中和高等教育合理生活费的奖学金免税。如果奖学金获得者与提供方的所有人、专员、董事或管理层没有特殊关系，则豁免适用	无
意大利	教育费用的19%可以进行税收抵免： 符合条件的初等和中等教育费用，每个学生每个纳税年度最高税收抵免为786欧元； 中小学学习障碍学生费用； 私立大学教育费用，不超过教育、大学和研究部规定的数额	无
日本	纳税人或任何子女及其他受养人的教育等任何其他个人开支均不得扣除	无
韩国	按纳税人本人或残疾人的个人教育费的15%给予税收抵免。幼儿园费用税收抵免限额为300万韩元，小学、中学和高中费用限额300万韩元，大学费用限额900万韩元	无
墨西哥	将纳税人的子女送到学校所发生的费用（如果是强制义务）可以扣除	无
俄罗斯	纳税义务人可以扣除自己的教育费用和24岁以下儿童的教育费用。对于儿童教育费用，每个儿童最多可申请50000卢布。例如，如果一名父母要求对一名子女扣除15000卢布的教育费用，另一名父母对同一名子女的要求不得超过35000卢布。教育费用和医疗费用（为儿童教育和某些昂贵的医疗保健而发生的费用除外）等每年不得超过12万卢布	无
沙特阿拉伯	无	无
南非	无	无
土耳其	允许对纳税人或其配偶和18岁以下儿童在土耳其发生的经证实的教育和健康费用进行一般扣除。扣除额以纳税人申报总收入的10%为限	无
英国	无	无

资料来源：国际财税文献局数据库。表中数据不包含中国和欧盟。

美国在教育费用方面的税收政策比较详细。美国规定，个人发生的教育费用可作为普通和必要的业务费用进行扣除，但必须符合如下条件：维持或提高个人就业或其他行业或业务所需技能的教育；或符合个人雇主明确要求或适用法律或法规要求的教育，作为个人保留已建立的雇用关系、地位或补偿率的条件。可扣除费用的范围包括进修课程、处理当前发展的课程及学术和职业课程的费用。对于满足雇主明确要求所必需的费用，可扣除的前提是此类要求是为了雇主的正当商业目的而实施的，并且仅限于为保持个人已建立的雇用关系、地位或工作效率所必需的教育。对于符合规定条件的，可扣除差旅费，只有在旅行期间活动的主要部分具有直接维持或提高个人在就业或其他行业或业务中所需技能的性质时，才可扣除。用于从事合格教育活动的离家旅行费用也可以扣除规则，包括离家期间的食宿费用。如果在旅行期间从事个人活动，则个人活动产生的费用不可扣除。如果旅行的主要目的是个人而非教育，则除合格教育活动期间的饮食和住宿外，费用不可扣除。个人发生的教育费用属于下列类别之一的，不予扣除：个人为满足其就业或其他行业或业务资格的最低教育要求所需的教育费用；或个人因学习课程而产生的费用，该课程将导致新的贸易或业务资格。一般而言，如果教育费用是为使个人有资格从事新的职业或职业而承担的，则教育费用是不可扣除的，例如，为取得律师资格而上法学院的费用，或为取得医生资格而上医学院的费用。寻求注册会计师（CPA）初始资格的个人在会计课程中产生的费用是不可扣除的，而持有执照的注册会计师在同一课程中为满足持续的认证要求而产生的费用则是可以扣除的。

允许个人扣除合格教育贷款的利息，其中包括个人、配偶和家属的费用，限额为2500美元，这一扣除额会随着收入的增加而减少。2019年，贷款利息扣除从14万美元（已婚人士提交联合申报表）和7万美元（单身个人）开始逐步减少，收入达17万美元（已婚人士提交联合申报表）和8.5万美元（单身个人）后，则不允许扣除。

4. 个人住房

从理论上讲，应就房主住房的净租金价值课税，也就是说，其从市场中得到的租金减去抵押债务的利息、折旧、维修和维持、财产税和灾害保险等发生的费用。但现实中，没有一个国家对个人自有住房的推算租金课税。对于个人自有房屋的个人所得税优惠政策，主要涉及以下方面：

一是住房抵押贷款利息和住房改造费用。一些国家为鼓励个人拥有住房，允许房产抵押贷款利息税前扣除。美国甚至允许个人购买2套住房的贷款利息税前扣除，但会有贷款总额限制。但是，在G20成员中，澳大利亚、巴西、加拿大、德国、法国、印度、日本、沙特阿拉伯、南非、土耳其、英国等不允许个人住房贷款利息税前扣除。但法国尽管不给住房贷款利息税前扣除，却允许个人花费在主要住宅的符合条件的费用（节能、环保设施）予以税收抵免，可以给开支费用30%的税收抵免，有限期是2015年1月1日至2019年12月31日。具体各国情况详见表3－25。

表3－25　　G20成员个人所得税住房方面的扣除项目对比（2019年）

国家	购买住房的贷款利息	其他
阿根廷	个人住房贷款利益每年最高可扣除20000比索	没有房产的个人可以扣除租金的40%，最高限额是66917.91比索
澳大利亚	只有投资用的财产才可以扣除贷款利息	无
巴西	无	无
加拿大	购买个人财产的利息不能扣除	无
法国	个人住房贷款利息不能扣除	2015年1月1日至2019年12月31日，个人花费在主要住宅的符合条件的费用（节能、环保设施），可以给予开支费用30%的税收抵免
德国	个人住房贷款利息不能扣除	无
印度	个人住房贷款利息可以扣除，限额为20万卢比	为购买或建造个人新住宅而支付的款项。此项扣除仅适用于新房产，不适用于单独购买土地或翻新、修理或增加现有房产。只有住房贷款分期还款的主要部分。上述开支都可以扣除，与各项养老各医疗保险加在一起总的限额是150000卢比
印度尼西亚	个人住房贷款利息不能扣除	无
意大利	给予贷款利息19%的税收抵免，且不超过4000欧元	对翻新不动产所产生的某些费用给予税收抵免。租用主要住宅的个人可享受税收抵免
日本	个人住房贷款利息不能扣除	无
韩国	租赁房屋的贷款分期付款的40%和专门用于购买房屋的账户的年存款的40%每年可扣除不超过300万韩元。无房或房屋面积不超过60平方米的纳税人，还可以享受15年以上的抵押贷款利息扣除。住房存款、贷款偿还和利息的总扣除额限制为每年1000万韩元	无
墨西哥	与金融实体签约购买住房的抵押贷款实际支付的实际利息在一定限额内扣除	无

续表

国家	购买住房的贷款利息	其他
俄罗斯	纳税人可扣除与购置或建造住宅有关的费用，包括按揭贷款本金和利息费用。住房扣除仅用一次，最高为200万卢布（2008年1月1日之前建造或收购的住房为100万卢布）	无
沙特阿拉伯	无	无
南非	无	无
土耳其	无	无
英国	不能扣除	无
美国	个人拥有的合格住宅的利息可作为逐项扣除，但须受到基于担保利息支付或应计负债的抵押金额的限制。可被视为收购负债的总金额限于100万美元（如果已婚个人提交单独的纳税申报表，则为50万美元）。可被视为家庭股本负债的总金额限制为100000美元（如果已婚个人提交单独的纳税申报表，则为50000美元）	无

资料来源：国际财税文献局数据库。表中数据不包含中国和欧盟。

意大利既允许住房贷款利息扣除，又给翻新不动产的费用和租用住房的个人给予税收抵免。意大利规定，给予住房贷款利息19%的税收抵免，限额4000欧元。对翻新不动产所产生的某些费用给予税收抵免：税收抵免额为记录费用的50%，限额为每处房地产96000欧元，可以在10年内抵免。为改善不动产以提高能源效率而产生的某些费用也给予税收抵免。根据改进类型的不同，税收抵免限额为每处房地产30000～100000欧元。相当于记录费用的65%。可以10年内抵免。租用主要住宅的个人可享受以下金额的税收抵免：如果应税收入总额不超过15493.71欧元，则为495.80欧元；或如果应纳税总收入超过15493.71欧元而不超过30987.41欧元，则为247.90欧元。根据社会住房计划租用主要住房的个人可获得以下金额的税收抵免：如果应税收入总额不超过15493.71欧元，则为900欧元；或如果应纳税总收入超过15493.71欧元而不超过30987.41欧元，则为450欧元。

美国规定，不超过75万美元的用于个人基本住房或者第二套住房的贷款利息的利息可以扣除。个人拥有的合格住宅的利息可作为逐项扣除，但须受到基于担保利息支付或应计负债的抵押金额的限制。合格的住宅利息是购置债务和/或房屋净值债务，如表3－25所示，为收购、建造或大幅改善个人合格住所而产生的负债；房屋净值债务是指不超过合格住宅的公平市场价值的债务，减去与住宅相关的收购债务。允许个人将其主要居所和一个次要居所视为合格居所，以申请扣除利息。第二居所实际上必须用作个人的居所。负债和房屋净值负债都需要由个人指定的合格住所担保。

二是自有住房转让所得。对于自有住房的转让，许多国家规定，如果是唯一住房，在卖出住房后一定时间内又重新购买的，则可以享受税收优惠政策。大多数国家在自有住房的资本利得课税中提供一种无条件的免税。其理由是，几乎在所有情况下，房主的房子是其拥有的唯一主要财产。如果他卖了他的房子，他就会将其收益再投资于新的住房，如果这种收益被课税，其流动性将会减少。这种利得表现为一种经济力量的扩大，但如果他购买一套类似的房子，他不会获得更大的房子。如果这个房屋所有者搬进一套较小的住房，或者租一套房子，这种情形可能会与其退休一致，他可能希望用他以前住房的收益来弥补其可能不充足的养老金。具体见表3-26。

表3-26　G20成员个人住房处置对比（2019年）

国家	对出售个人住房的政策
阿根廷	家庭或个人住房所有权转让产生的资本收益免税
澳大利亚	主要住房处置的收益免税；居民个人处置拥有1年以上的财产可以申报收益50%的折扣
巴西	个人处置住房后在180天内购买巴西境内新房，资本利得免税。但如果只将部分所得购买新房，剩下的部分要课征资本利得税
加拿大	主要住房处置的资本利得免税。一个家庭只能有一套主要住房
法国	主要住房处置的资本利得免税。15000欧元以下的房产转让收益免税
德国	处分不动产所得，于处分年度及前二年度曾用作个人住宅者，不征税
印度	个人转让住房，纳税人在转让前1年或者转让后2年内购买新住宅的，或者在转让后3年内建造住宅的，转让所得不超过新物业成本的，不纳税；如果收益超过此成本，则超额部分应纳税。个人转让长期资本性资产，再投资于住宅的，免予免税，再投资必须在资产转让前1年或转让后2年内完成，或在转让后3年内建造此类房屋
印度尼西亚	
意大利	家庭主要住宅的资本收益，即使持有时间少于5年，也不纳税
日本	自转让当年1月1日起，持有5年或5年以上的不动产转让产生的资本收益视为长期不动产收益。长期不动产收益与其他收入分开征税。长期房地产收益的一般税率为15.315%（加上5%的地方税）。自转让年1月1日起，持有不足5年的不动产转让产生的资本收益视为短期不动产收益，应按30.63%的税率纳税（加上9%的地方税）

续表

国家	对出售个人住房的政策
韩国	对个人住房无特殊政策。只按持有年份给予不同比例扣除。持有 3 年以上之不动产，减除必要费用比例根据持有期限的不同而有所不同，从6%（持有不足4年的财产）到30%（持有超过15年的财产）
墨西哥	对价不超过一定收益的住宅转让的资本收益免税
俄罗斯	纳税人拥有不动产超过5年（2016年1月1日前，所有权期限为3年）的，免征不动产处置税。自2016年1月1日起，3年期仍适用于继承财产、家庭成员馈赠的财产以及私有化获得的财产。转让其他私有财产所得，在纳税人变卖前3年以上持有的，免征个人所得税。如果持有期未满，超过100万卢布（或动产为25万卢布）的总销售收入按13%的一般税率征税。财产共有的，按照协议确定的纳税人在财产中的份额确定。但是，纳税人可以在向税务机关提交证明文件的前提下，扣除实际发生的费用，不扣除一次付清的金额
沙特阿拉伯	
南非	无特殊条款
土耳其	持有超过5年的不动产收益（2007年1月1日之前获得的不动产为4年）是免税的
英国	豁免处理纳税人的唯一或主要住所的所得
美国	如果在截至出售之日的5年期间，该财产至少已被用作个人的主要居所2年，则该规定适用。对于提交共同申报表的已婚人士和单身个人，如果收益不超过，50万美元或25万美元则免税

注：表中信息根据国际财税文献局数据库的信息整理，空白处为无此类政策。

第四节　个人所得税的税率与税率级距

目前，G20成员中，除俄罗斯采用13%的单一税率外，其他成员（沙特阿拉伯除外）的个人所得税税率多是超额累进税率。总体上看，尽管美国对个人所得税进行了大幅改革，但从2019年G20成员个人所得税情况来看，各个国家的个人所得税税率及税收级距，与2018年相比，基本没有变，只有韩国和印度有小的变化。韩国将级距由原来的6个增加到7个，将最高边际税率由40%调高为42%。印度将第二档税率由原来的10%调低为5%，级距不变。从目前的情况看，美国个人所得税改革对其他G20成员的个人所得税制度影响不大。

一、税率

（一）起始边际税率

2019财政年度，在G20成员中，个人所得税起始边际税率超过20%（含）的有：意大利为23%，英国为20%。起始边际税率超过10%（含）低于20%的国家有：加拿大为15%，南非为18%，土耳其为15%，美国为10%。起始边际税率低于10%的国家有：墨西哥为1.92%，阿根廷、印度尼西亚和日本为5%，韩国为6%；其中，澳大利亚、巴西、法国、德国、印度的起始边际税率为0（见表3－27）。在起始边际税率为0的国家中，设置了个人基本扣除的国家有阿根廷、巴西、德国，没有个人基本扣除的国家是法国和印度，其中法国只是对一定年龄以上的纳税人设置基本扣除。

表3－27　　G20成员个人所得税累进税率和级距（2019年）

国家	个人所得税税率（%）	税率级距数量
阿根廷	5、9、12、15、19、23、27、31、35	9
澳大利亚	0、19、32.5、37、45	5
巴西	0、7.5、15、22.5、27.5	5
加拿大	15、20.5、26、29、33	5
法国	0、14、30、41、45	5
德国	0、14、23.97、42、45①	5
印度	0、5、20、30	4
印度尼西亚	5、15、25、30	4
意大利	23、27、38、41、43	5
日本	5、10、20、23、33、40、45	7
韩国	6、15、24、35、38、40、42（原为6、15、24、35、38、40）	7
墨西哥	1.92、6.40、10.88、16、17.92、21.36、23.52、30、32、34、35	11
俄罗斯	单一税率：13	1
沙特阿拉伯	经营所得：20 天然气：30～85 石油：50～85	

① 德国的个人所得税都要附征5.5%的团结附加税。

续表

国家	个人所得税税率（%）	税率级距数量
南非	18、26、31、36、39、41、45	7
土耳其	15、20、27、35	4
英国	20、40、45	3
美国	10、12、22、24、32、35、37②	7

资料来源：国际财税文献局数据库。表中数据不包含中国和欧盟。

在20世纪，个人所得税起始边际税率有上升的趋势，部分原因是为弥补较高税率的降低和（或）起征点提高所带来的一些收入损失。例如，美国在1986年税制改革时，大幅提高个人所得税的起征点，同时将起始边际税率从11%提高到15%，② 但个人所得税对于低收入阶层来说累进性增加。近年来，起始边际税率有下降的趋势，G20成员中有5个国家的起始边际税率降为0。

在一些社会保障制度较完善的国家，或许起征点和起始边际税率的变化对较低收入阶层的影响不是太重要的问题，因为较低收入者可能更受诸如社会保险捐款和与所得有关的利益等其他因素的影响。

关于起始边际税率是0还是降低起征点，国外也有两种截然不同的观点。一种观点是根据按能付税的原则，不应对那些所得处于维持生存水平的个人征收个人所得税。另一个极端的观点是，为了责任、团结和培养公民意识等原因，对几乎所有的公民都课征个人所得税，即使是所得额较低的纳税人也可以通过勤劳所得抵免等税收转移制度受益。

赞成起始边际税率为0，间接提高起征点的观点认为，高起征点减少贫穷和失业陷阱，穷人不纳税，将家庭收入用于孩子的教育，下一代将会消除贫穷，同时由于缴纳个人所得税的人数减少，税收管理将简化。反对高起征点的主要理由是，大量的财政收入因此被放弃，这可能需要通过提高超额累进税率来弥补这一损失。

（二）最高边际税率

个人所得税率的最高边际税率只适用于少数人，但受20世纪80年代美国税制改革的影响，最高边际税率较20世纪有所降低。2019年，G20成员中，最高边际税率高于40%（含）的国家有8个：澳大利亚、德国、法国、

① 美国对财产和信托的课税的税率分别是10%、24%、35%、37%，级距只有4档，其他不同类型的申报表尽管级距不一样，但都是7档税率。

② 参见 http：//en. wikipedia. org/wiki/Tax_Reform_Act_of_1986.

日本、南非和英国为45%，意大利为43%，韩国为42%。最高边际税率高于30%（含）低于40%的国家有7个：美国为37%，阿根廷、墨西哥和土耳其为35%，加拿大为33%，印度和印度尼西亚为30%。最高边际税率低于30%的国家只有巴西，为27.5%（见表3-27）。

由表3-27可以看出，G20成员中，除了俄罗斯、沙特阿拉伯和巴西外，个人所得税最高边际税率一般在30%以上，其中，最高边际税率为45%的国家有6个，为35%的国家有3个。最高边际税率都不超过45%。相对而言，经济发达国家，最高边际税率也较高，但一些开征地方个人所得税的国家，如美国和加拿大，如果将地方个人所得税也考虑进去，实际最高边际税率也会升高。

二、税率级距比较

实际上，税率级距的多少，只是在税基确定下，在一定程度上体现税收负担的累进程度。另外，税率的级距多少，与起始边际税率和最高边际税率的差额也有很大关系。

单独比较各个国家个人所得税税率级距的多少，能在一定程度上直观地说明税率设计是复杂还是简单。只有结合级距的跨度和税率水平，税率的级距比较才会更有意义。特别是税收扣除和税收优惠，相同的税收扣除，对于处于不同税率级距的纳税人是不一样的。适用的税率越高，税收扣除的优惠程度越大，这也就是越来越多的国家采取相应措施，来减少税收扣除优惠扭曲的原因。如前所述，一些国家规定，应税总所得越高，标准扣除额越少，高到一定程度则完全取消税收扣除，或者采取用税收抵免的方式。

在G20成员中，按税率级距多少排序，墨西哥的税率级距为11个，阿根廷为9个，日本、韩国、南非、美国为7个，澳大利亚、巴西、加拿大、法国、德国、意大利为5个，印度和印度尼西亚为4个，英国为3个。由此可见，G20成员中，绝大多数国家的税率级距为10个以下，税率级距为5个的国家最多，有6个，多数国家的税率级距为4~7个。

从历史发展的角度看，个人所得税税率级距也曾有过由多到少的反复发展过程。以美国为例（见表3-28），美国的个人所得税级距曾达55级，最高边际税率曾达94%。1988年，美国的个人所得税级距降为2个，最高边际税率降为28%，为历史上最低水平，但起始边际税率为15%，属于较高的水平。其个人所得税税率级距由1991年的3个级距，发展到目前的7个级距。

20 世纪 80 年代，美国个人所得税改革的最大特点是简化税制和降低最高边际税率，因此，1988 年美国个人所得税税率 2 个税率级距，最符合简化的要求。在 1988 年以后，其明显特点是起始边际税率逐步降低，最高边际税率在经历过一段时间的减税后，开始上升（见表 3－29）。

表 3－28　　美国个人所得税税率调整（1913—2013 年）

年度	级距数量	第一个级距税率（%）	最高级距			简介
			税率（%）	所得（美元）	经通货膨胀调整后相当于 2011 年的所得（美元）	
1913	7	1	7	500000	11300000	个人所得税固定开征
1917	21	2	67	2000000	35000000	第一次世界大战期间
1925	23	1.5	25	100000	1280000	战后调整
1932	55	4	63	1000000	16400000	经济衰退
1936	33	4	79	5000000	80700000	
1941	32	10	81	5000000	76300000	第二次世界大战期间
1942	24	19	88	200000	2750000	1942 年收入法案
1944	24	23	94	200000	2540000	1944 年个人所得税法案
1946	24	20	91	200000	2300000	
1964	26	16	77	400000	2850000	“越战”期间税收扣除增加
1965	25	14	70	200000	1420000	
1981	17	0	70	108300	532000	里根时期减税
1982	14	0	50	41500	199000	里根时期减税
1987	5	11	38.5	54000	178000	里根时期减税
1988	2	15	28	17850	56000	里根时期减税
1991	3	15	31	49300	135000	1990 年削减财政赤字法案
1993	5	15	39.6	250000	388000	1993 年削减财政赤字法案
2003	6	10	35	311950	380000	布什时期减税
2011	6	10	35	379150	379000	
2013	7	10	39.6	400000	388000	2012 年美国纳税人减税法案

资料来源：http：//taxfoundation. org/sites/taxfoundation. org/files/docs/fed_individual_rate_history_nominal. pdf.

表 3-29　　美国个人所得税税率及级距（1988—2013 年）

<table>
<tr><th>1988 年</th><th>1992 年</th><th>1993—2000 年</th><th>2001 年</th><th>2002 年</th><th>2003—2012 年</th><th>2013 年</th></tr>
<tr><td rowspan="2">15%</td><td rowspan="2">15%</td><td rowspan="2">15%</td><td rowspan="2">15%</td><td>10%</td><td>10%</td><td>10%</td></tr>
<tr><td>15%</td><td>15%</td><td>15%</td></tr>
<tr><td rowspan="5">28%</td><td>28%</td><td>28%</td><td>27.5%</td><td>27%</td><td>25%</td><td>25%</td></tr>
<tr><td rowspan="4">31%</td><td>31%</td><td>30.5%</td><td>30%</td><td>28%</td><td>28%</td></tr>
<tr><td>36%</td><td>35.5%</td><td>35%</td><td>33%</td><td>33%</td></tr>
<tr><td rowspan="2">39.6%</td><td rowspan="2">39.1%</td><td rowspan="2">38.6%</td><td rowspan="2">35%</td><td>35%</td></tr>
<tr><td>39.6%</td></tr>
</table>

资料来源：根据美国国内收入局网站资料整理。

第五节　个人所得税的税收优惠

个人所得税的优惠政策和所得扣除有时很难区分。因为，有些扣除项目实际上是个人取得所得的成本，有的是个人扣除或者是家庭生计扣除。对于有些所得，将其排除在征税所得范围之外，只是为了引导个人的行为。例如，一些国家规定，购买国债的利息免征个人所得税。这一政策的目的一般认为是吸引个人投资者购买国债，并降低政府借债成本，但如果资金利率市场化程度较高，则非免税债券可能会通过提高利率来吸引个人投资者，免税政策会成为市场利率上涨的因素之一。因此，一项扣除标准如果不是适用于所有个人，一项低税率政策不是适用于所有同类的所得，一项所得如果被排除在课税范围之外，不管出于什么目的，这实际上就是税收优惠。税收优惠实际上是为了某种目的，引导纳税人将其所得用于某些经济活动，或者是某种储蓄或某些消费项目。几乎所有的国家都实行了一系列税收优惠。

20 世纪 60 年代开始，随着税式支出概念的提出，人们开始对税收扣除按其性质进行了如下区分：一类是为了实施规范的个人所得税而规定的扣除，像受抚养人扣除等，是为了不影响纳税人的最基本的生活需要。另一类是专门用途的扣除，通常称为税收鼓励或税收补贴，这种扣除只对某些纳税人有利，是税式支出，可以看成政府现金补贴的一种替代方式。目前，继美国和德国之后，越来越多的国家开始要求政府公布税式支出预算，使以扣除方式获得的相对较隐蔽的税式支出公开化，以便让公众来决定某项税收优惠有没有存在的必要。

一、勤劳所得抵免政策

勤劳所得抵免（或称低收入家庭福利优惠）（Earned Income Tax Credit）政策最早于1975年在美国开始立法，在1990年、1993年和2001年进一步扩大。勤劳所得抵免政策已成为美国最大的减贫计划之一。该政策实际上类似负所得税制度。勤劳所得定义为：主要是靠工资、小费或者其他雇用所得；自营业者所得；在退休年龄前领取雇主的残障退休计划的福利；法定雇员的所得；等等。凡是有勤劳所得的家庭，对每个孩子提供可返还的税收抵免。孩子一般定义为19岁以下或者是24岁以下的全职学生。

该政策是针对中低收入阶层的个人或家庭，尤其是有孩子的个人或家庭提供一种可以返还的税收抵免。税收抵免利益的大小取决于个人的收入水平和孩子的多少。个人可以申报多个孩子税收抵免，但必须满足关系、年龄、同住在一起等要求。个人或者夫妻在申报个人所得税的同时，申报勤劳所得抵免，如果不用纳税，则给予现金返还。从2012年开始，美国有26个州也开始实施勤劳所得抵免政策。2013年，美国的勤劳所得抵免政策共开支560亿美元，成为美国排名第三的社会福利计划，仅次于联邦医疗（2750亿美元）和食品券计划（780亿美元）。

2017年，每个17岁以下的符合条件的儿童的税收抵免额为1000美元，收入在7.5万美元以上的单身申报者、收入在11万美元以上的户主申报者，收入在5.5万美元以上的联合申报者，每增加1000美元的收入，每个儿童的税收抵免减少50美元，只有纳税人的勤劳所得超过3000美元时，儿童税收抵免才可以返还，但当纳税人适用15%的税率时，税收抵免不再返还。

根据美国特朗普政府实施税制改革后的政策，从2018年起，每个17岁以下的儿童的税收抵免额增加到2000美元，对17岁以上的受赡养者给予500美元的税收抵免，收入在20万美元以上的单身申报者和收入在40万美元以上的户主申报者，每增加1000美元的收入，每个儿童的税收抵免减少50美元，直至取消。纳税人的勤劳所得超过2500美元时，儿童税收抵免才可以返还，每个儿童的税收抵免最多以现金的形式返还1400美元。

由于适用儿童税收抵免的纳税人，多是最低收入阶层，税改后，提高了税收抵免额度，降低了适用标准，扩大了适用范围，这些低收入家庭的收入会有所改善。但由于美国的勤劳所得抵免政策过于复杂，许多美国人不会申报，只能求助于中介机构帮助，政府的开支有一定的比例成为中介机构的收入，并没有落入中低收入者手中，这一政策的效率受到了批评。

但总体上看，勤劳所得抵免是个人所得税政策的一个进步，是迈向负所得税的第一步。正因为如此，英国、加拿大、澳大利亚、法国等国家也有类似美国的勤劳所得抵免政策。

二、养老保险的税收优惠

目前，绝大多数国家都将雇主、雇员或个人制定的社会保险计划、养老金和收益基金或人身保险与年金计划排除在课税范围之外，但一般都会有限额的规定。不过，尽管这些计划一般是为了退休、失业、生病或伤残后维持一定收入水准而储备目前的收入，但为了防止富人通过这一途径避税，一般会对强制保险免税，对商业性保险给予一定限额的扣除，或者是不计入应税所得。

正因为在取得退休金时，政府给予了税收扣除，所以退休金一般会纳入课税范围，但有的国家会给予老年人较高的基本扣除额，如英国。有的国家还将这一范围进一步扩大。例如，美国个人和企业可以建立退休基金账户，该退休基金可以每年最高扣除5500美元（2015年标准），超过50岁的个人每年的扣除限额增加1000美元。

过去曾有一些国家不允许缴纳各种保险费用时税前扣除，但会在个人取得收入时予以免税，与此同时，一般会对人寿保险赔款、个人因疾病和受伤而获得的补偿免税。但是由于无法统一掌握退休年龄，特别是自营业者，容易对个人的退休决策产生影响，在管理时也比较麻烦，因而，更多的国家倾向于在缴纳相关保险费时予以扣除，但在取得收入时则一视同仁课税，或者是对老年人给予适当的扣除优惠。在有健全的老年人社会保险制度的瑞典，则不提供任何这方面的优惠。

在退休金税收处理方面，澳大利亚与其他国家不同。澳大利亚因为既在缴纳各种费用时给予不可以返还的税收抵免，同时又对退休金免税，因而拥有最复杂的退休金税收制度。澳大利亚规定，60岁以后领取的各种退休金免税，但某些退休基金如果在60岁以前领取，则要课征15%的个人所得税。

世界各国养老保险方面，最有特色的是个人养老账户，即个人自愿每年将固定的资金存入国家批准的个人养老账户，由符合条件的机构管理相关资金，个人可以选择不同的机构来管理自己的资金，在达到退休年龄后再领取相应的退休金。在国家强制养老保险、企业年金和个人养老账户三者中，个人养老账户已成为许多国家最重要的养老资金来源。各国对于个人养老金账户的个人所得税政策，主要有税收递延和税收优惠。

（一）税收递延

税收递延，其实质不是一项税收优惠政策，只不过是将现在应缴的税款延迟到今后或者将今后应缴的税款提前到现在。一般分为先征后免和先免后征两种，美国两种不同的个人养老账户就是典型的这两种类型。

1. 先征后免型

先征后免，是指在个人存钱进入个人养老账户时，存入的数额不作任何税前扣除，相当于是税后收入存入个人养老账户，但在个人符合退休条件后，从个人养老账户取出资金时，则按照正常所得课税。例如，美国的罗斯个人养老账户（Individual Retirement Account，IRA）就是如此，该账户根据1998年实行的纳税人减税法案（Taxpayer Relief Act）建立。纳税人存入IRA的金额是不能税前扣除的，但只要个人达到59.5岁以上，且持有5年以上，则个人从个人养老账户中取出的钱免税。

2. 先免后征型

先免后征，指的是个人在将资金注入个人养老账户时，可以限额税前扣除，相当于是免税的收入进入个人养老账户，待个人从养老账户中取钱时，则按照普通所得课税。例如，美国传统个人养老账户就是如此，该账户是根据1974年雇员退休保障法案（Employee Retirement Income Securities Act of 1974）设立的。2015年，美国传统个人养老账户每年税前扣除限额是5500美元，超过50岁的个人可以获得额外的税前扣除1000美元。但当个人达到法律规定年龄时，从账户领取的资金全额并入普通所得中缴纳个人所得税。又如，巴西，对于个人养老账户，在存入资金时，允许税前扣除个人收入的12%，但在领取养老金时，则应当作普通所得课税。

（二）税收优惠

从理论上讲，个人退休后的养老金也是个人劳动力成本的一部分，理应免税，在实际操作过程中，许多国家政府都对个人养老账户在资金注入和退休后领取养老金时，都给予税收优惠。例如，英国的职业退休计划和个人养老计划，对于运作这两项计划资金的基金取得的投资收益和所得免资本利得税，与此同时，个人注入资金时每年可税前扣除4万英镑（2015/2016财年），所有与个人养老有关账户一生的最高税前扣除限额是125万英镑。当然，个人在领取退休金时，按普通所得课税。又如，印度对于符合条件的退休金免征个人所得税，同时，在对于个人向人寿保险公司支付个人退休金计划时，允许限额税前扣除。再如，印度尼西亚对于超过一定数额以上的退休金才课税，但同时规定，由个人支付的符合条件的退休基金可以全额扣除。马来西亚规定，达到法定退休年龄支付给个人的退休金免税，个人自愿支付的额外退休基金可以限额税前扣除。俄罗斯规定，源于个人退休基金的退休金免税，且相关的开支可以税前扣除。目前，大多数国家都同时在个人养老账户的资金注入和资金领取时，都给予一定的免税优惠。

总体上看，强制保险和社会保险的税收优惠，实际上只是一种税收延迟机制。在某种程度上考虑，对强制保险和社会保险的减免和在支付时（疾病、受伤等获得的补偿免税）全部课税，实际是对雇员一生的所得进行平均。

三、实物福利税收优惠

对于雇主采取各种形式发放给雇员的实物福利（也有译为边际福利），一般会在限制条件下不予课税。例如，美国规定，下列实物优惠可以免税：给予雇员和消费者同样的服务而不额外增加实质性成本的服务；在购买雇主提供的商品和服务时享受的符合条件的折扣；提供的福利是工作环境的需要，如公司用于经营的车辆；数额较小的实物福利；为员工提供的通勤车、停车位；搬家补偿；符合条件的教育培训费用；方便员工的住宿和食堂；员工托儿所；等等。韩国规定，雇主给雇员用于经营的汽车免税，提供的免费住房只要不是股东，也予以免税。

但许多国家都对实物福利课税，如法国对所有雇主给予雇员的福利，包括公司汽车、免费住房（由雇主支付的能源费）和免费餐饮，都应按市场价格征税。澳大利亚甚至专门开征了实物福利税，澳大利亚规定，凡是因为存在雇用关系，由雇主提供给雇员汽车、低息贷款、带薪休假、住宿、教育费用等，都应课税。但实物福利税不对雇员征收，而是对雇主征收，2006 年 3 月 31 日以后，这一税率为 46.5%（以前为 48.5%）。但雇主给予雇员的股票期权不课征实物福利税。

总体上看，为了防止逃避税，世界大多数国家对于实物福利多予以课税。

四、资本利得税收优惠

资本利得与普通所得相比有其自身的特殊性。从性质上看，资本利得是通过投资拥有，并处置资本性资产所取得的，一方面它是一种资产所有所得和资产经营所得，另一方面，又具有某些消极所得或非勤劳所得的性质。资本利得的这一属性是不同于普通所得的。从时间上看，普通经营单位强调缩短资金周转期，以获取较高的经济效益，资本性资产经营不仅受市场经济的制约，而且还要受诸多非市场因素的影响。因此，资本性资产经营周期一般较长，资产交易频率很低。另外，从时间上看，资本利得的实现有较大的随意性和不确定性。从风险上看，由于大部分的资本投资具有较强的投机性，因此，相对于普通经营事业而言，资本利得具有高风险、高回报的特性。

各国对资本利得课税主要采取三种方式：一是将资本利得纳入正常所得征收；二是将资本利得从正常所得中分离出来单独计征资本利得税；三是除对资本利得并入正常所得征收外，再征收一定数量的特别附加税。其中第一种方式为大多数国家所采用。

各国对资本利得一般根据不同情况采取一定的税收优惠，或降低税率或进行减免。优惠措施主要包括两个方面：一是对长期资本利得，适当降低税率，且资产持有期越长，税率越低；二是对用于再投资的资本利得，各国一般都规定免税。

美国对于资本利得的个人所得税政策很有特点，其长期资本利得（持有1年以上，短期资本利得并入综合所得征税）的个人所得税率表，与综合所得的多少直接挂钩，即取得长期资本利得的个人，不管其长期应税资本利得额是多少，其适用边际税率的高低，与其适用的综合所得额相关。例如，2019年，单身个人综合应税所得超过434550美元的，其长期资本利得就适用最高20%的税率（见表3－30）。

表3－30　美国长期资本利得个人所得税税率（2019年）　单位：美元

税率	单身申报	已婚联合申报	户主申报	已婚单独申报
0%	39375以下	78750以下	52750以下	39375以下
15%	39376～434550	78751～488850	52751～461700	39376～244425
20%	超过434550	超过488850	超过461700	超过244425

注：本表根据国际财税文献局数据整理。

其他的个人所得税优惠政策还很多，如国家储蓄计划、邮政储蓄和银行存款的利息免税；政府债券利息的免税；雇员参与股份的购买的税收激励；等等。这些优惠政策千差万别。

第六节　个人所得税税收征管

相对于分类所得税制来说，综合所得税制的征管难度较大。目前，世界上一些国家主要采取如下措施：一是在个人取得收入的环节预先扣缴；二是纳税人年终自行申报个人所得，年底多退少补。在一些经济发达国家，源泉扣缴与申报纳税相结合，税收制度已趋于完善，在本书前几个版本中已作充分介绍，本部分只保留一些国家在征管上的创新，不限于 G20 成员。主要是因为在近些年，有一些国家开始采用个人所得税免申报制度。

一、个人所得税免申报制度①

个人所得税免申报制度（Pre-filled income tax returns），直译为“个人所得税预申填”。这里按意译为个人所得税免申报制度，是指 20 世纪 90 年代由一些北欧国家首创的个人所得税管理制度，即税务部门利用第三方报告的信息，由税务部门对相关纳税人的纳税信息进行填报，由纳税人予以确认或者补充的征收管理制度。这一制度可以减少纳税人的申报负担和提高效率。在传统个人所得税管理方式中，许多国家也会要求雇主、金融机构等报告支付给个人的相关信息，同时要求纳税人自行申报纳税，来自第三方的信息会被用来检查核实纳税人的申报是否真实。因此，个人所得税免申报制度实际上是对过去传统的利用第三方信息的方式的升级。

实际上，近 20 年来，以北欧的瑞典、挪威、丹麦和芬兰等为代表的部分国家在自行申报制的基础上，发展出了个人所得税免申报制度。在这种制度下，雇主或其他收入的支付者仍然要进行源泉扣缴，税务局会在财政年度结

① 本部分内容主要参考：OECD. Third Party Reporting Arrangements and Pre-filled Tax Returns：The Danish and Swedish Approaches [R]. 22，January，2008.

束后根据计算机系统内纳税人的信息生成纳税人申报表，包括纳税人取得的收入、已经缴纳的税款和应补（退）税款等信息，然后发给纳税人进行确认。纳税人对表中信息进行核实，认为需要修改的，应及时向税务局报告，税务局会定期将纳税人多缴的税款返还给纳税人。由于个人所得税免申报制度省去了纳税人烦琐的填报事务，降低了其纳税成本，因此，在纳税信息体系不断完善的基础上，G20 成员中的澳大利亚和法国也开始实行个人所得税免申报制度。

（一）个人所得税免申报制度运作的基本程序

从一般情况而言，个人所得税免申报制度有如下基本运作程序：

税法明确规定，相关第三方必须将所得、扣除和个人财产方面的信息，以电子方式在纳税年度结束前报告给税务部门，相关的信息必须以纳税人号为单位进行记录，相关的第三方可以是雇主、银行、保险、证券公司及相关政府部门等所有涉及个人所得、扣除和个人财产信息方面的机构；税务部门接到第三方报告的信息后，与税务部门掌握的其他信息迅速进行综合处理，为每一个人所得税纳税人准备个人所得税申报单；税务部门为每一个纳税人准备的个人所得税纳税申报单会以纸质的形式发给每个纳税人，电子版也会以适当安全的形式发给每个纳税人；对于纳税人来说，税务部门准备的申报表已经显示了所得和扣除的数额及其来源，并进行了税额计算，所有与财产有关的所得也会在申报表内；如果纳税人希望通过税务部门提供的纳税申报表来检查其纳税义务，如果想提供与税务部门不同的信息，可以通过电子申报渠道或者纸质的报告来提供附加信息；有的国家规定，纳税人可以通过互联网、电话等各种方式表示接受税务部门填写的个人所得税纳税申报表，还有的国家规定，如果纳税人没有提出异议，就相当于默认税务部门确认的结果；纳税人提供的信息会用于计算其应纳税额，所有的纳税人都会得到一个税务部门建议的结果，如果存在超额征税（年底申报的结果小于实际代扣代缴税额），则自动将税款退回个人账户；在多数国家，所有纳税人都会在税务部门设置的互联网接口上有一个电子账户，纳税人可以看到税务部门为他们填好的纳税申报表，包括第三方信息报告，相应的收据和财产信息。

由此可见，大多数纳税人不需要自己填写个人所得税申报表，只要对税务部门准备的纳税申报表确认一下即可，如果存在异议，可以给税务部门提供相关的证明信息。极少部分纳税人除了税务部门根据第三方信息为其自动准备的部分外，还需要自己填写缺失的部分，主要是一些自营业者或者是经营收入，但也有很多国家将自营业者也纳入了个人所得税免申报范围。

（二）第三方信息报告是个人所得税免申报的基础

从最早实施个人所得税免申报制度的丹麦和瑞典来看，第三方信息报告是个人所得税免申报的基础。主要有如下六点：

1. 个人所得税免申报制度需要各级政府的大力支持；

2. 必须在法律中规定广泛详细的包括所有所得和扣除项目的报告义务，所有的信息都应按纳税人号作为类别进行报告；

3. 准确和按时地通过电子媒介进行报告，以便在月末或者纳税年度结束之前，方便税务部门自动生成申报表；

4. 税务部门应当投入适当的资源，培训和支持第三方完成报告义务；

5. 需要有强大的网络资源和数据处理能力，以便税务部门快速、自动地处理收到的所有信息；

6. 需要在相当长的时间内，投入大量的资源以建立复杂的个人所得税免申报制度。

具体要申报的信息各国有所不同，一般会要求所有第三方报告信息（见表3－31）。

表3－31　　第三方需要报告的信息内容

必须申报的信息项目	与所得相关	与扣除相关	与财产相关
纳税人识别信息（姓名、地址和纳税人号等）	√	√	√
支付人识别信息（姓名、地址和纳税人号等）	√	√	
支付或者收到的类别	√	√	
纳税人收到的数额	√		
预扣的所得税额		√	
纳税人支付的数额		√	
银行利息账户明细	√		
被雇用的时间段	√		
收到或支付的时间	√	√	
财产购买价格			√
财产支付价格			√
财产销售时间			√

注：“√”表示需要申报，空白则表示不需要申报。

（三）发展趋势

如前所述，几乎所有的国家都是从工薪所得和退休金所得的纳税人开始实施个人所得税免申报制度的。其主要原因是工薪和退休金所得纳税人数量众多，且通过第三方申报完全可以控制住这些纳税人的收入来源，也可方便纳税人。随着时间的推移，许多国家已经将适用范围扩大到所有收入来源和几乎所有扣除项目（见表3－32）。

因此，随着计算机技术的成熟，税收执法者观念的转变，会有越来越多的国家实行个人所得税免申报制度。

表3－32　　实行个人所得税免申报制度的国家的情况

国家	实行年份	主要发展和目前的情况
澳大利亚	2003	在2004—2006年，仅运用于电子申报的纳税人。从2007年开始，作为电子申报的一部分而扩大运用，但仍缺乏潜在的信息支撑。税务部门填报的信息也专门提供给税务中介机构
比利时	2006	2006年，比利时仅用于工资薪金所得。从2007年开始，适用的纳税人范围扩大，保险公司和银行的信息也纳入了免申报的范围
智利	2002	刚开始用于拿工资和退休金的纳税人。目前用于各种来源的收入，但在税收扣除方面应用范围较窄
丹麦	1988	其制度通过不断发展，现在已适用于所有个人所得税纳税人，几乎所有的所得来源和扣除项目
爱沙尼亚	2001	其制度通过不断发展，现在已适用于所有个人所得税纳税人，几乎所有的所得来源和扣除项目
芬兰	1995	其制度通过不断发展，现在已适用于所有个人所得税纳税人，几乎所有的所得来源和扣除项目。2006年，该制度获得该国总理奖中的社会信息利用类最高奖项
法国	2006	在2005年开始试点，2006年在全国试点用于拿工资薪金和退休金的纳税人。2007年，约1亿工薪纳税人适用。2008年，进一步扩大了适用范围，如资本利得
冰岛	2000	其制度通过不断发展，现在已适用于所有个人所得税纳税人，大部分的所得来源和少部分扣除项目
荷兰	2009	在2007年开始可行性分析，在2009年开始推行并不断扩大适用范围
挪威	1998	其制度引进后不断发展，现在已适用于所有个人所得税纳人，包括自营业者，几乎所有的所得来源和扣除项目
葡萄牙	2007	从2007年开始，以互联网为基础的个人所得税申报制度和个人所得税免申报制度同时推开，主要适用于工薪所得和退休所得
西班牙	2003	自推行以来，大部分雇员和投资者可以适用，包括一系列所得和有限的扣除项目
瑞典	1995	其制度通过不断发展，现在已适用于所有个人所得税纳税人，大部分的所得来源和少部分扣除项目。还打算适用于经营所得的纳税人

二、个人所得税征管制度的创新

为了加强个人所得税管理，许多国家在采取一些新的管理措施，并呈现出一些新的特点。

（一）个人所得税电子申报率不断提高

在个人所得税电子申报方面。2004年，OECD成员纳税人电子申报率平均为31%（非加权，下同），2013年提高至72%，电子申报率增加了1.35倍，其中，有14个国家个人所得税的电子申报率在90%以上，意大利和斯洛文尼亚甚至达到100%。非OECD成员中，有7个国家个人所得税的电子申报率超过80%，其中，阿根廷和巴西达到100%，其他5个国家是印度（80%）、立陶宛（96%）、马来西亚（83%）、新加坡（97%）和南非（99%）。

（二）自愿披露信息补税

纳税人自愿披露信息补税，指允许过去没有遵从税法的纳税人在特定的条件下改正错误。纳税人自愿披露信息补税，对于政府、遵从税法的纳税人和不遵从税法的纳税人都有利。

许多国家在其法律和管理实践中，都鼓励过去没有遵从税法的纳税人自愿披露信息补税。目前，G20成员中，美国、英国、加拿大、俄罗斯、南非等国家都有相关的规定。主要的鼓励措施是减少罚款和减少滞纳金的征收，与此同时，给予免予起诉的保护。但具体实施时，各个国家略有不同。例如，澳大利亚税务局规定，自2014年起，在没有被税务部门提示、劝导和强制的条件下，纳税人主动告知税务部门他们过去没有遵从税法的行为，才能确定为纳税人自愿披露补税，其鼓励措施是减少罚款和征收利息。加拿大规定，自2014年起，纳税人自愿披露信息补税，必须满足如下条件：披露信息是自愿的，应在税务部门针对纳税人进行调查之前进行；要处以罚款；相关的信息应上1年以上的；所有的信息应是完备的。如果加拿大税务局认定纳税人自愿披露信息有效，纳税人只需缴纳应付的税款和利息，而无须缴纳罚款。

自愿披露补税，不管是一般税收法律的一部分，还是特定的项目，都可以使税收管理部门以较少的成本增加税收收入，也就是说可以减少审计、诉讼和犯罪调查。

近年来，有许多国家采取了针对性的自愿披露信息补税计划，多是针对纳税人的海外资产给予一定期限的鼓励政策，以促进这些纳税人与税务部门合作。例如，2014 年 3 月，澳大利亚税务局宣布，实行一项“立刻行动项目”（Project Do It），在海外有资产的纳税人如果有没有申报的利息和海外交易的收入，在 2014 年 12 月 19 日前主动申报，则视同自愿信息披露补税。当年，有 5600 个纳税人自愿披露信息补了税。上述政策有一定的固定的期限，在截止期限内，对于申报过去隐瞒的海外资产，给予免税或者较轻的税负，相当于大赦。但世界银行的研究认为，重复的税收大赦可能对税收遵从有负面效应。

纳税人自愿披露信息补税与税收大赦不同，它是一项长期的政策，针对所有的纳税人，旨在鼓励纳税人自愿补税，减少管理成本。

（三）对高净值纳税人的管理

与大企业类似，少数收入较高的个人，对税收收入的贡献较大。以美国为例，根据 2011 年美国的个人所得税申报数据，收入排在前 50% 的个人缴纳了 97% 的个人所得税，收入排在前 5% 的个人缴纳了 57% 的个人所得税，收入排在前 1% 的个人缴纳了 35% 的个人所得税。[①] 由此可见，对高净值、高收入的个人加强管理，一方面可以保障个人所得税收入，另一方面可以调节收入分配。

正因为如此，现在有许多国家制定了高净值个人的标准，采取了一些措施对这些个人加强管理。

第七节　个人所得税特殊政策

一些国家或地区在个人所得税政策上有所创新，如美国在个人所得税政策上有一些独特之处。这些独特的政策对个人所得税今后的走向会有一定的影响。

一、美国的替代性最低税

替代性最低税是美国 20 世纪 60 年代推出的政策，其目的是防止高收入

① 参见 http：//taxfoundation. org/article/summary-latest-federal-income-tax-data.

者避税。其主要机制是，收入超过一定限额的个人，必须按个人所得税法的计算方法申报计算出一个应纳所得税税额，同时按替代性最低税的方法计算出应纳所得税税额，将两个应纳所得税税额进行比较，按较高的纳税额进行纳税，以确保达到一定收入水平的人必须支付的最低数额的税收，也就是说，替代性最低税是达到一定收入水平的个人必须缴纳个人所得税额的最低限。如果纳税人已缴纳的个人所得税额已超过这一数额，则不必缴纳替代性最低税；如果纳税人缴纳的正常税收低于这一最低数额，则必须按替代性最低税计算出的金额缴纳。其目的是防止一些高收入的个人利用特殊的税收优惠来过达到少缴税或不缴税。例如，某人正常的个人所得税额为 47000 美元，当按替代性最低税规则计算替代性最低税时，应纳替代性最低税 39000 美元，则该人按 47000 美元缴纳个人所得税。如果某人正常的个人所得税为 47000 美元，计算的替代性最低税为 58000 美元，则该纳税人应该缴纳 58000 美元的个人所得税。

美国国内税法专门对替代性最低税作出了规定。替代性最低税的计算过程如下：纳税人应先按普通法规来计算应纳所得税额，然后再按替代性最低税的规则来计算替代性最低税。美国自 1986 年以来替代性最低税税率及免税额见表3－33。以 2012 年为例，已婚联合申报、单身或者户主申报者，只有所得额分别超过 78750 美元和 50600 美元后，才适用替代性最低税。

表 3－33　　美国历史上替代性最低税税率和免税额

年度	1986—1990	1991—1992	1993—2000	2001—2002	2003—2005	2006
税率	21%	24%	26%/28%	26%/28%	26%/28%	26%/28%
已婚联合申报（美元）	40000	40000	45000	49000	58000	62550
单身或者户主（美元）	30000	30000	33750	35750	40250	42500
年度	2007	2008	2009	2010	2011	2012
税率	26%/28%	26%/28%	26%/28%	26%/28%	26%/28%	26%/28%
已婚联合申报（美元）	66250	69950	70950	72450	74450	78750
单身或者户主（美元）	44350	46200	46700	47450	48450	50600

以 2012 财政年度为例，替代性最低税的税率是年收入 175000 美元以下的，适用 26% 的税率；年收入超过 175000 美元的，适用 28% 的税率。对于夫

妻联合申报者给予45000美元的扣除，收入超过150000美元的，减少25%的扣除额；对于未婚个人单身申报者给予33750美元的扣除，收入超过112500美元的，减少25%的扣除；已婚个人单独申报者给予22500美元的扣除，收入超过75000美元的，减少25%的扣除。除此之外，一律不得有其他扣除项目。具体见表3－34。

表3－34　　美国普通个人所得税与替代性最低税比较

项目	正常的个人所得税	替代性最低税
课税对象	适用于所有纳税人	理论上适用于所有纳税人，实际上对于收入超过一定额度的纳税人适用
课税目的	普遍调节个人收入	防止高收入者利用税收优惠少纳税或不纳税
税率	10%～39.6%的七级超额累进税率，2017版中为10%～37%（2018年）	26%和28%两档超额累进税率
扣除项目	根据个人不同的情况给予各种标准扣除或非标准扣除	不分个人情况，只给予固定数额的扣除
对资本利得的处理	对于资本利有最高税收规定	与正常个人所得税一样，也有对资本得利课税实行最高税收限制，但在资本利得的实现时间上与正常个人所得税有所不同
适用法律	所有个人所得税法规	国内收入法典SEC. 55－59
效果	计算较为复杂，但考虑到纳税人不同的情况	计算简单
两者的关系	无论收入高低，都必须按正常法则计算个人所得税	如果替代性最低税高于正常的个人所得税，则必须按替代性最低税缴纳；如果低于正常的个人所得税，则按正常个人所得税缴纳

资料来源：http：//www. irs. gov/pub/irs-drop/rp-13-15. pdf.

美国替代性最低税的最新进展是缩小了适用范围，主要原因是由于替代性最低税另行设计了一套抵扣和计税的办法，虽然可以防止高收入者逃税，但由于通货膨胀的影响，适用替代性最低税的收入标准相对降低，一些中产阶级也纳入替代性最低税的征收范围，增加了纳税人遵从成本和税收负担。美国特朗普政府最初的税制改革方案计划取消替代性最低税制度，最终的妥协结果是缩小了适用范围。

从2018年起，美国个人适用可替代性最低税的门槛提高，单身或户主申报、已婚联合申报、已婚单独申报者适用替代性最低税的最低收入额分别从2017年的54300美元、84500美元、42250美元提高到70300美元、109400美元、54700美元。2019年，单身或户主申报、已婚联合申报、已婚单独申报者适用替代性最低税的最低收入额分别为71700美元、111700美元、55850美元。2019年与2018年相比，只是进行了通货膨胀调整。但也缩小了适用范围，简化了部分纳税人的纳税手续，也降低了部分中高收入者的税收遵从成本。

二、放弃国籍税

放弃国籍税，是指对纳税人采取各种方式终止成为一个国家的居民纳税人时征收的一种税。放弃国籍税最早是1931年由德国以外逃税的名义征收的，纳税人为离开德国永久住所的个人，起征点为资产总额在20万马克或者年收入在2万马克以上的个人，税率为25%，其目的是防止资本外逃。1953年，资本外逃税被德国废止。由于放弃国籍税最早由德国实施，而且在纳粹德国时被作为迫害犹太人的一种工具，其名声并不好，目前也有一些学者认为，征收放弃国籍税侵犯了人权。①

随着经济全球化，人员在各国的流动也在加快。为了防止利用不同国籍进行避税，目前，美国、加拿大、西班牙、南非、荷兰等国都开征不同形式的放弃国籍税。放弃国籍税以美国最为典型，以下以美国为例进行介绍。

早在1966年，美国就通过法律授权，可以对弃籍行为征税，该法律促成了美国《国内收入法典》第877条《为了避税而放弃国籍》。1996年，第887条款第一次修改，2004年第二次修订，2008年6月17日，美国国会通过了《英雄收入补助及减免税法案》（The Heroes Earning Belief Tax Acy），促成了美国国内税法第887A条的颁布和实施。② 按照第877条的规定，③ 放弃国籍者根据其放弃国籍的时间不同而适用不同规定，放弃国籍的时间划分为三段：2004年6月3日之前（含6月3日），2004年6月3日至2008年6月16日之间，2008年6月16日（含6月16日）之后。以下主要介绍对2008年6月16日之后放弃国籍者如何征收放弃国籍税。

（一）纳税人

如果放弃国籍者满足以下三个条件之一，就要缴纳放弃国籍税：

---

① Detlev F. Vagts, The Proposed Expatriation Tax—A Human Rights Violation? *The American Journal of International Law*, 1995, 89 (3): 578 - 580. http://www.jstor.org/stable/2204174.

② 参见 https://en.wikipedia.org/wiki/Expatriation_tax.

③ 美国放弃国籍税部分内容参考国家税务总局税收科学研究所副研究员陈琍提供的资料。

条件一：在放弃国籍或定居权之日起前5年的年平均净所得税额超过规定数额，2009年和2010年为14.5万美元，2011年为14.7万美元，2012年为15.1万美元，2013年为15.5万美元，该数额根据通货膨胀调整。

条件二：在放弃国籍或定居权之日净财富超过200万美元。

条件三：不能在表8854，即《初始及年度放弃国籍信息报告表》中证明放弃国籍或定居权之日起前5年履行了联邦纳税义务。

（二）应纳税所得额

按照第877（A）条款的规定，放弃国籍或定居权者的所有财产被视同在其放弃国籍或定居权之日的前一日全部按照当天的市场价格出售，所获得的利得和亏损要计入当年总所得，缴纳个人所得税。上述视同出售财产而获得的利得在计入总所得时，可以得到一定数额的扣除，但是扣除后的利得不得为负数。2010年可以扣除的数额为62.7万美元，2011年为63.6万美元，2012年为65.1万美元，2013年为66.8万美元，该数额根据通货膨胀调整。上述财产包括现金（包括银行存款）、美国公司和外国公司发行的可转售股票和证券、美国公司和外国公司发行的不可转售股票和证券、在美国和美国境外提供服务获得的养老金、合伙人权益、符合条件的信托资产、非让与人信托（nongrantor trusts）的受益权、在美国和美国境外使用的无形资产、给美国人或外国人的贷款、坐落于美国和美国境外的不动产和经营财产以及其他资产等。

（三）税率

放弃国籍者视同出售财产实现的利得在扣除规定的数额之后，应计入当年总所得，按10%、15%、25%、28%、33%、35%、39.6%（2013年）的税率缴纳个人所得税。

（四）其他规定

放弃国籍者可以选择将视同出售财产实现的利得延迟至实际处置财产的当年缴纳个人所得税，但在延迟纳税期间每年要缴纳一定百分比的利息。

联邦税务局要求放弃国籍者和定居权者必须填报《初始及年度放弃国籍信息报告表》，不填报者要处以1万美元的罚款。美国的放弃国籍税并不复杂，但是堵塞了税法体系的漏洞，保护了美国的税收利益。

三、通货膨胀调整

通货膨胀对个人所得税制度的影响主要有两个方面：一是通货膨胀使各

种定额税前扣除的实际价值降低，使个人的应纳税额相对提高；二是在个人所得税实行累进税率条件下，由于通货膨胀的影响，会使个人有更多的收入被放在更高的税率档次中征收，个人应纳税额也会相应增加。正因为如此，许多国家对个人所得税进行通货膨胀指数化调整。调整的模式主要有完全调整模式和部分调整模式。

（一）完全调整模式

完全调整模式，是对税法中所有免税额、费用扣除额、抵免额和税率表按年度通货膨胀率进行调整。实行这种模式的国家主要有美国、英国和加拿大等。

以美国为例，美国税法第 1 条第 f 款规定，美国的税率表考虑生活成本调整（Cost-of-living adjustment），生活成本调整是前一年度的消费价格指数（CPI）减去 1992 年度的消费价格指数的百分比。其中，前一年度消费价格指数指上一年度 8 月 31 日前的 12 个月的平均消费价格指数。消费价格指数由美国劳工部（Department of Labor）公布，消费价格指数的修订必须与 1986 年的范围一致。美国税法的其他条款中，也专门有明确的通货膨胀调整规定，保证了对所有与个人扣除数额进行法定的通货膨胀调整。

美国个人所得税的税率级距、标准扣除等每年都会根据物价指数进行调整。税改前，以城市消费者物价指数（CPI-U）为依据进行调整，这一指数主要跟踪影响典型家庭生活的商品和劳务成本。从 2018 年起，美国采用链式消费者物价指数（CPI-C），其与城市消费者物价指数的主要区别是，链式消费者物价指数假设某一特定商品或劳务价格提高，消费者会选择较低的商品和劳务进行替代。这意味着链式消费者物价指数比城市消费者物价指数变动幅度小，各项税收级距、扣除标准往上调整的速度会相对变慢。其影响是个人扣除额减少，适用的税率会更高，间接增加纳税人负担。

（二）部分调整模式

部分调整模式，是指只对税率表的级距进行通货膨胀调整。如卢森堡、西班牙、荷兰、瑞士等国。例如，卢森堡 1967 年规定，如果当年前 6 个月的平均消费价格指数（CPI）超过上年度同期 5 个百分点，就开始对税率表级距进行通货膨胀调整，但同时规定有最高调整比例（2008 年规定，通货膨胀调整最高比例不超过 6%）。瑞士规定规定，只有当从上次通货膨胀调整以后，通货膨胀累计大于 7 个百分点时，才会再次调整。[①]

---

① 杨斌，宋小宁，潘梅．论个人所得税的指数化调整［J］．税务研究，2012（8）．

第八节　个人所得税发展趋势

个人所得税经过200多年的发展，其发展趋势主要受两个方面因素的影响，一是个人所得税制度本身的不断完善，在一些经济发达国家已经相对成熟；二是针对不同的社会经济发展阶段，对个人所得税制度进行修改和调整。近年来，主要有如下趋势。

一、个人所得税政策越来越人性化

越来越多的国家在由传统的分类个人所得税向更综合的个人所得税转化的同时，更加注重人性化，主要是增加了个人住房、纳税人及其家属医药保险及开支、纳税人及其子女教育费用、纳税人及其家属赡养或抚养费用等方面税收扣除或税收抵免，更多地考虑了纳税人的家庭生计扣除和家庭发展的需要。在G20成员中，个人所得税扣除和税收抵免范围更为人性化、简单化。

二、对高收入个人进行征税的措施增加

为防止高收入个人利用税收优惠政策减少税收负担或者是逃避税收，许多国家都采取了特殊的政策，例如，美国的替代性最低税，实际上都是为了避免高收入利用优惠政策减轻税负。法国的巨富税更是直接针对高收入个人征税，还有美国的海外账户法案、放弃国籍税、加强对高净值个人的税收管理，都是针对富人的防范措施。阿根廷、日本、韩国、墨西哥、英国都有税收扣除和税收抵免累退制度，目的是防止高收入个人得到更多的税收利益。许多国家对费用的扣除和税收抵免都设置了比例限制或数额限制，以防高收入的个人以此来减少税收负担。一些国家还采取措施，对高净值的个人制定针对性的管理措施。

三、对低收入个人的税收优惠力度加大

负所得税理论将会逐步变为现实政策。一是许多国家在规定有各种扣除的情况下，再设置一档零税率，等于变相提高了征税门槛；二是许多国家都有勤劳所得抵免政策，给予低收入个人现金返还，相当于负所得税；三是一些国家在政策设计上，让低收入个人可以获得相对更多的税收扣除和税收抵免。

四、课税单位更趋向以个人为单位

过去，为了便于控制家庭生计扣除、个人赡养扣除等，许多国家采用以家庭为课税单位。随着信息技术的发展，税务部门掌握纳税人的相关信息更为容易，信息交换也更为方便，在 OECD 成员，除少数国家外，大多数国家开始以个人为课税单位。

五、对个人居民纳税人的判定标准更严格

由于交通、通信的方便，人员在国际间流动增加，而各个国家之间的个人所得税税负水平相差较大，一些国家为了防止税源流失，对居民纳税人的判定标准更加严格，目的是确保本国的税收利益。特别是英国和美国，对个人居民纳税人的管理更是到了无以复加的地步。

六、电子信息技术在个人所得税征管中应用更广

由于个人所得来源广泛，流动性强，且涉及每个纳税人的切身利益，全面掌握纳税人的信息，对于税务部门尤其重要。近年来，随着互联网技术的发展，一些国家开始全面实时地收集和整理纳税人信息，一些国家甚至无须纳税人申报，税务部门完全可以根据自己掌握的信息预填报，之后只需纳税人确认即可。一些国家的个人所得税电子申报率达到 100%。可以预见，不管以什么形式，以互联网为代表的信息技术将会对个人所得税征管及个人所得税政策制定产生深远影响。

七、各国个人所得税制度的国家特色更明显

尽管随着经济全球化趋势的发展，人员在各国的流动日益方便，人员跨国流动数量增加，一些国际税收协定对个人所得税的基本要素进行了统一规定，但从 G20 成员的个人所得税政策实际情况来看，除了居民纳税人、所得等一些基本概念相同外，各国的具体个人所得税政策千差万别，差异化越来越明显。如美国和英国的居民纳税人管辖权规定，各国的税前扣除项目，还有优惠政策等，没有一个国家是相同的。特别是自 2018 年起，美国对个人所得税制度进行了大幅改革，但似乎是波澜不惊，对其他国家个人所得税制度影响较小，个人所得税制度更明显地呈现出各个国家的特色。

第四章　公司所得税

公司所得税通常是对从事生产经营的法人实体的所得（或利润）从公司层面课征的一种税，在大多数国家中都是一个非常重要的税种。本章以世界主要国家公司所得税的现状为研究基础，重点关注公司所得税的税制要素、税制改革及最新国际税收中涉及的内容，力求从不同角度反映世界各国公司所得税的进展情况，总结公司所得税的世界发展趋势。

第一节　公司所得税纳税人

公司所得税纳税人是公司所得税的基本要素。为了提高税收管理效率，以及制定更加具有针对性的所得税政策，目前大多数国家对纳税人进行了分类，根据其不同的特点，实行分类管理。

一、税制类型

从国际上看，按照对公司所得税与个人所得税税基重合部分征税制度的差异（尤其是对企业支付股息存在双重课税问题的处理方式），公司所得税税制主要可以分为四类，即古典制、归集抵免制、双税率制、股息扣除制（见表4－1）。

第一类：古典制（Classical System）

古典制，是指公司取得的所有利润都要缴纳公司所得税，支付的股息不能税前扣除，股东个人所取得的股息所得必须作为投资所得再缴纳个人所得税，即对已分配的利润（即股息）存在经济意义上的双重征税。一般来说，这种双重征税在经济、法律意义上都有其不合理性，会减弱股东投资的积极性，影响公司筹资效率，进而影响经济发展。但是，古典制的公司所得税制简便易行，除了对股息和利息因处理不同而产生扭曲外，对跨国经济行为的扭曲较少，因此，较多的国家采用古典制的公司所得税制度。目前，采用修正的古典制的国家通常对股东个人的股息按照比其他资本收益更低的税率征收个人所得税。在满足特定条件的情况下，有些国家也会提供股息免征个人所得税的优惠政策。

第二类：归集抵免制（Imputation System）

归集抵免制，是指公司的全部利润不论是否用于分配，都要按照法定税率缴纳公司所得税，但公司用于股息分配的那部分利润已经缴纳的公司所得税，可以全部或者部分地从股东个人就股息应纳的个人所得税额中抵免。归集抵免制理论上被认为可以有效地避免经济意义上的双重征税，但在实践中，实行此税制的国家也并未完全消除双重征税的影响。而且因“法人实体”和

"法人虚拟"的争论，对于该制度是否存在双重征税也未达成统一的认识。前者认为公司法人是客观存在的实体，应当与自然人区分开来作为独立的纳税人；后者认为公司法人的存在是以作为自然人的公司股东为基础的，并非完全独立的实体，公司法人只是虚设的。从目前的发展趋势看，后一种观点已为越来越多的国家所接受。

第三类：双税率制（Dual-rate System）或分税率制（Split-rate System）

双税率制或者分税率制，是指对公司已分配利润和留存利润按不同税率征税的制度，通常对公司留存的利润适用更高的税率，而对分配的利润适用较低的税率。按照是否存在归集性税收抵免，可进一步分为双税率古典制和双税率归集抵免制。由于双税率制度仍然涉及有无归集税收抵免问题，现在已经很少有国家采用这种类型。

第四类：股息扣除制（Dividend Deduction System）

股息扣除制是指在计征公司所得税时，把分配的股息视同费用支出从公司应纳税所得额中全部或者部分扣除，即对留存收益课税，而对分配利润免税或者减税的制度。

表4－1　　世界主要国家公司所得税税制类型

国家	古典制	归集抵免制	双税率制	股息扣除制
澳大利亚		√		
奥地利	√			
比利时			√	
加拿大		√		
智利		√		
捷克	√			
丹麦	√			
芬兰	√			
法国	√			
德国	√			
希腊	√			
匈牙利	√			
冰岛	√			
以色列	√			
意大利	√			

续表

国家	古典制	归集抵免制	双税率制	股息扣除制
日本	√			
韩国	√			
立陶宛	√			
卢森堡	√			
墨西哥		√		
荷兰	√			
新西兰		√		
挪威	√			
波兰	√			
葡萄牙	√			
斯洛伐克	√			
斯洛文尼亚	√			
西班牙	√			
瑞典	√			
瑞士	√			
英国		√		
美国	√			
中国	√			
印度	√			
俄罗斯	√			
南非				
马来西亚				√

资料来源：根据国际财税文献局（2018）数据库相关国家的公司所得税制度文件整理。

表4－1显示，大部分经济发达国家都采用古典制。澳大利亚、加拿大、智利、新西兰、墨西哥、英国采用了归集抵免制或者经修正的归集抵免制。采用归集抵免制的德国从2001年起改为古典税制，法国也于2005年起开始用古典税制取代归集抵免制。自2007年1月1日起，西班牙开始用传统的双重征税制度取代部分归集抵免制度，对居民个人股东按较低的统一税率征税；此外，公司股东获得的股息可能有资格获得豁免。比利时采用了双税率制，只有马来西亚采用了股息扣除制。

爱沙尼亚自2000年1月1日起，从根本上改变了公司所得税制度。这项改革最显著的特点是取消了传统的公司所得税，实行了分配税。在该制度下，企业纳税人无须缴纳公司所得税。相反，他们须就分配的利润，包括被视为隐性利润分配的交易（例如，附带福利、馈赠和捐赠、非业务开支），征收定额分配税。而且，爱沙尼亚的新制度对任何留存收益都不征税，同时，支付给股东的股息免征任何进一步的税收。此外，对某些符合条件的分配可免征分配税。

拉脱维亚自2018年1月1日起，将居民公司和设立在拉脱维亚的常设机构（PE）分配和视为分配利润，按20%的税率征收公司所得税，而留存利润则免税。个人接受已纳税的分配利润不需要进一步纳税。

二、纳税人一般规定

公司所得税纳税人是由一国行使的税收管辖权决定的。通常，各国公司所得税纳税人分为居民公司和非居民公司。在属人原则下，居民公司有无限纳税义务，即应就其全球所得缴纳公司所得税；非居民公司负有限纳税义务，仅就其来源于境内的所得缴纳公司所得税。在公司居民身份的确认上，各国采用的主要标准有以下五类（见表4－2）。

（一）登记注册地标准

登记注册地标准，也称公司组建标准，是指一个公司（企业）只要在本国注册登记，即为本国居民公司，政府就有权要求该居民公司就其全球所得纳税。除这一标准外，部分国家还同时采用其他标准来判定公司是否为本国居民公司。例如，加拿大、英国、德国都规定，在本国组建的公司为本国居民公司，或虽然不在本国组建但其实际管理或者控制机构设在本国也是本国居民公司。

这一标准的优点在于对居民身份比较容易确认和识别，可以有效地防止公司采用某些行为变更自己的居民身份。但是，这一标准也存在一定的局限性，一是对某些登记注册地和实际经营管理地不一致的公司，由于公司脱离注册国选择在另一个国家经营，从而难以对这类公司进行有效的监督和税务管理；二是纳税人可以选择注册地来进行避税。

（二）实际管理控制中心标准

这一标准是指公司的管理控制中心在哪个国家，该公司就属于哪国的居民公司。实际公司管理控制中心的判定标准主要有：公司董事会开会的地点、负责实施公司日常经营活动的高层管理部门履行职责的场所、公司的各种账簿保管地点、股东大会召开的地点等。

（三）主要经营地所在标准

主要经营所在地标准，也称主要生产经营地标准。这一标准是指公司的主要生产经营地点位于哪一国，公司就是哪国的居民公司。也有人将此标准并入实际管理控制中心所在地标准。

（四）主要机构或总机构所在地标准

这一标准是指公司的总机构设在哪个国家，公司就属于哪国的居民公司。

（五）控股权标准

控股权标准，也称表决权（投票权）标准，即公司的表决权由哪国的居民股东控制，公司就属于哪国的居民公司。

表4－2　世界主要国家公司所得税居民身份判定标准（2018年）

国家	登记注册地	实际管理控制中心	主要经营所在地	主要机构或总机构所在地	控股权
阿根廷		√	√		
澳大利亚	√	√			
奥地利	√	√			
比利时	√	√	√		
巴西	√			√	
加拿大	√	√			
智利	√				
捷克	√	√			
丹麦	√	√			
爱沙尼亚	√				
芬兰	√				
法国	√				
德国	√	√			
希腊	√	√			
匈牙利	√	√			
印度尼西亚	√	√			
冰岛	√	√			
印度	√	√			

续表

国家	登记注册地	实际管理控制中心	主要经营所在地	主要机构或总机构所在地	控股权
爱尔兰	√	√（2015 年 1 月 1 日之前）			
以色列	√	√			
意大利	√		√	√	
日本				√	
韩国		√		√	
拉脱维亚	√				
立陶宛	√		√		
卢森堡	√	√			
马来西亚		√			
墨西哥		√			
荷兰	√	√			
新西兰	√	√		√	√
挪威	√	√			
波兰	√	√			
葡萄牙		√		√	
俄罗斯		√			
新加坡		√			
沙特阿拉伯	√	√			
斯洛伐克	√	√			
斯洛文尼亚	√	√			
南非	√	√			
西班牙	√	√		√	
瑞典	√				
瑞士	√	√			
泰国	√				
土耳其	√			√	
英国	√	√			
美国	√				

资料来源：根据普华永道“PwC Worldwide Tax Summaries-Corporate Taxes 2018/19”Corporate residence 一节有关资料整理，资料更新至 2018 年 6 月 1 日。

目前世界各国对居民公司的判定原则基本上没有大的差异，仅是具体标准的不同。大部分国家都是以登记注册地或实际管理控制中心作为判定公司居民身份的主要标准，有的国家是两者择其一，但更多的国家是数者兼用。例如，美国、法国、瑞典等国家仅采用登记注册地标准；英国、德国、加拿大、印度等国家是两者兼用。各国对于“实际管理控制中心”的认定依据略有差异。作为判例法国家，英国在判定管理和控制中心时需要参照法院的判例，综合考量法律文书规定、实际管理和控制执行机构、董事会召开地点等。加拿大规定决定企业管理、控制中心所在地的因素包括：董事居住和会议场所所在地、股东居住和会议场所所在地、经理居住和会议场所所在地、组织执行其主要业务及营运并保存其账册记录所在地。澳大利亚的判定标准是：注册设立地、实际控制管理机构在澳大利亚或者其拥有控股权的股东是澳大利亚居民。印度规定，管理和控制机构在印度，即如果为企业商业运营提供必不可少的实质性管理及商业决策的实际职能所在地在印度，企业就被视为是印度的居民公司。除此之外，也有少数国家采用总机构标准，例如，日本规定，总机构设在日本的公司为居民公司，判断时并不需要考虑股东国别及中央管理机构等因素。

值得一提的是，为了进一步提高爱尔兰税收制度的透明度，爱尔兰政府在 2014 年宣布修改爱尔兰的公司税居民身份判定规则。自 2015 年 1 月 1 日起实行了更广泛的公司税改革，以确保爱尔兰注册公司只能根据避免双重征税协定的条款被视为协定国税收居民，而非爱尔兰税收居民，这一规定自 2015 年 1 月 1 日起对新成立的公司生效。现有爱尔兰业务的公司（即在 2015 年 1 月 1 日之前注册的公司）有一个到 2020 年底的过渡期。对 2015 年 1 月 1 日之前成立的公司，就公司税和资本利得税而言，在爱尔兰注册的公司或在爱尔兰拥有中央管理和控制权的公司将被视为爱尔兰居民。

由于公司所得税居民身份的判定主要是由各国国内税法确定，当纳税人发生跨境经营活动时，判定标准的差异可能导致一项所得被双重征税的问题，也可能导致一项所得不被任何一方国家征税，即双重或者多重不征税，进而产生税基侵蚀和利润转移（BEPS）问题。对于前者，《OECD 税收协定范本》（2017 年版）明确规定，对因法人居民身份确定规则存在不同，而导致公司出现双重居民身份时，缔约国双方应当考虑实际管理机构所在地、注册地等其他相关因素，协商确定其居民身份；但对于后者，则很难通过一个简单易行的标准来协调，因此就需要各国通过 BEPS 行动计划共同应对。

三、纳税人类型

（一）大企业纳税人

由于纳税人类型的不同，对公司所得税的管理模式和方法会有所不同。各国通常将纳税人划分为大企业纳税人和中小（微）企业纳税人，以此进行分类管理。大企业往往会雇用大量的员工，资产总额较大，而且其业务范围往往遍及全球，营业额较高。根据世界银行基于各国统计局、中央银行、财政部和商务部及其他国际组织的数据而形成的调研报告，表4－3汇总了世界主要国家（地区）的大企业认定标准。

表4－3　世界主要国家（地区）大企业纳税人认定标准（2019年）

国家（地区）	年度	职工人数（人）	资产	营业额
欧盟	2009—2012	>249		
巴西	2014	工业和建筑业：≥500 贸易和服务业：≥100		
阿根廷	2012	工业：≥96 贸易：≥67 服务业：≥66		农业：≥2410万阿根廷比索 工业：≥8220万阿根廷比索 贸易：≥11190万阿根廷比索 服务业：≥2830万阿根廷比索 建筑业：≥3770万阿根廷比索
韩国	2012	制造业、采矿业、建筑业、运输业：≥300 农业：≥200 其他行业：≥100 房地产行业：≥50	制造业：≥80亿韩元 采矿业、建筑业、运输业：≥30亿韩元	出版、信息、通信和其他：>300亿韩元 农业和其他：>200亿韩元 污水、垃圾处理和其他：>100亿韩元 房地产业：>50亿韩元
土耳其	2012	≥250		>4000万土耳其里拉
新加坡	2012	>200		>1亿美元
澳大利亚	2012	≥200		
俄罗斯	2011	>250		>2500万欧元
英国	2011			>2500万英镑
以色列	2011	>249	>4300万欧元	>5000万欧元

续表

国家（地区）	年度	职工人数（人）	资产	营业额
瑞士	2011	>249	>4300 万欧元	>5000 万欧元
挪威	2011	>249	>4300 万欧元	>5000 万欧元
美国	2010	≥500		年平均收入>700 万美元
马来西亚	2010	制造业：>200 服务业和其他：>75		制造业：>5000 万马来西亚令吉 服务业及其他：>2000 万马来西亚令吉
沙特阿拉伯	2010	>200		>5000 万里亚尔
墨西哥	2009	工业：>250 商业：>100 服务业：>100		工业、商业、服务业：>2.5 亿万墨西哥比索

资料来源：根据世界银行网站数据资料整理，上述数据更新至 2019 年 3 月 8 日。参见 https://finances.worldbank.org/Other/MSME-Country-Indicators-2014/psn8-56xf.

（二）中小企业纳税人

鉴于中小企业在市场竞争中的相对弱势和对保障就业、发展经济的巨大作用，大部分国家和地区都对其制定了相应的税收优惠措施，基本上形成了覆盖中小企业的创建、成长和发展的所得税优惠政策体系。同时，为了保证优惠政策不被滥用，各个国家和地区对享受优惠税率在注册资本、员工数量、营业额等多方面进行了限定（见表 4－4）。

表 4－4　世界主要国家中小企业优惠政策及适用标准（2018 年）

国家	中小企业优惠政策	适用的中小企业标准
英国	可扣减与企业投资有关支出的 130%； 研发支出的抵免额为 230%，且抵免上限为 750 万欧元	制造业：小于 200 名员工 建筑业、矿业：小于 20 名员工
西班牙	可享受加速折旧，坏账准备，税收准备金制度最高可减税 10%，最高年限额为 100 万欧元	上一个年度的总收入不超过 1000 万欧元
匈牙利	从金融机构获得用于购置或者生产的贷款利息费用可 100% 扣除； 个人独资的中小企业可在税前扣除某些资产的投资支出	小于 250 名员工； 年收入不超过 5000 万欧元； 年总资产不超过 4300 万欧元
土耳其	进口特权和海关免税； 免除印花税； 对向特定的纳税人提供的机械、设备、软件和无形权利免征增值税	小于 10 名员工，且使用动力在 10 马力以下

续表

国家	中小企业优惠政策	适用的中小企业标准
日本	2019 年 3 月 31 日之前，如果研发支出的增量比率①超过 5%，研发支出的抵免额度将增加至 17%。除此之外，在 2019 年 3 月 31 日之前，如果研发支出增量比率超过 5%，中小企业抵免限额不得超过企业的 35%	实收资本小于 1 亿日元或者员工人数小于 1000 人
葡萄牙	内陆地区的中小企业前 1.5 万欧元的应纳税所得享受 12.5% 的公司所得税优惠； 非内陆地区中小企业前 1.5 万欧元的应纳税所得享受 17% 公司所得税优惠税率； 聘用博士毕业生从事研发活动产生的费用，最高抵免额为 180 万欧元	小于 250 名员工； 年收入不超过 5000 万欧元； 年总资产不超过 4300 万欧元
韩国	截至 2018 年 12 月 31 日，一般初创企业的公司所得税在建立起 5 年内应纳税所得额减按 50% 纳税；符合条件的青年企业家建立的小企业公司所得税，在建立起 3 年内应纳税所得额减按 25% 纳税	中小企业必须从事韩国税法规定的符合条件的业务； 总资产不超过 5000 亿韩元
法国	15% 公司所得税率：适用于不超过 38120 欧元部分的所得； 28% 公司所得税率：适用于 2017 年 1 月 1 日及以后，不超过 75000 欧元部分的所得； 在公司所得税方面，对从事工业、商业、专业或农业活动的中小企业在 2020 年 12 月 31 日之前所作的投资提供税收抵免（但有一些例外）。税收抵免一般相当于资产购置成本（不含增值税）的 20%	年度总收入低于 763 万欧元（2019 年 1 月 1 日及以后为 5000 万欧元）；且至少 75% 的股份由个人或满足前述条件的企业持有
波兰	2018 年 1 月 1 日后，所有符合条件支出（包括与研发有关的薪金及其他开支）的 200% 可抵免应纳税所得额	小企业：雇员少于 50 人，年度总收入不超过 1000 万欧元或年度资产负债表不超过 1000 万欧元的企业； 中型企业：雇员少于 250 人，年度收入不超过 5000 万欧元或年度资产负债表不超过 4300 万欧元的企业
比利时	一般性投资可扣除 8%（2018 年 1 月 1 日至 2019 年 12 月 31 日为 20%）； 在企业经营的前 4 年内，微型企业和中小企业可就 2015 年 7 月 1 日起支付的工资分别申请 20% 和 10% 的工资薪金税收抵免	小于 50 名员工

资料来源：根据普华永道 PwC Worldwide Tax Summaries，参见 https：//www. pwc. com/taxsummaries；安永 Worldwide Corporate Tax Guide，参见 http：//www. ey. com/gl/en/services/tax/global-tax-guide-archive 等相关资料整理。

① 增量比率 =（研发支出 - 平均 3 年研发支出）/平均 3 年研发支出。

第二节　公司所得税税率

公司所得税税率高低是各国（地区）税制竞争力的重要指标，也是各国（地区）税制竞争目标集中的要素。总的来讲，各国（地区）公司所得税的税率设计体现出以比例税率为主，累进税率为辅；以统一税率为主，以分类税率为辅的特点。本节重点介绍2018年世界各国（地区）的法定税率和有效税率的变化情况。

一、法定税率

（一）税率高低的分布情况

美国税收基金会在2018年调查了208个独立税收管辖区关于公司所得税法定税率的情况。调查发现大多数税收管辖区的法定公司所得税税率都低于25%。其中，有103个税收管辖区的税率在20%～30%区间，这些管辖区的平均税率为23.03%，按GDP加权计算为26.47%。

如图4－1所示，在美国税收基金会调查的208个税收管辖区中，共有103个管辖区的法定公司所得税税率在20%～30%区间；有28个管辖区的法定公司所得税税率在30%～35%区间；另有75个管辖区的法定公司所得税税率低于20%；178个管辖区的公司所得税税率低于30%。只有4个税收管辖区以高于35%的法定税率征收公司所得税。

1. 法定税率最高的20个税收管辖区

法定税率最高的20个税收管辖区分布在全球各地，但是并不均匀。如表4－5所示，在排名前20位的税收管辖区中，有9个位于非洲，有2个位于欧洲，有2个位于亚洲。剩余的则有1个在大洋洲，6个在美洲。在较大经济体中，法定税率排名在前20位的税收管辖区分别有印度（35%，排名第9位），法国（34.43%，排名第16位）和巴西（34%，排名第17位）。

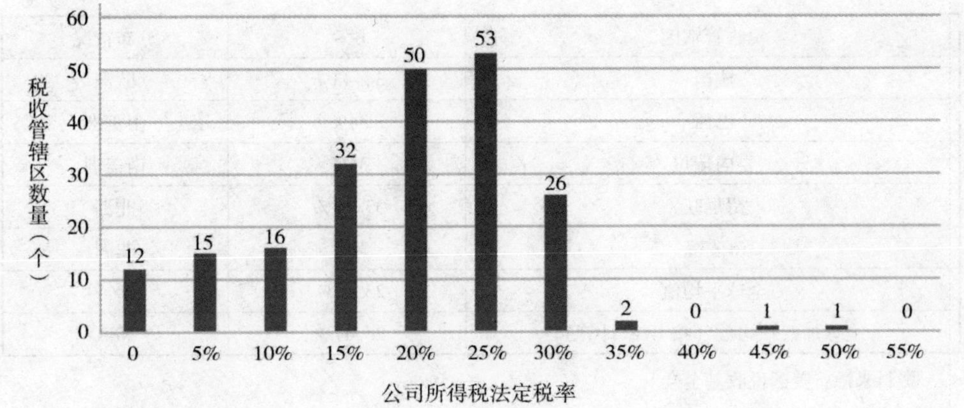

图 4-1　2018 年全球公司所得税法定税率的分布情况

资料来源：美国税收基金会。

表 4-5　公司所得税法定税率排名前 20 名的税收管辖区

税收管辖区	税率	分布情况
阿拉伯联合酋长国①	55%	亚洲
科摩罗	50%	非洲
波多黎各	39%	北美洲
苏里南	36%	南美洲
乍得	35%	非洲
刚果（金）	35%	非洲
赤道几内亚	35%	非洲
几内亚	35%	非洲
印度	35%	亚洲
基里巴斯	35%	大洋洲
马耳他	35%	欧洲
圣马丁	35%	北美洲
苏丹	35%	非洲
赞比亚	35%	非洲
圣马丁（荷属）	35%	北美洲

① 阿拉伯联合酋长国是包括 7 个独立酋长国的联邦国家。自 1960 年以来，每个酋长国都有权对任何企业按高达 55% 的税率征税。实际上，该税主要是对外国银行和石油公司征收的。

续表

税收管辖区	税率	分布情况
法国	34.43%	欧洲
巴西	34%	南美洲
委内瑞拉	34%	南美洲
留尼旺	33.33%	非洲
喀麦隆	33%	非洲
全球平均值	23.03%	N/A
全球加权平均数（按 GDP 计算）	26.47%	N/A

资料来源：美国税收基金会。

2. 法定税率最低的 20 个税收管辖区

如表 4－6 所示，法定公司所得税税率最低的 20 个税收管辖区的税率均低于 15%。11 个税收管辖区的法定税率为 10%，其中有 6 个是欧洲小国（安道尔，波斯尼亚和黑塞哥维那，保加利亚，直布罗陀，科索沃以及马其顿）。在主要工业化国家①中仅有两个排在最后 20 名，分别是爱尔兰和匈牙利。爱尔兰以其 12.5% 的低税率而闻名，而且该税率自 2003 年以来就一直实行。2017 年，匈牙利的公司所得税税率从 19% 降至 9%。

表 4－6　　公司所得税法定税率排名后 20 名的税收管辖区

（不包括没有公司所得税的税收管辖区）

税收管辖区	税率	分布情况
塞浦路斯	12.5%	欧洲
爱尔兰	12.5%	欧洲
列支敦士登	12.5%	欧洲
中国澳门	12%	亚洲
摩尔多瓦	12%	欧洲
安道尔	10%	欧洲
波斯尼亚和黑塞哥维那	10%	欧洲
保加利亚	10%	欧洲
直布罗陀	10%	欧洲

① 这里的主要工业化国家是指 OECD 成员。

续表

税收管辖区	税率	分布情况
吉尔吉斯斯坦	10%	亚洲
马其顿	10%	欧洲
瑙鲁	10%	大洋洲
巴拉圭	10%	南美洲
卡塔尔	10%	亚洲
东帝汶	10%	亚洲
科索沃	10%	欧洲
匈牙利	9%	欧洲
黑山	9%	欧洲
土库曼斯坦	8%	亚洲
乌兹别克斯坦	7.5%	亚洲
全球平均值	23.03%	N/A
全球加权平均数（按 GDP 计算）	26.47%	N/A

资料来源：美国税收基金会。

（二）税率高低的区域特征

根据美国税收基金会的调查，公司所得税税率在地区之间的差别很大。如表 4－7 所示，在所有地区中，非洲的平均法定税率最高，为 28.81%；欧洲的平均法定税率最低，为 18.38%。而按 GDP 加权计算后，南美洲的平均法定税率最高，为 32.20%。欧洲的加权平均法定税率最低，为 25.43%。

调查指出，在较大且工业化程度较高的税收管辖区，其公司所得税税率往往高于较小或较不发达管辖区，而且税率通常高于全球平均水平。如表 4－7所示，七国集团的平均法定公司所得税税率为 27.63%，加权平均税率为 27.21%。OECD 成员的平均法定公司所得税税率为 23.93%，按 GDP 加权平均计算的税率为 26.58%。金砖国家（BRICS）[①] 的平均法定公司所得税税率为 28.40%，加权平均的税率为 27.33%。

① 金砖国家（BRICS）包括巴西、俄罗斯、印度、中国和南非。

表 4-7　　按地区或集团划分的公司所得税平均税率

地区或集团	平均税率	加权平均税率	税收管辖区数量（个）
非洲	28.81%	28.39%	50
亚洲	20.65%	26.42%	46
欧洲	18.38%	25.43%	49
北美洲	23.01%	26.22%	33
大洋洲	22.00%	27.04%	17
南美洲	28.08%	32.20%	13
金砖五国	28.40%	27.33%	5
欧盟	21.86%	26.03%	28
G20	27.37%	27.18%	19
G7	27.63%	27.21%	7
OECD	23.93%	26.58%	36
全球样本	23.03%	26.47%	208

资料来源：美国税收基金会。

（三）税率的下降情况

自 1980 年以来，公司所得税税率在全球范围内持续下降①。1980 年，未经加权的全球平均法定税率为 38.84%，这一数字目前为 23.03%，在调查的 38 年内的下降幅度为 41%。在此期间，法定加权平均数仍然高于简单平均数。在进行税制改革之前，美国对加权平均数保持较高状态权重较大，因为美国的税率相对较高，而且对全球 GDP 的贡献也很大。图 4-2 显示了 2018 年美国公司所得税税率的重大变化以及这一变化对全球加权平均数的影响。全球法定公司所得税税率的加权平均数从 1980 年的 46.63% 下降到了 2018 年的 26.47%，在调查的 38 年里的下降幅度为 43%。

随着时间的推移，越来越多的税收管辖区开始将公司所得税税率降至 30% 以下，美国在 2017 年底的税制改革也顺应这一趋势。公司所得税税率在 21 世纪初的下降幅度最大。2000—2010 年，77% 的税收管辖区在 2010 年将法

① 历史数据有多个来源：普华永道，“全球税收汇总 - 公司所得税”2010—2018 年；毕马威，“公司所得税税率调查”，1998—2003 年；毕马威，“公司所得税税率表”，2003—2018 年；安永，“全球企业税收指南”，2004—2018 年；OECD，“历史数据表Ⅱ.1 - 法定公司所得税税率”，1999 年，http：//www.oecd.org/tax/tax-policy/tax-database.htm#C_CorporateCaptial；以及密歇根大学罗斯商学院“世界税收数据库”，https：//www.bus.umich.edu/otpr/otpr/default.asp.

定税率降至30%以下，而2000年只有42%的税收管辖区将法定税率降至30%以下。

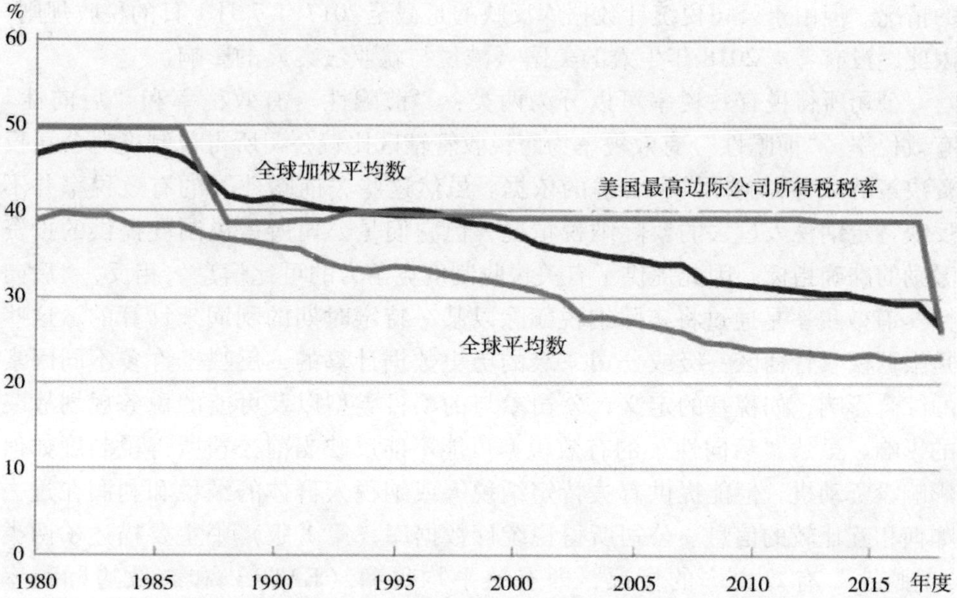

图4－2　自1980年以来公司所得税最高边际税率一直在下降

资料来源：美国税收基金会。

就地区而言，1980—2018年，所有地区的平均法定税率都出现了净下降。下降幅度最大的是欧洲，从1980年40.5%的平均税率降至18.38%，下降幅度接近55%。南美洲的降幅最小，从1980年39.66%的平均税率下降到2018年的28.08%，降幅仅为29%。

尽管所有地区的平均税率在整个期间内都有所下降，但是非洲、大洋洲和南美洲都出现了平均法定税率上升的时期。但每次平均税率上升的幅度都相对较小，在几十年间绝对变化不到1个百分点。

二、有效税率

跨境竞争力并非完全由与投资有关的税收成本所驱动。许多其他因素，如劳动力质量、基础设施和法律环境，都会影响盈利能力，并可能对投资决策产生重大影响。在衡量税收管辖区的竞争力时，有效税率（ETRs）比法定税率更能准确地反映公司税制度对企业实际税负的影响。公司税统计数据库（第1版）中详细阐明了74个税收管辖区关于有效平均税率及有效边际税率的情况。但由于公司税统计数据库反映的是截至2017年7月1日的税收规则，因此，没有考虑2018年生效的美国《减税与就业法案》的影响。

公司所得税有效税率可以分为两类："前瞻性"有效税率和"后向性"有效税率。"前瞻性"有效税率为跨税收管辖区比较公司所得税制度对公司投资决策的综合影响提供了合适的依据。虽然这些"前瞻性"的有效税率并不反映特定纳税人过去的实际纳税情况，但它们是公司所得税制度提供的投资激励的准确指标，因此提供了有关税收制度竞争力的可比信息。相反，"后向性"有效税率是通过将实际纳税额除以某一特定时期的利润来计算的。这些是根据税收管辖区一级或公司一级的历史数据计算的，反映了许多不同因素的综合影响，如税基的定义、公司参与的项目类型以及可能的税务规划战略的影响。虽然"后向性"的有效税率可能不能反映当前公司所得税制度如何影响投资动机，但能提供有关特定纳税人或纳税人群体的纳税和利润在过去如何相互比较的信息。公司所得税统计数据库（第1版）中主要描述了两类"前瞻性"有效税率的情况，即有效平均税率（EATR）和有效边际税率（EMTR）。有效边际税率衡量税收增加资本成本的程度；有效平均税率①反映的是企业对经济利润高于零的投资项目的平均纳税贡献。

（一）有效平均税率

在2017年统计的74个税收管辖区中，50%的管辖区的有效平均税率为14.5%～27.4%。各管辖区有效平均税率的平均值（20.5%）较平均法定税率（21.6%）低1.1个百分点。虽然有效平均税率的中位数与法定税率大致相同，但最高的有效平均税率仅为44.1%，而最高的法定税率为47.9%。

将法定税率与以百分比衡量的折旧加速程度进行比较表明，法定税率较高的管辖区往往会提供更大力度的加速折旧优惠，尤其是在OECD成员。调查显示，74个管辖区中有55个提供了加速折旧，这意味着在这些管辖区的投资可以按照低于其法定税率的有效平均税率缴纳公司所得税。2017年，这些管辖区的有效平均税率与法定税率相比，平均降低了1.8个百分点。其中，差异较大的是美国（4.8个百分点）、印度（3.8个百分点）、巴布亚新几内亚（3.8个百分点）和比利时（3.6个百分点）。

---

① 有效平均税率＝（税前经济利润现值－税后经济利润现值）/税前净利润现值。

相比之下，有 11 个税收管辖区的折旧率有所下降，导致有效平均税率高于法定税率。在这些税收管辖区中，法定税率的平均增幅为 2.4%。增加最多的是哥斯达黎加（8%）、智利（6.8%）和博茨瓦纳（5.3%）。

在所有 74 个税收管辖区中，有 5 个税收管辖区有公司股权免税额：比利时、巴西、意大利、列支敦士登和土耳其，导致其有效平均税率又减少了 1.3~4.4 个百分点。

（二）有效边际税率

虽然税收折旧和宏观经济参数对有效边际税率的影响与其对有效平均税率的影响相同，但对有效边际税率的影响通常更大。因此，一方面，具有高法定税率和资本免税额大的管辖区，特别是印度和美国，在有效边际税率上排名比在有效平均税率上的排名低得多。另一方面，折旧减速的管辖区，包括澳大利亚、捷克、斯洛伐克和泰国，有效边际税率排名都较高。

如果投资项目进行了债务融资，有效边际税率也有可能为负，这意味着税收制度，特别是通过利息减免，降低了盈亏平衡所需的税前回报率，从而使原本在经济上不可行的项目成为可能。基于股权融资项目和债务融资项目的加权平均值，综合有效边际税率在 74 个税收管辖区中有 7 个为负，这是由于债务融资与相对宽松的税收折旧规定相结合的结果。对于拥有股权免税额的管辖区，综合有效边际税率一般较低，因为股权融资项目可获得名义利息扣除。

第三节　公司所得税税收优惠

一般来说，实行公司所得税的国家，都有税收优惠政策，优惠目标集中在政府鼓励的区域、行业和产业。目前各国所得税优惠政策比较相似，只是优惠的幅度和期限不同。本节简要介绍了世界上一些国家关于折旧、鼓励投资、促进就业和可持续发展、研发与创新激励、扶持中小企业和初创企业发展，以及促进文化产业发展的税收优惠政策。

一、折旧

（一）加速折旧

加速折旧是指政府为鼓励特定行业或部门的投资，允许纳税人在固定资产投入使用初期提取较多的折旧，以提前收回投资。加速折旧是 OECD 成员和金砖国家鼓励企业资产更新普遍采用的税收优惠政策。综合分析 OECD 成员和金砖国家加速折旧方面的税收优惠政策，可以看出加速折旧的政策设计主要涉及三个方面：适用范围，折旧率和折旧年限，资产价值补偿。

1. 加速折旧公司所得税优惠政策的主要特点

一是政策适用范围更宽。对 OECD 成员和金砖国家分析，发现加速折旧主要分布在研发、环境保护、节能减污、交通运输、能源供给、厂房和机器设备、建筑物的建造重建或改等方面，适用范围更宽，限制条件也适当宽松。例如，立陶宛政府规定，机器和其他设备、建筑物、齿轮以及计算机、通信设备、软件和既得权利，如果用于研发活动，可在两年内进行折旧。墨西哥规定，在 2016 年和 2017 年，应纳税所得额不超过 1 亿墨西哥比索的纳税人，可以享受新固定资产以及在墨西哥首次使用的固定资产的加速折旧优惠。新固定资产的加速折旧也适用于基础设施部门的公司以及发电、运输和能源供应设备，而不论其收入水平如何。巴西 2019 年 2 月 1 日的更新文件指出对东北和亚马逊地区工农业企业从事安装、现代化、扩展或多样化项目实行加速折旧的税收优惠，核准至 2023 年 12 月 31 日。

二是以差别折旧率代替单一折旧率。各国的税制不断完善，逐渐将对所有资产实行单一的折旧率改变为依据资产的性质来确定适用的加速折旧率，即不同的资产适用不同的加速折旧率。例如，比利时新购置的海船（8 年折旧：第一年 20%，第二年 15%，剩余年份 10%）和其他船舶（每年 10%）；节能设备和科研投资（3 年折旧，即每年 33. 33%）；对比利时经济具有重要意义的经济部门的公司获得的新资产进行资格认定（三年内折旧，即每年 33. 33%）。以色列政府规定，一个企业可优先选择对构成核准投资方案一部分的机械和设备在资产经营的头 5 年内以标准折旧率的 2 倍加速折旧。因轮班作业或者在极其困难的条件下，机器设备发生非正常磨损的，允许企业按照标准折旧率的 250% 进行折旧。就建筑物而言，企业可以申请按照标准折旧率的 400% 进行折旧，但每年的折旧率不得超过 20%。

三是创新资产价值补偿方式。大多数国家的政策设计都是对资产折旧率、资产年限进行规定，但也有国家通过增加资产价值、提高折旧基数的方式进行加速折旧。例如，意大利政府规定在2019年6月30日之前购买的新的合格有形资产，其折旧基数可以增加30%，前提是销售方接受了相关的采购订单，并且在2018年12月31日之前实际至少支付了购买价款的20%。在2020年12月31日之前购买的，与意大利政府《工业计划4.0》中推进的数字化和技术改造过程相关的部分高科技有形资产投资额在250万欧元以下的，折旧基数增加170%；投资额在250万~1000万欧元之间的，折旧基数增加100%；投资额在1000万~2000万欧元之间的，折旧基数增加50%。

2. 出台加速折旧公司所得税优惠政策考虑的主要因素

通过比较OECD成员加速折旧政策发现，各国对加速折旧适用的范围和折旧率并无太大的差异，这与国际税制发展的趋同性有关。加速折旧对税后利润的影响较为复杂，需考虑的因素也相应增多，在分析加速折旧的优惠政策时，应结合以下方面进行全面分析，理解其政策设计及实施效果。

一是加速折旧属于间接优惠方式。公司所得税直接优惠和间接优惠的主要区别在于是否直接作用于企业的应纳税所得额。加速折旧是通过在投资初期增加折旧额来影响企业成本，进而降低企业利润，从而影响企业承担的税负。因此，与投资抵免直接减少企业当期的应纳税额相比，加速折旧属于间接优惠的方式。

二是可能造成会计核算失真。加速折旧一般会增加企业投资初期计提的折旧额，而在财务成本管理产品成本核算的过程中，企业计提的符合条件的折旧是待分配项目，也就是说，企业计提的符合条件的折旧额要计入相关产品的成本。增加的初期折旧会在一定程度上增加产品成本，造成成本、利润不能准确反映企业当期真实的生产经营情况。

三是推迟缴纳税款并非不缴税。从税款缴纳的数量来看，享受加速折旧优惠的企业并未少缴税款，只是推迟了缴纳税款的时间。与投资抵免直接减少的应纳税额相比，加速折旧并未真正减少企业应缴的税款。实际上，企业是否真正少缴了税款还取决于未来的税率、企业生产经营周期等因素。大多数国家把加速折旧作为一种折中的优惠方式，其以既不会大幅减少国家的税收收入，又能鼓励企业资产更新、调整经济结构的特点被大多数国家青睐。

（二）附加折旧

对于某些国家鼓励的行业或者资产，纳税人还可以享受附加折扣这一税收优惠政策。但是附加扣除并不是特别普遍，只在少数国家的税制中有体现。

丹麦政府规定，纳税人在2013年12月31日前投资于新制造的经营设备

（不包括汽车、船舶和软件且只有用于商业用途的设备才能申请附加折旧），可选择申请附加折旧，而非通常适用的折旧。合格的设备可以按购买价的115%作为折旧基数，按25%的年折旧率折旧。

德国政府规定，对于净资产不超过235000欧元的公司，在购置或制造当年及其后4年（所有年份合计为20%），给予新的动产（在国内常设机构中至少保留一年）购置或制造成本的20%的附加折旧。

美国政府规定，对于纳税人在纳税年度内获得并投入使用的合格财产，可以申请额外的折旧免税额。一般而言，合格财产是指恢复期为20年或以下的有形个人财产，以及合格的租赁权益改进和某些可折旧的计算机软件。

（三）特殊折旧

有些OECD成员还对纳税人的某些投资行为出台了相应的特殊折扣的税收优惠政策。例如，卢森堡政府规定，为残疾人提供工作的投资，以及保护环境、节约能源或减少浪费的投资，可以享受特别折旧津贴，但要求投资的购置或生产成本必须至少为2400欧元（不包括增值税），且这项折旧津贴不得超过合资格资产的购置或生产成本的80%。折旧额可在投资年度或其后4年中的某一年进行扣除，或者可以在这些年平均分配。

二、投资抵免

OECD成员和金砖国家通过实行税收抵免优惠措施，鼓励企业投资，促进就业，提高企业的经济效益和市场竞争力，从而促进整个社会经济的平稳发展。在OECD成员中，有2/3以上制定了税收抵免的优惠政策，如加拿大、德国、匈牙利、爱尔兰等。金砖国家中，有3个国家关于投资扣除给予具体优惠政策，如俄罗斯、巴西、印度。

（一）投资抵免优惠政策设计主要围绕三个重点要素

各个国家根据本国的实际情况制定了不同的抵免措施，各国投资抵免公司所得税优惠政策设计主要侧重三个方面：投资额、抵免率和抵免期限。

1. 享受优惠的抵免额度设置限额

各国规定投资额限制的原因主要有两个方面：第一，基于保障国家税收收入考虑。由于税收收入是国家财政收入的主要来源，过高的抵免限额会造成国家税款的大量流失，从而无法保障国家充足的财政收入，进而影响国家提供基础设施、教育、科技等，不利于整个社会经济的发展和稳定。例如，日本企业研发最高抵免额为公司所得税的25%；西班牙企业所有税收抵免的总和不得超过公司所得税的25%，同时技术创新抵免最高限额为100万欧元，技术创新抵免最高限额为300万欧元。第二，基于征收成本考虑。过低的投资额标准会大量增加适用税收优惠的企业，在资格审查、优惠扣除合规性、税款计算正确性核查等方面会大大增加税务部门的工作量，同时也会助长纳税人的偷漏税行为，破坏国家的征管程序。例如，拉脱维亚企业的投资金额必须超过1000欧元并且投资的项目需要再5年内完成，才可以享受税收抵免。

2. 实行有区别的投资抵免率

总的来看，各国制定的抵免率为8%～65%，范围较为特殊的原因是：对于一般性投资，各国抵免率通常在10%～30%的较小幅度范围内，但对特定投资，一般是基于环境保护、创造就业机会、鼓励创新、生产力的提高等较为关键或亟待解决的问题，各国往往规定较高的抵免率。例如，韩国规定，特定的初创中小企业投资总额可以在5年内享受的50%的抵免优惠；卢森堡规定，自2018年1月1日起，为特定电动车、氢气乘用车的购置提供最高50000欧元的税收抵免额。在抵免率对比分析过程中呈现的另外一个特点是：各国往往根据投资额的高低制定不同的抵免率。例如卢森堡规定，如果本纳税年度内投资总额不超过150000欧元，此税收抵免额等于投资总额的8%；如果超过150000欧元，此税收抵免额为150000欧元的8%，加上超出部分的2%。

3. 投资抵免期限

通过对各国投资抵免的对比研究发现，各国对未抵免完的优惠部分，规定基本一致，都可结转以后年度扣除。这一规定主要是为使企业充分利用投资抵免的优惠，但各国在年限规定上存在差异。卢森堡规定投资抵免可以向后结转10年；俄罗斯规定投资抵免期限不得超过5年；匈牙利的税收抵免可往后结转16年。

（二）投资抵免公司所得税优惠政策的发展趋势

通过对OECD成员和金砖国家的对比分析，可归纳出近年来各国的税收抵免政策呈现以下趋势。

1. 税收抵免适用对象不断扩大

可享受抵免的纳税主体不再限于居民企业，越来越多国家的抵免主体将扩大到非居民企业。例如，卢森堡规定，投资的税收抵免既适用于其居民企业，同时也适用于卢森堡非居民企业，前提是符合条件的投资必须符合永久性；意大利也规定，其居民企业和非居民企业都可享受税收抵免，前提是合同的签订方必须是与意大利进行充分的税收情报交换的国家。

2. 针对文化产业的税收抵免不断增加，促进国家软实力的提高

世界各国目前不仅对有利于保护环境的资产实行税收抵免，同时也越来越关注国家文化产业的发展。韩国规定，企业在2018年12月31日及之前，从本国获得专利权的公司，可要求按收购价格的5%（中小企业为10%）享受税收抵免。墨西哥规定，企业从电影和国家戏剧制作、视觉艺术、舞蹈和音乐取得的收入，可与电影制作获得等额的税收抵免。

3. 为创造就业机会提供税收抵免

为实现充分就业的目标，缩小国家贫富差距，一些国家采取税收抵免的方式创造就业机会。例如，匈牙利规定企业可以对有关创造就业的投资实行税收抵免，从2010年1月1日开始，匈牙利政府为了减少经济衰退对就业造成的负面影响，放宽了创业税收抵免条件，如当企业在2017纳税年度和2018纳税年度不能满足创造就业机会的标准时，可以暂停并向后结转此项抵免；加拿大在2006年引入了创造就业的税收抵免，鼓励企业雇用新的员工，规定雇用一个新的员工和抵免普通员工工资的10%，最高可达每位员工每年2000加元。

4. 投资扣除和投资抵免一般具有替代性

斯洛文尼亚规定，纳税人在纳税期间投资于研发的金额可以100%扣除，但不得超过应纳税所得额，同时适用研发投资扣除的购置资产不适用于投资税收抵免。比利时建立投资扣除制度，纳税人在比利时的纳税年度内获得新的有形或无形固定资产，可以选择一般或特殊的投资扣除，同时从2018年起，取消投资抵免。

5. 企业申请税收抵免更加灵活

日本规定，企业纳税人可以根据研发成本的增减比例申请公司所得税抵免：如果研发成本增减幅度大于5%，则税收抵免为9%＋（增减幅度－5%）×0.3，最高抵免幅度为10%（截至2019年3月31日为14%）；如果研发成本增减幅度为5%或以下，则税收抵免额为9%－（5%－增减率）×0.1；如果研发成本增减幅度低于－25%，税收抵免率为6%。

三、促进就业和可持续发展

近年来，为推动本国经济社会的健康发展，多国政府均把鼓励就业和促进可持续发展作为经济社会发展的重要目标，对鼓励就业和可持续发展的优

惠力度也随之增大。例如，墨西哥在2018年通过了《联邦税法》，其中规定在对企业支付给残疾员工的工资实现扣除的基础上，针对特定残疾人群加大了扣除力度：对于雇用有运动残疾的个人（即永久需要使用假肢、拐杖或轮椅的个人）、患有听觉或语言残疾的个人或失明的个人，可加计扣除25%，即针对此类人群的抵免率为125%。

此外，环保和节能作为可持续发展的重要推动因素，近年来国家针对此优惠力度也有所增强。例如，从2018年起，希腊提高了对于购买节水节能类资产的折旧率，折旧率翻了一倍，但是如果法定折旧率高于10%，则不适用折旧率翻一倍，折旧率只能增加10%。日本规定，在2014年4月1日或之后购置的热电联产设备可一次性全额折旧，但此项税收优惠不包括通过政府补贴而购买获得的设备。在荷兰，对于能源领域进行的投资可以扣除，扣除额在2018年为年度能源投资总额的54.5%（2019年将降至45%），但前提是对能源的投资必须大于2500欧元。针对节能环保的税收优惠政策也不仅采用税收抵免的方式，如英国对于进行电力交通工具充电站投资的企业提供一年的免税期。

各国对促进就业的税收优惠主要集中体现在鼓励安置残疾职工、对增加工资的行为进行税收抵免以及鼓励增加就业岗位三个方面。

（一）鼓励安置残疾员工

各国鼓励残疾员工就业的优惠方式主要有以下三种。

1. 依据残疾员工在公司员工中的占比确定抵免

例如，立陶宛政府规定，对于雇用残疾员工的企业可享受工资总额25%~100%的税收抵免（根据雇用的残疾员工占总员工的比例确定），需要注意的是，该抵免仅针对的是生产总值占企业收入50%以上的企业。

2. 定额抵免，对每一残疾员工规定固定的抵免额

例如，捷克政府规定，对于雇用残疾员工的企业，可按每名残疾员工的抵免额减免其年度应纳税额，抵免额为18000捷克克朗或60000捷克克朗，但需注意的是，该抵免额只能适用于按一般税率计算应纳税额的企业。

3. 根据雇用残疾员工的伤残程度来确定抵免额

例如，西班牙政府规定，企业每雇用一名残疾员工，可享受6000欧元的固定扣除，而对于雇用残疾程度高于65%的残疾人的企业，这一抵免额可提高到12000欧元。

（二）对增加工资的行为进行税收抵免

例如，日本政府规定，对于企业增加工资的行为可享受最高20%的税收

抵免（根据工资较上年上涨幅度确定），其中对于工资上涨幅度的要求根据企业规模的大小也有所不同。

（三）鼓励增加就业岗位

多国政府为了促进就业，减少失业率，对于企业新增就业岗位的行为也给予了相应的税收优惠。例如，加拿大对雇用新员工的企业给予相当于员工工资 10% 的税收抵免；波兰政府规定从 2018 年 6 月 30 日起，不仅对于企业创造新的就业机会的行为有税收优惠，还对于在波兰境内进行投资的纳税人给予税收优惠，抵免额为投资额的 10% ~ 50%（取决于投资所在的区域），采用鼓励投资的方式来促进就业岗位的增加；匈牙利对雇员少于 5 人的小企业，如果年底没有欠税，就可以按照当年新增雇员人数乘以最低有效工资的 12 倍税前扣除；日本 2018 年税改规定，自 2018 年 4 月 1 日开始对增加雇员的合理抵扣额从 40000 日元增加到 60000 日元，但每名员工 60000 日元的限制条件是新增员工人数不能超过 10 人。

四、鼓励研发与创新

研究与开发（R&D）是一国技术进步的主要动力，也是一国经济增长的重要源泉。当前全球科技创新竞争激烈，知识产权创新已成为衡量各国综合实力和经济发展的重要方面。世界各国纷纷出台新的创新战略，加强人才、专利、标准等战略性创新资源的掠夺。OECD 公布的最新数据显示，2018 年在 36 个 OECD 成员中，有 30 个国家对研发支出有税收减免的规定。近 10 年来，OECD 成员鼓励企业研发活动的税收优惠额增加了 70%。

（一）研发支出税收优惠政策的主要类型

各国鼓励研发活动的优惠政策主要分为投入型税收优惠和产出型税收优惠。前者通过对投入过程优惠，旨在激励企业加大研发投入；后者通过产出结果优惠，旨在利用与转化研发成果。

1. 投入型税收优惠

（1）税收抵免。税收抵免以其目标明确、效果直接的特点，受到许多 OECD 成员的青睐。在操作上，税收抵免分为可返还性或结转性抵免和不可返还性税收抵免。例如，英国自 2016 年 4 月起以税收抵免永久性替代加计扣除；加拿大规定，中小企业用于研发与创新的最初 300 万加元，可享受 35% 的税收抵免，某些符合条件的中小企业，还可获得部分税收返还。法国针对创新型中小企业提供一般研发税收抵免，规定企业的创新产品可以获得税收抵免，企业享受抵免的最高限额为1亿欧元，抵免率为30%。如果抵免额超过应纳税额，不足抵免的部分可以向以后纳税年度结转3年或在满足一定条件后获得退税。

（2）加计扣除。对于研发和创新企业而言，税收扣除的激励效应主要体现在加计扣除方面。例如，俄罗斯对符合条件的研发费用给予150%的加计扣除，对当年未扣除完的部分允许向后结转10年；巴西的研发费用加计扣除比例为160%～200%，如果企业实际雇用的研发人员数量增加，其研发费用加计扣除比例将随之提高；印度对研发活动中发生的费用性支出和除土地投入以外的资本性支出均给予100%的加计扣除，特别是对生物技术和生产制造等特定行业发生的研发费用允许按照200%加计扣除；新加坡对符合条件的研发费用允许按照150%加计扣除，一般企业研发费用中前40万新加坡元享受额外的150%～400%的加计扣除，中小企业研发费用中前20万新加坡元享受额外的400%的加计扣除，对于当年扣除不完的研发费用允许向后无限期结转。

（3）加速折旧。加速折旧是世界各国为鼓励技术进步而广泛采用的税收优惠措施，对企业改善资产构成具有重要推动作用。例如，加拿大对企业研发活动中使用的资产允许将折旧年限缩短为3年，并按照25%、50%、25%的折旧率进行扣除；立陶宛研发活动专用固定资产的折旧年限最多可缩短为两年，显著短于一般固定资产3～8年的折旧年限；卢森堡允许研发活动专用的设备以不超过直线法下折旧率的4倍和40%中的孰低者确定加速折旧率；巴西、印度都规定企业购置的符合条件的研发用资产允许在购置年度一次性扣除；南非对用于研发活动的资产允许按4年折旧扣除，第一年扣除40%，后三年每年扣除20%，且加速折旧造成的亏损可以无限期向后结转。

2. 产出型税收优惠

“专利盒”制度是一项针对技术研发后端的税收激励政策，其核心内容是对企业专利的产品化和商业化取得的收入适用较低的税率或减免税收，与鼓励研发投入的税收优惠政策共同成为欧洲国家促进企业研发和吸引创新资源的重要战略性税收举措。瑞士、荷兰、法国、英国、爱尔兰、卢森堡、意大利、波兰、葡萄牙和以色列等国都已实施了“专利盒”制度，金砖国家印度和巴西也实施了类似政策。从优惠幅度看，英国从2017年4月1日起对来自专利发明以及其他符合条件的革新项目所得减按10%的税率征收公司所得税，而其普通税率为19%；法国对符合条件的知识产权所得减按10%的税率征税，而其普通税率为33.1%～38%。从适用主体看，意大利、荷兰等国对所有居民企业和非居民企业转让专利产品所得均给予了优惠。

不同国家基于自身经济发展现状，分别采取了各有侧重的税收激励形式。税收抵免在 OECD 成员如加拿大、美国、意大利、日本、西班牙等国家中运用得较为普遍，而研发费用加计扣除方式以发展中国家为主并含少数发达国家，如中国、匈牙利、印度、巴西、俄罗斯等，合格研发支出从应税收入中按加计比率扣除。英国、法国、澳大利亚、加拿大等国还对研发费用给予加强优惠，比如提高加计扣除比例或者抵免比例。

近年来，为有效引导企业加大研发投入力度，许多国家进一步完善或出台了鼓励研发以及与知识产权相关活动的税收优惠政策，使其更趋于科学与完善，不断推进市场乃至社会经济的整体发展。

一方面，一些国家通过提高抵免比例、延长研发抵免优惠的适用时间等措施，优化了现有的研发抵免条款。例如，奥地利自 2017 年 7 月起，研发抵免比例由 12% 提高至 14%；葡萄牙将符合条件的研发费用所适用的有关税收抵免从 2013 年 1 月 1 日至 2015 年 12 月 31 日延长至 2020 年 12 月 31 日。意大利将研发抵免优惠政策延长至 2020 年，同时将超过 2012—2014 纳税年度平均研发支出的部分的抵免比例提升至 50%，年度抵免额也由 500 万欧元提升至 2000 万欧元。

另一方面，一些国家针对知识产权相关所得采用了优惠的所得税率。在爱尔兰，自 2016 年 1 月起，符合条件的研发活动形成的知识产权资产取得的所得适用 6.25% 的公司所得税优惠税率。自 2018 纳税年度起，立陶宛对纳税人本人通过研发活动产生的无形资产的使用、出售或其他转让（包括特许权使用费和对被侵犯的知识产权的补偿）所得的收入，适用 5% 的公司所得税税率。波兰从 2019 年 1 月 1 日起引入了“专利盒”制度，来自知识产权的符合条件的收入按 5% 的税率计征公司所得税。

（二）研发支出税收优惠政策的主要特点

世界创新强国及新兴经济体采用的税收优惠政策类型具有以下几个特点：

1. 研发支出税收优惠既具有普适性也具有特惠性

各国鼓励企业开展研发活动的相关政策渐成体系，适用主体对象范围广，研发前端的税收优惠对于所有企业都适用，体现了普遍适用性。各国还根据国情对某些行业给予特别优惠。例如，比利时、法国、韩国、英国、日本等国家对于中小企业研发还有特殊优惠待遇等。

（1）政策体系日益健全。发达国家鼓励企业开展研发活动由来已久，相关政策已逐渐完善，自成体系。例如，俄罗斯于 2005 年颁布《俄罗斯联邦特别经济区法》，鼓励企业投资开展研发活动；美国在 2009 年颁布了《美国创新战略：促进可持续发展增长和提供优良的工作机会》，并制定了对新能源、先进制造业、从事可再生能源研发企业的税收抵免政策。以色列制定了《工业研发鼓励法》，出台了一系列税收激励战略规划以促进研发创新，如支持通用技术研发，与其他国家共同建立双边或多边研发基金，建立“技术孵化器”制度，成立专门的投资促进中心等。

（2）特惠政策力度大。各国制定的绝大多数研发税收优惠适用于所有企业，只要研发行为符合条件就可享受，并没有行业或技术领域的限制。但是对于中小企业和特定的领域的研发，多数国家都给予了力度较大的特惠政策。

在鼓励中小企业开展研发活动方面，各国主要在两方面加大优惠力度：一是适用更高加计扣除比例或抵免比例。例如，澳大利亚对年营业额小于2000万澳元的企业发生的合格研发费用，给予43.5%的税收抵免，大于2000万澳元的抵免比例为38.5%。日本对于大型企业税收抵免为研发支出的10%，而中小企业有12%的抵免优惠。二是应税收入不足抵扣或应缴所得税额不足抵免时，差额部分可在当年（或近几年内）获得现金形式的税收返还。如澳大利亚、英国和加拿大等国，其中加拿大有35%的税收返还政策，英国对亏损的中小企业还有专门的扶持资金。

2. 各国在制定优惠政策时对研发支出范围的规定有所不同

多数国家允许享受优惠的研发费用标准中，研发支出的范围较宽，不仅包括研发人员的工资薪金以及研发用的材料成本，而且包括诸如研发人员的培训费、社保费，研发项目相关的日常管理费、行政费用、广告费等。如奥地利，与研发相关的建筑成本和筹资成本有可能被涵盖在内。有的国家对于符合条件的研发支出的定义相当严格，如芬兰只将研发人员工资、薪金纳入符合条件的研发支出，其他当期成本（原材料成本）和资本成本都被排除在外。部分国家倾向于使用较为严格的定义，只对直接支出的研发支出给予税收优惠，如美国、澳大利亚、加拿大、荷兰和英国等。还有部分国家规定，只有在本国发生的研发支出才能享受税收优惠，如美国、加拿大、南非和巴西等。

3. 各国对开展研发活动的地域限制会根据本国国情有所调整

部分国家实施具有限制性的鼓励政策，例如，对产业范围、成本核算范围和应用程序等有相应要求；为了将知识产权保留在本国，对发生在本国的研发活动提供更为优惠的税收激励；在税收征管中增加税前加计扣除研发费用必须事先报批的流程；等等。而有的国家对研发活动则采用较为宽松的优惠政策，对知识产权保留地以及从事研发活动的地域范围等内容没有特别规定，也不限定或较少限定企业研发的领域。加拿大、法国、日本、美国、印度等国家要求研发费用必须在本国境内发生，比利时、土耳其、韩国、俄罗斯、匈牙利等国家则对此没有进行限制。德国、以色列、日本、马来西亚、墨西哥、荷兰、俄罗斯、南非等国家都明确规定研发活动形成的知识产权必须保留在本国。

近年来，由跨境行为和跨国公司商业模式变更等导致的研发活动在地理上的分割，对致力于在一国范围内促进研发的税收优惠政策提出了挑战。因此，新加坡、瑞典和澳大利亚等国都对国际合作研发税收优惠政策作了有益探索。例如，新加坡规定，对于企业每年在新加坡境外发生的、与企业现有商业或业务有关联的符合条件的研发费用，如果不高于40万新加坡元，可以按照研发费用的400%加计扣除。值得一提的是，为整合欧盟各国科研资源，促进科技创新，欧盟2013年批准实施“地平线2020”科研规划项目，该规划几乎囊括了欧盟所有科研项目，为拉动欧盟国家科技创新研发和扩大就业提供了强有力的资金支持和政策扶持。

4. 对委托外部研发支出享受优惠方面的政策设计各有侧重

根据各国现行政策，芬兰、韩国和巴西等国对委托研发支出不给予税收优惠。在一些国家，委托关联方研发享受优惠比委托非关联方研发受到更严格的限制，例如，在法国，委托关联方研发的，支付的研发费用在不超过200万欧元的情况下，企业可享受30%的税收抵免；而委托非关联方研发的，支付的研发费用在不超过1000万欧元的情况下，可享受30%的税收抵免。同时，对委托外部研发支出扣除比例，各国也有一定限制，如加拿大，企业支付给分包商和第三方的研发费只有80%可计入享受优惠的基数。值得注意的是，很多国家都很鼓励中小企业委托研发。例如，英国中小企业可就委托研发费用（含委托企业或个人）的65%享受加计扣除，但大企业的委托研发费用一般不能享受税收抵免，除非委托对象是慈善机构、高等教育机构、科研组织、医疗服务机构或者个人。

五、扶持中小企业和初创企业发展

（一）中小企业的税收优惠政策

中小企业在活跃地方经济、吸纳劳动就业、稳定社会等方面发挥着重要的作用，但是中小企业在市场竞争中处于相对弱势的地位，因此，在制定税收优惠政策时，许多国家都有出台一系列惠及中小企业发展的税收优惠政策。

OECD 成员和金砖国家对中小企业发展提出的优惠政策主要可以分为投资抵免、减税、免税、税率优惠、重组合并税收优惠和加计扣除六种类型。

1. 投资抵免

匈牙利规定，按净现值投资至少 5 亿福林的中小型企业纳税人向金融机构贷款以购置或生产有形资产，可从其税项中扣除 2000 年 12 月 31 日至 2013 年 12 月 31 日订立的贷款协议所支付的利息的 100%，以及就其他贷款协议所支付的利息的 60%。此外，由个人独资的中小企业，一般可从税前利润中扣除因使用某些商业资产而产生的投资费用，最高可达税前利润的数额。符合条件的商业投资包括现值至少 30 亿福林的投资（优先城市 10 亿福林和中小型企业投资 5 亿福林），以及与环境保护、电影制作和创造就业等有关的具体性质的投资。税收抵免可使用到提交税收抵免通知或请求的纳税年度起的第 16 个纳税年度。

韩国的中小企业在收购机械和设备等商业资产后，在计算所得税或者公司税时，可扣除 1% ~3% （2015 年新上市的中小企业和 HPEs 为 4%）的购置费。

墨西哥对满足以下要求的中小企业规定可以选择适用收付实现制度：①合格实体的股东必须是个人；②上一个纳税年度的相关应计收入不超过 500 万墨西哥比索。中小企业可以扣除所发生的费用和所作的投资，也可以不确认通货膨胀损益，以确定应税利润。

英国规定，不盈利的中小企业可以放弃其研发损失，以换取相当于“可抵偿损失”14. 5% 的税收抵免。

2. 减税

韩国对其在农村地区新成立的经营制造、采矿、增值电信、研究与开发、广播、数据处理、计算机、工程科学、运输和仓储业务的中小企业，或者在专门指定的地区设立的组织技术密集型中小企业开展上述业务的风险投资企业实行下列减税优惠：①所得税或公司税可在 5 年内减少 50%（某些合格的青年企业家建立的小企业在头 3 年可减少 75%）；②新成立的中小型企业成立后 5 年内，对其商业资产征收的财产税将减少 50%（适用于 2017 年 12 月 31 日之前设立的中小型企业）；③购置税将在 4 年减免 75%。从事上述业务的中小企业如果位于大都市区内外，还可享受 5% ~30% 的公司税或所得税减免（适用期限至 2020 年 12 月 31 日）。

西班牙的法律中引入了“税收减免保留准备金”，对在上一个纳税年度营业额低于 1000 万欧元的中小企业最高可减少税基的 10%，最高年度限额为

100 万欧元。

3. 免税

南非规定从 2015 年 3 月 1 日起，对中小企业融资实行一系列税收优惠。向中小企业提供资金的实体将免征其应税所得税，对资产征收资本利得税。由融资实体实际拥有的任何股息将免除股息税，由资助实体收到并提供的捐款将免除捐赠税。前提是，中小型企业资助实体必须得到南非税务局（SARS）的批准，只有在南非注册、成立或组成的人的信托或协会才有资格。从核准供资实体获得资金的任何中小型企业将免征所得税。为了使中小型企业有资格获得豁免，中小型企业必须满足微型企业或小型企业的要求。

4. 税率优惠

澳大利亚从 2016 年 7 月 1 日起对中小企业按 27.5% 的减免税率缴纳所得税，但政策规定从 2017 年 7 月 1 日起，降低的税率将不适用于其 80% 以上的应纳税所得额为被动收入（如利息、股息和特许权使用费）的公司。

立陶宛规定如果中小企业的活动不暂停，不进行清算或重组，或公司股份在连续三个税期（包括第一个税期）内不转让给新成员（股东）。则中小企业在第一个税期（从 2018 年 1 月 1 日开始）不缴纳公司所得税，随后，如果其雇员平均人数不超过 10 人，且其应税收入低于 30000 欧元，则应缴纳 5% 的公司所得税。其中零税率仅适用于成员（股东）为自然人的企业。

5. 重组合并税收优惠

还有部分国家对中小企业重组合并实行税收优惠。希腊的特别优惠制度是降低公司所得税税率，公司所得税在第一个财政年度降低 10%，第二个财政年度降低 5%。此制度的使用条件有如下限制：①在 2011 年 12 月 31 日前在中小型企业之间进行的形成企业或者有限责任公司的合并；②所涉企业中没有一家具有 AE 的法律形式；③新成立的公司的最低资本金为 60000 欧元（合伙企业）、120000 欧元（EPE 公司）和 200000 欧元（AE 公司）。

日本规定其中小企业如果实收资本金额不超过 3000 万日元，则适用购并成本 7% 的税收抵免。最高可抵免金额为本财政年度公司税负债的 25%。如果所收购的资产是生产力改善设施，则税收抵免可能更为优惠。

土耳其自 2017 年 1 月 27 日起，引入奖励措施以鼓励中小企业之间的合并。持有工业登记证处理制造活动并在公司所得税法范围内合并的中小企业所得的收入将享受公司所得税低税率的优惠。总统有权确定减少率高达 75%。减幅适用于吸收中小企业三年的制造业收入，被吸收的中小型企业所得的收入也将从降低的费率中受益，直到合并之日为止。

6. 加计扣除

匈牙利对有资格在财政年度最后一天从金融机构获得用于购置或生产有形资产的贷款的中小型企业实行加计扣除优惠，这类纳税人可从其应缴税款中扣除贷款协议所付利息的100%。

英国规定其中小型企业可获额外扣减有关开支的130%。

美国对其中小企业可以扣除企业资产的费用以代替折旧，对于2017年12月31日以后的应税年度内投入使用的财产，扣除限额为1000000美元，开始逐步取消的最高限额为2500000美元。申请扣减的金额不得超过在应税年度内在经营业务中所得的应纳税所得额。因应纳税所得额限制而不予扣除的，一般可以结转到以后的应税年度。

（二）鼓励初创企业发展的税收优惠政策

创新创业对经济发展来说十分重要，有利于培育经济发展新趋势，催生经济社会发展新动力，为促进民生改善、经济结构调整和社会和谐稳定提供新动能。为了发展壮大初创企业，促进初创企业快速健康成长，世界各国纷纷制定出台一系列税收优惠政策，充分补给“营养”，营造良好的税收环境，助力企业快速发展。OECD成员和金砖国家对本国初创企业的税收优惠政策主要表现为对投资于初创企业的投资者的优惠和对初创企业本身的优惠两种趋势。前者主要见于发达国家中，后者发达国家和发展中国家兼有实施。

1. 对投资者的税收优惠

主要是有澳大利亚、比利时、匈牙利和意大利四个国家对投资于初创企业的投资者实行税收优惠。采用的方式主要是投资抵免。

澳大利亚将对早期投资者主要分为两种投资类别开展抵免：对早期创新公司的投资和对早期风险投资有限合伙企业的投资。澳大利亚规定从2016年7月1日起，投资于早期创新公司（ESIC）的合格投资者有权获得20%的ESIC股份支付金额的不退还税款抵销。在一个收入年度可要求赔偿的最高补偿额为200000澳元。可以结转未使用的至下年度使用。如果股份是通过合伙企业或信托机构购买的，则合伙企业或信托机构的合伙人或受益人可获得相应的税收优惠。合格的投资者可以是任何实体以外的广泛持有的公司或其子公司。而且，投资者不能是ESIC的附属公司。收购股权不应导致投资者开始直接或与相关实体共同持有ESIC超过30%的股权。根据2001年公司法的定义，不是“成熟投资者”的投资者只有在其对欧洲证券公司的年度投资不超过50000澳元时才有资格获得抵补。澳大利亚还规定从2016年7月1日起，对早期风险投资有限合伙企业（ESVCLP）投资的有限合伙人有资格获得10%的不退还税款抵扣，最多可抵减收入年度对 ESVCLP 投资的 10%。如果投资是通过合伙企业或信托机构进行的，则可由合伙人或受益人进行抵销。

自 2015 年 8 月 10 日起，比利时向投资于初创公司的投资者或个人提供最高 30%（中小企业）或 45%（微型企业）的税收抵免。同时，政策规定向初创公司提供的最高达 15000 欧元的有息贷款利息，可免缴 4 年的预扣税。

自 2017 年 1 月 1 日起，匈牙利投资于符合资格的初创公司的纳税人有权将其应税基数减少相当于该初创公司股份收购价值的三倍。但是，这一扣除额每年不得超过 2000 万福林。同时规定要获得扣减资格，必须满足三个条件：①初创公司已正确注册；②在扣除年份，初期公司的最低人数为两人，其中一人符合“科学研究、发展和创新法”规定的研究员或开发人员资格；③投资纳税人，其前任或其中一方的关联方，在收购前的 3 年内不是股份或配额持有人。此外，纳税人必须获得包含早期公司某些数据的证明（例如注册号）。

意大利对投资开办创新型初创公司的个人（不论是个人、公司或其他实体）均给予优惠，可以从应纳税所得额中扣除投资金额的 30%，最高扣除额为每年 54 万欧元，超过的部分可结转于其后 3 个财政年度。投资者需要至少连续 3 个财政年度持有该创新型初创企业的股权，而且每个财政年度对每个创新型初创企业的投资不超过 250 万欧元。然而，如果一个人持有这家创新型初创公司超过 30% 的投票权或者法定资本，就无法享受这种优惠。为了有资格获得优惠，投资必须是对公司的现金出资，要么用来增加公司的法定资本，要么预留为股票溢价准备金。

2. 对初创企业本身的税收优惠

（1）免税。比利时规定从 2015 年 8 月 10 日起，向初创公司提供的最高达 15000 欧元的有息贷款利息，可免缴 4 年的预扣税。对初创企业部分免除工资薪金税。在经营的前 4 年内，微型企业和中小企业可就 2015 年 7 月 1 日起支付的工资分别申请 20% 和 10% 的工资薪金税减免。

一些国家对创新型的初创企业也制定了税收优惠政策。意大利规定，创新型初创企业免征与其登记有关的印花税和费用，并免收商会年费。并且，一家创新型初创公司可以向公众发行无表决权股票，即使是有限责任公司，也可以实行股票期权和以工作换股权计划。

（2）投资抵免。自 2016 年 1 月 1 日起，比利时对符合微型企业或中小企业资格的初创企业在支付系统、电子交易系统、网络安全设备等数字资产投资方面实行一次性投资税收抵免。投资税收抵免率为资产成本价格的 13.5%。

（3）加计扣除。爱尔兰对初创企业实行税务减免，减免金额与公司在每个会计期间支付的雇主工资相关社会保险（PRSI）直接相关，每个雇员最高限额为5000欧元，每年对符合条件的贸易收入或收益承担最高40000欧元的公司税（边际减免适用于40000～60000欧元的公司税负债）。这项减免措施适用于创立的前三年，2018年将期限延长至2021年12月31日。

葡萄牙规定在其初创企业中，相当于16～35岁个人和长期失业个人（即登记失业9个月以上）长期工作净增长的合格开支的150%可予扣除。每名雇员的最高年度成本为7798欧元（是国家最低月薪的14倍，即月薪600欧元；2018年为月薪580欧元）。

印度2016年财政法规定，从2020年4月1日起在特定地区设立初创企业所发生的经常开支，包括冷链设施、储存农产品的仓储设施、医院、负担得起的房屋项目和化肥生产等开支，可以扣减的比例由先前规定的150%降至100%。同时，还规定符合资格的创业企业在成立后的7年内，可在符合某些条件的情况下，连续3年扣除利润。符合资格的创立企业是指需要满足以下四个条件：①公司或者有限责任合伙必须在2016年4月1日至2021年3月31日（此前为2016年4月1日至2019年3月31日）成立；②开办企业不应是对现有企业的重组，也不应通过从印度任何其他企业转让以前使用过的资产而形成；③初创企业的业务必须包括创新、开发或改进由技术或知识产权驱动的产品（以前的新产品）、工艺或服务，并经政府通知的部际认证委员会认证为创新、开发或改进产品（以前的新产品）、工艺或服务；④从公司成立之年（2016/2017—2020/2021财政年度）开始的前7年中的任何一年，年营业额均不得超过2.5亿印尼盾。

（4）优惠税率。西班牙规定，新成立的从事经济活动的初创企业可以享受15%的公司所得税减免税率，这适用于有应纳税利润的第一年和第二年。新成立的初创企业需要从事以前由有关个人或实体进行的经济活动或从事与前一年持有新公司50%（或更多）股权的个人相同的活动。

瑞士州政府可对州内经济利益攸关的新成立的公司给予税收优惠，最长奖励期限为10年。

六、促进文化产业发展

文化产业是当今世界公认的新兴产业，文化产品作为兼有经济和社会双重属性的精神产品，在创业孵化、生产运营和流通消费等方面具有不同于一般物质产品的特点。政府是推动文化产业发展的重要力量，政府有责任营造一个适宜产业发展和企业公平竞争的外部环境。而税收作为调节经济的重要手段，在支持文化产业发展中发挥着重要的作用。世界各国政府制定的促进文化产业发展的税收政策主要体现在表演艺术、电影行业和体育产业三个方面。

（一）表演艺术

各国根据本国实际情况制定了不同的支持表演艺术发展的税收政策，政策设计主要围绕优惠方式、适用范围、适用条件三个方面。

1. 税收优惠方式主要是提供税收抵免或者免税额

为扶持表演艺术行业的发展及其形式的创新，大多数国家都采取的是提供税收抵免或免税额的税收优惠政策。比利时规定，投资于新的表演艺术作品的投资者，可以享受免税，免税额为其应课税储备增加额的50%，但以75万欧元为限。墨西哥、西班牙则为投资者提供了税收抵免优惠：墨西哥允许投资者投资国家戏剧制作等表演的，可以享受相当于投资额的税收抵免，但不得超过申请前一年评估的公司所得税的10%；而且，西班牙规定，在某些条件下，表演艺术的制作和音乐的现场表演所产生的收入可以享受税收抵免，抵免额等于发生的艺术、技术或宣传性质的直接费用减去收到的补贴之后的余额的20%。此外，也有国家同时提供税收抵免和免税额供纳税人选择。如匈牙利规定，赞助表演艺术家的纳税人可以享受相当于赞助额的税收抵免，且可以向后结转8年，或者从税前利润中扣除其提供的赞助金额。

2. 优惠政策的适用范围体现了各国的侧重点有所不同

比利时制定的优惠政策适用于欧洲舞台艺术表演领域的新产品，如戏剧、马戏团、歌剧、音乐剧、舞蹈、芭蕾舞或这些表演的组合。新产品，是指其中的情节、文本、剧本或场景是新创作的或重新进行诠释的。匈牙利将优惠政策的适用范围限定在对表演艺术家的投资的纳税人。墨西哥的优惠政策适用于在国家戏剧制作、视觉艺术、舞蹈、管弦乐队指挥、乐器表演以及音乐会音乐和爵士乐声乐方面的投资。西班牙优惠政策的适用范围则是表演艺术制作和音乐的现场表演。

3. 各国都为优惠政策的适用规定了具体条件

比利时规定，投资人投资于新的表演艺术产品，可以享受税收优惠的投资限额是每年250万欧元，而且投资制作费用必须在协议签署后24个月内支付。匈牙利规定，从2014年1月1日起，赞助证书中显示的赞助金额的75%必须由赞助方作为免费赠款支付给符合条件的受赠人，而且赠款必须由赞助方视为不可扣除的费用。墨西哥规定，剧院制作的投资项目必须在享受税收优惠的课税年度起三年内结束。

（二）电影行业

电影作为当下人们进行娱乐的主要方式，有促进文化传播的积极意义。因此，各国为电影行业的发展制定了十分优惠的税收政策，尤其是对在欠发达地区提供电影放映服务。比如，巴西制定了一项发展电影展览活动的特别税制，以促进欠发达地区和大城市受欢迎街区的电影院建设。各国政策设计主要也是围绕优惠方式、适用范围、适用条件三个方面。

1. 税收优惠的方式

各国为电影制作或投资制定的优惠政策有税收抵免、补偿、免税等多种方式。加拿大、爱尔兰、韩国和西班牙等国为电影行业的投资者提供税收抵免优惠。加拿大联邦政府为合格的加拿大公司制作的合格影片提供可完全退还性质的税收抵免，抵免额等于合格公司为制作合格影片或录影带而支付的合格薪金及工资的25%。爱尔兰境内电影投资税收抵免率为以下三项相比最低支出的32%：①符合条件的支出；②电影制作总成本的80%；③7000万欧元（2016年5月1日之前为5000万欧元）。韩国规定，中小企业的税收抵免率为10%，高潜力企业为7%，大公司为3%。

澳大利亚则为从事电影制作的居民公司或在澳大利亚设有常设机构的非居民公司提供三种类型的补偿：生产者补偿、位置补偿、后期、数字和视觉效果制作补偿。补偿金额为合格支出的一定比例。比利时为影视作品的投资者提供免税优惠。在立陶宛，对向电影院捐款的公司可以在其应税收入中扣除最多75%的捐赠额，或者在其应纳税额中扣除捐赠数额，但不能超过税额的75%，超过部分可以向后结转两个税期。墨西哥对分配给电影业投资项目的金额提供税收抵免。抵免额可以用来抵扣当年课税年度应交的所得税或资产税。但是，税收抵免不得超过上一个纳税年度应交所得税的10%。而且，墨西哥鼓励个人和法人在博物馆、历史古迹等地区拍摄具有商业目的摄影和电影，对政府将这些古迹、博物馆和遗址用于商业目的费用完全免税。

2. 优惠政策的适用范围

各国对于享受税收优惠的条件也出台了具体的规定，一部分国家对合格的电影资格进行了规定。例如，加拿大联邦政府规定，合格作品仅限于小说、纪录片、音乐和综艺节目，合格的制作标准特别排除新闻、商业广告、公司促销、游戏节目、公共事务和现场直播等。比利时则规定，符合资格的影视作品，是指经有关社会的主管部门认可为符合资格的欧洲作品的长时间播放的电影、纪录片或动画电影、动画连续剧或电视播放的纪录片，而这些电影、纪录片或动画电影将会在戏院放映。韩国规定有资格享受税收抵免的范围包括电视广播节目和剧院放映的电影。

3. 享受优惠政策的条件

一部分国家对费用、成本做出了限制。爱尔兰规定，用于计算税收抵免的合格开支包括合格公司在雇用合格人士或在爱尔兰境内制作合资格影片所需的货品、服务或设施方面所发生的开支；符合优惠条件的最低合格支出为125000 欧元；最低生产成本为 250000 欧元。立陶宛规定，至少 80% 的电影生产成本发生在立陶宛，并且不低于 43000 欧元，而且捐赠资金总额不超过生产总成本的 20% 。

也有国家对电影的制作时长等也做出了相应的规定。例如，墨西哥规定纪录片或虚构电影的制作预计要在给予税收优惠的课税年度起两年内结束，而动画电影则要预计在 3 年内结束；而且任何类别的影片必须在制作结束之日起两年内在影院放映。澳大利亚规定影片必须在纳税人支出的财政年度结束后两年内完成。

（三）体育产业

大多数国家对体育产业的发展持鼓励态度，制定了各种税收激励政策，以确保体育产业可以通过享受税收优惠政策来减轻负担，寻求积极发展。

针对从事体育产业的纳税人，有些国家提供税收抵免或者免税政策。例如，智利规定，公司所得税纳税人凭完整的会计凭证申报所得，个人所得税纳税人申报实际所得的，可以享受税收抵免。抵免金额为某些用于体育运动的应税收入的 50% ，最高限额为 14000 每月税收单位（UTMs，每月按通货膨胀调整），或应税收入净额的 2% ，以抵扣其公司所得税和个人所得税。

针对向体育产业捐款或投资的纳税人，一些国家的公司所得税制度中也规定了相应的税收优惠措施。比如，匈牙利规定，赞助体育活动的公司可以享受相当于赞助金额的税收抵免，未抵免完的可以向后结转 8 年，或者将赞助金额从其税前利润中扣除。墨西哥规定，纳税人投资于高水平体育的基础设施项目，以及为墨西哥高水平运动员的发展、培训和竞争而设计的方案，可将对这些项目的捐款抵减其年度所得税，但是税收抵免金额不得超过上一纳税年度所得税额的 10% ，而且每个纳税人、投资项目或方案的奖励限额为2000 万墨西哥比索。

与其他国家不同，巴西的规定是，公司纳税人可以将对体育项目的捐款作为业务支出来扣除，前提是该项目是经体育部批准的。

一些国家同样对享受优惠政策的主体及行为做出了限制。例如，匈牙利规定，合格的体育受益人包括某些从事足球、手球、篮球、水球和冰球的非营利性体育协会和基金会。符合资格的赞助包括向从事足球、手球、篮球、水球、冰球和排球的某些非营利性体育协会和基金会免费提供现金、其他资产或服务。

第四节　数字经济背景下公司所得税制的发展

数字经济作为人类社会发展中的一种新的经济形态，对全球的互动方式和商业格局产生了深远影响。数字经济[①]，是指以使用数字化的知识和信息作为关键生产要素、以现代信息网络作为重要载体、以信息通信技术的有效使用作为效率提升和经济结构优化的重要推动力的一系列经济活动。在数字经济下，多种数字技术应用于信息采集、存储、分析和共享，社会互动方式发生了巨大变化，众多新兴行业也随之诞生。数字化、网络化、智能化的信息通信技术也使得现代经济活动变得更加灵活、便捷、高效。然而，数字经济的快速发展对国际税收框架带来挑战，传统的税收体系和监管模式已经在一定程度上无法适应日益变化的全球商业格局。在数字经济时代的背景下，世界各国（地区）公司所得税征管普遍存在管辖权难以划分、应税所得难以确定、税基侵蚀问题日趋严重等问题，公司所得税的征管规则正面临着新一轮的重要调整。

一、数字经济下的新兴商业模式

数字经济是信息和通信技术（Information Communication Techonology, ICT）所带来的转型过程产物。ICT 的先进性使多种经济活动的开展可以在规模上更大、距离上更远，这其中包括各种电子商务、在线支付服务、各类应用软件商店、在线广告、云端计算、参与式网络平台和极速贸易等。ICT 的革新使得企业信息技术成本大大降低，也使其变得更具有影响力以及更为标准

---

① 参见 http://www.cac.gov.cn/2016-09/29/c_1119648520.htm.

化，并在经济的各个领域不断优化商业流程和创新发展。

2018年3月16日，OECD发布《数字化带来的税收挑战——2018中期报告》（以下简称《中期报告》），详细对企业架构和价值创造过程在经济的数字化背景下的巨大变化进行了深入研究。《中期报告》描述了数字经济影响价值创造过程的三个主要因素，这些也是众多数字化业务的共同特征。

• 跨辖区没有实质的规模（cross jurisdictional scale without mass），是指数字经济业务通常从多个国家获得营业收入，但仅在某个或某几个国家拥有实体存在。

• 高度依赖无形资产（heavy reliance on intangible assets），是指无形资产对数字经济业务的影响逐渐扩大，并可能被视为创造价值的因素。其所在地与利润征税地可能会发生不匹配的现象。

• 数据和用户参与的重要性（the role of data and user participation），是指企业通过更广泛地应用数据来提升产品和服务，对用户数据进行收集、分析及使用，并为企业带来商业利润。

数字经济的新型商业模式系基于现代信息和通信技术，以及对于海量数据的开发，因而模糊了商品与服务之间的界限；各种模式所采取的途径、形式、所产生的影响，以及其货币化渠道（例如，线上零售、社交媒体平台、数字化服务的订购、协作平台）之间，存在着极大的差异。但是，这些商业模式又具有共同之处，即对实体存在的依赖较少。在这类新兴数字商业模式下，现行国际税收规则是否仍然合理有效需要进一步研究。

例如，以往销售商通常需要在市场国建立实体才可能取得大量销售产品的收入，而如今在电子商务的平台上，销售商可以将在市场国的业务活动降到最低（如仅在市场国从事辅助性活动等），主要业务活动都可通过电子商务平台来完成。在现行的税收体系下，这些市场国的业务活动可能并未构成实体存在，因此市场国对这些利润可能并没有征税权。

再以新兴的共享乘车模式为例，在传统商业模式下，调度员、司机和乘客都位于同一辖区，司机或乘客未通过知识产权创造任何重大价值。而新型共享乘车业务公司可以将总部（运营和调度地点）设在某一个地点进行全球化运营，并获得全球用户和数据。这些数据借助算法、平台、应用程序、知识产权等无形资产形式创造了巨大价值，并能够创造出货币资产，而这些创造价值的无形资产因为在数据来源国没有实体存在，而可能造成来源国无法获得对相关价值的征税权。

二、数字经济带来的公司所得税挑战

正如上文提及的，如今非居民企业在市场国的运营方式与之前国际税收规则出台时已经发生了巨大的变化，为政策制定者带来了更广泛的税收挑战。这些挑战也引发了更多关于当前国际税收框架的体制问题，即该体制是否有能力应对数字经济及可能导致的商业模式所带来的改变，是否能够确保利润在经济活动发生地和价值创造地被征税等。这些挑战也对此前基于功能、资产和风险分析而确定经济活动发生地和价值产生地的模式提出了质疑。从公司所得税角度来看，这些挑战与联结度、数据和收入定性尤其相关。

（一）联结度规则

联结度规则用于判断非居民企业是否需要就其部分利润在来源国缴税。根据现行国际规定，非居民企业与来源地国间只有具备一定程度的经济联结度，来源地国才有权就该企业来源于该经济存在的所得征税。随着数字科技不断进步，在许多情况下业务开展已经不需要通过广泛设立相应的实体存在而进行，再加上客户互动引发的网络效应不断增强，这对基于实体存在的判定联结度规则是否仍然适当提出质疑。

（二）数据的价值

数字科技的进步使得企业可以在远离市场的所在地收集数据。在数字经济下，从各种来源收集到的数据往往是创造价值过程中的重要投入。数据的运用可能为企业创造价值，比如，分析客户偏好从而推出更符合市场需求的服务等，因此数据的作用越来越大。企业通过远程收集数据而产生的利润，是否应在数据来源国征税，以及若需要征税，如何对数据进行合理定性和估值，是需要考虑的问题。尤其是数据创造出的价值很大程度上在于数据获取者的使用和分析，如何定性和估值很难确立统一的标准。

（三）收入的定性

在大多数税收协定下，营业利润仅在另一方国家构成常设机构时才能在该国征税，但是特许权使用费收入则需要根据税收协定缴纳预提所得税。交易被定性为营业利润或是特许权使用费等其他收入会导致不同的税收处理，而数字产品或服务的发展则给收入定性带来了不确定性。例如，云计算业务应视为营业利润（技术服务）还是特许权使用费（服务器空间租赁），对云计算行业的税收判定产生影响。

三、应对行动

（一）OECD 数字经济工作进展

根据 OECD 数字经济工作小组的研究成果，2018 年 3 月 16 日，OECD 发布了 2018 年《中期报告》，通过对数字市场和数字企业运营模式的分析，报告从价值创造出发归纳了数字企业的三个特征。包容性框架成员已就数字企业的三个特征达成共识，但对于特征与价值创造所在地和价值创造确认的相关性，成员国还未完全达成一致。各成员国在数据、用户参与对价值创造的贡献方面也存在分歧。在进一步分析的基础上，包容性框架将在 2020 年前致力于提出一个共识性的解决方案。①

（二）联合国发布调查问卷并开始起草报告

数字经济的税收问题提上了联合国的议事日程。联合国税收委员会为其成员国和其他利益相关方准备一份调查问卷，以此开始对数字经济征税的相关研究工作。联合国希望通过采取措施，处理数字经济税收问题，并为发展中国家从中获得更多利益。

（三）欧盟委员会的应对方案

2018 年 3 月 21 日，欧盟委员会公布了一项提案，该提案不仅包括了有关数字化常设机构的长期解决方案，还包含了一项在欧盟内部适用的短期征税措施，即：拟对全球年收入超过 7.5 亿欧元、欧盟境内年收入超过 5000 万欧元的特定互联网企业征收 3% 的数字服务税。

（四）部分国家的单边措施

虽然 OECD、联合国、欧盟等国际组织致力于将多边国家对数字经济带来的税收影响制定出得到共识的方案，但至今仍未能达成这一目标。因此，许多国家（地区）已基于本国需求，纷纷考虑并制定本国税法对数字服务征税，以确保新商业模式在本国的税收公平（见表 4－8）。

---

① 2019 年 1 月 29 日，OECD 发布了一份政策简报并召开发布会明确了 BEPS 包容性框架为解决数字化经济引起的税收问题的工作方向。2019 年 2 月，OECD 就上述解决方案发布了详细的公开意见征询文件。2019 年 3 月中旬，OECD 举行了公众意见征询会，其结果将影响到 2019 年 5 月和 6 月分别向包容性框架和 G20 财政部长提交的工作范围和计划。

表 4-8　　部分国家关于数字经济的单边措施

以色列	以色列税务局于 2016 年发布了针对外国互联网公司的税收文件。该文件规定了非居民企业构成显著经济存在的情况，包括但不限于：①与以色列居民签订大量的互联网服务合同；②大量以色列客户在使用数字化服务；③在线服务为以色列客户进行了调整，如使用当地语言、用以色列货币结算等；④以色列用户的流量高；⑤支付给外国公司的款项数额与以色列用户使用互联网的程度高度相关。 非居民构成显著经济存在的，需要在以色列缴纳所得税
英国	从 2020 年 4 月起将对搜索引擎、社交媒体平台及在线销售平台三类企业基于英国用户而创造的价值征收数字服务税（一种间接税），按来源于英国用户收入总额的 2% 计算应纳税额。全球收入低于 5 亿英镑的企业不适用上述数字服务税，同时前 2500 万英镑收入可免征
西班牙	西班牙拟于 2019 年开始针对下列数字服务收入征收 3% 的数字服务税（一种间接税）：①提供线上广告服务；②提供线上平台，让用户彼此互动并可实现销售产品、服务；③出售用户提供的数据。 需要注意的是，该数字服务税仅适用于：①用户上网设备所在地位于西班牙的情形。用户上网设备所在地由 IP 地址决定。②上一年度全球年收入超过 7.5 亿欧元且来源于西班牙的数字服务的年收入达到 300 万欧元的集团企业
意大利	意大利于 2019 年引入了一项有针对性的数字服务税（一种间接税），对以下数字服务收入征收 3% 的数字服务税：①提供线上广告服务；②提供线上平台，让用户彼此互动并可实现销售产、服务；③出售用户提供的数据。 数字服务税适用于全球年总收入超过 7.5 亿欧元且来源意大利境内数字服务年收入超过 550 万欧元的企业
印度	印度从 2016 年 4 月起开始对非居民企业的以下特定服务收入按收入的 6% 征收衡平税（一种间接税）：①在线广告；②提供网上广告空间或提供设施/服务作网上广告用途。 该税种适用于每年交易额超过 1500 美元的企业对企业（B2B）交易
巴西	从 2018 年 4 月 1 日起，联邦政府被批准针对通过电子手段进口或者出售标准化的数字产品如打包软件、游戏、应用程序和电子文件等的行为按 5% 进行征税（一种间接税）。 纳税义务人是进行交易的网站或在线平台的所有者，税收由买方所在地征收。如果纳税人没有在该地登记，地方税务机关可以将征税责任转移给金融中介机构（如信用卡管理中心）或最终消费者

第五节　实质性活动要求对低税地的税收挑战

一直以来，那些低税或不征税的国家或地区（以下简称低税地）已经成为跨国企业集中利润的主要地域。根据 OECD 的研究，跨国企业位于低税地的关联企业所申报的利润率几乎是其全球集团利润率的两倍。早在 1998 年，OECD 出台的《有害的税收竞争：正在出现的全球性问题》（以下简称《1998 年报告》）就已经设立了一套框架来识别有害税收实践，包括评估有害优惠税制以及判定何为低税地。

2015 年 BEPS 第 5 项行动计划《考虑透明度和实质性因素，有效打击有害税收实践》出台以后，OECD 有害税收实践论坛经过多次讨论，已经就如何修改《1998 年报告》设立的框架达成一致，其中就包括低税地应具备的实质性活动因素。2018 年 11 月，OECD 发布《恢复对不征税或仅名义征税的国家应用实质性活动因素》的报告（Resumption of Application of Substantial Activities Factor to No or Only Nominal Tax Jurisdictions，以下简称《报告》），重点规定了恢复实质性活动因素的合理性以及如何应用这些因素的技术指引，旨在打击跨国企业通过将具有地域流动性活动产生的利润转移至低税地，却在当地没有匹配相应的实质的税收安排。随着《报告》的出台，已经有部分低税地开始实施有关实质性活动要求的国内立法，未来，可以预见还会有更多的税收法规的指引出台，以更好落实 OECD 对本地的实质性活动要求。

一、OECD 对低税地的实质性活动要求

2018 年 11 月，OECD 发布的《报告》要求“不征公司所得税或仅名义上征收公司所得税”的低税地引入“实质性活动要求”的规定，否则这些低税地的税收制度可能被视为有害税收实践。《报告》的具体规定如下。

（一）适用实质性活动要求的地域流动性活动

活动类型涵盖公司总部、分销中心、服务中心、融资、租赁、基金管理、银行、保险、航运、控股公司和知识产权活动。

（二）对非知识产权收入的要求

低税地应在当地立法引入以下机制：①定义各类“地域流动性活动”及其“核心收入创造活动”；②确保与地域流动性活动相关的核心收入创造活动由企业自行承担或在当地发生；③企业具备足够且合格的全职员工，并发生足额的营业支出；④为确保企业合规，应建立信息披露机制，同时也应针对不合规情形制定有效的应对措施。

（三）对知识产权收入的要求

一般情况下（特殊情况会有例外），如果企业收入来自专利和类似资产，那么其核心收入创造活动应是研发活动；如果收入来自营销类无形资产（如商标等），那么其核心收入创造活动应包括品牌推广、市场营销和分销活动。

还有一种可反驳的推定：在企业既不从事研发活动也不从事品牌推广、市场营销和分销活动的情况下，特定“高风险”关联交易即被直接推定为不

符合实质性活动要求（例如，低税地企业从境外关联企业收购知识产权资产或向境外关联企业授权使用/销售知识产权资产等情况），但企业可通过举证来反驳该推定。

此外，《报告》还特别明确了针对知识产权收入两种不能满足实质性活动要求的情况：①仅在低税地消极持有知识产权资产；②仅由非居民董事会成员定期展开的决策性活动。

（四）为确保合规应建立的机制

企业在低税地从事地域流动性活动应报告实质性活动相关的详细信息。对不符合实质性活动要求的，应采取惩罚性措施。最后，应建立信息交换机制，一旦企业不符合实质性活动要求，或从事高风险关联交易，该低税国政府应将企业信息自动交换至该企业的直接控股公司、最终控股母公司和最终受益人所在地的主管税务局。

二、低税地的立法进展

遵循《报告》要求，不少国家和地区，包括百慕大、英属维京群岛、开曼群岛、巴巴多斯、根西岛、马恩岛、泽西岛和纳闽岛已完成本地立法并开始实施（见表4-9）。

表4-9　部分低税地关于实质性活动要求的立法进程

低税地	关于实质性活动要求的立法	实施时间
百慕大	Bermuda Economic Substance Regulations 2018 BR 154/2018	2018年12月31日
英属维京群岛	Virgin Islands Economic Substance（Companies and Limited Partnerships）Act，2018	2019年1月1日
开曼群岛	The International Tax Co-operation（Economic Substance）Law，2018	2019年1月1日
巴巴多斯	Business Companies（Economic Substance）Act，2018-41	2019年1月1日
根西岛	The Income Tax（Substance Requirements）（Implementation）Regulations，2018	2019年1月1日
马恩岛	Income Tax（Substance Requirements）Order 2018	2019年1月1日
泽西岛	Taxation（Companies-Economic Substance）（Jersey）Law 201	2019年1月1日
纳闽岛	Labuan Business Activity Tax（Requirements for Labuan Business Activity）Regulations 2018［P. U.（A）392］	2019年1月1日

整体上看，各国（地区）立法基本遵循了上述OECD的要求，细节稍有不同。以2019年1月1日起生效的英属维京群岛和开曼群岛的法律为例，两者的主要特点如下：

（1）一般情况下，设立在英属维京群岛/开曼群岛的企业（包括公司和合伙企业）或设立在其他国家但注册在英属维京群岛/开曼群岛的企业应遵守实质性活动要求，除非这些企业是其他国家的税收居民。

（2）两国国内法定义的“地域流动性活动”的类型与《报告》所述一致。开曼群岛特别明确投资基金不属于应适用实质性活动要求的企业，且投资基金业务不属于地域流动性活动，这意味着这类企业和活动不必遵循实质性活动要求。但是，基金管理业务仍属于地域流动性活动之一，应遵循实质性活动要求。

（3）法律定义了每种地域流动性活动的核心收入创造活动，包括控股公司活动。

（4）针对一般的地域流动性活动（控股公司除外），法律要求企业应在该国境内从事核心收入创造活动，有实体办公地点/经营场所/仪器设备，有足够且合格的员工，并发生足额的营业支出。对于外包的核心收入创造活动，出包方企业必须能对受托方从事的核心收入创造活动进行监督与控制。

（5）相比较而言，对控股公司的实质性活动要求没有那么严格。只要控股公司遵循该国公司法规定的义务，且有足够的人员和经营场所开展控股及管理活动，就认为该控股公司符合实质性活动要求。

（6）其他重要条款包括针对不合规情形的惩罚性措施（如罚款、注销登记），信息报告义务以及信息自动交换机制。

值得注意的是，由于欧盟密切关注低税地关于实质性活动要求的落实情况，如是否允许核心收入创造活动外包，因此，不排除部分低税地后续会继续修改法律，或出台进一步的实施细则。可以预见，在全球的共同努力下，跨国企业在利用低税地归集集团利润时会采取更加谨慎的态度。

第六节　公司所得税发展趋势

在经济全球化的背景下，各国通过下调税率与扩大税基并举，出台鼓励研发创新、促进可持续发展和扶持中小企业的优惠政策，既以筹集财政收入为目标，又旨在增强本国国际竞争力进而促进经济增长。同时，对经济数字化的税收议题及对低税地的实质性活动要求的关注也是2018年公司所得税发展中的重要内容。

一、公司所得税法定税率继续并加速下降

2018年，世界主要国家公司所得税税率延续了上一年下降的趋势，进一步降低，且降幅加大，呈现出加速下降的势头。以OECD成员为例。2017年OECD成员中降低公司所得税税率的成员有8个，税率平均降幅为2.7%；2018年降低公司所得税税率的成员仍有8个，税率平均降幅为4.8%①。只有少数成员提高了公司所得税税率。OECD成员的公司所得税的平均税率从2000年的32.5%降到了2018年的23.9%。

2018年，公司所得税法定税率降低的国家主要包括美国、法国、日本、阿根廷、比利时、卢森堡、挪威和瑞典等国，其中，美国公司所得税法定税率的降幅最为明显。美国的公司所得税法定税率从税改前15%、25%、34%、39%、34%、35%、38%、35%八档超额混合累进税率②降低至21%的单一税率；法国通过立法，在2018—2020年间将公司所得税税率分步从33.3%降至25%；日本自2015年起，提出了“成长型法人税改革”的方针，分阶段下调法人税（国税）税率和法人事业税所得比率（地方税），2018年生效的部分为法人税税率从23.4%进一步下降至23.2%；阿根廷2018年将公司所得税税率从35%降低至30%，并宣布到2020年进一步下降至25%；比利时2018年

① 参见OECD：Tax Policy Reform 2018.

② 由于年应税所得超过10万美元的企业适用第三档34%的税率，因此，大多数美国企业适用的税率都要高于这一水平（为数众多的小企业实行穿透实体税制，不征收公司所得税）。

将公司所得税法定税率从34%降至29%，到2020年将进一步降低至25%。卢森堡、挪威和瑞典等一些国家小幅降低公司税税率，2017年卢森堡从21%降至19%，2018年进一步降至18%；2017年挪威从25%降至24%，2018年进一步降至23%；2019年瑞典从22%降至21.4%，2021年将进一步降至20.6%。

值得一提的是，虽然公司所得税税率降低成为主流趋势，但也有部分国家“逆势而动”提高了公司所得税税率。例如，韩国开始实施《2017年税改法案》，自2018年1月1日起，将公司所得税最高边际税率从现行的22%提高至25%，即年应税所得超过3000亿韩元的部分，将按25%新税率征税。韩国公司所得税也由原来实行的10%、20%、22%三档超额累进税率改为10%、20%、22%、25%四档超额累进税率。土耳其将一般性公司所得税税率从20%提高至22%；拉脱维亚引入了新的公司所得税税制，将原来针对公司利润征收15%的公司所得税，改革为对分配利润征收20%的公司所得税，但对留存收益不再征税。这些国家中，各国影响税率上调的因素有多种，包括执政党的政治主张等。但这些国家体现出的一个共同特点是，相比降低所得税税率的国家而言，这些国家的税率原本比较低，具有一定的上调空间和承受力。即使上调以后税率依然在25%或以下，依然能够保持一定的竞争优势。

二、采取多种措施扩大公司所得税税基

在降低公司所得税税率的国家中，有些国家实施了扩大税基的一系列改革，以弥补降低税率带来的收入损失。除反避税和BEPS相关措施，对亏损结转相关条款加以限制是2018年扩大税基所采取的最主要的途径。荷兰宣布将亏损向以后年度结转的年数从9年减少至6年。同样，美国对应税收入中80%的亏损结转进行了永久性限制，2018年开始生效。美国已不允许向以前年度结转，但取消了之前规定的对向以后年度结转为20年的限制。

除限制亏损条款外，各国还实施了扩大税基的其他不同措施。比利时实施了两项相关措施：第一项措施是对计算名义利息扣除的方法进行调整，即由按照前一年合格权益总量进行计算的方法改为按照五年内的增加权益进行计算。名义利息扣除的计算方法不同会影响公司股权的免税额。第二项措施是对应纳税所得额超过100万欧元的公司实施新的最低税收（minimum tax）要求。公司的应纳税所得额超过100万欧元后，有些项目就不允许扣除了，如累计税收损失扣除和从以前年度结转至当年的股息、创新收入和名义利息

的扣除。

爱尔兰和英国还调整了税收折旧规则。英国之前实施指数化扣除，即在企业资产出售时，允许企业从资产价值中减计通货膨胀，属于一种税收减免。该措施自2018年1月起开始失效。爱尔兰规定对一些类别的无形资产的资本扣除和相关利息费用扣除进行了限制。

法国将针对刺激竞争力和就业的税收抵免率从7%降至6%。刺激竞争力和就业政策适用于所有公司，指各公司工资总额（超过法国最低工资标准2.5倍的工资除外）的一定百分比，可以直接从公司所得税中进行抵免。6%的新税率自2018年1月开始生效。该税收抵免计划于2019年取消，取而代之的是永久性减少企业承担的社保税这一政策措施。

三、各国根据本国国情精准实施税收优惠

近年来，在普遍降低税率的同时，为了尽可能减少政府的公司所得税收入的下降和防范所得税优惠政策的滥用，各国往往重视税收优惠政策的清理，即减少普惠性的优惠，将优惠重点转向实现特定的政策目标。

降低中小企业公司所得税税率。除降低一般性公司所得税法定税率外，有部分国家还降低了中小企业的公司所得税税率。加拿大部分省只降低了中小企业的税率。2018年，比利时将第一档应税净收入为10万欧元的税率降至20.4%，2020年降至20%。但只有当公司负责人最低工资至少为4.5万欧元时，该企业才能适用此税率。澳大利亚否决了将公司税税率普遍降低至25%的议案，但通过了对年营业收入低于5000万澳元的中小企业实施减税，即自2021—2022收入年度起适用税率从27.5%逐步降低至25%，其他企业依然保持30%的税率。

对初创企业和创新中心等实施税收优惠。印度给予营业额不超过2.5亿卢比的、符合条件的初创企业连续三年100%扣除企业利润和利得的优惠措施，并减免三年股本收益所得税；俄罗斯对创新中心实施免征公司所得税、增值税、土地税及降低社保费率等税收激励措施。

税收抵免。日本主要实施税收抵免，对于平均工资较上年度提高3%以上、且国内设备投资额达到同期设备折旧费总额90%以上的企业，职工工资较上年度增长额的15%可以进行临时性税收抵免，抵免限额为当期法人税额的20%；对于满足以上两个条件（平均工资较上年度提高3%以上，且国内设备投资额达到同期设备折旧费总额90%以上），同时职工教育培训投资达到

前两年平均水平的1.2倍以上的企业，职工工资较上年度增长额的20%可进行临时性税收抵免，抵免上限不变。中小企业的条件会进一步放宽。

资本投资费用化。在美国2018年税改中比较突出的税收优惠措施即是实施了资本投资费用化。税改前，美国对企业的资本性支出实行加速折旧或直线法折旧，税改后企业在2017年9月27日至2023年1月1日购置并投入使用的、除不动产之外的资产当年可以100%费用化，即允许在税前直接一次性扣除。该优惠为阶段性政策，2023—2026年，企业购置资产可扣除的比例每年递减20%，分别为80%、60%、40%、20%。斯洛伐克将研发支出的加计扣除从25%提高至100%，也就是相关投资现在可以完全、立即费用化。

对经济特区内企业给予税收优惠。墨西哥对于一些经济特区内的企业实行前10年100%免公司所得税，之后5年降至50%；对经济特区内企业未来8年的并购成本给予当期全部费用化，对劳动力培训支出给予50%的扣除，对研发相关支出给予30%的税收抵免。土耳其对建设在经济特区内的建筑免财产税。南非对经济特区内符合条件的企业给予15%的公司所得税优惠税率和建筑物10年加速折旧等税收优惠。

四、对高度数字化企业征税的关注度上升

许多数字化企业，特别是高度数字化企业，在获得高额利润的同时，却因为当前国际税收规则的不适应性而没有承担与之相称的税收负担。因此，近年来，如何对高度数字化企业征税逐渐成为各国政府和国际组织关注的焦点。

OECD与联合国对高度数字化企业的公司所得税的关注度也在持续上升，纷纷发布相关报告或召开相关会议进行研讨，以期推动达成国际共识。欧盟则公布了两项提案，拟分中期措施和长期安排两步走解决数字经济的征税问题。同时，部分国家和地区在未达成一致意见前采取了单边措施，主要为开征数字服务税，以此作为一种应急措施，弥补公司所得税难以征到的不足。2018年有些国家已积极表态，甚至采取了行动。由此可见，对高度数字化企业征税正开始从探讨阶段向实施阶段逐步迈进。

第五章　社会保障税

建立、健全与经济发展水平相适应的社会保障体系，是对全体社会成员基本生存提供必要保障的前提，是经济社会协调发展的必然要求，也是社会稳定和国家长治久安的重要保证。

在社会保障制度安排中，政府既制定社会保障政策，又借助必要的合理的经济手段保证社会保障制度顺畅运行和健康发展。因此，选择合理有效的社会保障资金筹集方式，是社会保障制度安排的核心环节之一，更是社会保障制度建设必须解决的重大问题。开征社会保障税是世界大部分国家的社会保障筹资方式。本章选取了 OECD 成员和金砖国家社会保障税制的建设和改革进行了详尽的比较分析，并对世界各国社会保障税的发展变化趋势进行了初步的总结和预测。

第一节　社会保障税[①]概况

一、社会保障和社会保障税概述

（一）社会保障概述

现代政府的一项重要职能是为社会成员提供社会保障，以确保其不因特定事件的发生而陷入生存困境。社会保障是按照立法或其他强制性安排制定的社会保护方案，当参保人面临养老、遗属养恤、丧失行为能力、残疾、失业或抚养子女等问题和意外时，社会保障制度可为其提供一定程度的收入保障。它还可为居民提供治疗或预防性医疗服务。按照国际社会保障协会的定义，社会保障可以包括社会保险、社会救助、普惠性社会保障计划、互惠计划、国家公积金和其他安排，包括根据国家法律或惯例而构成社会保障制度一部分的市场手段。

1889 年 5 月 24 日，德国议会以微弱多数票通过了《老年和残疾社会保险法》，于 1891 年 1 月 1 日起在全国范围内生效。[②] 该法的颁布标志着现代养老社会保险制度的正式诞生，形成了所谓的“俾斯麦保险模式”。英国借鉴了德国的经验，于 1911 年正式颁布了《国民保险法》，国家强制参加保险者按期缴纳保险费，标志着现代社会保障制度在英国正式建立。[③] 随后，法国、瑞典、意大利、荷兰等国家也开始借鉴德国的“俾斯麦保险模式”，陆续开征了社会保障性质的税费。美国于 1935 年通过了《社会保障法》，标志着美国建立起了现代社会保障制度。[④] 在该法中，美国首次提出了社会保障的概念，并

---

① 国际上不同国家对社会保障筹资方式及筹资收入的称谓没有统一的表述。如英国称为国民保险缴款（National Insurance Contributions），挪威等国家称为社会保障缴款（Social Security Contributions），爱尔兰称为社会保障付款（Pay Related Social Insurance），有些国家将保障筹资收入归类为特别税（Special Assessments）。不同的国家根据不同的国情和理解，各自确定本国社会保障筹资的名称。鉴于此，为研究方便和统一比较，本章将缴纳给政府的强制性社会保障收入统称为社会保障税。

② 参见 http：//soci. cssn. cn / shx / shx_shflybz / 201311 / t20131113_832947. shtml；http：//www. ssa. gov/policy/docs/progdesc/ssptw/2010—2011/europe/germany. html.

③ 参见 http：//www. chinacity. org. cn/csfz/fzzl/49177. html.

④ 参见 http：//www. ssa. gov/policy/docs/progdesc/ssptw/2012—2013/americas/united-states. html.

首次提出开征社会保障税，将以前西方各国为社会保险筹资的社会保险缴款冠以社会保障税的正式名称。1942 年，英国牛津大学教授贝弗里奇勋爵《贝弗里奇报告》，将社会保险不仅覆盖特定人群，而是扩大到了全民范围。《贝弗里奇报告》也积极地影响着世界社会保障事业的发展，一是开征社会保障税的国家数量大增；二是社会保障税的覆盖范围越来越广；三是社会保障税在各国税制中的地位越来越重要，已由原来的一个无足轻重的税种发展成为一个具有举足轻重地位的税种。① 随着在 20 世纪殖民地人民独立运动兴起和第二次世界大战后新独立国家的建立，国家社会保障计划在全球范围内得到了更为广泛的发展，1948 年《世界人权宣言》庄严宣告，社会保障是一项基本人权。在一些国家，如德国和巴西，社会保障是宪法保障的一项权利。今天，大多数国家都有某种类型的社会保障制度。在世界范围内，最常见的保障内容包括老年、残疾和遗属养恤金方案，其次是工伤和职业病、疾病和生育、家庭津贴和失业福利方案。从 20 世纪 80 年代初开始的全民福利型社会保障模式的弊端逐步显现，最引人注目的就是被称为“福利国家橱窗”的瑞典在 20 世纪 90 年代末开始放弃采用税收来建立全民福利体系的做法，开始建立通过缴费来筹资的名义账户制，世界范围内掀起了一股社会保险私有化、市场化改革的国际潮流，社会保险制度更强调个人的责任。以智利为代表的社会保障私有化改革，创造出了一个崭新的个人账户积累制，并逐渐成为各国决策者和研究者的一个新兴社会保障样板。② 社会保障制度进入了一个全面改革和调整时期，这个时期至今也未结束。

（二）社会保障税概述

社会保障制度体系包括法律依据、覆盖范围、筹资方式、社会保障资金管理、社会保障待遇等因素。社会保障税作为世界各国普遍采用的融资方式，其税制设计因国家制度、人口结构、经济发展水平等因素的不同而异。社会保障税是向一般政府支付的强制性款项，使参保人有权获得（或有）将来的社会福利。它们包括：失业保险福利和补充、意外、受伤和疾病福利、老年、残疾和遗属养恤金、家庭津贴、医疗和医院费用的偿还或提供医院或医疗服务。雇员和雇主均可缴付供款，大部分社会保障税制度也覆盖了自主经营者（下称自营业者）。这些款项通常支付给提供这些福利的一般政府机构，并用于资助社会福利。

---

① 庞凤喜．社会保障税研究［M］．北京：中国税务出版社，2008：49－58.

② 参见 http：//www. ssa. gov/policy/docs/progdesc/ssptw/2012—2013/americas/chile. html.

与一般税种开征的目的不同，社会保障税的开征意味着政府将承担社会保障的相应责任。社会保障税并不是财政增收措施，因此，和其他税种相比，它具有以下两个主要特点：一是直接受益性。社会保障类税收自成收支体系，专款专用。按受益原则征收，由获得某种特定收入的纳税人缴纳，在缴费者与国家之间存在着一种“有偿交换”的关系，缴费数量与受益程度之间基本存在着一一对应关系，并且，受益人相对固定，具有明显的补偿性和一定的返还性质。二是保障对象特定性。社会保障税的纳税人是特定的，不同保障项目的纳税人具有明确的特定性，这体现在一个保障项目的社会保障税收入要专门用同类项目投保人的社会保障支付，而且还体现在只有参加该类社会保障项目的人现在纳税，将来才有资格享受社会保障的利益。

开征社会保障税主要具有以下三方面作用：一是为基本社会保障提供资金。社会救助、社会福利和优抚安置等社会保障的经费主要由财政承担，财政对社会保障收支管理的方式一般取决于其筹资模式。从目前各国情况来看，开征社会保障税是大多数国家最主要的筹集资金方式。二是具有收入再分配作用。社会保障制度的实质是一种转移支付和风险分散制度，社会保障税是实现上述目的的一个有效工具，可对财富和国民收入初次分配所造成的收入不平等和贫困扩大化趋势进行抑制。三是具有社会稳定作用。英国在19世纪50年代颁布并实施的《济贫法》，作为现代社会保障制度萌芽阶段的标志，首创了认定要求社会救助属于公民合法权利，社会救助是国家应尽义务的新准则。社会保障是现代政府必须长期承担的义务，是一项积极的福利举措。

二、世界各国社会保障税概况

截至2019年2月，绝大部分国家都已经建立了社会保障制度，在世界范围内，除澳大利亚、阿富汗、孟加拉国、博茨瓦纳、开曼群岛、库克群岛、格鲁吉亚、朝鲜、马尔代夫、新西兰、纽埃岛、东帝汶、瑙鲁、帕劳共和国[①]外，其他国家均开征了社会保障税。本章主要关注OECD成员和金砖成员等世界主要国家的社会保障税税制设计，并结合各国的改革内容，试图初步总结世界社会保障税的发展趋势。

表5－1显示了2015—2017年OECD成员社会保障税收入占税收总收入的比重情况。截至2016年，OECD成员社会保障税收入占总税收收入的平均比

---

① 巴勒斯坦自治区于2018年11月开始征收社会保障税。参见 https：//research. ibfd. org.

重为26.24%，其中占比最高前四位分别是斯洛伐克43.48%、捷克42.86%、立陶宛40.75%和日本40.38%。根据2017年现有的数据，社会保障税收入占税收总收入的比重较高的分别是斯洛伐克44.11%、捷克43.01%、立陶宛41.37%、斯洛文尼亚40.03%。形成鲜明对比的是澳大利亚和新西兰并不征收社会保障税。除墨西哥和日本外，从年度增长趋势来看，2017年社会保障税收入占比高于2016年的国家有19个国家，其中，希腊社会保障税收入占比提高最多，达1.06个百分点。在2017年社会保障税收入占比低于2016年的国家中，荷兰下降幅度最大，达2.52个百分点。

表5-1　OECD成员社会保障税收入占税收总收入比重情况（2015—2017年）　单位:%

国家	2015年	2016年	2017年
奥地利	33.587	34.666	34.828
比利时	31.887	31.092	30.452
加拿大	14.790	14.858	14.305
智利	6.924	7.153	7.251
捷克	43.048	42.856	43.012
丹麦	0.145	0.124	0.107
爱沙尼亚	33.294	33.216	33.862
芬兰	28.932	29.057	27.901
法国	36.923	36.753	36.404
德国	37.650	37.613	37.893
希腊	29.157	28.543	29.601
匈牙利	32.316	33.223	33.885
冰岛	9.816	6.745	9.266
爱尔兰	16.830	16.759	16.983
以色列	16.363	16.618	16.156
意大利	30.089	30.138	30.431
日本	39.420	40.381	—
韩国	26.602	26.154	25.711
拉脱维亚	28.564	27.303	27.67
立陶宛	39.975	40.751	41.368
卢森堡	28.963	28.469	28.601
墨西哥	13.856	13.011	—
荷兰	37.763	38.198	35.681
挪威	27.171	27.414	27.096
波兰	38.380	38.074	37.934

续表

国家	2015 年	2016 年	2017 年
葡萄牙	26.126	26.590	26.790
斯洛伐克	42.778	43.475	44.114
斯洛文尼亚	39.707	39.654	40.027
西班牙	33.805	34.164	34.182
瑞典	22.375	22.622	21.961
瑞士	24.35	24.266	23.56
土耳其	29.023	28.825	29.335
英国	18.711	18.908	19.188
美国	23.743	24.042	23.052
OECD 平均水平	26.196	26.24	—

数据来源：https：//data.oecd.org/tax/social-security-contributions.htm#indicator-chart.

从社会保障税缴款来源结构看，在雇员和雇主缴纳的社会保障税缴款的相对比例方面，OECD 各国也有很大的差异，7 个国家（智利、希腊、以色列、卢森堡、荷兰、波兰和斯洛文尼亚）从雇员社会保障税缴款中获得较多的收入，而其余国家则从雇主社会保障税缴款中获得较多的收入。

雇员社会保障税缴款在税收总收入中占比最高的是斯洛文尼亚，达 20.5%。德国、希腊、日本、荷兰和斯洛文尼亚的雇员社会保障税缴款也超过总税收的 15%，丹麦的份额最低，仅占总收入的 0.1%。除丹麦外，只有爱沙尼亚来自雇员的社会保障缴费收入，占总收入的不到 5%。爱沙尼亚的雇主社会保障税缴款占总收入的比例最高，为 31.5%。立陶宛和捷克共和国的雇主社会保障税缴款也超过总税收的 25%，分别为 27.6% 和 27.2%。丹麦和智利的份额最低，分别为总收入的 0.05% 和 0.2%。在荷兰和斯洛伐克共和国，自雇（或非受雇）社会保障税缴款收入所占比例最高，分别为总收入的 9.3% 和 8.8%。[①]

三、社会保障税税制要素概况

本节主要介绍世界主要国家社会保障税的税制情况，包括社会保障税的

① 数据来源：OECD（2018），Revenue Statistics 2018，OECD Publishing，Paris，https：//doi.org/10.1787/rev_stats－2018－en.

纳税义务人、税率、计税依据等，还介绍了部分国家社会保障税的税收优惠情况。

（一）纳税人

各国社会保障税的纳税人一般包括参保人、雇主、自营业者。参保人包括依法受雇的雇员，有的国家还包括学生、失业人员、家庭主妇、家政人员等。很多国家对缴纳社会保障税的雇员也有一定的条件限制，例如年龄、收入、居民身份等。雇主一般就其支付给雇员的薪酬为雇员缴纳社会保障税，有的国家对强制缴纳社会保障税的企业规模进行了规定，大部分国家雇主的分担比例要高于雇员。由于自营业者不存在雇用关系，也没有确定的工薪所得，是否应纳入课征范围，各国的做法不尽相同。按照专款专用的原则，只有纳税才能享受社会保障利益，因而多数国家在行政管理条件可行的情况下，把自营业者也包括在社会保障税的纳税人范围之内。

（二）课税项目

世界各国由于经济发展水平、人口年龄结构、经济政策、社会保障目标要求不同，社会保障税课税项目有所差别。就本章选取的 OECD 成员和金砖国家情况来看，总的来说，雇主和雇员一般都包括以下基本保障项目：养老、医疗、失业、疾病与生育、残疾。雇主一般要比雇员缴纳的项目多一些，主要涉及意外保险、职业疾病保险等，被保险人则根据缴费情况和参保年限享受各项社会保障福利。在有些国家还根据具体情况设置了特殊的保障项目。

（三）计税依据

雇员和雇主社会保障税的计税依据一般为雇员工薪年（有的国家按照月、周计税）收入，包括现金、实物福利和各种津贴。各国一般对应税工薪有最高限额的规定，即不是对纳税人的全年总工薪课税，而只是对一定限额以下的工薪收入额征税。最高限额的高低因国而异，并随着各国消费物价指数的变动而调整。最高限额的设定，体现了社会保障税缴纳与受益之间的相关性，同时也为那些通过商业保险等自愿行为补充国家的福利计划留有一定的余地。自营业者的计税依据一般为其年（月、周）经营收入或者调整后的利润总额，一般也有最高限额的规定。也有些国家雇员和雇主缴纳社会保险税的计税依据是应纳中央税所得额，如冰岛和荷兰。

雇主所缴税款可作为费用在计征公司所得税时可以全部抵扣。而雇员和自营业者所缴纳的社会保障税，除意大利、西班牙、瑞士等少数国家允许在缴纳个人所得税时进行限额或定率扣除外，一般国家均不允许扣除。

（四）税率

各国社会保障税税率水平的高低，一般由社会保障制度的覆盖面和受益人收益的多少决定。从税率的设计原理上讲，社会保障税率的确定应以社会保障资金的支出需要和纳税人的承受能力为依据进行测算。目前，凡是保障受益多的国家，社会保障税的税率都比较高。有些欧洲福利国家社会保障税税率都在30%以上。过去几十年来，由于各国社会保障制度的覆盖面和受益程度都在逐步扩大和增加，社会保障税的税率也有逐步上升的趋势。近几年来，税率总体来讲相对稳定。根据各国经验，社会保障税税率的高低应当适度，既要考虑政府社会保障资金的需要，同时也要兼顾民众的承受能力。

综观一些典型国家，一般雇员、雇主和自营业者的保障项目略有不同，其各自的税率及设置形式也有所不同，社会保障税主要有以下5种税率形式：

一是依不同项目设置的比例税率。考虑到社会保障税的性质和本着征税简便、降低税收成本的原则，大多数国家针对养老、失业、伤残、医疗等具体项目需要的社会保险支出量，规定高低不等的差别比例税率。

二是一些国家采取定额税的方式，依不同项目设置固定税额，如丹麦和冰岛。

三是依工薪收入不同级距设置的比例税率。

四是依纳税人不同年龄设置的比例税率。

五是依不同情况设置的幅度税率（额）。

第二节　社会保障税制度

虽然各国社会保障税的保险种类及名称各不相同，但主要可以划分为五大类[①]：一是养老、残疾和遗属保险；二是医疗和生育保险；三是工伤保险；四是失业保险；五是家庭津贴。其中，养老、残疾和遗属保险是社会保障制度的重要组成部分，是五大险种中最重要的险种，是一国社会稳定的重要保障措施之一。

---

① 由于保险种类繁多，本文采用Social Security Programs Throughout the World系列研究报告中的分类方法。参见https：//www. ssa. gov/policy/docs/progdesc/ssptw/2016 –2017/europe/ssptw16europe. pdf.

在过去的二三十年里，公共养老保险体系引起了各类国际组织、各国政府、科研人员的关注，关注的焦点主要集中在与人口老龄化有关的重大挑战的工业化国家，各国养老保险的主要发展趋势反映在促进多元化、多支柱的养老保险制度的建立，使参保人退休收入来源多样化，以减少财政可持续性风险，同时强化养老保险的再分配功能。对于覆盖率低、其员工在非正规部门中所占比例高的发展中国家，当前养老保险的主要目标是扩大覆盖率，这是一项艰巨的任务，主要原因是将非正式员工纳入正式社会保障方案的范围存在较大的困难。

养老保险是为老年人提供稳定可靠的生活来源，保障其基本生活需求的社会保障制度安排。世界各国的养老保险缴款分为两种类型，第一种缴款与参保人的收入直接相关，第二种缴款是与参保人收入无关的定额总量税（缴款）。目前，由于世界各国人口预期寿命的延长和生育率的下降，人口老龄化问题对各国的养老保险制度带来了挑战，各国公共养老保险体系的财政可持续和管理成本问题对养老保险体系提出了改革的要求。

伤残保险是对非因工造成伤残、丧失劳动能力的劳动者给予的经济保障。它于1889年起源于德国，目前已推广到世界上绝大多数国家和地区。伤残保险是社会保险的一种方式，通常与养老、遗属保险并为一体。在许多国家，因提前丧失劳动能力的，伤残被按退休对待，伤残补助金也被就有了提前支付退休金的含义；有些国家则视伤残为长期或永久性的疾病，通过长期的延长疾病补助金的方式支付伤残补助金，直到伤残者达到正常退休年龄时，才改为支付退休金。

与养老相关的社会福利还包括提供遗属福利。这一保障一般是在死者死亡时予以支付，或者是在被保险人达到相应年龄时予以支付。在大多数情况下，遗属保险只限于照顾幼儿、超过规定年龄或残疾的寡妇、鳏夫。

一、OECD成员养老、伤残和遗属保险及相关税收制度

（一）OECD成员养老、残疾和遗属保险税制基本特点

1. 纳税人主要为雇员和雇主

几乎所有国家的纳税人都包括雇主和雇员。通过强制性法律规定，雇主与雇员共同承担缴纳税款义务，以保证养老保障资金的充足和来源稳定。一直以来，大部分OECD成员都强制性要求自营业者缴纳养老保险，有些国家则采取自愿方式或者缴纳给私营保险部门。

2. 大部分 OECD 成员的课税项目包括养老保险

在 36 个 OECD 成员中，25 个国家有单独的养老保险项目，9 个国家没有单列，而是在总的社会保险或者国民保险项目中。这 9 个国家是希腊、爱尔兰、以色列、韩国、挪威、葡萄牙、西班牙、拉脱维亚和英国。

有残疾保险的国家包括智利、捷克、意大利、墨西哥、荷兰、波兰、斯洛伐克、瑞士、土耳其、美国。

有遗属保险（survivors’ insurance）的国家包括瑞士、美国。

3. 雇员、雇主的计税依据大多为雇员工薪收入，自营业者计税依据多为其经营收入

对于计税依据的规定，各国比较一致，有的国家对雇员工薪收入的范围有具体规定，如包括工资和薪金、奖金和实物福利以及分配给雇员的任何利益。

4. 几乎所有 OECD 成员都采取比例税率

各国依据本国的实际情况设置税率，有的国家按照纳税人类别设置差别比例税率。有的国家按照纳税人的年龄来设置差别税率，例如，芬兰雇员养老保险一般税率为 6.35%，53 岁以上雇员为 7.85%。有的按照纳税人的工薪收入水平来设置差别税率，例如，2016—2017 年英国雇员的国民保险，周薪不超过 155 英镑的为 0，周薪在 155 ~ 827 英镑区间的为 12%，收入超过 827 英镑的为 2%。有的按照雇员的身份设置不同的比例税率，例如，冰岛雇主为一般雇员按 6.85% 缴纳社会保障税，而为海员按照 8.14% 缴纳。

雇主和雇员养老、残疾和遗属保险的总税率为 20% ~ 30% 的国家有奥地利、捷克、爱沙尼亚、芬兰、希腊、挪威、波兰、斯洛文尼亚、西班牙、瑞士、土耳其、英国，税率超过 30% 的国家有意大利、匈牙利、葡萄牙。

（二）OECD 成员养老、伤残和遗属保险税的税制

OECD 成员养老、伤残和遗属保险税的税制情况见表 5 - 2。

表 5 - 2　OECD 成员养老、伤残和遗属保险税制情况

国家	纳税主体	计税依据	适用的税率及对计税依据的说明
奥地利	雇员	雇员月工薪收入	10.25%。用于计算缴款的最低月收入为 438.05 欧元，每月最高收入为 5130 欧元
	雇主	雇员月工薪收入	12.55%。计税依据同雇员
	自营业者		不适用

续表

国家	纳税主体	计税依据	适用的税率及对计税依据的说明
比利时	雇员	参考收入	7.5%（自2017年7月1日起实施）。参考收入：白领职工总收入的100%和蓝领职工总收入的108%
	雇主	参考收入	8.86%
	自营业者	中央税的应纳税所得额①	这里不分社保项目，统一缴款比例为：应纳税所得额13550.5～58513.6欧元部分适用税率20.5%；应纳税所得额58513.6～86230.5欧元部分适用税率14.2%②
加拿大	雇员	雇员年工薪收入	加拿大（2018年）：税率为4.95%，适用年龄为18～64岁，该税率从2019年到2023年逐年上升至5.95%； 魁北克省（2018年）：税率为10.8%，没有适用年龄要求。 用于计算税额的最低年收入为3500加元。最低收入每年不作调整。 2018年用于计算税额的最高年收入为55900加元，每年根据各行业平均工资的变化进行调整
	雇主	雇员年工薪收入	与雇员相同
	自营业者	每年总收入	加拿大（2018年）：税率为9.90%，适用年龄为18～64岁，该税率从2019年到2023年逐年上升至11.9%； 魁北克省（2018年）：税率为10.8%，没有适用年龄要求。 用于计算税额的最低年收入为3500加元。最低收入每年不作调整。 2018年用于计算税额的最高年收入为55900加元，每年根据各行业平均工资的变化进行调整
智利	雇员	雇员月工薪收入	智利的养老、残疾和遗属保险的社保税分为社会保险和强制性个人账户两种： （1）社会保险：对于工资阶层，税额为申报收入的18.84%；对于薪金阶层，税额为申报收入的20%～30%（实际百分比取决于职业类型）。用于计算税额的每月最高收入为60个UFs（1UFs = 26665.98比索），每年根据上年度实际薪资的变化进行调整。 （2）个人强制性账户：税额为申报收入的10%（养老保险）加1.41%（残疾和遗属保险）加约1.23%（行政费用）。用于计算税额的每月最低收入以智利法定最低月薪作基础来计算（18～65岁的法定最低月薪为276000比索；18岁以下或65岁以上的法定最低月薪为206041比索）。用于计算税额的每月最高收入为75.7个UFs（1UFs = 26665.98比索），每年根据上年度实际薪资的变化进行调整
	雇主	—	个人强制性账户：税额为工资支出的1%或2%（养老保险，实际百分比取决于职业类型）加1.41%（残疾和遗属保险）。用于计算税额的每月最高收入为75.7个UFs（1UFs = 26665.98比索），每年根据上年度实际薪资的变化进行调整

① 比利时自营业者的社保预缴款项按前三年经通货膨胀调整的应纳税所得额（*TY*－3）计提。例如，2016年预缴部分按2013年经通货膨胀调整的应纳税所得额计提。在以后的年度，一旦税务机关确定了当年的应纳税所得额（*TY*），社会保障缴款的最终分摊适用相同的税率表。

② 资料来源：https：//stats. oecd. org/Index. aspx？QueryId = 68380.

续表

国家	纳税主体	计税依据	适用的税率及对计税依据的说明
智利	自营业者	月申报收入	智利的养老、残疾和遗属保险的社保税分为社会保险和强制性个人账户两种： （1）社会保险：税额为申报收入的18.84%。用于计算税额的每月最低收入以智利法定最低月薪作基础来计算（18～65岁的法定最低月薪为276000比索；18岁以下或65岁以上的法定最低月薪为206041比索）。用于计算税额的每月最高收入为60个UFs（1UFs=26665.98比索），每年根据上年度实际薪资的变化进行调整。 （2）个人强制性账户：税额为申报收入的10%（养老保险）加1.41%（残疾和遗属保险）加约1.23%（行政费用）。用于计算税额的每月最低收入以智利法定最低月薪作基础来计算（18～65岁的法定最低月薪为276000比索；18岁以下或65岁以上的法定最低月薪为206041比索）。用于计算税额的每月最高收入为908.4个UFs（1UFs=26665.98比索），每年根据上年度实际薪资的变化进行调整
捷克共和国	雇员	雇员月工薪收入	包含工伤保险：6.5%。用于计算税费的最高年收入是全国平均月工资的48倍，全国平均月工资为29979克朗
	雇主	雇员月工薪收入	包含工伤保险：21.5%。用于计算税费的最高年收入是全国平均月工资的48倍，全国平均月工资为29979克朗
	自营业者	月申报收入	每月申报收入的28%。用于计算供款的年度申报收入为上一年度收入与支出差额的50%。全职个体户用于计算供款的最低年收入为全国月平均工资的25%的12倍，兼职个体经营者用于计算供款的最低年收入为全国月平均工资的10%的12倍。用于计算供款的最高年收入是全国平均月工资的48倍。全国平均月工资为29979克朗
爱沙尼亚	雇员	雇员月工薪收入	分为社会保险和个人强制缴款账户。社会保险分担比例为0，强制性个人账户缴款比例为收入的2%加上行政费用。用于计算供款的最低月收入为470欧元，没有用来计算供款的最高收入
	雇主	雇员月工薪收入	社会保险缴款比例为申报收入的16%；强制性个人账户缴款比例为申报收入的4%。用于计算供款的最低月收入为470欧元，没有用来计算供款的最高收入
	自营业者	申报月收入	社会保险缴款比例为申报收入的16%；强制性个人账户缴款比例为申报收入的4%加上行政费用。用于计算供款的最低月收入为470欧元，每月最高收入为1650欧元
芬兰	雇员	雇员月工薪收入	6.35%；53岁及以上的雇员，其养老保险税率为7.85%。用于计算缴款的最低月收入为58.27欧元，没有用来计算供款的最高收入
	雇主	雇员月工薪收入	17.75%。用于计算缴款的最低月收入为58.27欧元，没有用来计算供款的最高收入
	自营业者	—	—
法国	雇员	雇员月工薪收入	养老保险及某种遗属福利：6.9%；加遗属津贴：0.4%。没有用来计算供款的最低收入，用于计算有关养老保险供款的最高月收入为3311欧元。 强制性职业养老金：3.1%～8.1%。没有用来计算供款的最低收入，用于计算供款的最高月收入为3311欧元

续表

国家	纳税主体	计税依据	适用的税率及对计税依据的说明
法国	雇主	雇员月工薪收入	养老保险：8.55%；加遗属津贴：1.90%。没有用来计算供款的最低收入，用于计算有关养老保险供款的最高月收入为3311欧元。 强制性职业养老金：4.65%～12.15%。没有用来计算供款的最低收入，用于计算供款的最高月收入为3311欧元
	自营业者	每年申报	贸易、制造业和手工业的个体经营者： （1）养老保险：第一年1340欧元，第二年1328欧元，之后年度年申报收入低于或等于39732欧元的按17.75%计算供款，超过39732欧元的按0.60%计算供款。 （2）伤残和遗属保险：第一年98欧元，第二年97欧元，之后年度年申报收入按1.3%计算供款，年申报收入上限为39732欧元。 自由职业的自营业者： （1）养老保险：年申报收入低于或等于39732欧元的按8.23%，年申报收入39732～198660欧元的按1.87%。 （2）伤残和遗属保险：税率因行业而异。微型企业经营者每个月或每个季度都要缴纳一笔统一的缴款，具体数额根据行业而异
德国	雇员	雇员月工薪收入	月收入850欧元以上的税率为9.3%，月收入低于850欧元可享减免。没有用来计算供款的最低收入，用于计算供款的最高年收入为78000欧元
	雇主	雇员月工薪收入	月收入低于或等于450欧元的税率为15%，否则为雇员月工薪收入的9.3%。用于计算供款的最高年收入为78000欧元
	自营业者	每月保障收入	月收入的18.6%，每月最低缴款83.70欧元。根据自营业者选择的保险类别，每月最高供款为1209欧元或566.37欧元
希腊	雇员	雇员月工薪收入	社会保障：雇主13.33%，雇员6.67%。从事繁重工作（不健康、危险等工作）的缴纳较高的养老保险比例（12.15%～16.04%由雇员缴纳，18.41%～23.16%由雇主缴纳）。用于计税的最低月收入是未婚蓝领工人的法定月最低工资586.08欧元，25岁以下及工作未满3年者，510.95欧元；用于计税的每月最高收入为5860.80欧元
	雇主	雇员月工薪收入	
	自营业者	月申报收入	有14个保险类别，其中社会保险：20%。用于计税的最低月收入是未婚蓝领工人的法定月最低工资586.08欧元，25岁以下及工作未满3年者，510.95欧元；用于计税的每月最高收入为5860.80欧元
匈牙利	雇员	雇员月工薪收入	包含工伤保险，10%；用来计算缴款的最低收入是每月最低工资。每月最低工资为13.8万福林，没有对用以计算缴款的收入规定上限
	雇主	雇员月工薪收入	养老、伤残和遗属保险，工伤保险，疾病和生育保险以及失业保险：每月工资总额的19.5%，以社会贡献税的形式缴纳。计税依据同雇员
	自营业者	社会贡献税计税依据和每月月收入	养老、伤残和遗属保险，工伤保险，疾病和生育保险以及失业保险：以社会贡献税形式缴纳申报月收入的10%和月收入的19.5%。计税依据同雇员

续表

国家	纳税主体	计税依据	适用的税率及对计税依据的说明
冰岛	雇员	雇员年工薪收入	养老、伤残和遗属保险，生育保险、工伤保险和失业保险：至少占总收益的4%，集体协议可规定额外的供款
	雇主	雇员年工薪收入	养老、伤残和遗属保险，生育保险、工伤保险和失业保险：工资总额的7.35%。强制性职业养老金：至少占职工工资的8%。集体协议可规定额外的供款
	自营业者	推定收入[①]和每年总收入	养老、伤残和遗属保险，生育保险、工伤保险和失业保险：推定收入的7.35%。强制性职业养老金：总收入的12%
爱尔兰	雇员	雇员周工薪收入	4%。每周收入介于352～424欧元，供款可获减免，减免上限为12欧元
	雇主	雇员年工薪收入	每周收入为376欧元或以下的员工，8.6%；每周收入超过376欧元的员工，10.85%
	自营业者	年保障收入	养老、伤残和遗属保险，生育保险、收养福利：年保障收入的4%。自营业者用以计算供款的年收入，是以总收入减去资本免税额及经批准的退休金供款计算
以色列	雇员	雇员月工薪收入	养老和遗属：不超过全国平均月收入60%的0.22%，超过全国平均月收入60%的为3.85%；伤残：不超过全国平均月收入60%的0.11%，超过全国平均月收入60%的为1.86%；长期照料：不超过全国平均月收入60%的0.01%，超过全国平均月收入60%的为0.14%；全国月平均工资为9906新谢克尔
	雇主	雇员月工薪收入	养老和遗属：不超过全国平均月收入60%的1.30%，超过全国平均月收入60%的为2.04%；伤残：不超过全国平均月收入60%的0.26%，超过全国平均月收入60%的为0.42%；长期照料：不超过全国平均月收入60%的0.04%，超过全国平均月收入60%的为0.19%
	自营业者	每月收入	养老和遗属：不超过全国平均月收入60%的3.09%，超过全国平均月收入60%的为5.21%；伤残：不超过全国平均月收入60%的1.11%，超过全国平均月收入60%的为1.86%；长期照料：不超过全国平均月收入60%的0.12%，超过全国平均月收入60%的为0.18%
意大利	雇员	保障收入	保障收入的9.19%，艺术及舞蹈家9.89%。用来计算缴款的最低每日收入是一般法定每日最低工资或集体协议规定的部门最低工资，两者以较高者为准。一般法定日最低工资为48.20欧元[②]
	雇主	保障收入	保障收入的23.81%，艺术及舞蹈家25.81%

① 推定收入指一个人如果同样被一个不相干的人雇用，他将获得的就业收入。

② 对于1996年以前投保的人，缴款按所有收入计算。对于1996年1月1日或之后进入该系统的人员，用于计算缴款的最高年收入为101427欧元。

续表

<table>
<tr><th>国家</th><th>纳税主体</th><th>计税依据</th><th>适用的税率及对计税依据的说明</th></tr>
<tr><td>意大利</td><td>自营业者</td><td>年申报收入</td><td>按自雇类别及保障范围划分，适用不同比例①</td></tr>
<tr><td rowspan="3">日本</td><td>雇员</td><td>雇员月工薪收入</td><td>9.15%。每月应计养老金的薪酬数额包括酬劳和奖金，酬劳的缴款基数最高限额为620000日元，缴款基数的最高限额根据全国平均工资的增加调整</td></tr>
<tr><td>雇主</td><td>雇员月工薪收入</td><td>9.15%，计税依据同雇员</td></tr>
<tr><td>自营业者</td><td>—</td><td>16340日元/月（2018年4月至2019年3月适用）</td></tr>
<tr><td rowspan="3">韩国</td><td>雇员</td><td>雇员月收入</td><td>月工资收入的4.5%，用于计算供款的最低收入为30万韩元，最高月收入为468万韩元</td></tr>
<tr><td>雇主</td><td>雇员月收入</td><td>与雇员缴费比例相同</td></tr>
<tr><td>自营业者</td><td>每月收入</td><td>9%，用于计算供款的最低月收入为30万韩元，最高月收入为468万韩元</td></tr>
<tr><td rowspan="3">拉脱维亚</td><td>雇员</td><td>雇员年工薪收入</td><td rowspan="2">缴款比例雇员：11%，雇主：24.09%。其中，名义账户：14%，个人账户：6%，领取薪金雇员计算供款的最低年薪是法定的最低年薪5160欧元，领取工资的雇员，用于计算缴款的最低日收入标准为每周工作40小时的法定最低小时工资为2.69欧元。用于计算缴款的最高年收入为5.5万欧元</td></tr>
<tr><td>雇主</td><td>雇员年工薪收入</td></tr>
<tr><td>自营业者</td><td>每年总收入</td><td>32.15%。其中，名义账户：14%，个人账户：6%，自营业者每年最低收入应达到5160欧元</td></tr>
<tr><td rowspan="3">卢森堡</td><td>雇员</td><td>保障收入</td><td>8%，用于计算缴款的最低每月收入是法定的社会最低每月工资，法定的每月社会最低工资为1998.59欧元，每月最高收入为9992.93欧元</td></tr>
<tr><td>雇主</td><td>保障收入</td><td>8%，计税依据同雇员</td></tr>
<tr><td>自营业者</td><td>月保障收入</td><td>16%，用于计算缴款的最低每月收入是法定的社会最低每月工资1998.59欧元，每月最高收入为9992.93欧元</td></tr>
</table>

① 2018年的比例具体为：

	技术工人		商人	
	21岁以下	21岁以上	21岁以下	21岁以上
0～15710欧元	3306.54欧元	3777.84欧元	3320.68欧元	3791.98欧元
15710～46630欧元	21%	24%	21.09%	24.09%
46630～77717欧元	22%	25%	22.09%	25.09%
超过77717欧元	16631.44欧元	18962.95欧元	16701.39欧元	19032.90欧元

资料来源：OECD tax database explanatory annex，partIII. social security contributions（Document updated May 2018）.

续表

国家	纳税主体	计税依据	适用的税率及对计税依据的说明
墨西哥	雇员	保障收入	养老：1.125%，伤残和遗属0.625%。用来计算缴款的每月最低收入是法定的每月最低工资，截至2017年12月为88.36比索，用于计算缴款的每月最高收入是25倍的日均UMA，截至2018年2月日均UMA为80.60比索
	雇主	雇员月工薪收入	养老：法定最低工资的5.15%，伤残和遗属：1.75%
	自营业者	法定最低工资	养老：法定最低工资的6.275%，伤残和遗属：2.375%
荷兰	雇员	雇员年工薪收入	养老：17.9%，遗属0.1%，用于计算缴款的最高年收入为33994欧元
	雇主	雇员年工薪收入	遗属6.27%，用于计算缴款的最高年收入为54614欧元
	自营业者	每年总收入	养老：17.9%，遗属0.1%，计税依据同雇员
挪威	雇员	雇员年工薪收入	国民社会保障税：个人工资收入的8.2%。如果雇员的工资收入低于54650挪威克朗，则无须缴纳。一旦工资收入超过这一最低限额，缴款额等于超过这一最低限额的工资收入的25%。所作的实际缴款是超过免征额25%与工资收入总额8.2%之间的最低数额
	雇主	雇员年工薪收入	缴费比例因工作地点所在城市的地理位置不同而异。标准缴费率分别为工资总额的14.1%、10.6%、7.9%、6.4%、5.1%或0。最高税率适用于挪威南部中部地区，在某些情况下可适用较低的税率。加权平均利率约为13%
	自营业者	每年总收入	自2015年起，自营业者的社会保障税率为每年劳动总收入的11.4%。渔业自营业者的缴费比率为所有劳动总收入的8.2%
波兰	雇员	雇员年工薪收入	养老：9.76%，残疾和遗属：1.5%，没有用来计算缴款的最低收入，用于计算缴款的最高年度收入是法律规定的全国平均每月收入的30倍，2017年全国平均月收入为4271.51兹罗提
	雇主	雇员年工薪收入	养老：9.76%，残疾和遗属：6.5%。计税依据同雇员
	自营业者	月申报收入	养老：19.52%。伤残和遗属：8%。计算供款的最低基数为法律规定的全国月平均收入的60%。2017年全国平均月收入为4271.51兹罗提
葡萄牙	雇员	雇员月工薪收入	雇员和雇主的总税率为34.75%，20.21%用于支付养老保险，4.29%用于支付残疾保险，2.44%用于支付遗属保险。没有用来计算捐款的最低或最高收入
	雇主	雇员月工薪收入	
	自营业者	每月参考收入	养老、伤残和遗属保险，疾病和生育保险，岗位疾病保险：每月参考收入的29.6%，34.75%适用于特殊类别的自雇人士（独资经营者及单一成员有限责任公司的业主及其配偶或合伙人）。自营业者选择用来计算供款的参考收入，可达每月社会福利率的1~11倍

续表

国家	纳税主体	计税依据	适用的税率及对计税依据的说明
斯洛伐克	雇员	雇员月工薪收入	养老：4.0%，伤残：3.0%，没有规定用来计算缴款的最低收入，用于缴款的每月最高收入为6384欧元
	雇主	雇员月工薪收入	养老：14.0%，伤残：3.0%，计税依据同雇员
	自营业者	每月收入	养老：18%，伤残保险：6%，自营业者每月申报的收入为上一年度每月平均应课税收入的1/1.486。自愿被保险人可以选择其申报的收入。用于计算会费的最低月收入为456欧元。用于计算捐款的每月最高收入为6384欧元
斯洛文尼亚	雇员	雇员月工薪收入	15.50%，职工缴纳社会保险缴费的计税依据数是指工资总额，包括休假工资、福利待遇和与工作有关的超过一定标准的费用的报酬总额
	雇主	雇员月工薪收入	8.85%
	自营业者	每月收入	24.35%。自营业者缴纳社会保障税的计税依据是上年的营业利润，2016年起计税依据是上年度利润的75%。如果自营业者上年发生了亏损或者利润的75%不超过平均工资的60%，则按照平均工资的60%计税
西班牙	雇员	雇员年工薪收入	4.7%。截至2018年1月29日，用于计算缴款的最低月收入为858.60欧元，用于计算捐款的每日最低收入为28.62欧元。用于计算供款的每月最高收入为3751.20欧元，用于计算某些职业类别缴款的每日最高收入为125.04欧元
	雇主	雇员年工薪收入	23.6%。计税依据同雇员
	自营业者	—	不适用
瑞典	雇员	雇员年工薪收入	养老：7%。用于计税的最低年收入为19247克朗，最高年收入为504375克朗
	雇主	雇员年工薪收入	养老10.21%，遗属0.7%
	自营业者	年申报收入	养老17.21%，遗属0.7%
瑞士	雇员	雇员年工薪收入	老年和遗属保险4.2%；伤残保险0.7%
	雇主	雇员年工薪收入	老年和遗属保险4.2%；伤残保险0.7%

续表

国家	纳税主体	计税依据	适用的税率及对计税依据的说明
瑞士	自营业者	调整利润	自营业者的社会保障税计税依据需用全年总收入减去投资股本的比例。计税依据超过 56400 法郎的适用税率为 9.7%，其中养老和遗属保险 7.8%，伤残保险 1.4%，如果自营业者年收入低于 56400 法郎，适用的税率标准按照级次划分①
土耳其	雇员	雇员年工薪收入	退休金（伤残、高龄及死亡保险）的税率为 9%
	雇主	雇员年工薪收入	退休金（伤残、高龄及死亡保险）：11%②
	自营业者	每年总收入	养老、伤残、死亡保险：20%
英国	雇员	每周总收入	按照雇员的周薪来划分社会保障税税率。雇员周薪超过 162 英镑不超过 892 英镑的（截至 2018 年 4 月），适用税率为 12%（某些已婚妇女和寡妇为 5.85%），超过 892 英镑的部分适用 2% 的税率
	雇主	每周总收入	对于周薪超过 162 英镑的员工，雇主为其缴纳 13.8% 的社会保障税
	自营业者	每年总收入	养老、伤残和遗属保险、就业支持津贴和生育保险、工伤保险：实行累进税率。申报年收入 6205 ~ 8424 英镑每周缴纳 2.85 英镑，加上超过 8424 英镑不超过 46350 英镑部分的 9%，加上超过 46350 英镑部分的 2%。自营业者缴款的 15.5% 拨入国民健康服务，以资助医疗福利
美国	雇员	雇员年工薪收入	2018 年，雇员缴费比例为 7.65%，其中，老年、遗属和伤残保险 6.2%，6.2% 的税率适用于年收入不高于 128400 美元的雇员。对于超过 20 万美元的员工额外征收 0.9% 的税
	雇主	雇员年工薪收入	养老保险：雇员年收入不超过 128400 美元的缴费率为 6.2%，其他收入者适用税率为 1.45%
	自营业者	每年总收入	养老、伤残和遗属保险：年收入不超过 128400 美元，适用的缴费率为 12.4%，超过 128400 美元适用税率 2.9%

资料来源：除特别注释外，参见 https：//www.issa.int/en_GB/country-profiles.

---

① 9400 ~ 17200 法郎适用税率为 5.223%，17200 ~ 21900 法郎适用税率为 5.348%，21900 ~ 24200 法郎适用税率为 5.472%，24200 ~ 26500 法郎适用税率为 5.596%，26500 ~ 28800 法郎适用税率为 5.721%，28800 ~ 31100 法郎适用税率为 5.845%，31100 ~ 33400 法郎适用税率为 6.093%，33400 ~ 35700 法郎适用税率为 6.342%，35700 ~ 38000 法郎适用税率为 6.591%，38000 ~ 40300 法郎适用税率为 6.840%，40300 ~ 42600 法郎适用税率为 7.088%，42600 ~ 44900 法郎适用 7.337%，44900 ~ 47200 法郎适用税率 7.710%，47200 ~ 49500 法郎适用税率为 8.084%，49500 ~ 51800 法郎适用税率为 8.457%，51800 ~ 54100 法郎适用税率为 8.829%，54100 ~ 56400 法郎适用税率为 9.202%。

② 为了提高就业率、减少区域间的不均衡，土耳其实行了许多社会保障税税收优惠政策。其中对于雇主降低保费的激励政策包括：用人单位如果依照《社会保障和一般医疗保险法案》第 81 款第 5510 条规定定期缴纳伤残、老年、死亡保险费的，则国家将代雇主缴纳保险费 11% 中的 5%。除这个优惠外，从 2013 年起在全国 51 个省份的单位实行 6% 的折扣。2017 年起，雇员日薪低于 110 里拉的，将由政府为其缴纳社保中的 100 里拉。

二、金砖国家养老、伤残和遗属保险及相关税收制度

近年来，金砖国家不仅经济快速增长、政治地位相应提高，而且，社会保障覆盖面显著扩大。下文主要梳理除中国以外的金砖国家的社会保障税制度的概况，主要包括社会保障项目和形式，各类社会保障项目的覆盖面、被保险人、各类纳税主体缴纳社会保障税的计税依据和税率。此外，本部分还额外关注了各国各级政府在社会保障税筹资过程中的角色。

（一）巴西

巴西的养老、伤残和遗属保险的覆盖范围包括工商业和农业的雇员、农民工、家政工人、临时工、民选公务员，以及某些不受特别制度保障的公共部门雇员和自由职业者。学生、家庭主妇、失业人士及其他无薪人士可以自愿加入保险项目。某些公共部门雇员和军事人员的特别制度。巴西的养老、残疾和遗属保险、疾病和生育保险先后在铁路、商业和工业部门推出，相应的法律制度则分别始于1923年、1934年和1936年。

2004—2014年，巴西强劲的经济表现和累进的社会保障政策的结合使得社会保障覆盖面不断扩大，同时也减少了社会不平等现象。2004—2014年，巴西正式就业岗位从3760万个增加到5650万个；向社会保障基金缴款的小型和微型企业从大约200万增加到1000多万家；对家政工人的保障覆盖率从28%升至40%；130多万户弱势家庭受益于有针对性的社会保障[①]。但是近年来较低的经济增长水平和不断演变的人口趋势要求进一步调整社会保障制度，以确保迄今取得的成果能够持续和加强。

巴西的雇员从2018年1月起，缴费率按照月收入分为以下级次：月收入不超过1903.98雷亚尔的为0；月收入1903.98～2826.65雷亚尔的为7.5%；月收入2826.65～3751.05雷亚尔的为15%；月收入3751.05～4664.68雷亚尔的为22.5%；月收入超过4664.68雷亚尔的为27.5%。自愿参加保险的人如放弃领取供款养恤金的权利，可缴纳申报收入的20%或法定每月最低工资的11%，年收入达81000雷亚尔的小型企业或家庭主妇可缴纳5%。用来计算缴款的每月最低收入是法定的每月最低工资。2017年1月起，法定月最低工资为937雷亚尔，用于计算缴款的每月最高收入为5531.31雷亚尔。被保险人的缴款还用于支付疾病、生育福利以及家庭津贴。

---

① 数据来源：https：//www. issa. int/en_GB/topics/brics/introduction.

巴西的雇主按照每月雇员工资的20%进行缴款。微型企业（年收入在36万雷亚尔以下的企业）和小型企业（年收入在36万雷亚尔以上但低于480万雷亚尔的企业）的缴款数额占每月申报收益的2.75%～7.83%。雇主的缴款也用来为疾病、生育福利和家庭津贴筹资。

巴西的自营业者的缴款比例为每月申报收入的20%，如果他们放弃了养老金缴费年限的权利则为11%。自营业者的缴款也用于支付疾病和生育福利。

（二）印度

养老保险作为一种社会保险项目，覆盖范围包括1995年11月16日或以后成为缴纳公积金成员的雇员。公积金可以自愿缴纳。不包括个体经营者、农业工人和职工人数少于50人的企业雇员。退职金保障是一种雇主责任保障，覆盖范围包括工厂、矿山、油田、种植园、港口、铁路及雇员人数不少于10人的公司的雇员，不包括个体经营者、农业工人和职工少于50人的企业雇员；煤矿工人、铁路职工和公共部门职工适用的特殊制度。社会援助的覆盖范围包括有需要的老年人和贫困家庭。对于某些工匠和无地的农村人，有单独的非正式部门的社会保障计划可以适用。

印度的养老、残疾和遗属保障形式分为公积金、社会保险、雇主责任、社会救助制度。其中，公积金和遗属保险的覆盖范围包括雇员（包括那些从事休闲、兼职、取得日薪、合同工、月工资为不超过15000卢比的小规模企业员工和法律规定的其他工种的从业人员，企业职工人数超过50人）。经雇主同意，月薪超过15000卢比的雇员可以自愿参保。不包括自营业者、农业工人和企业人数少于50人的雇员，受同等私人职业计划保障的雇员可选择不参加。

印度的雇员按照基本工资的12%缴纳养老、伤残和遗属公积金，低税率10%适用于特定行业和1997年9月22日以前、雇员人数少于20人的业务以及其他一些特殊情况。用于计算缴款的最高月工资为15000卢比，被保险人在遗属保险、养老保险、退职金计划和社会救助方面没有缴款义务。

雇主按照每月雇员工资的3.67%加上每月行政费用的0.5%缴纳公积金。在社会保险方面，遗属保险按每月工资的0.5%缴纳，用于计算遗属保险缴款的最高月工资为15000卢比。养老保险按照每月工资的8.33%缴纳，用于计算养老保险缴款的最高月工资为15000卢比。

印度自营业者不是遗属、养老、退职金保险的被保险人，因此也不需要缴纳此款项。

（三）俄罗斯

俄罗斯的社会保障制度是从苏联的国家保障制度沿袭而来，包括养老、残疾和遗属保险，医疗和生育保险，工伤保险，失业保险和家庭福利。在过去20年里，俄罗斯经历了一个过渡时期，并受到一些重大的社会、经济和人口挑战，这些挑战使现有的计划受到较大压力，给全民保险带来风险。为了迎接新的挑战和日益增长的不平等现象，特别是农村和城市地区之间的不平等现象，俄罗斯在社会保障的关键领域采取了一系列广泛的有针对性的全面改革和有效的政策措施，包括各种强制性和自愿方案。俄罗斯最早的养老、残疾和遗属保险的法律制度开始于1922年。俄罗斯社会保障制度的主要被保险人为雇员，但是与其他国家不同的是，该国雇员不承担任何社会保险的缴费义务，联邦政府和地方政府预算担负着巨大的社会保障筹资责任。自营业者的社会保障受益项目相对较少，仅享受养老、残疾和遗属保险和家庭津贴。

俄罗斯的养老、伤残和遗属保险的覆盖范围包括雇员、雇主和自营业者，独立农民。对于公务员、军人和警察、宇航员、退伍军人和重大工业事故受害者有特别的社保制度。俄罗斯的雇员不承担该保险的缴费义务。对于雇主来说，按照雇员工薪的22%缴费，该比例适用于雇员年收入不超过102.1万卢布的部分，超过部分按照10%的比例缴纳。对于自营业者，一般来说，年收入不超过30万卢布的自营业者需缴纳26545卢布的税额，超过30万卢布的部分按照1%的比例缴费。

（四）南非

在南非，获得社会保障是一项宪法权利。南非的养老、残疾和遗属保险始于1928年关于养老、1936年关于失明和1946年关于残疾的相关法律。南非遗属保险属于社会保险，养老和残疾保险属于社会救助制度。社会保险的覆盖范围主要是每月工作超过24小时的雇员，包括家庭用工和季节工，不包括公务员、受训人员、在合约下工作的外国人，以及因工受伤或职业病而受惠于补偿基金的人士。

社会福利覆盖面很广，并都通过税收来融资。社会救助的覆盖范围包括南非有需要的居民和永久居民，以及居住在南非的难民，不包括在国家制度内受限制或受照顾的人员。公共部门雇员适用特别享受制度。至于各纳税主体的缴费比例和计税依据的情况，参看后文对南非失业保险的详细介绍。

三、医疗和生育保险及相关税收制度

目前，世界主要国家大都建立了适应国情的医疗保障制度。大部分国家的医疗和生育保险制度由现金福利、医疗保险、生育福利等构成，但是各具体项目的适用范围和含义因国而异。

在OECD成员中，医疗保障体系有两大主流制度，即社会医疗保险（Social Health Insurance，SHI）和全民公费医疗（National Health Service，NHS）。在社会医疗保险和全民公费医疗之间，还有一种医疗保障体系，通称为全民健康保险（National Health Insurance，NHI）。全民公费医疗和全民健康保险的制度结构，仅在筹资机制上小有差别，即前者的筹资基于一般税收，而后者的筹资基于医保缴费（也可被理解为一种专项税收）。因此，全民健康保险与全民公费医疗都被视为以税收为基础的医保体系。

被称为“德国模式”的社会医疗保险的筹资主要来自参保雇员及其雇主的联合缴费（即工薪税）。“英国模式”，即由英国首创的全民公费医疗模式的资金来源基于年度一般公共预算。还有些OECD成员的医保体系，如冰岛，主要筹资来源是政府福利部门的预算，其制度架构本质上属于全民公费医疗。全民健康保险模式由加拿大首创，通称为“加拿大模式”。实行加拿大模式的OECD成员还有澳大利亚、韩国等。其医保筹资的主要来源是一定比例的个人收入所得税。全民公费医疗和全民健康保险可视为同一种医疗保险体制。

在OECD成员中还有少数成员，如美国、瑞士、智利等，其医保体系以私立医疗保险或私立健康保险为主。全民医保的目标在美国至今也没有达成，致力于实现这一目标的奥巴马平价医改法案在特朗普执政后目前命运未卜。

除了美国之外，所有OECD成员都实现了全民医保的目标。瑞士和智利较为特殊。瑞士的全民医保体系以私立健康保险为主干，并通过颁布强制性全民参保的法令，自1996年实现了全民医保。智利医保体系具有混合性，既有私立健康保险，也有社会医疗保险，一部分人群享有公费医疗或公共健康保险。除瑞士和智利以外，以社会医疗保险为主导建立全民医保体系的国家有15个，以全民公费医疗为主导的国家有12个，另有4个国家的医保体系以全民健康保险（即准全民公费医疗）为主导。

综上所述，各OECD成员的“医疗保险税”的性质并不一致，下文中统一使用的“医疗保险”或“医疗和生育保险”概念，只是从承担医疗保险或疾病和生育保险筹资这一共同使命的角度而言的（见表5－3～表5－5）。

各国医疗和生育保险的纳税人和计税依据基本与养老、伤残和遗属保险保持一致，值得注意的是，匈牙利、冰岛、爱尔兰、挪威、葡萄牙、西班牙、瑞典、英国的医疗和生育保险的计税依据和税率规定与养老、伤残和遗属保险融合在一起。在所列举的所有国家中，丹麦的特殊性值得注意，因为其地方政府承担了医疗和生育保险所有负担。加拿大医疗和生育保险的事权在省一级政府，各省制定相应的医保制度并确定缴费比例。

在全球化背景下，医疗保险覆盖面不够广泛、缺乏预付制度等，使得全民健康保障问题成为社会和经济发展的障碍。据估计，每年有1亿人因医疗保健费用而陷入贫困。在这种背景下，各国在医疗和生育保险方面做出了不同的努力和尝试，包括扩大覆盖面、选择合适的融资模式、确定相应的福利待等。各国在扩大医保范围、提高医保质量方面面临的实际挑战因国而异，但是，在应对挑战过程中，各国都需要考虑以下要素：医疗技术和药物的革新、病人需求的增加、流行病学的发展、人口结构的变化、医疗保健方面的不平等以及保健市场的全球化所造成的保健费用的增加等。

社会保障税的开征为医疗保障的筹资提供法律保障，本部分主要介绍主要国家与医疗相关的医疗和生育保险的纳税人、计税依据、税率等情况。

（一）OECD成员和金砖国家医疗和生育保险的税制情况（见表5－3）

表5－3　　OECD成员医疗和生育保险税制情况

国家	纳税主体	计税依据	适用的税率及对计税依据的说明
奥地利	雇员	雇员月工薪收入	3.78%，用于计算缴款的最低月收入为438.05欧元，每月最高收入为5130欧元
	雇主	雇员月工薪收入	3.87%，计税依据同雇员
	自营业者	—	—
比利时	雇员	参考收入	医疗福利：参考收入的3.55%。疾病现金补助福利和伤残抚恤金：参考收入1.15%。有家属且每月养老金收入低于1470.90欧元的养老金领取者可免缴。参照收入为被保险人白领职工总收入的100%和蓝领职工总收入的108%
	雇主	参考收入	医疗福利：参考收入的3.8%。疾病现金补助福利和伤残抚恤金：参考收入的2.2%。产妇福利：参考收入的0.15%
	自营业者	—	—

续表

国家	纳税主体	计税依据	适用的税率及对计税依据的说明
加拿大	雇员	雇员年工薪收入	没有联邦政府管理的全国疾病福利计划，但各省份都有省级医保计划
	雇主	雇员年工薪收入	没有由联邦政府管理的全国医疗保险，但各省都有省级管理的医疗保险计划。三个省对雇主征收特别税，为医疗服务（魁北克省和安大略省）或医疗服务和教育（马尼托巴省）提供资金。以安大略省为例，雇主根据其雇员工资单的价值支付医疗保险税，税率因雇员年收入而异，从年收入低于 20 万加元适用 0.98% 到年收入高于 40 万加元适用 1.95%
	自营业者	每年总收入	以魁北克省为例，缴费为收入的 0.973%
智利	雇员	雇员月工薪收入	7%，雇员可以自行选择加入政府管理的保险计划或者是私人部门的保险计划（Isapres）
	雇主	—	雇主需要为雇员缴纳工伤和疾病、儿童照料、失业、残疾、养老五项社会保障计划，但是这五项都不列入智利的税收收入中
	自营业者	月申报收入	7%，用来计算缴款的最低月收入为 27 万比索
捷克[①]	雇员	雇员月工薪收入	现金福利：—
			医疗福利：每月收入的 4.5%。用来计算缴款的每月最低收入是法定的每月最低工资
			12200 克朗。没有用来计算缴款的最高收入
	雇主	雇员月工薪收入	现金福利：每月收入的 2.3%。没有用来计算缴款的最低收入，最高年收入是全国平均月工资的 48 倍。全国平均月工资是 29979 克朗
			医疗福利：每月收入的 9%。用来计算缴款的每月最低收入是法定的每月最低工资 12200 克朗。没有用来计算缴款的最高收入
	自营业者	月申报收入	现金福利：每月申报收入的 2.3%。用于计算供款的年度申报收入为上一年度收入与支出差额的 50%。用于计算缴款的最低年收入是全国平均月工资的 25% 的 12 倍，最高年收入是全国平均月工资的 48 倍。 医疗福利：每月申报收入的 13.5%。用于计算供款的年度申报收入为上一年度收入与支出差额的 50%。用于计算供款的最低年收入是全国平均月工资的 50% 的 12 倍，没有用来计算缴款的最高收入
丹麦	雇员	纳税人没有缴款义务，由地方政府承担全部费用	
	雇主		
	自营业者		

① 捷克的医保分为现金福利和医疗福利两类。现金福利适用范围为每月收入至少 2500 克朗的受雇人员。自营业人士及外国公司雇员的自愿性保障。医疗福利适用范围为捷克永久居民或雇主设在捷克的雇员。

续表

国家	纳税主体	计税依据	适用的税率及对计税依据的说明
爱沙尼亚	雇员	—	—
	雇主	雇员月工薪收入	雇员收入的13%。用于计算供款的最低月收入为470欧元，没有最高收入限额
	自营业者	申报月收入	申报收入的13%。用于计算供款的最低月收入为470欧元，每月最高收入为1650欧元
芬兰[①]	雇员	雇员月工薪收入	现金福利：雇员月工薪收入的1.53%。用于计算捐款的最低年收入为14020欧元，没有用来计算捐款的最高收入
			医疗福利：雇员月工薪收入的1.30%，养老金领取者和其他社会保险受益人雇员月工薪收入的1.47%。没有用来计算捐款的最低或最高收入
	雇主	雇员月工薪收入	现金福利：每月工资的0.86%，没有用来计算捐款的最低或最高收入
			医疗福利：—
	自营业者	每月总（净）收入	现金福利：农业自营业者按雇员月工薪收入的1.53%，1.70%适用于其他自营业人士。用于计算捐款的最低年收入为14020欧元，没有用来计算捐款的最高收入
			医疗福利：每月净收入的1.30%。没有用来计算捐款的最低或最高收入
法国	雇员	—	—
	雇主	雇员年工薪收入	13.30%
	自营业者	每年总收入	0~6.5%，因行业而异
德国	雇员	雇员月工薪收入	每月收入的7.3%。此外，每月还会根据疾病基金的不同缴纳额外的费用，最高可达每月保障收入的1.7%（2018年1月的平均水平为1%）
			用于计算缴款的每月最高收入为4425欧元
	雇主	雇员年工薪收入	雇员月工薪收入的7.3%，计税依据同雇员
	自营业者	—	—
希腊	雇员	雇员月工薪收入	现金福利：每月收入的0.4%；医疗福利：每月收入的2.15%，领养老金的人每月缴纳6%的养老金。用于计算缴款的最低月收入是未婚蓝领工人的法定月最低工资。未婚蓝领工人的法定最低月工资为586.08欧元，25岁以下，工作未满3年者，510.95欧元。用于计算缴款的每月最高收入为5860.80欧元

① 芬兰的医疗和生育保险分为现金福利和医疗福利，现金福利适用于居民，医疗福利适用于居民或者在芬兰工作的人。

续表

国家	纳税主体	计税依据	适用的税率及对计税依据的说明
希腊	雇主	雇员月工薪收入	现金福利：每月收入的0.25%；医疗福利：每月收入的4.3%，计税依据同雇员
	自营业者	月申报收入	现金福利：每月收入的0.65%，医疗福利：6.45%。计税依据同雇员
匈牙利	雇员	雇员年工薪收入	7%
	雇主	雇员月工薪收入	详见养老、伤残和遗属保险
	自营业者	每月月收入	详见养老、伤残和遗属保险
冰岛	雇员	雇员年工薪收入	详见养老、伤残和遗属保险
	雇主	雇员年工薪收入	详见养老、伤残和遗属保险
	自营业者	每年总收入	详见养老、伤残和遗属保险
爱尔兰	雇员	雇员年工薪收入	详见养老、伤残和遗属保险
	雇主	雇员年工薪收入	详见养老、伤残和遗属保险
	自营业者	每年总收入	详见养老、伤残和遗属保险
以色列	雇员	雇员月工薪收入	医疗福利：低于全国平均月工资60%的，3.1%；高于全国平均月工资60%的，5%
			生育福利：低于全国平均月工资60%的，0.04%；高于全国平均月工资60%的，0.87%
			全国月平均工资为9906新谢克尔
	雇主	雇员月工薪收入	医疗福利：—
			生育福利：低于全国平均月工资60%的，0.11%；高于全国平均月工资60%的，0.53%
	自营业者	每月总收入	医疗福利：低于全国平均月工资60%的，3.1%；高于全国平均月工资60%的，5%
			生育福利：低于全国平均月工资60%的，0.24%；高于全国平均月工资60%的，0.94%
意大利	雇员	雇员年工薪收入	疾病现金福利：—
			生育现金福利：因行业而异
	雇主	雇员年工薪收入	疾病现金福利：工业工人总收入的2.22%，商业及服务业雇员的总收入的2.44%
			生育现金福利：工业工人0.46%，商业及服务业的雇员0.24%

续表

国家	纳税主体	计税依据	适用的税率及对计税依据的说明
意大利	自营业者	每年总收入	疾病现金福利：因行业而异
			生育现金福利：因行业而异
日本	雇员	雇员月工薪收入	5.0%。每月应计疾病保险酬劳的缴款基数最高限额为139万日元，奖金缴款基数的最低限额为5.8万日元
	雇主	雇员月工薪收入	5.0%。计税依据同雇员
	自营业者	每月总收入	根据保险公司的不同而有所不同，2016年平均每人每年缴纳86286日元，即每户140171日元，每户每年的最高捐款为77万日元
韩国	雇员	平均月收入	3.35%，其中健康保险3.12%，长期护理保险0.23%，自2017年1月1日起按月平均工资收入征收。月平均工资收入范围为28万~99242040韩元
	雇主	平均月收入	与雇员缴费比例相同
	自营业者	每月总收入	每月的缴费取决于个人的财产所有权、收入、年龄和性别等因素
拉脱维亚	雇员	雇员年工薪收入	3.65%，领取薪金雇员计算供款的最低年薪是法定的最低年薪5160欧元，领取工资的雇员，用于计算缴款的最低日收入标准为每周工作40小时的法定最低小时工资为2.69欧元。用于计算缴款的最高年收入为5.5万欧元
	雇主	雇员年工薪收入	
	自营业者	每年总收入	详见养老、伤残和遗属保险
卢森堡	雇员	雇员年工薪收入	4.45%。用于计算缴款的最低每月收入是法定的社会最低每月工资1998.59欧元。用于计算缴款的每月最高收入为9992.93欧元
	雇主	雇员年工薪收入	3.05%，同雇员
	自营业者	每月总收入	7.5%，同雇员
墨西哥	雇员	雇员月工薪收入	现金福利：每月收入的0.25%
			医疗福利：保障收入与3倍UMA的差额的0.40%，加上每月保障收入的0.375%。截至2018年2月UMA为80.60比索
	雇主	雇员月工薪收入	现金福利：每月收入的0.7%
			医疗福利：UMA的20.4%，加上UMA超过三倍保障收入部分的1.1%
	自营业者	每月总收入	现金福利：—
			医疗福利：法定每月最低工资的20.40%，加上法定每月最低工资超过三倍保障收入部分的1.425%

续表

国家	纳税主体	计税依据	适用的税率及对计税依据的说明
荷兰	雇员	应纳税所得额	疾病现金福利和生育福利：—
			医疗福利：18 岁或以上人士须缴付由健康保险公司订定的定额供款。被保险人可支付与收入有关的占被保险人年收入 5.65% 的供款，用于计算捐款的最高年收入为 54614 欧元
			长期护理福利：年收入的 9.65%。用于计算捐款的最高年收入为 33994 欧元
	雇主	雇员年工薪收入	疾病现金福利和生育福利：见失业保险
			医疗福利：工资总额的 6.90%。用于计算捐款的最高年收入为 54614 欧元
			长期护理福利：—
	自营业者	年申报收入	疾病现金福利和生育福利：—
			医疗福利：每年申报收入的 5.65%。用于计算捐款的最高年收入为 54614 欧元
			长期护理福利：每年申报收入的 9.65%。用于计算捐款的最高年收入为 33994 欧元
挪威	雇员	雇员年工薪收入	详见养老、伤残和遗属保险
	雇主	雇员年工薪收入	详见养老、伤残和遗属保险
	自营业者	每年总收入	详见养老、伤残和遗属保险
波兰	雇员	雇员年工薪收入	现金福利：2.45%；医疗福利：9%
	雇主	雇员年工薪收入	—
	自营业者	月申报收入	现金福利：2.45%；医疗福利：申报收入的 9%。计算供款的最低基数为法律规定的全国月平均收入的 60%。截至 2018 年 2 月，全国平均月收入为 4599.72 兹罗提
葡萄牙	雇员	雇员月工薪收入	详见养老、伤残和遗属保险
	雇主	雇员月工薪收入	详见养老、伤残和遗属保险
	自营业者	月参考收入	详见养老、伤残和遗属保险

续表

<table>
<tr><th>国家</th><th>纳税主体</th><th>计税依据</th><th>适用的税率及对计税依据的说明</th></tr>
<tr><td rowspan="6">斯洛伐克①</td><td rowspan="2">雇员</td><td rowspan="2">雇员月工薪收入</td><td>医疗福利：4%，没有用来计算捐款的最低或最高收入</td></tr>
<tr><td>现金福利：1.4%，自愿投保者为每月申报收入的4.4%。用于计算自愿投保的最低月收入为456欧元，最高月收入为6384欧元</td></tr>
<tr><td rowspan="2">雇主</td><td rowspan="2">雇员月工薪收入</td><td>医疗福利：10%，没有用来计算捐款的最低或最高收入</td></tr>
<tr><td>现金福利：1.4%，没有用来计算缴款的最低收入，用于计算捐款的每月最高收入为6384欧元</td></tr>
<tr><td rowspan="2">自营业者</td><td rowspan="2">月申报收入</td><td>医疗福利：14%，用于计算缴款的最低月收入为456欧元，没有用来计算缴款的最高收入规定</td></tr>
<tr><td>现金福利：4.4%，用于计算缴费的最低月收入是456欧元，每月最高收入为6384欧元</td></tr>
<tr><td rowspan="3">斯洛文尼亚</td><td>雇员</td><td>雇员月工薪收入</td><td>疾病和医疗福利6.36%，生育福利0.1%。用于计算缴款的最低月收入是被保险人去年平均月工资的54%（2021年达到60%），没有用来计算缴款的最高收入</td></tr>
<tr><td>雇主</td><td>雇员月工薪收入</td><td>疾病和医疗福利6.56%，生育福利0.1%。计税依据同雇员</td></tr>
<tr><td>自营业者</td><td>雇员每月总收入或评估收入</td><td>疾病及医疗福利：个人业主及从事专业活动人士收入的12.92%，对于农民，疾病和医疗福利为评估收入6.36%，生育保险为评估收入的0.2%。评估所得是去年利润的75%，用于计算供款的每月最低分摊收入为被保险人去年月平均工资的60%。用于计算供款的最高分摊收入是被保险人去年平均月工资的3.5倍</td></tr>
<tr><td rowspan="3">西班牙</td><td>雇员</td><td>雇员年工薪收入</td><td>详见养老、伤残和遗属保险</td></tr>
<tr><td>雇主</td><td>雇员年工薪收入</td><td>详见养老、伤残和遗属保险</td></tr>
<tr><td>自营业者</td><td>每月总收入</td><td>—</td></tr>
<tr><td rowspan="3">瑞典</td><td>雇员</td><td>雇员年工薪收入</td><td>—</td></tr>
<tr><td>雇主</td><td>雇员年工薪收入</td><td>详见养老、伤残和遗属保险</td></tr>
<tr><td>自营业者</td><td>年收入和申报收入</td><td>详见养老、伤残和遗属保险</td></tr>
</table>

① 分为全民保险（医疗福利）和社会保险（现金福利）。全民医疗福利范围包括斯洛伐克居民和就业人员，除去在国外投保的人员和在斯洛伐克为享有外交特权的雇主工作的非斯洛伐克公民。社会保险范围包括就业人员，以及年收入超过最低月薪12倍的自营业人士。特定情报、安全、警察、消防、海关和军事人员的适用其他特殊的医保体系。

续表

国家	纳税主体	计税依据	适用的税率及对计税依据的说明
瑞士	雇员	雇员年工薪收入	生育现金福利：工资总额的 0.225%。非工作的投保人根据他们的经济状况和其他因素，每年支付从 21 法郎到 1050 法郎的固定费率供款。没有用来计算缴款的最高收入
			医疗福利：根据居住地和保险公司的不同而有所不同
			疾病现金福利：—
	雇主	雇员年工薪收入	生育现金福利：工资总额的 0.225%。没有用来计算捐款的最高收入
			医疗保险：—
			疾病现金福利：负担总成本
	自营业者	调整利润	生育现金福利：收入为 56400 法郎及以上者，占总收入的 0.45%；收入越低，税率越低
			医疗福利：根据州和保险公司的不同而有所不同
			疾病现金福利：—
土耳其	雇员	雇员月工薪收入	疾病现金福利和生育福利：—
			医疗福利：雇员月工薪收入的 5%。用来计算缴款的最低每月收入是每月法定最低工资。用于计算供款的每月最高收入是法定每月最低工资总额的 7.5 倍。法定月最低工资总额为 2029.50 里拉
	雇主	雇员月工薪收入	疾病现金福利和生育福利：2%
			医疗福利：7.5%。计税依据同雇员
	自营业者	月申报收入	疾病现金福利和生育福利：2%
			医疗福利：12.5%。计税依据同雇员
英国	雇员	雇员周工薪收入	详见养老、伤残和遗属保险
	雇主	雇员周工薪收入	详见养老、伤残和遗属保险
	自营业者	每年总收入	详见养老、伤残和遗属保险

资料来源：https：//www.issa.int/en/country-details.

（二）金砖国家医疗和生育保险的税制情况（见表 5－4）

表 5－4　　金砖国家医疗和生育保险的社保税制情况

国家	纳税主体	计税依据	适用的税率及对计税依据的说明
巴西	雇员	一般收益群体不需要缴纳社会保障费用，各纳税主体对养老、残疾和遗属保险的缴费还用于为被保险人提供疾病和生育保险	
	雇主		
	自营业者		
印度	雇员	雇员每月工资	1.75%；身处于首次实施该计划的地区的雇员，适用税率为 1%（为期两年）。被保险人的缴款还包括了工伤保险和失业保险。自愿参保的人每月支付 10 卢比的统一医疗保险税额
	雇主	雇员每月工资	4.75%；身处于首次实施该计划的地区的雇主，适用税率为 3%（为期两年）。雇主的供款也用于支付工伤保险和失业保险
	自营业者	—	—
俄罗斯①	雇员	—	—
	雇主	雇员工资总额	现金福利：2.9%，临时居住在俄罗斯的外国公民，其雇主缴费率为 1.8%。用于计算该缴款的最高年收入为 81.5 万卢布
			医疗福利：5.1%
	自营业者	—	自营业者不属于疾病和生育保险的被保险人。自营业者可以参加自愿补充医疗保险和生育保险。费率因计划而异
南非②	雇员	—	医疗福利：— 疾病现金保险、生育和收养福利：详见失业资金来源； 疾病现金福利：—
	雇主		医疗福利：— 疾病现金保险、生育和收养福利：详见失业资金来源； 疾病现金福利：负担全部成本
	自营业者		医疗福利：— 疾病现金保险、生育和收养福利：详见失业资金来源； 疾病现金福利：—

资料来源：https：//www. issa. int/en/country-details.

① 俄罗斯分为现金福利和医疗福利。现金福利适用范围为雇员，包括俄罗斯的临时和永久居民，不包括自营业者。医疗福利适用范围为俄罗斯公民和难民。

② 医疗福利属于全民保障，疾病现金保险、生育和收养福利属于社会保险，疾病现金福利属于雇主赔偿责任，医疗福利属于社会救助。全民保障被保险人为南非公民。社会保险的被保险人为每月工作超过 24 小时的雇员，包括家庭和季节工。不包括公务员、实习生、在合约下工作的外籍人士及因工受伤或职业病而受惠的人士。雇主责任保障的被保险人为每月工作超过 24 小时的雇员，包括公务员、实习生、家政及季节性工作者，以及根据合约工作的外国人。不包括国防部队、国家情报局、南非特勤局的成员，以及无偿志愿者。社会救助的被保险人南非低收入公民。

（三）美国的医疗保险税制度

美国的医疗保险制度大体可以分为公共医疗保险和私人医疗保险两大类。美国的公共医疗保险制度主要包括老年和残障健康保险（Medicare）、联邦政府对各州医疗援助资助（Medicaid）、儿童健康保险和其他保险（如军人医疗保险等）。其中，最重要、惠及面最广的是老年和残障健康保险和医疗援助，而老年和残障健康保险（Medicare）就是通常意义上所说的“医疗保险”，也是美国仅次于社会保障项目（Social Security）的第二大政府财政支出项目。

同时，美国的私人医疗保险制度非常发达，八成以上的美国人都购买了各种各样的私人健康保险产品，很大程度上弥补了公共医疗保险计划对特定人群享受医疗服务的限制，满足了不同人群不同层次的需要。私人医疗保险经常作为一种非工资福利，由雇主为雇员支付保险金（Employer-Provided Insurance），也有人自行购买私人医疗保险。在美国，不少人同时参加公共医疗保险和私人医疗保险。下文主要介绍美国公共医疗保险主要项目的融资缴费情况。

依据1965年的社会保障修正案建立的老年和残障健康保险（Medicare）是美国最早的一项医疗保险制度，由美国联邦政府开办，其服务对象是65岁以上的老年人或者符合一定条件的65岁以下的残疾人或晚期肾病患者。医疗保险（Medicare）缴纳的资金属于工薪税的一部分，税率是职工工资总额的2.9%，雇主和雇员各缴纳1.45%，用于职工的退休健康福利，计税依据包括全部工薪收入。医疗保险工薪税收入存入医疗保险（HI）信托基金，用于支付医疗保险金，专款专用。

医疗保险（Medicare）包括四部分，分别为住院保险（Part A）、补充性医疗保险（Part B）、医保优势计划（Part C）以及2006年1月实施的处方药计划（Part D）。其中，C可以取代A、B和D部分。其缴费情况见表5－5。

表5－5　美国医疗保险制度的缴款规定

类型	雇员	雇主	自营业者
A	年收入的1.45%加上年收入超过限额的0.9%。单身限额为20万美元，已婚为25万美元。本项缴款也为医疗保险C部分融资	员工工薪收入的1.45%。雇主该部分缴款也为医疗保险的C部分融资	申报收入的2.9%加上超过限额部分的0.9%。限额为年收入20万美元（单身）或者年收入25万美元（已婚）。本项缴款也为医疗保险C部分融资

续表

类型	雇员	雇主	自营业者
B	年收入不超过 8.5 万美元（单身）或 17 万美元（已婚）每月缴纳 134 美元；年收入超过 8.5 万美元（单身）或 17 万美元（已婚），根据具体收入情况，月缴费为 187.5 ~ 428.6 美元	不承担缴费义务	年收入不超过 8.5 万美元（单身）或 17 万美元（已婚）每月缴纳 134 美元；年收入超过 8.5 万美元（单身）或 17 万美元（已婚），根据具体收入情况，月缴费为 187.5 ~ 428.6 美元
C	详见医疗保险 A	详见医疗保险 A	详见医疗保险 A
D	每月缴费额因参保人收入而异。年收入超过 8.5 万美元（单身）或 17 万美元（已婚）的参保人每月需要额外直接向政府缴纳 13.3 ~ 76.2 美元的费用	不承担缴费义务	每月缴费额因参保人收入而异。年收入超过 8.5 万美元（单身）或 17 万美元（已婚）的参保人每月需要额外直接向政府缴纳 13.3 ~ 76.2 美元的费用

资料来源：https：//www. issa. int/en/country-details.

四、工伤保险及相关税收制度

工作条件对工人的健康和福利有重大和直接的影响，工伤保险是为工伤和职业病提供的补偿性保障。工伤保险制度的成效取决于一系列因素，主要反映在工伤事故和职业病的减少，因此，预防职业风险的概念在各国的工伤保险项目中都有体现。将预防与工伤保险赔偿挂钩，可以建立有效的机制，减少工伤事故和职业病的发生，并鼓励雇主在企业内加强预防活动。在许多国家，职业预防活动已高度普及。统计数据表明，对预防措施的投入时间越长，工伤事故和职业病发生机率的减少就越明显。随着全球化带来的工作场所的快速变化，新的职业风险正在出现，这可能对安全和健康战略提出新的要求，因此，各国或许都需要对工伤保险制度作出相应的调整。

目前，各个国家都建立了统一的工伤保险制度，但各国的制度差异明显。以 OECD 成员和金砖国家为例，在纳税主体方面，雇员不承担缴费义务的国家包括奥地利、比利时、加拿大、智利、丹麦、芬兰、法国、德国、意大利、日本、韩国、卢森堡、墨西哥、挪威、波兰、斯洛伐克、瑞典、巴西、俄罗斯和南非。还有一部分国家自营业者并没有纳入工伤保险制度的覆盖范围，包括奥地利、比利时、加拿大、捷克、法国、希腊、爱尔兰、拉脱维亚、斯洛伐克、英国、美国、印度、俄罗斯和南非。税率方面，各纳税主体的缴费标准是根据行业、职业的工作性质及其风险程度而定。

值得注意的是，有些国家的工伤保险制度是融合在养老、伤残与遗属保险制度中的，例如，捷克、爱沙尼亚、匈牙利、冰岛、爱尔兰、拉脱维亚、葡萄牙、斯洛文尼亚，也有的国家的工伤保险制度融合在疾病和生育保险制度中，如匈牙利、荷兰、斯洛文尼亚和印度。下面介绍主要国家的工伤保险税制，具体内容见表5－6。

表5－6　OECD成员和金砖国家的工伤保险税制情况

国家	纳税主体	适用的税率及对计税依据的说明
奥地利	雇员	不承担缴费义务
	雇主	雇员月收入的1.3%，用于计算缴款的每月最高收入为5130欧元
	自营业者	不适用
比利时	雇员	不承担缴费义务
	雇主	工伤：参考收入的0.32%，加上根据评估风险程度而变化的保险费
		职业病：参考收入的1%，加上与石棉有关的疾病（肺病）的0.01%。没有用来计算捐款的最低或最高收入。参照收入为被保险人白领职工总收入的100%和蓝领职工总收入的108%
	自营业者	不适用
加拿大	雇员	不承担缴费义务
	雇主	总费用因不同行业和根据评估的风险程度而异。根据省或地区的不同，每100加元工资单的雇主平均分摊率从1.02加元到2.65加元不等。省级和地方当局使用不同的评估方法，包括按工资或按工业、工业的混合、不同的福利水平和收入上限、工业覆盖的范围和债务筹资的程度对个别费率进行加权。用来计算捐款的最高收入因省或地区而异，从52800加元到127000加元不等
	自营业者	不适用
智利	雇员	不承担缴费义务
	雇主	每月申报收入的0.94%加上3.4%（因职业而异，有些高危职业的缴费率可到6.8%）
	自营业者	每月申报收入的0.94%加上3.4%（因职业而异）。用来计算缴费的每月最低收入为27万比索，最高收入为75.7UFs。UFs是一项根据消费者价格指数每月变动而每日调整的指数，为26597.33比索
捷克	雇员	暂时性残疾：不承担缴费义务
		永久性残疾：详见养老、伤残和遗属保险
	雇主	暂时性残疾：详见疾病和生育保险
		永久性残疾：详见养老、伤残和遗属保险
	自营业者	不适用

续表

国家	纳税主体	适用的税率及对计税依据的说明
丹麦	雇员	不承担缴费义务
	雇主	工伤：私人保险公司。职业病：劳动力市场职业疾病基金。两类缴费由这两个机构承担
	自营业者	自愿参保
爱沙尼亚	雇员	详见疾病和生育保险，养老、伤残和遗属保险
	雇主	详见疾病和生育保险，养老、伤残和遗属保险
	自营业者	详见疾病和生育保险，养老、伤残和遗属保险
芬兰	雇员	不承担缴费义务
	雇主	雇员年收入的0.1%～7%，因职业评估风险而异
	自营业者	自负总成本，承担费用的大小根据行业的风险评估程度而异
法国	雇员	不承担缴费义务
	雇主	承担总成本，费用的大小因职业评估风险而异
	自营业者	不适用
德国	雇员	不承担缴费义务
	雇主	承担费用的大小因职业评估风险而异，2016年平均费率为1.18%
	自营业者	承担费用的大小根据行业的风险评估程度而异
希腊	雇员	详见疾病和生育保险
	雇主	详见疾病和生育保险，外加根据报告的事故率而定的比例
	自营业者	不适用
匈牙利	雇员	详见养老、伤残和遗属，疾病和生育保险
	雇主	详见养老、伤残和遗属保险
	自营业者	详见养老、伤残和遗属，疾病和生育保险
冰岛	雇员	详见养老、伤残和遗属保险
	雇主	详见养老、伤残和遗属保险
	自营业者	详见养老、伤残和遗属保险
爱尔兰	雇员	详见养老、伤残和遗属保险
	雇主	详见养老、伤残和遗属保险
	自营业者	不适用

续表

国家	纳税主体	适用的税率及对计税依据的说明
以色列①	雇员	工伤和职业病：不承担缴费义务。非工伤：全国平均月收入60%以下的为0.01%，以上的为0.07%。全国月平均工资为9906新谢克尔，用于计算供款的最低月收入为全国平均月工资的25%
	雇主	工伤、职业病：全国平均月收入60%以下的为0.37%，以上的为1.96%。非工伤：全国平均月收入60%以下的为0.01%，以上的为0.06%
	自营业者	工伤、职业病：全国平均月收入60%以下的为0.17%，以上的为0.78%。非工伤：全国平均月收入60%以下的为0.06%，以上的为0.08%。计税依据同雇员
意大利	雇员	不承担缴费义务，如果是合同工，分担雇主缴费的1/3
	雇主	工资的0.04%～1.3%，因评估的风险程度而异。2017年，工业工人的平均缴费率为覆盖工资总额的2.0%
	自营业者	因评估风险而异
日本	雇员	不承担缴费义务
	雇主	雇员工资的0.25%～8.8%，因企业的类型而异
	自营业者	每日基本福利的0.3%～5.2%乘以365，因企业类型而异。每日基本福利是被保险人受伤或患病前最后3个月的平均日薪
韩国	雇员	不承担缴费义务
	雇主	雇员工资的0.7%～28.1%，因评估风险而异
	自营业者	根据评估的风险程度，占已申报收入或工资总额的0.7%～28.1%
拉脱维亚	雇员	详见养老、伤残和遗属保险
	雇主	详见养老、伤残和遗属保险
	自营业者	不适用
卢森堡	雇员	不承担缴费义务
	雇主	雇员月工资的0.90%。用于计算缴款的最低每月收入是法定的社会最低每月工资1998.59欧元，用于计算捐款的每月最高收入为9992.93欧元
	自营业者	月保障收入的0.90%。计税依据同雇主
墨西哥	雇员	不承担缴费义务
	雇主	根据评估的风险程度，支付工资总额的0.5%～15%。用于计算供款的最低月收入是被保险人所在地理区域的法定最低工资。用于计算缴款的最大月收入是UMA的25倍
	自营业者	不承担缴费义务

① 分为两类，第一类为工伤与职业病，覆盖范围包括就业人员、个体工商户、职业培训人员和职业康复人员、在押人员、在以色列工作的外国居民、在以色列工作的移徙工人、为以色列雇主在国外工作的部分以色列居民，但不包括警察、监狱服务人员和国防部队雇员。第二类为非工伤，覆盖范围是以色列居民。

续表

国家	纳税主体	适用的税率及对计税依据的说明
荷兰	没有具体的工伤保险项目。1966 年和 1968 年的《疾病和生育福利及残疾养恤金方案》的立法规定适用于所有丧失工作能力的人，不论是否与工作有关	
挪威①	雇员	不承担缴费义务
	雇主	社会保险：详见养老、伤残和遗属保险。雇主责任：全部成本
	自营业者	社会保险：自愿参保人员缴纳应纳税所得额的 0.4%。雇主责任：不适用
波兰	雇员	不承担缴款义务
	雇主	根据评估的风险和员工人数，从雇员工资总额的 0.4% ~3.6%
	自营业者	申报收入的 1.8%。用于计算缴款的最低收入是《预算法》规定的全国月平均收入的 60%，截至 2018 年 2 月，全国平均月收入为 4599.72 兹罗提
葡萄牙	雇员	社会保险：详见养老、伤残和遗属保险
		雇主责任：不承担缴费义务
	雇主	社会保险：详见养老、伤残和遗属保险
		雇主责任：全部成本（支付给私人保险机构）
	自营业者	社会保险：详见养老、伤残和遗属保险
		雇主责任：全部成本（支付给私人保险机构）
斯洛伐克	雇员	不承担缴费义务
	雇主	雇员月工资的 0.8%
	自营业者	不适用
斯洛文尼亚	雇员	暂时残疾：详见医疗和生育保险，永久性参加详见养老、伤残和遗属保险
	雇主	同雇员，此外，雇主为参加职业培训的学生、参加培训的残疾人、某些失业者和某些其他群体支付统一费率的缴费
	自营业者	同雇员
瑞典	雇员	不承担缴费义务
	雇主	申报收入的 0.2%
	自营业者	雇员工资的 0.2%
瑞士	雇员	工伤和职业疾病：不承担缴费义务
		非工伤：全部成本，费率因风险评估程度而异。用来计算缴款的最高年收入为 148200 法郎
	雇主	工伤和职业疾病：全部成本，费率因风险评估程度而异。用来计算缴款的最高年收入为 148200 法郎
		非工伤：不承担缴费义务
	自营业者	缴费因评估风险程度而异

① 第一类为社会保险，适用范围为在挪威居住或作为雇员工作的人，或在挪威大陆架上的永久或可移动设施上工作的人，学生和军事人员。自营业人士可自愿参加。第二类为雇主责任，适用范围为雇员，不适用自由职业者。

续表

国家	纳税主体	适用的税率及对计税依据的说明
土耳其	雇员	不承担缴费义务
	雇主	详见疾病和生育保险
	自营业者	详见疾病和生育保险
英国	雇员	详见养老、伤残和遗属保险
	雇主	详见养老、伤残和遗属保险
	自营业者	不适用
美国	雇员	在部分州适用各自缴款办法
	雇主	承担全部或部分缴费义务，费率因风险评估程度而异
	自营业者	不适用
巴西	雇员	不承担缴费义务
	雇主	根据评估的风险程度，雇主缴费比例为工资总额的1% ~3%
	自营业者	自营业者不在工伤保险的保障范围
印度	雇员	详见疾病和生育保险
	雇主	详见疾病和生育保险
	自营业者	不适用
俄罗斯	雇员	不承担缴费义务
	雇主	俄罗斯将22类工业企业的职业风险分为32个等级，雇主按照相应级别适用从0.2% ~8.5%的缴费比例
	自营业者	不适用
南非	雇员	不承担缴款义务
	雇主	工伤保险的所有成本由雇主负担，缴款率根据行业和报告的事故率而异
	自营业者	不适用

资料来源：https：//www. issa. int/en/country-details.

五、失业保险及相关税收制度

失业保险主要为参保人因非自愿失业而造成的收入损失提供补偿。因此，失业保险也起着一定的收入再分配的作用。目前，全世界只有不到80个国家有失业保险项目，一般来说，享受社会保险福利的期限是有限的，福利数额与被保险人就业前的收入水平有关。在没有建立失业保险的国家，对于失业者往往由政府或者雇主在解除就业协议时提供一次性转移支付。少数国家建立了强制性的个人离职补偿金账户制度，失业保险的总福利等于被保险个人离职补偿金账户中累积资本的价值。

OECD 成员和金砖国家的失业保障制度因国而异，具有如下特点：

第一，有的国家单独设置了失业保险的课税项目，有的国家的则没有。没有单独设置失业保险课税项目的国家包括智利、丹麦、希腊、以色列、意大利、卢森堡、墨西哥、波兰、冰岛、爱尔兰、拉脱维亚、挪威、葡萄牙、英国、印度等。这些国家的失业保险包含在总的社会保障税中，主要是和养老、伤残和遗属保险项目融合在一起或者筹资方式统一。

第二，除了巴西和俄罗斯政府承担了本国的失业保险财政支持责任外，其他国家的失业保险融资大多通过雇员、雇主和自营业者三方进行融资，多数国家是由雇主按照雇员工薪收入的一定比例缴纳失业保险金。其中，雇员不承担缴费义务的国家包括捷克、冰岛、意大利、荷兰、波兰、瑞典、巴西。雇主不承担缴费义务的国家包括卢森堡和巴西。除个别国家外，自营业者一般不缴纳失业保险，这些国家有比利时、智利、法国、爱尔兰、以色列、日本、拉脱维亚、荷兰、波兰、瑞士、土耳其、巴西、印度和南非。

第三，单独设置失业保险课税项目的适用税率都是比例税率，基本 2% 以下，个别国家比较高，如奥地利雇主适用税率 3%，芬兰雇主适用税率 2.6% ~3.25%，法国雇主适用税率 4.05%，西班牙雇主适用税率 5.5%，失业保险税制具体情况见表 5 - 7。

表 5 - 7　　OECD 成员和金砖国家失业保险税制情况

国家	纳税主体	适用的税率及对计税依据的说明
奥地利	雇员	每月收入的 3%。低收入者的缴款率适当降低。用于计算供款的最低月收入为 438.05 欧元，最高收入为 5130 欧元
	雇主	雇员月收入的 3%。计税依据同雇员
	自营业者	自愿参保者可以选择每月缴纳 89.78 欧元、179.55 欧元或 269.33 欧元的固定数额
比利时	雇员	参考收入的 0.87%。参照收入为被保险人白领职工总收入的 100% 和蓝领职工总收入的 108%
	雇主	参考收入的 1.46%
	自营业者	不适用
加拿大	雇员	2018 年为保障收益（covered earnings）的 1.66%。用于计算捐款的最高年收入为 51700 加元，最高限额每年调整一次
		收入在 2000 加元或以下的投保人有资格获得全额退款。投保人的捐款还资助疾病和生育福利
	雇主	2018 年为保障收益的 2.324%，魁北克省为 1.82%
	自营业者	2018 年为保障收益的 1.66%

续表

国家	纳税主体	适用的税率及对计税依据的说明
智利	雇员	每月收入的0.6%，加上约0.04%的管理费，仅限于永久合同工人。签订固定期限合同的工人不缴纳
	雇主	在长达11年的服务年期内，每月支付工资总额的1.6%，加上为长期合约雇员而设基金（Solidarity Severance Fund）的0.8%，定期合约雇员为2.8%加上0.2%
	自营业者	不适用
捷克	雇员	不承担缴费义务
	雇主	雇员月工资的1.2%
	自营业者	每月申报盈利的1.2%。用于计算缴款的年度申报收入为上一年度收入与支出差额的50%，全职个体户用于计算供款的最低年收入为全国月平均工资25%的12倍，兼职个体经营者为全国月平均工资10%的12倍。用于计算供款的最高年收入是全国平均月工资的48倍。全国平均月工资为29979克朗
丹麦	雇员	每月工资或收入总额的8%，适用于失业保险和自愿提前退休的劳动力市场基金。失业保险基金的供款因基金类别而异
	雇主	根据参加特点的失业保险基金而异
	自营业者	同雇员
爱沙尼亚	雇员	总收入的1.6%
	雇主	雇员收入的0.8%
	自营业者	不承担缴费义务
芬兰	雇员	1.90%的收入加上固定利率的缴款
	雇主	年薪不超过2083500欧元的为0.65%，年工资超过2083500欧元的为2.6%
	自营业者	每年超过5800欧元的申报年收入的2.25%～2.65%
法国	雇员	2018年10月1日前没有缴款义务，之后为总收入的0.95%。用于计算缴款的每月最高收入为13244欧元
	雇主	工资总额的4.05%，并按工资总额的0.15%缴纳工资保证基金以应对用人单位破产的风险。用于计算捐款的每月最高收入为13244欧元。雇主为合约期少于3个月的雇员支付额外供款
	自营业者	不适用
德国	雇员	每月收入的1.5%。用于计算缴款的最高年收入为7.8万欧元
	雇主	每月收入的1.5%。用于计算缴款的最高年收入为7.8万欧元
	自营业者	经营前两年，按每月参考收入一半的3%，经营满两年后，每月参考收入的3%计算，每月参考价值为3045欧元
希腊	雇员	总收入的0～6.96%。用于计算供款的最低月收入是未婚蓝领工人的法定月最低工资586.08欧元；25岁以下，工作未满3年者，510.95欧元。用于计算缴费的每月最高收入为5860.80欧元
	雇主	3.17%，计税依据同雇员
	自营业者	每月10欧元

续表

国家	纳税主体	适用的税率及对计税依据的说明
匈牙利	雇员	月收入的1.5%
	雇主	详见养老、伤残和遗属保险
	自营业者	每月申报收入的1.5%，详见养老、伤残和遗属保险
冰岛	雇员	不承担缴费义务
	雇主	详见养老、伤残和遗属保险
	自营业者	详见养老、伤残和遗属保险
爱尔兰	雇员	详见养老、伤残和遗属保险
	雇主	详见养老、伤残和遗属保险
	自营业者	不适用
以色列	雇员	全国平均月收入60%以下的为0.01%，以上的为0.21%。全国月平均工资为9906新谢克尔，用来计算供款的每月最低收入是法定的每月最低工资5300新谢克尔。用于计算供款的每月最高收入是每月基本养老金额的五倍，每月基本养老数额为8674新谢克尔
	雇主	全国平均月收入60%以下的为0.03%，以上的为0.16%。计税依据同雇员
	自营业者	不适用
意大利	雇员	一般不承担缴费义务，对于雇员人数在50人以上的公司，特别工资补贴为总收入的0.3%
	雇主	雇员总收入的1.61%，如果是固定期限合同工人再加1.4%。特别工资补贴：雇员少于50人的雇主额外缴纳总收入的0.6%，雇员多于50人的雇主额外缴纳总收入的2.0%。对于未纳入特别或普通工资补助款的用人单位，根据职工人数的不同，分别为工资补助款的0.45%~0.65%。此外，9%~15%的额外缴款将支付给有较高失业成本历史的雇主
	自营业者	收入的0.51%
日本	雇员	每月收入的0.3%，农业、林业、渔业、清酒酿造业和建筑工人工为0.4%
	雇主	雇员工资的0.6%，农业、林业、渔业或清酒酿造行业工人为0.7%，建筑工人的比例为0.8%
	自营业者	不适用
韩国	雇员	年工资总额的0.65%。投保人的缴款也用于支付疾病和生育保险
	雇主	雇员年工资的0.9%~1.5%，视业务类型而定。雇主的捐款也用于支付疾病和生育保险
	自营业者	申报工资的2.25%（只限就业服务）
拉脱维亚	雇员	详见养老、伤残和遗属保险
	雇主	详见养老、伤残和遗属保险
	自营业者	不适用

续表

国家	纳税主体	适用的税率及对计税依据的说明
卢森堡	雇员	作为特别团结税①缴纳
	雇主	不承担缴款义务
	自营业者	作为特别团结税缴纳
墨西哥	劳动法要求雇主一次性支付被解雇员工 3 个月的工资，加上每年 20 天的工资，最长为 12 个月。其他福利详见养老、伤残和遗属保险	
荷兰	雇员	不承担缴费义务
	雇主	一般失业基金为工资总额的 2.85%。对某些行业的雇主来说，按行业不同，可为雇员缴纳遣散基金，平均缴款额为工资总额的 1.37%。用于计算缴款的每日最高收入为 210.05 欧元。雇主的缴款也用于支付疾病和生育福利
	自营业者	不适用
挪威	雇员	详见养老、伤残和遗属保险
	雇主	详见养老、伤残和遗属保险
	自营业者	详见养老、伤残和遗属保险
波兰	雇员	不承担缴费义务
	雇主	雇员总工资的 2.45%
	自营业者	不适用
葡萄牙	雇员	详见养老、伤残和遗属保险
	雇主	详见养老、伤残和遗属保险
	自营业者	详见养老、伤残和遗属保险
斯洛伐克	雇员	每月保障收入总额的 1%。没有用来计算缴款的最低收入，最高收入为 6384 欧元
	雇主	每月工资总额的 1%。没有用来计算缴款的最低收入，最高收入为 6384 欧元
	自营业者	每月申报收入的 2%。用于计算缴款的最低月收入为 456 欧元，最高收入为 6384 欧元
斯洛文尼亚	雇员	总收入的 0.14%。用于计算供款的最低月收入是被保险人上年平均月工资的 54%（到 2021 年达到 60%），没有用来计算捐款的最高收入
	雇主	雇员总收入的 0.06%。计税依据同雇员
	自营业者	评估收入的 0.2%。评估所得为上一年度利润的 75%，用于计算供款的每月最低分摊收入为被保险人上年月平均工资的 60%。用于计算供款的每月最高分摊收入是被保险人去年平均月工资的 3.5 倍

① 团结税是卢森堡政府征收的旨在为理论上统一（或巩固）项目提供资金的一种税收，它与所得税同时征收。

续表

国家	纳税主体	适用的税率及对计税依据的说明
西班牙	雇员	收入的1.55%，按固定期限合同受雇者，比例的1.6%。用于计算缴款的最低月收入为858.60欧元，用于缴款捐款的每日最低收入为28.62欧元，用于计算供款的每月最高收入为3751.20欧元，用于计算某些职业类别缴款的每日最高收入为125.04欧元
	雇主	收入的5.5%，按固定期限合同受雇者，比例的6.7%。计税依据同雇员
	自营业者	应保收入的2.2%。用于计算缴款的最低月收入为893.10欧元，每月最高收入为3751.20欧元
瑞典	雇员	不承担缴费义务
	雇主	雇员工资的2.64%
	自营业者	收入的0.1%
瑞士	雇员	不超过12350法郎适用比例为1.1%，达到或超过的适用0.5%
	雇主	同雇员
	自营业者	不适用
土耳其	雇员	月收入的1%
	雇主	雇员月工资的2%
	自营业者	不适用
英国	雇员	详见养老、伤残和遗属保险
	雇主	详见养老、伤残和遗属保险
	自营业者	不承担缴费义务
美国	雇员	除了阿拉斯加州、新泽西州和宾夕法尼亚州，其他州都没有
	雇主	联邦失业保险：占年度工资的0.6%（全额为每年工资总额的6.0%，但如果各州都符合联邦政府的要求，则可减免5.4%）。用于计算缴款的最高年收入为7000美元
		州失业保险：每年工资的5.4%（实际比例从0到超过10%不等，视雇主要求工人领取失业救济金的经验而定）。根据各州的情况，用于计算缴款的最高年收入从7000美元到45000美元不等
	自营业者	不适用
巴西	雇员	均不承担纳税义务，由政府来负担所有成本
	雇主	
	自营业者	不适用
印度	雇员	详见疾病和生育保险
	雇主	详见疾病和生育保险
	自营业者	不适用

续表

国家	纳税主体	适用的税率及对计税依据的说明
俄罗斯	失业保险收益范围覆盖每一位俄罗斯公民，其保险费用由联邦和地方政府预算资助，不需要雇员雇主和自营业者额外缴纳，地方和地方政府可以为失业人员及其家属提供补助	
南非	雇员	收入的1%。用来计算缴费的最高收入是每月17712兰特或每年212539兰特。被保险人的缴款还为遗属保险、疾病现金保险、收养福利和生育现金福利提供资金
	雇主	同雇员
	自营业者	不适用

资料来源：https：//www. issa. int/en/country-details.

第三节　世界社会保障税征管制度

一、主要国家社会保障税征管机构

目前，绝大多数国家都建立了社会保障税制度，作为政府提供特殊服务（如医疗、失业和养老等）的经费来源。而且，世界各国社会保障税的征收、管理和监督大都是由不同的机构来进行管理。在OECD成员和金砖国家中，加拿大、爱沙尼亚、匈牙利、冰岛、爱尔兰、拉脱维亚、荷兰、挪威、斯洛文尼亚、瑞典、英国、美国、巴西和俄罗斯14个国家通过税务、海关或者财政部门来征收社会保障税，其余的国家则大多通过公立或私立的社会保障基金协会或公司来征收管理社会保障税。

在欧洲，社会保障税是政府税收收入的主要来源之一。大多数国家将社会保障税与税收制度分开，并通过独立的社会保障机构而不是通过主要的税收机构来进行征收管理。然而，部分国家税务机关在一定程度上参与了社会保障税的征收，而且在过去20年中有明显的将社会保障征管机构与税收机关合并或者一体化的趋势，例如希腊、俄罗斯、斯洛伐克等。一些国家政府将选择进一步整合社会保障管理机构的行政职能，而另一些国家政府则很可能继续依赖职能和职责明确的专门机构。

已开征社会保障税或者有社会保障税制度的OECD成员和金砖国家社会保障税征收管理机构的情况见表5－8。

表 5－8　　OECD 成员和金砖国家社会保障税征收管理机构

<table>
<tr><th>国家</th><th>社会保障管理机构</th></tr>
<tr><td rowspan="2">奥地利</td><td>征收：奥地利社会保险机构联合会</td></tr>
<tr><td>监管：联邦劳工、社会事务和消费者保护部、联邦财政部</td></tr>
<tr><td rowspan="2">比利时</td><td>征收：国家社会保障办公室</td></tr>
<tr><td>监管：联邦社会保障公共服务署</td></tr>
<tr><td rowspan="2">加拿大</td><td>养老、医疗、失业保险
征收：加拿大税务局
管理：加拿大就业和社会发展部、卫生部</td></tr>
<tr><td>工伤保险
各省、各地区的职工补偿委员会负责征收和管理</td></tr>
<tr><td rowspan="4">智利</td><td>养老保险
征收：个人退休基金管理公司（AFPs）
管理：社会保障协会
监督：劳动和社会保障部</td></tr>
<tr><td>医疗保险
征管：国家卫生基金（FONASA）负责公共系统，卫生协会（ISAPREs）负责私人系统
监督：卫生部</td></tr>
<tr><td>工伤保险
征管：职业安全协会和雇主互助基金
监督：劳动和社会保障部</td></tr>
<tr><td>失业保险
征收：智利 AFC
管理：社会保障协会和家庭津贴补偿基金
监督：劳动和社会福利部</td></tr>
<tr><td rowspan="2">捷克</td><td>征管：捷克社会保障局</td></tr>
<tr><td>监督：劳动和社会事务部</td></tr>
<tr><td rowspan="2">丹麦</td><td>征收：劳动力市场补充养老金协会征收养老保险，劳动力市场的保险公司征收工伤保险，授权失业基金征收失业保险</td></tr>
<tr><td>监管：就业部</td></tr>
<tr><td rowspan="2">爱沙尼亚</td><td>征收：税收和海关办公室</td></tr>
<tr><td>监管：社会事务部</td></tr>
</table>

续表

国家	社会保障管理机构
芬兰	征收：有执照的非营利性保险公司、养老基金和基金会征收养老、工伤保险，税务机关征收疾病和生育保险，失业保险基金征收失业保险
	监管：社会事务和卫生部
法国	养老、医疗、工伤保险 征收：联合募捐机构 监管：团结和卫生部、经济和财政部提供一般监督并发布法规
	失业保险 征收：就业中心 监管：劳工、就业、职业培训和社会对话部
德国	养老、失业保险 征收：疾病基金 监管：联邦劳动和社会政策部
	疾病和生育保险 监督：联邦卫生部
	工伤保险 征管：由行业协会和公共保险公司组成的意外保险机构 监督：联邦保险协会监管联邦意外保险机构，联邦劳动和社会政策部监督职业安全和健康项目
希腊	征管：统一社会保障基金（EFKA）
	监督：劳动和社会保障部
匈牙利	征收：国家税务和海关总署
	管理：匈牙利国库管理除失业保险外的社会保险，公共就业服务局管理失业保险项目
	监督：人力资源部监督除失业保险外的社会保险，国家经济部监督失业保险
冰岛	征收：海关总署
	管理：社会保险管理局负责管理除失业保险以外的社会保险项目，劳工理事会负责管理失业保险基金和职业介绍所
	监督：福利部
爱尔兰	征收：税务局
	管理：就业和社会保障部
以色列	征管：国家保险协会
	监督：社会事务部

续表

国家	社会保障管理机构
意大利	征管：国家社会保障协会负责除工伤保险以外的社会保障项目，国家意外保险协会负责工伤保险
	监督：劳工和社会政策部、经济和财政部
日本	征管：日本养老服务协会
	监督：卫生、劳动和福利部
韩国	征收：国民健康保险服务中心
	管理：卫生和福利部、就业和劳动部
拉脱维亚	征收：国家税务
	管理：国家社会保险机构管理现金福利和个人账户
	监督：福利部、卫生部
立陶宛	征收：国家社会保险基金委员会
	监管：社会保障和劳工部
卢森堡	管理：国家养老保险基金管理私营部门的养老保险，公务员事务局负责管理公务员养老保险。国家卫生基金管理医疗保险。意外保险协会为工业、农业和林业工人管理工伤保险。就业局通过其当地办事处管理该项目并支付失业保险
	监督：社会保障部监管除失业保险以外的社会保障项目，劳动、就业和社会团结经济部监督失业保险
墨西哥	管理：墨西哥社会保障协会
	监督：社会发展秘书处
荷兰	征收：国家税收和海关总署
	管理：社会保险银行管理养老和遗属保险，授权的私人保险公司管理和提供医疗保险，雇员福利协会管理失业保险
	监督：荷兰社会及就业部（SZW）劳工督查①
挪威	征收：每个直辖市的地方税务局
	管理：挪威劳工和福利管理局（NAV）
	监督：卫生和保健服务部、儿童与平等部、劳工和社会事务部
波兰	征管：社会保险协会
	监督：家庭、劳工和社会政策部
葡萄牙	征收：社会保障财务管理协会
	管理：社会保障协会
	监督：劳动、团结和社会保障部

① 劳工督查（Inspectorate SZW），致力于为每个人提供公平、健康和安全的工作条件和社会经济保障，隶属于荷兰社会事务和就业部。资料来源：https：//www. inspectieszw. nl/.

续表

国家	社会保障管理机构
斯洛伐克	征管：社会保险机构
	监督：劳动、社会和家庭部
斯洛文尼亚	征收：财政部
	监督：劳工、家庭、社会事务和机会平等部
西班牙	征管：社会保障总库
	监督：就业和社会事务部
瑞典	征收：税务机关
	监督：瑞典社会保险机构
瑞士	养老保险 征收：分散的州、工业和联邦赔偿基金网络 监督：联邦内政部
	医疗保险 征收：法定的健康和疾病保险公司 监督：联邦公共卫生办公室监督健康和疾病保险立法的遵守
	工伤保险 征收：瑞士国家意外保险基金、获授权的私人保险公司、公众疾病和意外保险基金 监督：联邦公共卫生办公室
	失业保险 监管：国家经济事务秘书处批准和监督失业基金，联邦社会保险办公室监督缴款情况
土耳其	征管：社会保障协会
	监督：劳动和社会保障部
英国	征收：英国税务海关总署
	管理：工作及退休金署
美国	养老保险 征收：美国财政部通过美国国税局监督社会保障税的征收 管理：社会保障管理局
	医疗保险 征收：美国财政部通过美国国税局监督医疗保险税的征收 监督：卫生及公众服务部
	工伤保险

续表

国家	社会保障管理机构
美国	征管：大约50%的州由州工人补偿机构管理雇主责任项目，约37.5%的州由州劳动部门管理，三个州由法院管理。有四个州雇主必须在州基金投保，19个州拥有国家基金或私人保险公司，其余州是与私人运营商合作
	失业保险 征收：财政部通过美国国税局监督联邦失业保险缴款的收取 管理：劳工部通过其就业和培训管理局和失业保险办公室在全国范围内管理该项目，各州的劳动机构管理各州的失业项目和工资福利
巴西	征收、监督：财政部提供除失业保险外的社保项目的监督并征收缴款，失业保险项目由劳工部监督
	管理：国家社会保障协会负责管理除失业保险外的项目，工人援助基金咨询委员会负责管理失业保险
印度	管理：雇员公积金组织通过区域、次区域、监察局和子账户办事处管理养老公积金，雇员国家保险公司通过区域和地方办事处管理医疗、工伤和失业保险计划
	监督：劳工及就业部
俄罗斯	征收：联邦税务服务局
	管理：俄罗斯联邦退休基金及其区域机构管理养老保险，地方政府管理医疗保险，俄罗斯联邦社会保险基金和区域基金管理临时残疾福利，俄罗斯联邦养恤基金管理永久伤残养恤金，俄罗斯联邦劳动和社会保障部和地方就业中心管理失业保险
南非	管理：失业保险基金
	监督：劳工处

资料来源：https://www.issa.int/en_GB/country-profiles.

二、信息及通信技术发展背景下的社会保障税征管

信息及通信技术（ICT）的迅速发展在促进社会保障税的征收和管理发展方面日益发挥着重要作用，主要表现在社会保障税征收效率和管理服务质量的提高上。ICT能够实现特定流程的自动化以及运营和服务的转型，使其成为创新解决方案的战略推动者，以应对社会转型和挑战。2003年，仅有45个国家拥有“一站式”平台，33个国家提供在线交易服务；2016年，90个国家提供一个或多个单一入口的公共信息或在线服务门户，或同时提供这两个门户，148个国家提供至少一种类型的在线交易服务①。目前，世界各国均运用ICT推动社会保障税管理的机构一体化和推行电子政务，并将电子身份证、生

① 数据来源：Ten global challenges for social security 2016，P57.

物识别、人脸识别、大数据分析和人工智能等技术运用于征管，以提高征管效率。

ICT运用的典型案例包括M-Pesa。M-Pesa是一个主要活跃在肯尼亚和坦桑尼亚的移动支付服务。它适用于任何手机，包括非洲农村地区常见的非常基本的型号。客户通过在一个通常位于零售网点的授权代理网络中以电子货币兑换现金，在账户中存入和取出现金。在肯尼亚，客户也可以获得一些现金社会保障福利，而在坦桑尼亚联合共和国，捐款则支付给全球环境基金退休福利基金。

基于ICT大数据的使用也提高了征管效率。法国、意大利、西班牙和乌拉圭等国家正在使用大数据和分析技术来检测社保缴费中的逃税和欺诈行为，以保证社会保障税的足额及时征收。

自2001年起，韩国国民健康保险服务实施了覆盖全国（5000万人）所有社会保障信息的大数据项目，包括人口统计数据、缴付的征收、发放福利和医疗数据。大数据包括多个国家数据库的数据，用于支持决策和预测疾病发病率等社会风险。

第四节　国际社会保障协定

一、国际社会保障协定概述

由于海外劳工在境外就业期间往往会遭遇社会保障双重缺失、社会保障双重缴费以及社会保障待遇支付障碍等诸多困境，使得西欧国家于20世纪初开始探索开展社会保障国际合作，主要方式是国家之间签署社会保障国际协定，合理地承担和分享海外劳工社会保障的责任与效益。经过一个多世纪的发展，社会保障国际合作开始由探索时期步入成熟时期，不仅在覆盖区域、惠及人群以及主要内容方面实现了由小到大、由少到多和由点到面的发展，而且在合作方式上实现了由双边协定到双边与多边协定并举的发展，进而成为了全球各国维护海外劳工社会保障权益的有效途径。

国际社会保障协定的宗旨在于让海外劳工享有和承担合理的社会保障权益与义务，有效地缓解海外劳工可能遭遇的社会保障双重缺失与双重缴费问题，降低跨国企业驻外机构的劳动力成本，并缓解海外劳工可能遭遇的社会保障待遇支付障碍，适度降低社会保障待遇的领取条件，改善海外劳工从东道国和原籍国获得社会保护的不利境况，帮助那些曾在两国或者多国就业和参保，但是其在某国的参保年限无法满足当事国社会保障待遇领取资格的海外劳工获得合理的社会保障待遇，以及帮助那些曾在国外就业和参保的劳动者获得相应的社会保险费用的返还。

二、国际社会保障协定的发展历程

国际社会保障协定产生于20世纪初的欧洲。随着第二次工业革命在欧洲国家的深入开展，纺织和钢铁等劳动密集型产业快速发展，对劳动力的需求逐年递增，相关国家开始对劳动力进行调剂余缺，越来越多的劳动者去他国谋生。例如，1931年有多达9万名意大利劳动者在法国就业，德国也向中东欧国家引入了大量的劳工。与此相伴随，逐步出现了海外劳工的社会保障问题，由于海外劳工的社会保障溢出了国界，单靠一国的社会保障法律往往顾此失彼。于是，各国从维护劳动者的境外社会保障权益出发，逐步产生了缔结社会保障国际协定的需要。1904年，意大利和法国缔结了全球第一份社会保障双边协定，开始引入平等对待原则，旨在对工伤事故中伤亡的两国劳动者进行平等对待，并对其家属进行补偿。1912年，意大利和德国签署了一份社会保障双边协定，主要目的在于为工伤事故中伤亡的两国工人提供同等待遇。随后，1919年意大利和法国又签署了一份社会保障双边协定，与之前的协定相比，该协定实现了重要突破，引入了参保时间累积计算原则，以更好地维护海外劳工的社会保障权益。此外，1919年成立的国际劳工组织，为社会保障国际合作的开展提供了重要的国际舞台。自诞生伊始，国际劳工组织就开始关注海外劳工及其家属的社会保障问题，不仅督促成员国加强对海外劳工及其家属的社会保护，而且制定了一些国际劳工公约来维护海外劳工的社会保障权益，譬如《工人事故赔偿公约》和《维护移民的年金权利公约》等。

自第二次世界大战结束到20世纪末是国际社会保障协定的发展阶段。在此期间，国际社会保障协定实现了重要发展，主要体现在：社会保障国际合作在欧洲得到了进一步发展；国际劳工组织继续发挥着重要作用；国际社会保障协定的签署国开始从欧洲延伸至大洋洲、北美洲、非洲以及拉丁美洲；区域性国际社会保障协定开始出现。

21 世纪以来是国际社会保障协定发展的成熟阶段。在这一时期的发展特点主要体现在以下两个方面：一是社会保障国际合作的范围开始延伸至部分亚洲国家；二是区域性社会保障国际合作方兴未艾、发展迅猛。进入新世纪以来，在国内社会保障制度逐步完善的前提下，加之本国海外劳工的规模逐年扩大，部分亚洲国家的海外劳工社会保障权益保护意识日渐增强。于是，社会保障国际合作开始延伸至部分亚洲国家，例如日本、印度、菲律宾和韩国等，特别是日本、印度和菲律宾的态度尤为积极，也取得了较大的成就。同时，21 世纪以来，区域性社会保障国际合作发展迅猛，不仅出现了在同一大洲内的区域性社会保障国际合作，而且产生了不同大洲之间的区域性社会保障国际合作。具体成就主要有：21 世纪初，阿根廷、巴西、巴拉圭和乌拉圭四国签订了《南方共同市场社会保障协议》，以解决其在海外劳工的养老金问题；2005 年，东欧和中亚的 24 个国家签署了《巴库宣言》，主要内容是加强海外劳工的社会保障权益保护；2006 年，海湾阿拉伯国家合作委员会（GCC）出台了《劳动保险保护扩展统一法》，目的在于解决 GCC 成员的劳动者去其他成员国就业时的社会保障问题；2007 年，西班牙、葡萄牙和安道尔与阿根廷和巴西等 12 个拉美国家签署了伊比利亚——美洲社会保障多边公约，以有效地协调海外劳工的社会保障问题①。

三、国际社会保障协定的分类

社会保障国际协定作为国家之间开展社会保障国际合作的主要方式，根据不同的分类标准，可以分为以下四类。

第一，社会保障双边协定与社会保障多边协定。按照缔约国数量的多少，社会保障国际协定可以分为双边协定和多边协定两类。社会保障双边协定是两个国家通过谈判，就解决海外劳工的社会保障问题所签署的协定，目的在于确保本国海外劳工社会保障权益的最大化。社会保障多边协定是指三个及以上国家通过磋商，就解决海外劳工的社会保障问题所缔结的协定。与双边协定相比，多边协定确立了社会保障国际合作的共同原则和主要标准，可以在很大程度上确保所有缔约国的海外劳工享有同等的社会保障待遇。

第二，互惠性社会保障协定与东道国社会保障协定。以支付责任为依据，

① 谢勇才．星星之火，何以燎原——论社会保障国际合作的兴起与发展［J］．华中农业大学学报（社会科学版），2018（2）：97－105，159.

可以将国际社会保障协定分为互惠性协定和东道国协定两类。互惠性协定亦称共担责任协定，是指缔约国共担海外劳工社会保障责任的协定，缔约方在社会保障待遇领取资格上作出些许让步，让海外劳工能够根据实际情况从当事国获得合理的社会保障待遇。于是，海外劳工的社会保障责任与效益在缔约国之间实现了共担和共享。当前，大多数社会保障国际协定皆为互惠性协定。东道国协定实际上是一种单边协定，即东道国将海外劳工在其他缔约国的参保年限作为本国的参保年限，使其更易达到本国社会保障的最低参保年限。这就大大降低了海外劳工获得社会保障待遇的条件，东道国要付出较大的代价，故而很少有国家愿意签署此类协定。例如，在澳大利亚现有的 31 个社会保障国际协定缔约国中，只有与新西兰签署的是东道国协定。

第三，封闭式社会保障协定与开放式社会保障协定。根据人员覆盖范围，可以将社会国际保障协定分为封闭式协定和开放式协定。封闭式协定是指人员覆盖范围仅限于缔约国国民的社会保障协定，当前已有的社会保障国际协定大多属于这类协定。而开放式协定是指人员覆盖范围不限于缔约国国民的社会保障协定，所有受到某个或者两个缔约国法律约束的被保险人都将被覆盖。例如，印度和荷兰签署的社会保障双边协定不仅适用于印度人，还适用于其他从印度迁移到荷兰的人。

第四，专业型社会保障协定与复合型社会保障协定。按照覆盖福利项目的多少，可以将社会保障国际协定分为专业型协定和复合型协定。专业型社会保障协定是指只覆盖一项或者少数几项福利项目的社会保障协定，例如，我国与丹麦签署的社会保障协定只覆盖了养老保险。而复合型社会保障协定是指覆盖大多数甚至所有福利项目的社会保障协定，当前发达国家之间签署的社会保障协定基本上是复合型协定，几乎覆盖了《社会保障最低标准公约》所规定的大多数福利项目。

四、主要国家国际社会保障协定的签署情况

下文主要选取 OECD 成员和金砖国家，梳理各国的国际社会保障协定的签署情况，具体情况见表 5 - 9 和表 5 - 10。

表 5－9　部分 OECD 成员双边国际社会保障协定签署情况

东道国	缔约国（地区）
奥地利	阿尔巴尼亚、澳大利亚、比利时、波黑、保加利亚、加拿大、智利、克罗地亚、塞浦路斯、捷克、丹麦、芬兰、德国、希腊、匈牙利、冰岛、印度、爱尔兰、以色列、意大利、韩国、科索沃、列支敦士登、卢森堡、摩尔多瓦、黑山、荷兰、菲律宾、波兰、魁北克、罗马尼亚、塞尔维亚、斯洛伐克、斯洛文尼亚、西班牙、瑞典、瑞士、突尼斯、土耳其、英国、美国、乌拉圭、马其顿
澳大利亚	奥地利、比利时、加拿大、智利、克罗地亚、塞浦路斯、捷克、丹麦、爱沙尼亚、芬兰、德国、希腊、匈牙利、印度、爱尔兰、意大利、拉脱维亚、日本、韩国、马耳他、马其顿（前南斯拉夫共和国）、荷兰、新西兰、挪威、波兰、葡萄牙、斯洛伐克、斯洛文尼亚、西班牙、瑞士、美国①
加拿大	安提瓜岛和巴布达、奥地利、巴巴多斯、比利时、巴西、保加利亚、智利、中国、克罗地亚、塞浦路斯、捷克、丹麦、多米尼加岛、爱沙尼亚、芬兰、法国、德国、希腊、格林纳达、格恩西岛、匈牙利、冰岛、印度、爱尔兰、以色列、意大利、牙买加、新泽西、日本、韩国、拉脱维亚、立陶宛、卢森堡、马其顿、马耳他、墨西哥、摩洛哥、荷兰、挪威、秘鲁、菲律宾、波兰、葡萄牙、罗马尼亚、塞尔维亚、斯洛伐克、斯洛文尼亚、西班牙、圣基茨和尼维斯、圣卢西亚、圣文森特和格林纳丁斯、瑞典、瑞士、特立尼达和多巴哥、土耳其、英国、美国、乌拉圭
法国	阿尔及利亚、安道尔、阿根廷、贝宁、波黑、喀麦隆、加拿大、佛得角、智利、中国（2016 年 10 月 31 日签署，未生效）、刚果、海峡群岛、加蓬、印度以色列、科索沃、科特迪瓦、日本、韩国、马里、毛里塔尼亚、摩纳哥、摩洛哥、尼日尔、菲律宾、魁北克、圣马力诺、塞内加尔、塞尔维亚、黑山、多哥、突尼斯、土耳其、美国、马其顿
德国	阿尔巴尼亚、澳大利亚、波黑、巴西、加拿大、智利、印度、以色列、日本、韩国、摩尔多瓦、摩洛哥、北马其顿菲律宾、科索沃、塞尔维亚、黑山、突尼斯、土耳其、乌克兰（2018 年 11 月 7 日签署、未生效）、美国、乌拉圭
日本	澳大利亚、比利时、巴西、加拿大、中国（2018 年 5 月 9 日签署，未生效）、捷克、法国、德国、匈牙利、印度、爱尔兰、意大利（2009 年 2 月 6 日签署，未使用）、韩国、卢森堡、荷兰、菲律宾、斯洛伐克（2017 年 1 月 30 日签署，未使用）、西班牙、瑞士、英国、美国
韩国	阿根廷（2018 年 11 月 27 日签署，未生效）、澳大利亚、奥地利、比利时、巴西、保加利亚、加拿大、智利、中国、克罗地亚（2018 年 12 月 18 日签署，未生效）、捷克、芬兰、法国、德国、匈牙利、印度、伊朗、爱尔兰、日本、卢森堡（2018 年 5 月 1 日，未使用）、荷兰、秘鲁、波兰、魁北克、罗马尼亚、斯洛伐克、斯洛文尼亚（2018 年 2 月 20 日签署，未使用）、西班牙、瑞典、瑞士、土耳其、英国、美国、乌兹别克斯坦
英国	奥地利、巴巴多斯、百慕大群岛、波黑、加拿大、智利、克罗地亚、塞浦路斯、法国、德国、直布罗陀、格恩西岛、冰岛、爱尔兰、英属曼岛、以色列、牙买加、日本、韩国、马耳他、毛里求斯、荷兰、新西兰、挪威等
美国	意大利、德国、瑞士、比利时、挪威、加拿大、英国、瑞典、西班牙、法国、葡萄牙、荷兰、奥地利、芬兰、爱尔兰、卢森堡、希腊、韩国、智利、澳大利亚、日本、丹麦、捷克、波兰、斯洛伐克、匈牙利、巴西、乌拉圭、斯洛文尼亚、冰岛

资料来源：国际财税文献局数据库。

① 资料来源：https：//www. dss. gov. au.

表 5－10　　　　金砖国家双边国际社会保障协定签署情况

东道国	缔约国（地区）
巴西	比利时、保加利亚（未生效）、加拿大、佛得角、智利、法国、德国、希腊、印度（已签署，未生效）、以色列（2018 年 2 月 27 日，未生效）、意大利、日本、韩国、卢森堡、莫桑比克（2017 年 5 月 11 日签署，未生效）、葡萄牙、魁北克、西班牙、瑞士（2014 年 4 月 3 日和 2018 年 5 月 3 日签署，均未生效）、美国
中国	加拿大、丹麦、芬兰、法国（2016 年 10 月 31 日签署，未生效）、德国、日本（2018 年 5 月 9 日签署，未生效）、韩国、卢森堡（2017 年 11 月 27 日签署，已批准，未执行）、荷兰、塞尔维亚（2018 年 7 月 7 日签署，已批准，未执行）、西班牙、瑞士（共 12 个）
印度	澳大利亚、奥地利、比利时、巴西（已签署、未生效）、加拿大、捷克、丹麦、芬兰、法国、德国、匈牙利、日本、韩国、卢森堡、荷兰、挪威、葡萄牙、魁北克、瑞典、瑞士（共 19 个）
俄罗斯	白俄罗斯、保加利亚、捷克、匈牙利、以色列、拉脱维亚、立陶宛、罗马尼亚、塞尔维亚、斯洛伐克、西班牙（共 11 个）
南非	无

资料来源：国际财税文献局数据库。

第五节　社会保障税发展趋势

一、社会保障税税制发展趋势

（一）建立多支柱的社会保障体系

面对全球经济下行的压力，欧洲国家普遍对社会保障特别是养老制度进行了结构性改革，一方面鼓励、支持、推动发展各种非公有的社会养老资源和方式，使养老责任在国家、企业、个人和家庭等行为体之间分摊，以减轻政府的财政压力；另一方面使养老模式更加灵活，以适应非全职就业、兼职就业、小微就业等灵活就业方式的不断涌现，从而更好地应对老龄化、全球化和信息化时代的各种新风险和新挑战，确保养老保障的可持续。

自 20 世纪 80 年代起，欧洲发达国家逐步开始改革耗资巨大的公共养老社会保障制度，建立起了多支柱的养老体系，即在压缩第一支柱现收现付制的公共养老保障占比的同时，建立以企业责任和个人责任为基础的第二根和第三根支柱。先是英国、瑞典等国开始改革公共补充养老金制度，使其完全或部分脱离公共养老金体系，由企业或个人负责并进行市场化操作。其他国家随后跟进，例如，荷兰通过强制性法律，德国通过鼓励性政策和选择性原则，建立起了企业或职业年金计划，这些计划被广泛地称为养老保障的第二支柱。目前，第二支柱养老金通常是企业行为，有积累退休准备金、直接保险以及其他基金方式，成为第一支柱公共养老金的重要补充。除职业年金外，欧洲各国还出现了种类和名目繁多的个人养老计划，统称为养老保障的第三支柱。个人养老计划是名副其实的“个人账户”。各国政府通过个人所得税减免、对部分私人商业性养老保险予以适当财政补助、放低个人养老金的投资门槛等方式，间接地鼓励第三支柱的成长发育，以促进养老保障手段的多样化和灵活性，减少人们对公共养老金的依赖，缓解政府的财政压力。目前，随着第二支柱和第三支柱的不断发展壮大，第一支柱即现收现付的公共养老金在个人养老收入中的占比呈不断缩小趋势，如德国下降至73%，有些国家降至50%～60%，个别国家甚至降到20%～30%。[①] 尽管如此，各国还是保留了相当比例的公共养老金，如改革的先行者英国也只是放弃了与收入挂钩的附加公共养老金，而仍保留着以社会公平为目标的基础公共养老金。公共养老金作为养老体系的“压舱石”的作用没有改变。

（二）各国社会保障覆盖面逐渐扩大，但是国与国之间的差距依然明显

高收入国家在紧缩政策下，社会保障水平整体趋于降低，特别是在养老保障领域。反之，中低收入国家则通过持续的改革和投入，特别是最低收入等社会保障底线的提升，缩小了和发达国家之间的差距。不过尽管如此，整体而言，中低收入国家由于起步晚、基础差、国力弱、贫困人口多等因素，与已经有半个多世纪发展历史的成熟福利国家相比，差距依然很明显，这一点在社会保障的覆盖率、保障水平和支出水平等各个领域都有体现。相关统计表明，社会保障支出占国内生产总值的比重，低收入国家只有4%左右，中等收入国家大约为10%，高收入国家则高达19%。在社会保障的两大主要项目——医疗和养老保障的覆盖中，鸿沟也明显可见：西欧的医疗保障覆盖率高达99.7%，非洲只有24.7%；西欧、北美和中东欧地区的养老覆盖率均在90%以上，非洲只有20%左右，撒哈拉以南非洲只有17%[②]。

在经济全球化背景下，市场力量日益支配着经济和社会生活的方方面面。一方面，这给传统的福利国家带来了日益严峻的挑战，迫使它们出于加强国

①② 周弘，彭姝祎．国际金融危机后世界社会保障发展趋势［EB/OL］. http：//www. aisixiang. com/data/92686－3. html.

际竞争力等目的而紧缩福利，弱化国家的公共保障职能，将部分社会责任转交给市场和社会等非公共力量，由它们负责填补空隙；另一方面，使福利国家逐步转变观念，从消极的后期保障转为积极的前期介入，从而帮助公民进行智力（涵盖知识和技能两方面）投资，以提高就业能力，应对全球化挑战。同时，经济和贸易的全球拓展又将市场经济以及社会福利思想传播到世界各地，推动社会保障意识在全球范围内萌芽并付诸实施，使越来越多的国家意识到，面对由经济全球化带来的社会风险的全球化，不仅要构筑一道基本的社会保障底线，以确保在全球化中不具备竞争优势的底层民众有可靠的生活保障，从而缓解因贫困和贫富差距过大等原因而导致的社会紧张乃至动荡，而且应从分配公平转向机会公平，通过投资个人素质和技能来提振个人和整个国家的竞争力，通过对家庭收入的支持维持国内消费水平，促进个人和国家的可持续发展。换言之，要从保护和发展两个层面来建设社会保障制度。以上的广泛共识和实践促进了全球社保差距的不断缩小。

二、社会保障税征收管理趋势

信息及通信技术（ICT）发展为社会保障税征管转型带来机遇。以 ICT 技术为依托的社会保障税征管创新的三大主题是移动技术、大数据和电子政务。联合国电子政府发展指数显示，政府机构对 ICT 技术的应用正在增长——联合国所有成员都实施了在线政府服务，公共社会保障项目的征管信息化是这一趋势的一部分。对于社会保障征管部门来说，ICT 有助于实现日益全面的社会保障制度。这样可以更好地协调个别方案以及为执行先进的服务提供机制，扩大了社会保障税制政策的范围和影响，同时简化了服务的提供并提高了服务的质量。尤其是在发展中国家，尖端的 ICT 使各机构能够大步前进，甚至超越较发达国家的良好做法。

但是 ICT 在社会保障税征管的运用也带来了一定的风险。风险主要包括数据质量和数据保护。数据管理是现代社会保障事业单位的一门重要学科。一方面，获取准确可靠的个人数据对社会保障行政部门来说越来越重要；另一方面，数据更容易管理和挖掘的潜力也进一步推动了创新。然而，网络安全问题影响着所有国家，而且随着基于网络的平台上数据使用的加强，这些问题也在加剧。黑客攻击和窃取个人资料的威胁需要普遍和持续的关切。

随着全球数据使用呈指数级增长，“大数据”应运而生，一场新的数据驱动的 ICT 革命正在发生。利用先进的数据处理和数据分析技术进行“客户剖析”，从大数据中提取其他信息。这种所谓的数据驱动创新（Data-Driven Innovation，DDI）结合互联网和移动技术的发展，可以改善产品、流程和组织方法。它还可以应付全球社会政策挑战，例如脆弱人口的卫生和社会保护需要。反过来，人工智能的进步可以为提高社会保障电子服务的自动化程度提供背景。对于社会保障管理局来说，ICT 常常意味着服务和流程之间的差异，因此，ICT 在社会保障系统的管理中是必不可少的。ICT 科技的发展，使受保障人口在取得和核实资料，以及与社会保障机构沟通方面，拥有更大的自主权、灵活性和简便性。对于那些没有足够覆盖的人，移动 ICT 平台支持改善覆盖。它们不仅支持捐款的支付和现金福利的接收，而且可以促进获得诊断性保健治疗和第一线保健专业人员分享病人的重要健康数据。

ICT 通过简化工作量降低征管成本，帮助减少错误和查明欺诈行为，并通过支持税款征收、计算和提供福利来提高社会保障的充分性，从而改善了社会保障征管部门的绩效。高性能的数据处理技术使管理部门能够通过提高其执行可靠的验证、控制和计算的能力，不仅提高效率，而且提高过程的质量和准确性。

三、国际社会保障协定发展趋势

（一）覆盖区域从发达国家延伸至发展中国家

国际社会保障协定在最开始只是少数几个工业革命发展迅速的国家之间签署了社会保障双边协定。随着工业革命的深入开展，劳动力的跨国流动越来越频繁，社会保障双边协定的重要性日益凸显，使得越来越多的国家开始加入签署社会保障国际协定的行列。于是，社会保障国际合作的覆盖区域由 20 世纪初的少数西欧国家扩展到两次世界大战期间的大多数西欧国家，随后在第二次世界大战后至 20 世纪 60 年代末扩展至大部分欧洲国家，之后在 20 世纪 70 年代开始延伸至大洋洲和北美洲国家，然后在 20 世纪 70 年代末扩展至部分拉美国家和非洲国家，最后在 20 世纪末延伸至部分亚洲国家。换言之，社会保障国际合作在覆盖区域方面实现了由发达国家逐步延伸至发展中国家的发展。

（二）协定的主要内容由单个项目发展到大多数福利项目

19 世纪末 20 世纪初，随着机器生产在西欧国家的大肆普及，给劳工带来了新的职业安全问题，主要体现在工伤事故频发，使得工伤保险成为当时西欧各国普遍建立的社会保险项目。与此相适应，社会保障国际合作最初的主要内容就是工伤保险，全球第一份社会保障双边协定主要关注的就是工伤赔偿问题。不过，随着现代社会保障制度在欧洲、北美洲以及其他区域的逐步普及，加之社会保障双边协定不断走向规范与成熟，社会保障国际合作的主要内容也由单个项目逐步延伸至大多数福利项目，具体表现为由最初的工伤保险逐步延伸至养老、遗属、残障、失业以及家庭津贴等大多数福利项目。需要注意的是，尽管在理论上社会保障国际合作可以涵盖所有的福利项目，然而事实并非如此，考虑到成本与收益等因素，社会保障国际合作往往只覆盖两项及以上的福利项目。同时，社会救助和医疗保险通常被排除在社会保障国际协定的覆盖范围之外。实际上，除欧盟的社会保障国际合作覆盖了大多数福利项目外，大多数国家的社会保障国际合作往往只涉及了部分福利项目。

（三）合作方式由双边协定到双边与多边协定并举

自从 1904 年意大利和法国签署全球首份社会保障双边协定开始，社会保障双边协定逐步成为各国开展社会保障国际合作的主要方式。不过，伴随着海外劳工的规模日趋扩大，加之各国的具体国情和政策偏好存在差异，使得社会保障双边协定无法满足一些国家的海外劳工社会保障权益保护需要。于是，社会保障多边协定应时而生。1919 年，瑞典、丹麦和挪威三国就海外劳工的工伤赔偿问题缔结了世界上第一份社会保障多边协定。此后，社会保障多边协定受到越来越多国家的欢迎，数量日渐增多。换言之，在合作方式方面，社会保障国际合作实现了由双边协定到双边与多边协定并举的发展。不过，需要指出的是，尽管社会保障多边协定的数量逐步增多，但是在社会保障国际合作领域，占主导地位的依然是社会保障双边协定，社会保障多边协定居于次要地位。在目前各国已签署的社会保障国际协定中，社会保障双边协定占据着绝对的主导地位，多边协定往往只是起着补充和辅助作用。

第三篇　货物和劳务税

第六章　增值税

增值税是对货物和劳务在生产和分配的每个环节产生的增值额征收的税种，最早由法国实施，随后在世界各国快速普及。目前，全世界已有 170 多个国家（地区）开征了增值税。

本章主要内容包括：税制要素、世界主要国家增值税留抵退税制度比较、数字平台的增值税征收责任、世界增值税改革发展评述。

第一节　税制要素

一、纳税人

（一）定义

增值税纳税人一般是指在一国境内销售货物和提供劳务，以及进口货物和劳务的单位和个人，而不论从事这些经济活动的目的或结果如何。也就是说，除政府特别规定免征增值税的交易项目之外，在本国境内从事任何销售货物和提供劳务的交易的任何人，都要缴纳增值税。此外，除有特殊规定外，任何人都必须就进口行为缴纳增值税。增值税纳税人定义中需要进一步说明以下六个问题：

（1）增值税纳税人定义中的单位和个人通常包括自然人、法人和没有法人资格的实体三大类，具体包括：自然人，法人团体（如公司），独资公司，政治团体（如政府），合伙企业，非法人团体或社团，慈善机构，信托公司，以及养老基金管理机构，等等。

（2）增值税纳税人定义中的“经济活动”通常是指生产者、交易者或提供服务的任何人独立从事的任何具有交易性质的经营活动，包括销售货物、提供劳务以及进口。在某些国家，例如加拿大，“经济活动”还包括在本国境内进行的不动产交易。欧盟增值税指令还特别强调，“经济活动”还包括采矿和农业活动，需要专门技能的医学、法律、工程、教学等活动，以及为了获取所得持续性地开发有形或无形财产的活动。[①]

（3）有的国家规定只对具有持续性或经常性的经济活动征收增值税，有的国家则规定，除了对持续性或经常性的经济活动征收增值税以外，对偶然发生的经济活动也要征收增值税。例如，挪威税法规定，交易金额大于规定

① European Union：Council Directive 2006/112/EC of 28 November 2006 on the common system of value added tax，Article 9（1）.

限额的偶然交易也要登记纳税；[1] 欧盟增值税指令也规定，成员可以选择对偶然经济活动征税。[2] 判断经济活动是否具有持续性或经常性的主要根据是从事经济活动的自然人、法人和非法人实体主观上有这样的安排。

（4）所有国家均规定只对符合独立经营原则的经济活动征收增值税，即为了自身利益独立开展经营活动的自然人、法人和非法人实体是增值税纳税人。就个人而言，被雇用者或其他受从属关系约束者虽取得了报酬，但不属于独立经营，因此不能成为增值税纳税人，他们在这种关系下从事的活动无须缴纳增值税。有些国家对“独立经营”规定了明确的判断标准，例如，挪威税法规定，“独立经营”的判断标准为：是否拥有自己的设备；能否自主地支配自己的工作时间；是否对完成的工作承担全部责任等。[3] 就法人或非法人实体而言，法人或非法人实体应该是独立的，而不是作为某一组织的有机组成部分来参加经营活动。正因为如此，在财务、经营和组织方面紧密联系、相互制约的经营单位应该作为一个纳税人缴纳增值税。

（5）作为经营者的自然人、法人和非法人实体可以有营利动机，也可以没有营利动机，都是增值税纳税人。因此，符合条件的非营利机构也是增值税纳税人。

（6）从事应税活动的个人，不管该应税活动是其主要业务还是附带业务，都是增值税纳税人。

（二）增值税一般纳税人和小规模纳税人

各国都有为数众多的小企业，小企业对经济社会发展的促进作用也日益受到重视。在增值税实践中，为了减轻小企业的遵从负担，绝大多数国家都对小企业实行特殊税制。但是，值得注意的是，由于各国划分小企业的标准不一，而且在有的国家（如智利、墨西哥、西班牙、土耳其等）小企业也适用正常的税制，属于增值税意义上的一般纳税人。因此，为了明晰相关概念，本书把适用增值税正常税制的纳税人定义为一般纳税人，不管该纳税人是否属于小企业；适用增值税特殊税制的纳税人定义为小规模

---

① Norwegian Tax Administration. http：//www. skatteetaten. no/en/International-pages/Felles-innhold-benyttes-i-flere-malgrupper/Brochure/Guide-to-value-added-tax-in-Norway/？chapter = 7159.

② European Union：Council Directive 2006/112/EC of 28 November 2006 on the common system of value added tax，Recital 13.

③ Norwegian Government Portal，Altinn. https：//www. altinn. no/en/Start-and-Run-a-Business/Operation/Direct-and-indirect-taxes/Payroll-withholding-tax/When-is-an-employee-in-actual-fact-self-employed/？epslanguage = en.

纳税人，此处的小规模纳税人不完全等同于按照其他相关标准划分的小企业。

从 OECD 35 个实行增值税的成员的相关情况（见表 6－1）[①] 及欧盟成员的相关情况来看，在处理一般纳税人和小规模纳税人方面主要有以下四个特点：

1. 划分一般纳税人和小规模纳税人的方法不同

截至 2019 年 1 月 1 日，在 OECD 实行增值税的 35 个成员中，只有墨西哥、西班牙、土耳其 3 个国家不划分一般纳税人和特殊纳税人，对所有增值税纳税人实行统一的增值税制度；智利的情况比较特殊，智利只把符合条件的自然人划定为小规模纳税人，小规模纳税人必须进行适用所有税种的税务登记，并根据其过去 12 个月收入的平均值缴纳定额增值税。其余 31 个成员分别采取下列两种方法来划分一般纳税人和小规模纳税人：

（1）规定登记和征收起点（registration and collection thresholds）。登记和征收起点通常是纳税人年度应纳增值税营业额。达到登记和征收起点的纳税人为一般纳税人，未达到登记和征收起点的纳税人为小规模纳税人。小规模纳税人既可以不进行增值税登记，也无须缴纳增值税。澳大利亚、奥地利、加拿大、捷克、丹麦、爱沙尼亚、芬兰、法国、冰岛、爱尔兰、日本、拉脱维亚、立陶宛、新西兰、挪威、波兰、斯洛伐克、斯洛文尼亚、瑞典、瑞士、英国 21 个成员采用此方法划分一般纳税人和小规模纳税人，规定小规模纳税人既可以不进行增值税登记，也无须缴纳增值税，同时，这些国家还规定小规模纳税人可以自愿选择进行增值税登记并缴纳增值税。

（2）只规定征收起点（collection thresholds）。征收起点通常是纳税人年度应纳增值税营业额，个别国家采用年度应纳增值税额。达到征收起点的纳税人为一般纳税人，未达到征收起点的纳税人为小规模纳税人。小规模纳税人必须进行增值税登记，但无须缴纳增值税，或适用特殊的增值税制度。比利时、德国、希腊、匈牙利、以色列、意大利、韩国、卢森堡、荷兰、葡萄牙 10 个成员规定小规模纳税人必须进行增值税登记，但无须缴纳增值税。荷兰是 OECD 成员中唯一采用就年度应纳增值税额确定一个标准来划分一般纳税人和小规模纳税人的国家。荷兰规定，所有纳税人都必须进行增值税登记，年度应纳增值税额不超过 1883 欧元的纳税人是小规模纳税人，适用特殊的增

① OECD：Table 2. A. 5 Annual turnover concessions for VAT registration and collection，Consumption Tax Trends 2018.

值税制度，即年度内提供应税产品和服务应缴纳的增值税不超过1345欧元的纳税人可以享受免税优惠，但是这部分纳税人仍需进行增值税登记。增值税应纳税额超过1345欧元但未超过1883欧元的纳税人可以享受部分减免增值税的优惠。

另外，欧盟部分成员规定年度应纳增值税营业额高于征收和（或）登记起点且低于某一金额的纳税人也属于小规模纳税人，适用固定征收率制度。欧盟《2006年增值税指令》"特殊规则"中的281条以及欧盟其他相关文件授权成员国对小企业（small business）实行简易征收制度，比如实行固定征收率制度（flat-rate schemes），[①] 即小企业按照应纳税营业额的一定比率直接计算应纳增值税额，不同行业适用不同的比率，不允许抵扣进项税额。以英国为例，英国在《1994年增值税法案》26B条、《1995年增值税条例》以及HRMC发布的系列公告中对小企业适用的征收率制度进行了系统规定。具体规定是：年度应税营业额超过登记和征收起点（2019年为85000英镑）[②] 但不超过150000英镑的企业，可以向HRMC申请适用固定征收率制度，征收率从4%～14.5%不等，不同行业适用不同的征收率，例如，会计14.5%，广告和农业服务11%，饮食服务（含餐馆和外卖）12.5%，计算机维修10.5%，金融服务13.5%，林业和渔业10.5%，印刷8.5%，出版11%，等等。[③] 小企业可以自主选择适用固定征收率制度。适用固定征收率制度的纳税人不能抵扣进项税额，必须向购买者征收适用正常税率（包括标准税率和低税率）的税款，并向已进行增值税注册的购买者开具增值税发票，购买者可以依据发票进行进项抵扣。[④] 固定征收率制度具有可选择性和灵活性等优点，既减轻了小企业的遵从负担，又保障了增值税抵扣链条的完整性。[⑤]

---

① European Union：Council Directive 2006/112/EC of 28 November 2006 on the common system of value added tax，Article 281.

② HM Revenue & Customs：https：//www. gov. uk/vat-registration-thresholds.

③ https：//www. gov. uk/vat-flat-rate-scheme/how-much-you-pay.

④ HM Revenue & Customs：http：//www. hmrc. gov. uk/vat/start/schemes/flat-rate. htm#1.

⑤ 李林木．小微企业增值税课征模式的比较与选择［J］．税务研究，2014（3）：25－30；翁武耀，郭志东．论欧盟增值税小企业固定比例制度［J］．国际税收，2013（8）：20－24.

表 6-1　OECD 成员增值税/货物和劳务税登记和征收起点的相关规定

（适用国内企业，截至 2019 年 1 月 1 日）

<table>
<tr><th rowspan="3">国家</th><th rowspan="3">本币</th><th colspan="5">登记/征收起点</th><th rowspan="3">自主注册或缴纳③</th><th rowspan="3">最短登记年限④</th><th rowspan="3">适用起点的限制或特殊规定⑤</th></tr>
<tr><th rowspan="2">登记/征收起点①</th><th colspan="2">一般起点</th><th colspan="2">特殊起点</th></tr>
<tr><th>本币</th><th>美元②</th><th>本币</th><th>美元②</th></tr>
<tr><td>澳大利亚⑥</td><td>澳元</td><td>R</td><td>75000</td><td>50951</td><td>150000</td><td>101902</td><td>是</td><td>1 年</td><td>见表注</td></tr>
<tr><td>奥地利⑦</td><td>欧元</td><td>R</td><td>30000</td><td>37457</td><td></td><td></td><td>是</td><td>5 年</td><td></td></tr>
<tr><td>比利时⑦⑧</td><td>欧元</td><td>C</td><td>25000</td><td>31109</td><td></td><td></td><td>是</td><td>无</td><td>见表注</td></tr>
<tr><td>加拿大⑨</td><td>加元</td><td>R</td><td>30000</td><td>23976</td><td>50000</td><td>39960</td><td>是</td><td>1 年</td><td>见表注</td></tr>
</table>

① 表中“增值税/货物和劳务税登记/征收起点”是指年度应税营业额未超过该限额的纳税人可以不进行增值税/货物和劳务税登记和（或者）不缴纳增值税/货物和劳务税。除表中特别标明以及以下注释特别说明的之外，在大多数国家，在某一特定管辖区提供货物和劳务，且年度应税营业额未超过登记和征收起点的纳税人既可以不进行增值税/货物和劳务税登记，也无须缴纳增值税/货物和劳务税。在一些国家，某些特定行业和特定交易者（例如非居民供应者）也可以不进行增值税/货物和劳务税登记，并且不缴纳增值税/货物和劳务税，或者，这些特定行业和特定交易者要适用更加严格的登记和缴纳制度。本表中，“R”表示适用增值税登记起点的国家，即在这些国家，提供货物或劳务的纳税人年营业额低于登记起点，便不需要进行增值税纳税登记，也不承担增值税/货物和劳务税的纳税义务。“C”表示适用增值税征收起点的国家，即在这些国家，所有提供货物或劳务的纳税人都需要进行增值税/货物和劳务税注册，但如果其营业额未超过征收起点，则不需要缴纳增值税/货物和劳务税。表中增值税/货物和劳务税登记/征收起点适用于建立在一个国家境内的企业。在大多数国家，增值税/货物和劳务税登记起点都不适用于在一个国家境内无场所、经营地址、常设机构、永久或习惯性居所的外国企业。

② 本币和美元换算的汇率采用购买力平价汇率（GDP）。

③ 表中“是”表示当纳税人营业额低于注册起点时，可以自主选择是否进行增值税/货物和劳务税纳税登记和申报缴税。

④ 最短登记/征收期限是指纳税人适用登记/征收起点的最短期限。

⑤ 营业额低于增值税登记/征收起点的纳税人适用税收优惠的限制或条件。

⑥ 澳大利亚：出租车司机，包括专门司机驾驶的大型豪华轿车和租用的小轿车不适用登记起点。非营利机构适用的登记起点为 150000 澳元。

⑦ 欧盟成员的限制。欧盟理事会 2006/112/EC 指令规定销售新修建筑或建筑用地、提供特定的新型运输服务或者处置企业资产等不适用增值税登记/征收起点。增值税登记/征收起点不适用于非居民企业和通过欧盟迷你“一站式”商店（MOSS）提供应税货物的情况。

⑧ 比利时：免税优惠不适用于以下行业：房地产业；餐饮住宿业；废旧物资销售业。销售特定货物同样不适用征收起点：部分新地产的销售、消费税应税商品的销售、未申报和违法经营活动等。

⑨ 加拿大：登记起点不适用于特定上市金融机构和在加拿大提供娱乐场所、研讨会、活动或体育项目应税入场券的非居民纳税人，以及从事出租车行业或由专门司机驾驶的大型豪华客车行业的人（persons）。上述纳税人必须进行增值税注册并缴纳货物和劳务税/统一销售税（GST/HST）。慈善和公共机构适用特殊的登记和征收起点。如果慈善机构或公共机构在一个季度以及之前的连续四个季度来源于全球应税供应的收入不超过 50000 加元，或者在过去两个财政年度的任何一个年度其总收入不超过 250000 加元，那么，该慈善机构或公共机构可以不进行增值税登记。

续表

国家	本币	登记/征收起点					自主注册或缴纳	最短登记年限	适用起点的限制或特殊规定
		登记/征收起点	一般起点		特殊起点				
			本币	美元	本币	美元			
智利①	比索	无	无						见表注
捷克②	克朗	R	1000000	76297			是	1年	
丹麦②③	克朗	R	50000	6908	170000 300000	23486 41446	是	2年	见表注
爱沙尼亚②	欧元	R	40000	72612			是	无	
芬兰②④	欧元	R	10000	11062	30000	33187	是	无	见表注
法国②⑤	欧元	R	82800	103913	33200 42900	41666 53839	是	2年	见表注
德国②⑥	欧元	C	17500	22456	50000	64161	是	5年	见表注
希腊②⑦	欧元	C	10000	16711			是	1年	见表注
匈牙利②	福林	C	8000000	57602			是	1年	
冰岛	克朗	R	2000000	14202			是	无	
爱尔兰②⑧	欧元	R	75000	92218	37500	46109	是	无	

---

① 智利：所有纳税人都必须进行登记并获得纳税人识别号，该识别号适用于包括增值税在内的所有税种的征收管理。过去12个月收入未超过年度征收限额（相当于20个月税收单位，2018年为940380智利比索，约1530美元）的小经营者、手工艺者和小型服务提供者适用特殊征税制度，即根据这些纳税人过去12个月收入的平均值征收定额增值税。上述年度征收限额只适用于个人，不适用于法人实体。选择适用该制度的纳税人必须在12个月之后才能重新选择适用一般的增值税缴纳制度。

② 欧盟成员的限制。欧盟理事会2006/112/EC指令规定销售新修建筑或建筑用地、提供特定的新型运输服务或者处置企业资产等不适用增值税登记/征收起点。增值税登记/征收起点不适用于非居民企业和通过欧盟迷你“一站式”商店（MOSS）提供应税货物的情况。

③ 丹麦：盲人适用170000克朗（约合23486欧元）的较高的登记和征收起点，创作者或其继承人第一次出售其艺术品适用300000克朗（约合41446欧元）的较高的登记和征收起点。在第二种情况下，要求当年或前一年都不能超过300000克朗的登记和征收起点。

④ 芬兰：年度营业额超过登记和征收起点10000欧元的企业必须进行增值税登记并缴纳增值税，但是在年度营业额未超过30000欧元的情况下，企业可以获得不同数额的减免。

⑤ 法国：增值税优惠适用于年营业额不超过82800欧元的企业，或上一年度营业额不超过91000欧元（倒数第二年营业额不超过82800欧元）。对于应税服务（除住宿和餐饮业），年营业额不得超过33200欧元，或上一年度营业额不超过35200欧元（倒数第二年营业额不超过33200欧元）。对于律师（促进其受监管的业务）和作家，年营业额不得超过42900欧元（对于提供日常业务以外的服务适用17500欧元的起点）。

⑥ 德国：营业额不超过17500欧元且预计当年总营业额不超过50000欧元的纳税人免征增值税。

⑦ 希腊：适用特殊税收规定的农民不适用上述增值税征收起点。

⑧ 爱尔兰：销售货物适用的一般起点为75000欧元，纳税人销售利用零税率原材料生产或制造的适用低税率或标准税率的商品，如果营业额达到或超过37500欧元，则必须进行增值税登记。提供服务适用的一般起点为37500欧元，如果纳税人同时销售货物和提供劳务，其营业额的90%以上（含）来源于销售货物的，则适用销售货物的登记起点。

续表

国家	本币	登记/征收起点					自主注册或缴纳	最短登记年限	适用起点的限制或特殊规定
		登记/征收起点	一般起点		特殊起点				
			本币	美元	本币	美元			
以色列①	谢克尔	C	99003	26132			否	无	见表注
意大利②③	欧元	C	65000	90381	50000	69524	是	无	见表注
日本④	日元	R	10000000	100408			是	1 年	见表注
韩国	韩元	C	24000000	27364			否	无	
拉脱维亚	欧元	R	40000	79774			是	无	
立陶宛	欧元	R	45000	97563			是	无	见表注
卢森堡②⑤	欧元	C	30000	336990			是	无	见表注
墨西哥	比索	无	无						

① 以色列：个体经营者年收入低于 99003 谢克尔的，属于“免税营业者”。部分职业不能成为“免税经营者”，包括：农学家、建筑设计师、技术员、私人侦探、犹太律师、牙科技师、组织顾问、管理顾问、科学顾问、经济学家、工程师、测量师、会计、翻译、保险代理人、律师、会计师、评估师、化学或医学实验室所有人、艺人和表演人士、医生、心理学家、物理治疗师、兽医、牙医、驾校所有人、学校所有人、房地产代理或经销商。以色列的统计数据由相关的以色列部门负责提供。OECD 使用这些数据并未对戈兰高地、东耶路撒冷以及以色列根据国际法条款在西岸作出的声明有任何偏见。

② 欧盟成员的限制。欧盟理事会 2006/112/EC 指令规定销售新修建筑或建筑用地、提供特定的新型运输服务或者处置企业资产等不适用增值税登记/征收起点。增值税登记/征收起点不适用于非居民企业和通过欧盟迷你“一站式”商店（MOSS）提供应税货物的情况。

③ 意大利：所得低于 25000 欧元或 50000 欧元自营者适用微型纳税人制度，免征增值税。该制度仅适用于自然人。本表中的注册起点不适用于以下纳税人：属于合伙企业、行业协会或有限责任公司的成员且使用所得税“透明制度”（regime di transparenza）的纳税人；出售建筑物、土地或在欧盟内销售新车或卡车的纳税人。微型纳税人制度也不适用于在意大利境外成立的外国企业，但在欧盟成员之一或欧洲经济区缔约国设立且产生于意大利的收入占比超过 75% 的企业除外。

④ 日本：公司和个人在创建初期的头两年可以不进行消费税登记和缴纳消费税，但是，资本额超过 1000 万日元的公司除外。自 2014 年 4 月 1 日起，资本额不超过 1000 万日元、但由应税销售额超过 5 亿日元的公司集团建立并将其 50% 的资本投资于公司集团的新公司必须在创建之时就进行消费税登记和缴纳消费税。在创建初期头两年可以不进行消费税登记和缴纳消费税的公司和个人，在两年之后是否应该登记和缴纳消费税取决于之前两个会计期限或纳税年度的年度应税营业额。如果年度营业额超过 1000 万日元，该企业必须进行消费税登记。应税销售额（支付的薪金数额）在前一个年度或前一个经营年度的上半年超过 1000 万日元的公司和个人同样应该进行消费税登记。营业额低于登记和征收起点的公司和个人可以自愿选择进行登记和缴纳消费税，但是在两年之内不得改变。

⑤ 卢森堡：在卢森堡成立的企业有权选择特殊制度；免税制度仅适用于在卢森堡境内提供的货物和服务。纳税人可以选择退出特殊制度，但退出特殊制度后，必须在至少 5 年内适用正常增值税制度。

续表

国家	本币	登记/征收起点					自主注册或缴纳	最短登记年限	适用起点的限制或特殊规定
		登记/征收起点	一般起点		特殊起点				
			本币	美元	本币	美元			
荷兰①②	欧元	C	1345	1650	1883	2296	否	无	见表注
新西兰	新元	R	60000	40813			是	无	
挪威③	克朗	R	50000	4917	3000000 140000	295002 13767	是	2年	见表注
波兰①④	兹罗提	R	200000	111215			是	无	见表注
葡萄牙①⑤	欧元	C	10000	16886	12500	21108	是	无	见表注
斯洛伐克①	欧元	R	49790	100753			是	1年	
斯洛文尼亚①	欧元	R	50000	83257			是	5年	
西班牙①	欧元	无	无						
瑞典①⑥	克朗	R	30000	3297			是	3年	见表注
瑞士⑦	法郎	R	100000	81953	150000	122930	是	1年	见表注
土耳其	里拉	无	无						
英国①	英镑	R	85000	119167			是	无	

资料来源：OECD：Table 2. A. 5 Annual turnover concessions for VAT registration and collection，http://www.oecd.org/ctp/tax-policy/tax-database.htm.

---

① 欧盟成员的限制。欧盟理事会2006/112/EC指令规定销售新修建筑或建筑用地、提供特定的新型运输服务或者处置企业资产等不适用增值税登记/征收起点。增值税登记/征收起点不适用于非居民企业和通过欧盟迷你"一站式"商店（MOSS）提供应税货物的情况。

② 荷兰：增值税免征点适用于个人或相关联的个体群（如合伙企业），但不适用于企业。征收起点不以营业额为基础确定，而是以应纳增值税额为基础确定，即：年度内提供应税产品和服务应缴纳的增值税不超过1345欧元的纳税人可以享受免税优惠，但是这部分纳税人仍需进行增值税登记。增值税应纳税额超过1345欧元但未超过1883欧元的纳税人可以享受部分减免增值税的优惠。

③ 挪威：300万克朗的较高的登记和征收起点适用于举办体育赛事。

④ 波兰：增值税免税不适用于以下纳税人：①销售银、金、铂、刀、餐具、珠宝、无害金属废物、博物馆收藏品和硬币等特定类型货物；销售消费税应税货物（部分特例除外）；某些建筑物、构筑物及其附属设施；建筑用地；新的运输工具；②提供法律服务、咨询和专家服务（部分情况例外）和珠宝商服务。

⑤ 葡萄牙：征收起点不适用于商业法人。满足某些特定条件的小型零售商适用12500欧元的征收起点。

⑥ 瑞典：登记和征收企业不适用于注册地在瑞典以外的纳税人，从事不动产出租或黄金贸易的纳税人和艺术家可以自主选择是否进行增值税登记。

⑦ 瑞士：150000瑞士法郎的较高的登记起点适用于非营利体育或文化协会和公益组织。

2. 登记和征收起点以及征收起点差异较大

由于各国实际情况不同，因此，各国实行的登记和征收起点或征收起点各不相同，而且差异较大。就使用纳税人年度应税营业额或应纳税额作为登记和征收起点或征收起点的 31 个 OECD 成员的情况来看，可以总结出两点：一是澳大利亚、奥地利、比利时、捷克、爱沙尼亚、法国、匈牙利、爱尔兰、意大利、日本、拉脱维亚、立陶宛、卢森堡、新西兰、波兰、斯洛伐克、斯洛文尼亚、瑞士和英国等 19 个成员实行了较高的登记和征收起点或征收起点，均高于 30000 美元。二是加拿大、丹麦、芬兰、德国、希腊、冰岛、以色列、韩国、荷兰①、挪威、葡萄牙、瑞典 12 个国家实行了相对低的登记和征收起点或征收起点，为 1500 ~ 30000 美元。

3. 2006 年以来，OECD 成员登记和（或）征收起点制度发生的变化

自 2016 年以来，OECD 成员登记和（或）征收起点制度发生了不同程度的变化，主要表现在以下四个方面：

（1）16 个成员的登记和（或）征收起点制度保持不变或只是进行了微调，即提高的幅度不超过 20%。这些国家包括：加拿大、智利（无登记和征收起点）、捷克、丹麦、芬兰、法国、德国、希腊、日本、拉脱维亚、立陶宛、墨西哥（无登记和征收起点）、挪威、斯洛伐克、西班牙（无登记和征收起点）和土耳其（无登记和征收起点）。

（2）13 个成员对登记和（或）征收起点进行了较大幅度的调整，提高的幅度在 20% 以上。这些国家包括：澳大利亚（从 50000 澳元提高至 75000 澳元），奥地利（从 22000 欧元提高至 30000 欧元），爱沙尼亚（从 16000 欧元提高至 40000 欧元），匈牙利（从 4000000 福林提高至 8000000 福林），冰岛（从 220000 克朗提高至 2000000 克朗），爱尔兰（从 51000 欧元提高至 75000 欧元），以色列（从 2010 年的 70605 以色列谢克尔提高到 99003 以色列谢克尔）、卢森堡（从 10000 欧元提高至 30000 欧元），新西兰（从 40000 新元提高至 60000 新元），波兰（从 43800 兹罗提提高至 200000 兹罗提），斯洛文尼亚（从 25000 欧元提高至 50000 欧元），瑞士（从 75000 瑞士法郎提高至 100000 瑞士法郎），英国（从 58000 英镑提高至 85000 英镑）。

（3）比利时、意大利、韩国、荷兰和葡萄牙 5 个成员在 2006 年以后才开始实行登记和征收起点。

① 荷兰以年度增值税应纳税额作为起征点。

（4）瑞典在 2013 年取消了 30000 克朗的登记和征收起点，但又于 2017 年恢复了 30000 克朗的登记和征收起点。

由上述可知，实行登记和（或）征收起点制度、保持或逐步提高登记和（或）征收起点是大多数 OECD 成员的政策选择。

4. 关于是否需要制定登记和征收起点或征收起点，以及登记和征收起点或征收起点多少为合适，OECD 成员并没有达成共识

一种观点认为，制定登记和征收起点或征收起点，对小规模纳税人免征增值税或实行特殊制度的主要原因在于，其征收成本与从这些小规模纳税人的活动中征收的增值税收入不成比例；同样，对于小规模纳税人而言，增值税遵从成本太高。有推断表明，小规模纳税人的遵从度更低。另一种观点认为，较高的登记和征收起点或征收起点可能会使小规模纳税人获得不恰当的优势，从而扭曲了一般纳税人与他们的竞争。另外，有些企业还可能把对小规模纳税人免税看作是不鼓励企业的成长，甚至会为了避税人为分割经济活动。综合上述两种观点，结论是：一个国家在制定登记和征收起点或征收起点时，一方面应考虑使征纳成本最低化，另一方面还应考虑避免损害税收收入或扭曲竞争，登记和征收起点或征收起点的高低应是对上述两方面进行平衡的结果。①

（三）其他特殊纳税人

在大多数国家的增值税制度中，除了小规模纳税人以外，还规定了诸如只提供劳务者、非营利和慈善机构、卫生机构、教育机构、金融和保险服务机构、邮政服务机构等特殊纳税人，适用特殊税制：一是适用特殊的登记和征收起点；二是享受免税。

1. 适用特殊登记和征收起点的特殊纳税人

适用特殊登记和征收起点的特殊纳税人主要包括只提供劳务者以及非营利和慈善机构。

（1）只提供劳务者。在 OECD 实行增值税的成员中，法国和爱尔兰把只提供劳务者视为特殊纳税人，对其实行了较低的征收和登记起点。法国和爱尔兰规定，只提供劳务者在 2018 年适用的登记和征收起点分别为 33200 欧元②和 37500 欧元，而其他普通纳税人适用的登记和征收起点分别为 82800 欧

---

① OECD（2014），Consumption Tax Trends 2014：VAT/GST and Excise Rates，Trends and Policy Issues，OECD Publishing，Paris：49 - 50.

② 在法国，律师、作家、艺术家等适用的登记和征收起点是 42900 欧元。

元、75000 欧元。由此可见，这些国家对只提供劳务的纳税人实行的登记和征收起点只相当于普通纳税人适用的登记和征收起点的一半或更低，也就是说，对只提供劳务的纳税人实行了相对严格的征收和管理制度。另外，澳大利亚还规定，提供出租车服务的纳税人必须进行货物和劳务税登记，不论营业额是否超过登记和征收起点。

（2）非营利机构和慈善机构。在 OECD 实行增值税的成员中，澳大利亚、加拿大、挪威和瑞士 4 个国家把非营利和慈善机构视为特殊纳税人，对其实行了较高的征收和登记起点。澳大利亚、加拿大、挪威和瑞士规定，非营利和慈善机构 2018 年适用的登记和征收起点分别为 150000 澳元（约 101902 美元）、50000 加元（约 39960 美元）、140000 克朗（约 13767 美元）、150000 瑞士法郎（约 122930 美元），而其他普通纳税人适用的登记和征收起点分别为 75000 澳元（约 50951 美元）、30000 加元（约 23976 美元）、50000 克朗（约 4917 美元）、100000 瑞士法郎（81953 美元）。由此可见，这些国家对非营利和慈善机构实行的登记和征收起点比普通纳税人适用的登记和征收起点高，有的高得还较多，也就是说对非营利和慈善机构实行了比较宽松的征收和管理制度。

2. 享受免税的特殊纳税人

在 OECD 实行增值税的 35 个成员中，大多数国家都把某些特定行业尤其是提供基本生活必需的商品和服务的行业视为特殊纳税人，对其免除增值税。具体情况如下：一是出于社会原因，对医疗卫生、教育和慈善机构免税。二是出于征管难度大的原因，对金融和保险服务机构免税，因为核定金融保险服务的税基非常困难。三是出于历史原因，对邮政服务机构、出租不动产以及出售土地和建筑物的纳税人免税。四是出于综合原因，对下列纳税人也免征增值税：提供书、报纸、杂志、图书馆、科技馆等与文化有关货物和劳务的纳税人；提供未加工食品、部分农产品、自来水、煤炭制品等与基本生活息息相关的货物和劳务的纳税人；提供学术、技术研究服务的纳税人以及科研机构和其他工艺团体等。[①] 由于享受增值税免税的纳税人不能抵扣进项税额，所以大多数国家规定相关纳税人可以选择放弃免税以取得进项税额抵扣的资格，但是也有少数国家规定相关纳税人不得放弃免税。

① OECD（2012），Consumption Tax Trends 2012：VAT/GST and Excise Rates，Trends and Policy Issues，OECD Publishing，Paris：74，86，87，88.

(四) 有关纳税人的其他规定

1. 对公共机构的相关规定

公共机构，是指全部或者部分使用国家财政性资金的政府机构、军事单位和社会团体组织等。各国公共机构在从事行政管理活动、提供公共服务、发挥职能作用时，通常都要涉及提供货物和劳务的活动。尽管公共机构在从事这些活动时具备了增值税纳税人的特征，但由于其所处的地位具有特殊性，所以公共机构不应被视同于普通的增值税纳税人。从增值税实践来看，各国有关从事提供货物和劳务活动的公共机构，特别是政府机构，是否应作为增值税纳税人来对待、是否应缴纳增值税的规定是各国增值税制度设计中的重要问题，各国在这方面的规定也不尽一致。欧盟《2006 年增值税指令》第三篇“纳税人”中的第 13 条规定：“国家、地区和地方政府机构以及其他公法团体，不应因其以政府部门名义从事相关活动或交易而被视为纳税人，即使它们收取了与上述活动或交易相关的缴款、费用、捐赠或报酬。但是，如果它们从事相关活动或交易不被视为纳税人会严重扭曲竞争时，它们就应当被视为纳税人。”① 可以说，欧盟上述规定基本上是各国制定公共机构是否应视为纳税人相关规定的原则。各国在这方面的做法概括起来主要有以下三种：

(1) 有的国家明确规定政府机构向其他政府机构提供货物和劳务的行为不是增值税应税行为，无须缴纳增值税；而其他提供货物和劳务的行为则是增值税应税行为，要缴纳增值税。例如，挪威税法规定，政府机构向其他政府机构提供货物和劳务，不作为企业主对待，不缴纳增值税；但政府机构向除其他政府机构以外的第三方提供货物和劳务则被视同企业主，要缴纳增值税。②

(2) 有的国家明确规定公共机构是增值税纳税人，而不论其提供货物和劳务的对象的性质如何。公共机构只要发生了应税行为就要缴纳增值税，有免税规定的除外。例如，新西兰就是采取的这种做法。③

---

① European Union：Council Directive 2006/112/EC of 28 November 2006 on the common system of value added tax，Article 13.

② Norwegian Tax Administration. http：//www. skatteetaten. no/en/International-pages/Felles-innhold-benyttes-i-flere-malgrupper/Brochure/Guide-to-value-added-tax-in-Norway/？ chapter = 7153#kapitteltekst.

③ European Union：2014 Consultation paper on review of existing VAT legislation on public bodies and tax exemptions in the public interest.

（3）有的国家还采用列举具体经营项目的方法对公共机构是否应缴纳增值税进行了规定。例如，按照欧盟《2006年增值税指令》，欧盟大多数国家都规定，公共机构的下列行为是增值税应税行为，要缴纳增值税①：提供煤气、供水（有的国家列为免税项目）、供电、供热；客运和货运；展销会和交易会的组织管理；提供商业广告服务；农业和事业发展项目执行过程中提供的农林产品；旅馆、宿营地、停车场等服务；游泳池和室内溜冰场的经营业务；为储藏商品提供仓库和冷库；电台、电视播放和电信服务；提供港口和机场服务；销售新型产品；出售或出租某些不动产；国家储蓄银行的业务；国家机构为商业、工业、农业等提供的服务；等等。公共机构的下列行为不属于增值税应税行为，不缴纳增值税②：在开发国有财产过程中发生的货物和劳务的供应，但农业和林业除外；提供有利于公共利益的服务或者是属于社会、文化、体育方面的服务，但出租和开放游泳池、溜冰场除外；教育部门所属机构提供的服务；托儿所服务；救护和消防服务；屠宰场服务；卫生和保健服务；道路和市政工程；垃圾处理和治理工业污染；对度量衡的检测管理；丧葬服务；对某些权利的授予，如授予修建道路和承建工程项目的权利、在公共场所停车的权利、在机场降落和停放飞机的权利、使用公共无线电信号接受设备以及使用公共墓地等权利。

2. 对非居民纳税人的相关规定

从增值税纳税义务来讲，非居民纳税人与居民纳税人一样，应负担增值税的纳税义务。一般的规定是，当非居民纳税人在提供货物和劳务的目的地所在国没有常设机构时，增值税的纳税义务一般由货物和劳务的购买人缴纳，或由非居民纳税人指定的居民代理人缴纳。③

二、征税范围

从理论上讲，为了保持增值税的中性特征，增值税征收范围应尽可能广泛。但是，在实践中，开征增值税的各国因为种种原因，并没有实现增值税

① European Union：Council Directive 2006/112/EC of 28 November 2006 on the common system of value added tax，Article 13 and Annex I.

② European Union：Council Directive 2006/112/EC of 28 November 2006 on the common system of value added tax，Article 13（2）.

③ OECD（2012），Consumption Tax Trends 2012：VAT/GST and Excise Rates，Trends and Policy Issues，OECD Publishing，Paris：38.

征收范围的全覆盖，因此各国的增值税征收范围存在一定的差异。

（一）概述

在增值税推广和发展的过程中，增值税征收范围也在不断发展变化，从历史情况和现状来看，大体上可以划分为大、中、小三种类型。

1. 小征收范围

小征收范围的征税对象只包括工业生产环节和批发环节的增值额。例如，1954 年法国引入增值税的初期，增值税的征收范围只包括工业生产环节和批发环节，后来随着增值税制度的逐渐完善，从 1966 年起，将农业和零售业纳入了征收范围，从 1968 年开始把劳务提供纳入了征收范围，全面实行了增值税。

2. 中征收范围

中征收范围的征收对象包括工业生产、商业批发和零售以及提供部分劳务的增值额。例如，巴西联邦政府和州政府分别征收具有增值税性质的工业产品税（IPI）和货物流通、运输服务、通信服务税（ICMS），由此可见，巴西并未将绝大多数劳务纳入增值税的征收范围，而只是把运输和通信服务纳入了征收范围。

3. 大征收范围

大征收范围的征税对象扩展至国民经济的绝大多数部门以及货物生产流通和提供劳务各环节的增值额。目前，开征增值税的大多数国家的征收范围都覆盖了国民经济的绝大多数部门以及货物生产流通和提供劳务各环节，仅将个别货物和劳务的提供排除在增值税的征收范围之外。

（二）排除在增值税征收范围以外的项目列举

由于资料有限，以下列举的排除在增值税征收范围以外的项目并不全面。一般而言，排除在增值税征收范围以外的项目主要包括以下 7 个：

1. 年度营业收入未达到征收起点的纳税人提供的货物和劳务

在实行登记或（和）征收起点的国家，年度营业额未达到征收起点的纳税人提供的货物和劳务可以不缴纳增值税，因此，这些货物和劳务不在增值税的征收范围之内。

2. 不属于独立经营的经济活动

所有开征增值税的国家均规定只对符合独立经营原则的经济活动征收增值税，如被雇用者或其他受从属关系约束者提供的劳务以及证券投资等，不属于独立经济活动，不属于增值税的征收范围。德国税法规定，员工提供的劳务和证券投资不属于增值税征收范围。

3. 无偿赠送

澳大利亚税法规定，赠送礼物等无偿赠送行为是增值税非应税行为，不在增值税征收范围之内。

4. 在继续经营前提下转让的一项经营业务或经营业务独立运营的一部分

英国税法规定，在继续经营前提下转让一项经营业务或经营业务独立运营的一部分一般不被视为增值税的应税行为，不缴纳增值税。具体而言，在英国，在继续经营前提下出售作为企业一部分的房地产不属于增值税的征收范围。德国税法规定，整个企业或经营单位的转让不属于增值税的征收范围。

5. 非经营性质的交易

英国税法规定，非经营性质的交易不属于增值税的征收范围。澳大利亚税法规定，不属于企业经营或后续经营范围内的提供不属于增值税的征收范围。

6. 增值税纳税集团成员之间的交易

英国税法规定，增值税纳税集团成员之间的交易不属于增值税的征收范围。

7. 与本国无关的交易

澳大利亚税法规定，与澳大利亚无关的货物和劳务的提供，不属于增值税的征收范围。

三、税率

（一）税率档次比较

1. 欧盟成员相关情况

从欧盟 28 个成员的情况看（见表 6 - 2），截至 2019 年 1 月 1 日，实行 1 档增值税税率（不含零税率，下同）的国家只有丹麦；实行 2 档税率的国家共有 7 个，分别是保加利亚、德国、爱沙尼亚、荷兰、斯洛文尼亚、斯洛伐克和英国；实行 3 档税率的国家共有 16 个，分别是比利时、捷克、希腊、西班牙、克罗地亚、塞浦路斯、拉脱维亚、立陶宛、匈牙利、马耳他、奥地利、波兰、葡萄牙、罗马尼亚、芬兰和瑞典；实行 4 档税率的国家有 4 个，分别是法国、爱尔兰、意大利和卢森堡。与 2017 年的情况相比，欧盟成员中增值税档次无变化。从整体来看，欧盟 28 个成员中，大多数国家实行的增值税税率不超过 3 档，实行不超过 3 档税率的国家为 24 个，占 28 个成员的 85.7%；实行 1 档和 2 档税率的国家为 9 个，占 28 个成员的 28.6%。

表 6-2　　欧盟成员增值税税率

（截至 2019 年 1 月 1 日）

国家	超低税率（%）	低税率（%）	标准税率（%）	暂行税率（%）	税率档次
比利时	0	6，12	21	12	3
保加利亚	—	9	20	—	2
捷克	—	10，15	21	—	3
丹麦	0	—	25	—	1
德国	—	7	19	—	2
爱沙尼亚	0	9	20	—	2
爱尔兰	0，4.8	9，13.5	23	13.5	4
希腊	—	6，13	24	—	3
西班牙	4	10	21	—	3
法国	2.1	5.5，10	20	—	4
克罗地亚	—	5，13	25	—	3
意大利	4	5，10	22	—	4
塞浦路斯	—	5，9	19	—	3
拉脱维亚	—	5，12	21	—	3
立陶宛	—	5，9	21	—	3
卢森堡	3	8，14	17	14	4
匈牙利	—	5，18	27	—	3
马耳他	—	5，7	18	—	3
荷兰	—	9	21	—	2
奥地利	—	10，13	20	13	3
波兰	—	5，8	23	—	3
葡萄牙	—	6，13	23	13	3
罗马尼亚	—	5，9	19	—	3
斯洛文尼亚	—	9.5	22	—	2

续表

国家	超低税率（%）	低税率（%）	标准税率（%）	暂行税率（%）	税率档次
斯洛伐克	—	10	20	—	2
芬兰	0	10，14	24	—	3
瑞典	—	6，12	25	—	3
英国	—	5	20	—	2

注：1. 表中“—”表示对应的成员不实行该种税率。

2. 因原始表格中没有提供欧盟成员实行零税率的相关情况，因此表中“超低税率”是指低于5%的税率，不包括对国内货物和劳务征收的零税率。

3. 表中“暂行税率”的英文表述为 Parking Rate，是欧盟部分成员对个别货物和劳务实行的一种临时优惠税率，是对过去实行的优惠税率的一种延续。

4. 表中的“税率档次”不包括零税率和暂行税率。

资料来源：欧洲委员会．欧盟成员实行的增值税税率［EB/OL］．［2019－01－01］．http：//ec. europa. eu/taxation_customs/resources/documents/taxation/vat/how_vat_works/rates/vat_rates_en. pdf.

2. OECD 成员相关情况

从 OECD 实行增值税的 35 个成员的情况看（见表 6－3），截至 2019 年 1 月 1 日，实行 1 档增值税税率的国家有 9 个，分别是澳大利亚、加拿大、智利、丹麦、以色列、日本、韩国、墨西哥和新西兰；实行 2 档税率的国家共有 7 个，分别是爱沙尼亚、德国、冰岛、荷兰、斯洛伐克、斯洛文尼亚和英国；实行 3 档税率的国家共有 15 个，分别是奥地利、比利时、捷克、芬兰、希腊、匈牙利、拉脱维亚、立陶宛、挪威、波兰、葡萄牙、西班牙、瑞典、瑞士和土耳其；实行 4 档税率的国家只有 4 个，即法国、爱尔兰、意大利、卢森堡。从整体上看，在 OECD 实行增值税的 35 个成员中，大多数国家实行的税率档次不超过 3 档，实行不超过 3 档税率的国家为 31 个，占 35 个成员的 88. 57%；实行 1 档和 2 档税率的国家为 16 个，占 35 个成员的 45. 71%。

表 6－3　　OECD 成员增值税税率

（截至 2019 年 1 月 1 日）

国家	超低税率（%）	低税率（%）	标准税率（%）	暂行税率（%）	特殊地区适用的税率（%）	税率档次
澳大利亚	0	—	10	—	—	1
奥地利	—	10，13	20	13	19	3
比利时	0	6，12	21	12	—	3

续表

国家	超低税率（%）	低税率（%）	标准税率（%）	暂行税率（%）	特殊地区适用的税率（%）	税率档次
加拿大	0	—	GST：5 HST：13～15 QST：9.975	—	13，15	1
智利	—	—	19	—	—	1
捷克	—	10，15	21	—	—	3
丹麦	0	—	25	—	—	1
爱沙尼亚	0	9	20	—	—	2
芬兰	0	10，14	24	—	—	3
法国	2.1	5.5，10	20	—	0.9，2.1，10，13及 1.05，1.75，2.1，8.5	4
德国	—	7	19	—	—	2
希腊	—	6，13	24	—	4，9，17	3
匈牙利	—	5，18	27	—	—	3
冰岛	0	11	24	—	—	2
爱尔兰	0，4.8	9，13.5	23	13.5	—	4
以色列	0	—	17	—	—	1
意大利	4	5，10	22	—	—	4
日本	—	—	8	—	—	1
韩国	0	—	10	—	—	1
拉脱维亚	—	5，12	21	—	—	3
立陶宛	—	5，9	21	—	—	3
卢森堡	3	8，14	17	14	—	4
墨西哥	0	—	16	—	8	1
荷兰	—	9	21	—	—	2
新西兰	0	—	15	—	—	1
挪威	0	12，15	25	—	—	3
波兰	—	5，8	23	—	—	3
葡萄牙	—	6，13	23	13	4，9，18及5，12，22	3
斯洛伐克	—	10	20	—	—	2
斯洛文尼亚	—	9.5	22	—	—	2

续表

国家	超低税率（%）	低税率（%）	标准税率（%）	暂行税率（%）	特殊地区适用的税率（%）	税率档次
西班牙	4	10	21		0，2.75，3，7，9.5，13.5，20 及 0.5，10	3
瑞典	—	6，12	25	—	—	3
瑞士	0，2.5，3.7	—	7.7	—	—	3
土耳其	1	8	18	—	—	3
英国	0	5	20	—	—	2

注：1. 表中“—”表示对应的成员不实行该种税率。

2. 本表中的超低税率包括对国内货物和劳务实行的零税率。

3. 表中税率档次的统计不包括对国内货物和劳务实行的零税率，以及对特殊地区实行的特殊税率。

4. 表中的“税率档次”不包括零税率和暂行税率。

资料来源：1. OECD 网站：增值税/货物和劳务税税率表，2019 年 1 月更新。

2. EY Worldwide VAT，GST and Sales Tax Guide 2019.

3. 国际财税文献局数据库：www. ibfd. org.

3. 拉美 18 个国家相关情况

从拉美 18 个国家的情况看（见表 6－4），巴西的增值税情况比较复杂，税率档次很多，因此，笔者主要对其余 17 个国家的税率档次进行比较。截至 2019 年 1 月 1 日，实行 1 档税率的国家有 7 个，分别是玻利维亚、智利、厄瓜多尔、萨尔瓦多、尼加拉瓜、墨西哥和秘鲁；实行 2 档税率的国家共有 6 个，分别是哥伦比亚、多米尼加、洪都拉斯、危地马拉、巴拉圭和乌拉圭；实行 3 档税率的国家有 3 个，分别是阿根廷、巴拿马和委内瑞拉。从整体上看，拉美 18 国除巴西、哥斯达黎加（4 档）之外的其余 16 个国家都实行不超过 3 档的税率，其中，实行 1 档和 2 档税率的国家为 13 个，占 18 个拉美国家的 72.22%。

表 6－4　　拉美 18 个国家增值税税率

（截至 2019 年 1 月 1 日）

国家	超低税率（%）	低税率（%）	标准税率（%）	高税率（%）	税率档次
阿根廷	0	10.5	21	27	3
玻利维亚	0	—	名义税率：13 实际税率：14.94	—	1

续表

国家	超低税率（%）	低税率（%）	标准税率（%）	高税率（%）	税率档次
巴西	联邦征工业产品税（IPI），税率最低可达0，最高可达300；另外，州征商品流通、运输和通信服务税（ICMS），与IPI都属增值税性质，税率为0～35（州内销售），或者4、7、12（跨州销售）。此外，市政府征服务税（ISS），不同服务不同地区税率不同，一般为0～5				
智利[①]	—	—	19	—	1
哥伦比亚	0	5	19	—	2
哥斯达黎加	0	4，2，1	13	—	4
多米尼加	0	16	18	—	2
厄瓜多尔	0	—	12	—	1
洪都拉斯	—	—	15	18	2
萨尔瓦多	0	—	13	—	1
危地马拉	0	5	12	—	2
尼加拉瓜	0	—	15	—	1
墨西哥	0	—	16	—	1
巴拿马	—	—	7	烟：15； 酒：10	3
巴拉圭	—	5	10	—	2
秘鲁	0	—	18	—	1
乌拉圭	0	10	22	—	2
委内瑞拉	0	8	16	16.5（对某些奢侈品最高加征20，最低加征15）	3

注：1. 本表数据截至2019年1月1日。

2. 本表中的超低税率包括对国内货物和劳务实行的零税率。

3. 表中的“税率档次”不包括零税率。

资料来源：EY Worldwide VAT，GST and Sales Tax Guide 2019.

4. 金砖国家相关情况

从金砖国家的情况看（见表6－5），截至2019年1月1日，巴西的情况较为特殊，南非实行1档税率，俄罗实行3档税率，印度实行6档税率。

---

① 智利增值税标准税率是19%，无低税率和高税率。但是，增值税法规定，纳税人提供特定货物或劳务加征15%～50%。

表6-5　　金砖国家增值税税率

（截至2019年1月1日）

国家	超低税率（%）	低税率（%）	标准税率（%）	高税率（%）	税率档次
巴西	联邦征工业产品税（IPI），税率最低可达0，最高可达300；另外，州征商品流通、运输和通信服务税（ICMS），与IPI都属增值税性质，税率为0~35（州内销售），或者4、7、12（跨州销售）。此外，市政府征服务税（ISS），不同服务不同地区税率不同，一般为0~5				
俄罗斯	0	10，16.67	20	—	3
印度		0.25，3	5，12，18，28	—	6
南非	0	—	15	—	1

注：1. 本表数据截至2019年1月1日。

2. 本表中的超低税率包括对国内货物和劳务实行的零税率。

3. 表中的“税率档次”不包括零税率。

资料来源：EY Worldwide VAT，GST and Sales Tax Guide 2019.

5. 上海合作组织成员相关情况

从上海合作组织成员的情况看（见表6-6），截至2019年1月1日，吉尔吉斯斯坦、哈萨克斯塔和乌兹别克斯坦3个国家实行1档税率，俄罗斯实行3档税率、塔吉克斯坦实行2档税率。

表6-6　　上海合作组织成员增值税税率

（截至2019年1月1日）

国家	超低税率（%）	低税率（%）	标准税率（%）	高税率（%）	税率档次
俄罗斯	0	10，16.67	20		3
塔吉克斯坦	—	5	18	—	2
吉尔吉斯斯坦	0	—	12	—	1
哈萨克斯坦	0	—	12	—	1
乌兹别克斯坦	—	—	20	—	1

注：1. 本表中的超低税率包括对国内货物和劳务实行的零税率。

2. 表中的“税率档次”不包括零税率。

资料来源：1. EY Worldwide VAT，GST and Sales Tax Guide 2019.

2. 国际财税文献局数据库：www.ibfd.org.

6. 中国周边20个国家相关情况

从中国周边20个国家的情况看（见表6－7），除文莱、朝鲜、阿富汗、不丹和缅甸不征收增值税外，截至2019年1月1日，在其余15个国家中，实行1档税率的国家有10个，分别是韩国、日本、菲律宾、印度尼西亚、新加坡、蒙古、吉尔吉斯斯坦、哈萨克斯塔、尼泊尔和老挝；实行2档税率的国家只有越南和塔吉克斯坦；俄罗斯实行3档税率；印度和巴基斯坦税率档次较多，印度为6档，巴基斯坦为16档。在中国周边实行规范增值税的15个国家中，绝大多数国家实行不超过2档的税率。

表6－7　　中国周边20个国家增值税税率

（截至2019年1月1日）

国家	超低税率（%）	低税率（%）	标准税率（%）	高税率（%）	税率档次
韩国	0	—	10		1
日本	—	—	8	—	1
菲律宾	0	—	12	—	1
文莱	未开征增值税				
印度尼西亚	0	—	10	—	1
新加坡	0	—	7	—	1
越南	0	5	10	—	2
朝鲜	未开征增值税。对外国投资公司提供货物征收交易税，税率一般为1～15，对国家控制产品和奢侈品，税率可以高达16～50；对外国投资公司提供劳务征收营业税，税率为2～10				
俄罗斯	0	10，16.67	20	—	3
蒙古	0	—	10	—	1
哈萨克斯坦	0	—	12	—	1
吉尔吉斯斯坦	—	—	12	—	1
塔吉克斯坦	—	5	18	—	2
巴基斯坦	0	1，2，3，4，5，6，7，8，9，10，12	货物：17 服务：13，15，16	19.5	16
印度	0	0.25，3	5，12，18，28	—	6
尼泊尔	0	—	13	—	1

续表

国家	超低税率（%）	低税率（%）	标准税率（%）	高税率（%）	税率档次
不丹	未开征增值税。征收销售税，税率0～20。低税率为5，高税率为30、50和100				
缅甸	未开征增值税。征收商务税，标准税率为5				
老挝	0	—	10	—	1
阿富汗	未开征增值税。征收营业收入税				

注：1. 本表中的超低税率包括对国内货物和劳务实行的零税率。
2. 表中的“税率档次”不包括零税率。

资料来源：1. EY Worldwide VAT，GST and Sales Tax Guide 2019.
2. 国际财税文献局数据库：www. ibfd. org.
3. https：//www. vatlive. com/vat-rates/international-vat-and-gst-rates/.

综上所述，OECD和欧盟大多数成员实行的增值税税率都不超过3档；在拉美18个国家、金砖国家、上海合作组织成员以及中国周边20个国家中，大多数国家实行的增值税税率都不超过2档。

（二）标准税率比较

1. 欧盟成员相关情况

从欧盟成员的情况看（见表6－2），截至2019年1月1日，28个成员增值税标准税率的平均值为21.5%。匈牙利实行的标准税率最高，为27%；卢森堡实行的标准税率最低，为17%。标准税率超过20%（含20%）的国家有23个，分别是比利时、保加利亚、捷克、丹麦、爱沙尼亚、爱尔兰、希腊、西班牙、法国、克罗地亚、意大利、拉脱维亚、立陶宛、匈牙利、荷兰、奥地利、波兰、葡萄牙、斯洛文尼亚、斯洛伐克、芬兰、瑞典和英国；标准税率低于20%的国家只有5个，分别是德国、罗马尼亚、塞浦路斯、卢森堡和马耳他；没有成员实行10%以下的标准税率。

2. OECD成员相关情况

从OECD实行增值税的35个成员的情况看（见表6－3），截至2019年1月1日，35个成员实行的增值税标准税率的平均值为19.3%。匈牙利实行的标准税率最高，为27%；加拿大的标准税率最低，为5%。标准税率超过20%（含20%）的国家有23个，分别是奥地利、比利时、捷克、丹麦、爱沙尼亚、芬兰、法国、希腊、匈牙利、冰岛、爱尔兰、意大利、拉脱维亚、立陶宛、荷兰、挪威、波兰、葡萄牙、斯洛伐克、斯洛文尼亚、西班牙、瑞典和英国；标准税率超过10%（含10%）但低于20%的国家有9个，分别是澳大利亚、智利、德国、以色列、韩国、卢森堡、墨西哥、新西兰和土耳其；

标准税率低于10%的国家有3个，分别是加拿大、日本和瑞士。

3. 拉美18个国家相关情况

从拉美18个国家情况看（见表6－4），除巴西情况较为特殊以外，截至2019年1月1日，其余17个国家增值税标准税率的平均值为15%。乌拉圭实行的标准税率最高，为22%；巴拿马实行的标准税率最低，为7%。标准税率超过20%（含20%）的国家只有2个，分别是阿根廷和乌拉圭；标准税率超过10%（含10%）但低于20%的国家有14个，分别是玻利维亚、智利、哥伦比亚、哥斯达黎加、多米尼加、厄瓜多尔、洪都拉斯、萨尔瓦多、危地马拉、尼加拉瓜、墨西哥、巴拉圭、秘鲁和委内瑞拉；标准税率低于10%的国家只有巴拿马1个。

4. 金砖国家相关情况

从金砖国家的情况看（见表6－5），截至2019年1月1日，巴西的情况较为特殊，其余4个国家中，南非实行的标准税率为15%；印度实行的标准税率为5%、12%、18%和28%；俄罗斯实行的标准税率为20%。

5. 上海合作组织成员相关情况

从上海合作组织成员的情况看（见表6－6），截至2019年1月1日，俄罗斯和乌兹别克斯坦实行的标准税率最高，为20%；吉尔吉斯斯坦和哈萨克斯坦实行的标准税率最低，为12%。除俄罗斯和乌兹别克斯坦之外，其余国家的标准税率均低于20%。

6. 中国周边20个国家相关情况

从中国周边20个国家的情况看（见表6－7），除文莱、朝鲜、阿富汗、不丹和缅甸不征收增值税，印度为四档标准税率以外，截至2019年1月1日，其余14个国家实行的增值税标准税率的平均值为12.07%。俄罗斯实行的标准税率最高，为20%；新加坡实行的标准税率最低，为7%。在征收增值税的15个国家中，标准税率超过15%（含15%）但低于20%的国家有4个，分别是俄罗斯、塔吉克斯坦、巴基斯坦和印度（5%、12%、18%和28%）；标准税率超过10%（含10%）但低于15%的国家有9个，分别是韩国、菲律宾、印度尼西亚、越南、蒙古、哈萨克斯坦、吉尔吉斯斯坦、尼泊尔和老挝；标准税率低于10%的国家有2个，分别是日本和新加坡。

综上所述，相对而言，欧盟成员的标准税率平均值最高，为21.5%；OECD成员次之，为19.2%；拉美18个国家、金砖国家和上海合作组织成员居中；中国周边15个国家最低，为12.07%。

（三）低税率和超低税率比较

1. 欧盟成员相关情况

从欧盟 28 个成员的情况看（见表 6－2），截至 2019 年 1 月 1 日，除丹麦之外，其他 27 个成员均实行了 1～2 档低税率，实行 1 档低税率的国家有 8 个，分别是保加利亚、德国、爱沙尼亚、西班牙、荷兰、斯洛文尼亚、斯洛伐克和英国，这些国家低税率的平均值为 8.56%；实行 2 档低税率的国家有 19 个，分别是比利时、捷克、希腊、法国、克罗地亚、意大利、爱尔兰、塞浦路斯、拉脱维亚、立陶宛、卢森堡、匈牙利、马耳他、奥地利、波兰、葡萄牙、罗马尼亚、芬兰和瑞典，这些国家较高一档低税率的平均值为 11.82%，较低一档低税率的平均值为 6.39%。实行税率低于 5% 的超低税率的国家只有 5 个，分别是西班牙、法国、爱尔兰、意大利和卢森堡，平均值为 3.58%。与 2018 年的情况相比，荷兰的低税率由 6% 调整到 9%。

2. OECD 成员相关情况

从 OECD 实行增值税的 35 个成员的情况看（见表 6－3），截至 2019 年 1 月 1 日，除澳大利亚、加拿大、智利、丹麦、以色列、日本、韩国、墨西哥、新西兰 9 个只实行标准税率的国家以及不实行低税率（实行 2 档超低税率）的国家瑞士之外，在其余的 25 个国家中，实行 1 档低税率的国家有 9 个，分别是爱沙尼亚、德国、冰岛、荷兰、斯洛伐克、斯洛文尼亚、西班牙、土耳其和英国，这些国家低税率的平均值为 8.39%；实行 2 档低税率的国家有 16 个，分别是奥地利、比利时、捷克、芬兰、法国、希腊、匈牙利、爱尔兰、意大利、拉脱维亚、立陶宛、卢森堡、挪威、波兰、葡萄牙和瑞典，这些国家较高一档低税率的平均值为 12.59%，较低一档低税率的平均值为 6.73%。实行税率低于 5% 的超低税率（不包括零税率）的国家只有 7 个，分别是法国、爱尔兰、意大利、卢森堡、西班牙、瑞士和土耳其，其中瑞士情况特殊，实行两档超低税率，其余 6 国实行 1 档超低税率，平均值为 3.15%。

3. 拉美 18 个国家相关情况

从拉美 18 个国家情况看（见表 6－4），截至 2019 年 1 月 1 日，除玻利维亚、智利、厄瓜多尔、洪都拉斯、萨尔瓦多、尼加拉瓜、墨西哥、巴拿马和秘鲁不实行低税率的 9 个国家，以及情况较为特殊的巴西之外，在其余 8 个国家中，只有哥斯达黎加实行 3 档低税率，阿根廷、哥伦比亚、多米尼加、危地马拉、巴拉圭、乌拉圭和委内瑞拉 7 个国家实行 1 档低税率，平均值为 8.5%。值得注意的是，巴拿马和委内瑞拉对烟酒或某些奢侈品等实行高税率。与 2017 年的情况相比，多米尼加将低税率由 13% 提高到 16%。

4. 金砖国家相关情况

从金砖国家的情况看（见表6-5），截至2019年1月1日，除巴西的情况较为特殊之外，其余构架的情况也很不相同，南非不实行低税率；俄罗斯实行2档低税率，为10%和16.67%；印度实行2档低税率和4档标准税率，分别为0.25%、3%和5%、12%、18%、28%。与2018年情况相比，金砖国家中，印度低税率和高税率发生了变化。

5. 上海合作组织成员相关情况

从上海合作组织成员的情况看（见表6-6），截至2019年1月1日，只有俄罗斯和塔吉克斯坦实行低税率，吉尔吉斯斯坦、哈萨克斯坦和乌兹别克斯坦3个国家不实行低税率。

6. 中国周边20个国家相关情况

从中国周边20个国家的情况看（见表6-7），除文莱、朝鲜、阿富汗、不丹和缅甸不征收增值税之外，截至2019年1月1日，只有越南和塔吉克斯坦实行1档低税率，均为5%；俄罗斯和印度实行2档低税率，分别为10%、16.67%和0.25%、3%；韩国、日本、菲律宾、印度尼西亚、新加坡、蒙古、哈萨克斯塔、吉尔吉斯斯坦、尼泊尔和老挝10个国家不实行低税率。此外，巴基斯坦实行了1%、2%、3%、4%、5%、6%、7%、8%、9%、10%、12%的低税率。

综上所述，欧盟和OECD大多数成员基本上都实行1~2档低税率；拉美18个国家、金砖国家、上海合作组织成员、中国周边15个国家中，大多数国家都实行1档低税率，或不实行低税率，尤其是中国周边实行增值税的15个国家中有10个国家只实行标准税率。

（四）零税率比较

综观各国实践，增值税零税率主要应用在三个方面：一是实行增值税的国家对出口货物普遍实行零税率；二是随着全球服务贸易的发展，为了进一步促进国际服务贸易，避免对国际服务贸易的重复征税和非故意双重不征税，越来越多的国家开始对出口劳务也实行零税率；三是有些国家出于本国实际情况，对某些国内货物和劳务实行零税率。本部分主要就这些国家对国内货物和劳务实行的零税率进行比较，由于数据来源有限，仅分析OECD成员的情况。

从OECD实行增值税的35个成员的情况看（见表6-3），截至2019年1月1日，对国内货物和劳务实行零税率的国家有15个，分别是澳大利亚、比利时、加拿大、丹麦、爱沙尼亚、芬兰、冰岛、爱尔兰、以色列、韩国、墨西哥、新西兰、挪威、瑞士和英国，占35个成员的42.8%。

（五）特殊税率和征收率比较

1. 特殊税率比较

增值税特殊税率主要是指某些国家实行的除增值税标准税率、低税率、超低税率和高税率之外的税率，主要包括欧盟个别成员实行的暂行税率以及OECD部分成员特殊地区适用的税率。

（1）欧盟个别成员实行的暂行税率。这种“暂行税率”（Parking Rate）是欧盟部分成员对个别货物和劳务实行的一种临时优惠税率，是对过去实行的优惠税率的一种延续。从历史发展来看，欧盟成员实行暂行税率的国家逐渐减少，法国、意大利和英国分别于1988年、1997年和1995年取消了暂行税率，取消暂行税率应该是大势所趋。截至2019年1月1日，欧盟成员中实行这种暂行税率的国家还有5个，分别是比利时、爱尔兰、卢森堡、奥地利和葡萄牙。

（2）OECD部分成员特殊地区适用的税率。在实行增值税的35个OECD成员中，奥地利、加拿大、法国、希腊、墨西哥、葡萄牙和西班牙7个国家采用了对特殊地区实行特殊税率的做法。例如，截至2019年1月，法国的科西嘉适用的增值税税率为0.9%、2.1%、10%、13%和20%；除法属圭亚那和马约特岛之外的其他海外省份适用1.05%、1.75%、2.1%、8.5%的增值税税率。除加拿大之外，其余6个国家特殊地区适用的增值税税率都比标准税率低，实际上是给予这些地区一定的优惠。加拿大的情况较为特殊，新伯伦威克、纽芬兰及拉布拉多、新斯科夏、安大略和魁北克等5个省已经把本省的销售税制度与联邦货物和劳务税制度进行了协调统一，这些省的销售税和联邦货物和劳务税税基基本相同，税率则是本省税率和联邦税率的叠加，因此这些省实行的货物和劳务税（或称为协调的销售税）的税率比联邦货物和劳务税的标准税率高，具体是：新伯伦威克、纽芬兰及拉布拉多、新斯科夏、爱德华王子岛为15%；安大略为13%；魁北克为14.975%。

2. 征收率比较

征收率是开征增值税的部分国家对年度增值税应税营业额低于登记起点、某一特定额度，或超过免税起征点但未超过特定额度的小规模纳税人实行简易征收办法时采用的一种征收比率。在这些国家，上述小规模纳税人年度应纳增值税额=年度应税营业额×征收率。从世界范围看，开征增值税的大多数国家出于降低征纳成本的考虑，对营业额偏小的小规模纳税人都实行了免税制度，但是，仍然有一些国家对符合相关条件的小规模纳税人实行征收率制度。例如，英国等欧盟成员以及韩国等对年度增值税应税营业额超过免税起征点但未超过特定额度的小规模纳税人实行征收率制度，并分行业确定征收率；[①] 加纳对年营业额在 9 万塞地以下的小企业按年营业额的 3% 征收增值税；菲律宾对小规模纳税人按 3% 的征收率征税。[②] 从这些国家实行的征收率来看，征收率都比较低。

(六) 零税率[③]和低税率适用范围比较

1. 有关零税率和低税率合理性的分析

有关增值税是否应该实行零税率和低税率的争论一直都存在，主要有以下两种观点：[④]

(1) 支持采用零税率和低税率。支持采用零税率和低税率的人认为，实行零税率和低税率有两个好处：一是促进公平，保证对收入的再分配更加公平。对诸如食品、水等生活必需品实行零税率或低税率，可以减轻用于这些生活必需品的支出占其总收入比重很大的贫困家庭的税收负担。二是鼓励对有益品和具有正外部效应的物品的消费。有益品包括教育和文化产品等，具有正外部效应的物品包括节能设备等。

(2) 反对采用零税率和低税率。反对实行零税率和低税率的人认为，零税率和低税率在上述两个方面的作用极其有限。

一是在促进公平方面的作用有限。零税率和低税率在减轻贫困家庭税收负担的同时，富裕家庭从中获取的利益更大，因为富裕家庭通常比贫困家庭在生活必需品和有益品上花费的支出更多。在实践中，对"生活必需品"进行定义也很困难。例如，所有食品都适用低税率，但是，食品中也有奢侈品。如果划分得更细一些又会增加征纳成本。因此，通过实行零税率和低税率难以达到促进收入分配更加公平的目的。更为有效的政策应该是，取消零税率和低税率，提高个人所得税免征额和直接给贫困家庭提供财政补助。

二是对鼓励消费有益品和正外部效应物品的作用有限。反对对有益品实行低税率的人更多，因为他们认为，对诸如教育、文化活动等有益品实行低税率的效果与实行的初衷是相悖的，也就是使在有益品上消费更多的高收入

---

① HM Revenue & Customs. http://www.hmrc.gov.uk/vat/start/schemes/flat-rate.htm#1.

② Philippine Government Portal. http://www.bir.gov.ph/taxcode/1991.htm.

③ 此处的零税率是指对国内货物和劳务实行的零税率。本部分不讨论对出口货物和劳务实行的零税率。

④ OECD (2014), Consumption Tax Trends 2014: VAT/GST and Excise Rates, Trends and Policy Issues, OECD Publishing, Paris: 51-54.

者获得了补助，而并没有达到鼓励低收入者增加消费有益品的效果，这种结果会导致或加剧“马太效应”，即社会分配从低收入家庭流向高收入家庭，导致两极分化更加严重。就鼓励消费诸如节能环保产品等具有正外部效应的物品而言，通过实行零税率和低税率鼓励使用节能环保设备产生的效果远不如直接对污染物征税的效果好。

结论是，增值税零税率和低税率对收入再分配的影响是不明确的，通过采用有针对性的个人所得税减免政策和（或者）财政补贴政策，可以更好地实现收入分配的既定目标。此外，取消低税率可以防止“跟风现象”（“me too” syndrome）。“跟风现象”通常表现在两个层面：一是在一个国家内部，对一个部门实行了低税率，其他部门就会极力游说被纳入低税率的适用范围；二是在国际范围，当一个国家对某些部门实行了低税率，另一个国家的这些部门就会给本国政府施压，要求本国政府也对其实行低税率。欧盟近年来对劳动密集型服务实行的低税率的范围不断扩大就是一个例子，饭店等行业正在极力游说政府将其纳入适用低税率的范围。最后，实行单一的增值税税率可以降低征纳成本。

2. 零税率和低税率适用范围比较

从 OECD 实行增值税的 35 个成员的情况看（见表 6－3），截至 2019 年 1 月 1 日，除既不实行零税率也不实行低税率的智利和日本之外，其余 33 个成员都实行了零税率和（或）低税率，其中，只实行零税率而不实行低税率的国家有 7 个，分别是：澳大利亚、加拿大、丹麦、以色列、韩国、墨西哥、新西兰；只实行低税率不实行零税率的国家有 18 个，分别是：奥地利、捷克、法国、德国、希腊、匈牙利、意大利、拉脱维亚、立陶宛、卢森堡、荷兰、波兰、葡萄牙、斯洛伐克、斯洛文尼亚、西班牙、瑞典和土耳其；其余 8 个国家既实行零税率又实行低税率，分别是比利时、爱沙尼亚、芬兰、冰岛、爱尔兰、挪威、瑞士和英国。由此可见，在 OECD 实行增值税的 35 个成员中，有一半的成员选择只实行低税率而不实行零税率。从零税率和低税率的适用范围看，主要有以下几个特点：

（1）零税率或低税率通常适用以下几类货物和劳务[①]：一是诸如医疗及医院护理、食品和水等基本生活必需品；二是诸如公共交通运输、邮政服务和公共电视等被视为公用事业的活动；三是诸如慈善、文化和体育等被视为

① OECD（2014），Consumption Tax Trends 2014：VAT/GST and Excise Rates，Trends and Policy Issues，OECD Publishing，Paris：51.

具有社会满意性的活动（social desirable activities）以及诸如理发、打扫住宅等当地提供的劳动密集型服务等促进就业的活动；四是岛屿、属地、边境地区的货物和劳务的提供。

（2）各国零税率和低税率适用的范围存在差异，主要表现在以下三个方面：[①]

一是各国适用零税率和低税率的货物和劳务不限于上述范围。例如，卢森堡规定翻新20年旧住宅、饭店服务适用低税率；墨西哥规定对参加会议、集会和贸易展览会的外国旅客提供的宾馆服务和农业设备以及批发黄金、金条和首饰适用零税率；土耳其规定二手车、纺织品以及用其制成的服装适用低税率；加拿大规定金融机构提供的某些金融服务适用零税率；等等。

二是有的国家适用低税率和零税率的货物和劳务范围较大，有的范围较小。从只实行低税率、不实行零税率的国家看，希腊适用低税率的货物和劳务范围较大，其他国家的范围相对小一些。从只实行零税率、不实行低税率的国家看，澳大利亚适用零税率的货物和劳务范围较大，其他国家的范围相对小。从既实行零税率又实行低税率的国家看，多数国家零税率适用的范围小，低税率的适用范围大；也有国家，如土耳其和挪威，零税率的适用范围大，低税率的适用范围小。

三是有的货物或劳务在一些国家适用零税率，在另一些国家则适用低税率，反之亦然。例如，图书、报纸、某些期刊等出版物在挪威适用零税率，在其他大多数国家则适用低税率。这也是欧盟进行增值税协调的领域之一。

四、有关免税的规定

（一）概述

各国在实行增值税的实践中，除了适用低税率，还广泛适用免税，有些国家把免税称为“进项征税”（input taxation），即免征销项增值税，但不能抵扣进项税额。

1. 各国普遍采用的增值税免税项目

（1）对社会必需的特殊部门免税，如对卫生、教育和慈善机构免税。

（2）对难以核定税基，征管难度大的行业免税，如对金融和保险服务免税。

---

① OECD（2014），Consumption Tax Trends 2014：VAT/GST and Excise Rates，Trends and Policy Issues，OECD Publishing，Paris：62－65.

（3）由于历史原因给予免税，如对邮政服务、不动产出租、土地和建筑物供应等。

（4）对适用其他特殊税种的财产、金融和保险服务等免税。

（5）其他免税项目，包括文化、法律援助、旅客运输、公共墓地、废物和回收材料、水的供应、贵金属和某些农业投入等。①

2. 增值税免税导致的不良后果

在对增值税免税的认识中，普遍认为增值税免税会导致以下三个方面的不良后果：②

一是产生“层叠效应”（cascading effect），使经济效率低下。不同于低税率，免税打破了增值税链条，扭曲经济交易，破坏了增值税的中性。这主要是因为，免税会导致不可扣除的进项税额嵌入销售价格中，供应链条后面的纳税人也无法扣除，这种效应又称为“层叠效应”。“层叠效应”的大小取决于免税发生在供应链条的哪一个环节。如果免税发生在最终消费之前的一个环节，就不存在“层叠效应”，整个供应链条上的整体税收负担会减少。如果免税发生在中间环节，就会发生“层叠效应”，整个供应链条上的整体税收负担会增加。在这种情况下，纳税人会尽可能不从外购买免税的货物或劳务，尽可能进行自我提供，这就导致供应链条结构的扭曲，使经济效率低下。

二是对国际贸易产生负面影响。免税会损害对国际货物和服务贸易实行的消费地征税原则。这是因为对出口货物和劳务原则上应实行零税率，但是，由于在生产链条上前几个环节实行免税而造成的后果却无法消除；另外，纳税人可能更倾向于进口零税率的货物或劳务，而不从国内购买免税的货物或劳务。此外，不同国家实行的免税项目的差异，会导致双重征税或非故意双重不征税。

三是导致高的征纳成本。在诸如金融服务等复杂的行业，要把免税服务和应税服务区分开来是非常困难的。对于企业而言，同时经营免税项目和应税项目将面临非常复杂的税收上的计算。因此，在评估免税所发挥的作用时，应当考虑到免税会加大征纳成本。

综上所述，实行免税有悖于增值税宽税基的中性原则。欧洲委员会在

---

① OECD（2012），Consumption Tax Trends 2012：VAT/GST and Excise Rates，Trends and Policy Issues，OECD Publishing，Paris：74.

② OECD（2014），Consumption Tax Trends 2014：VAT/GST and Excise Rates，Trends and Policy Issues，OECD Publishing，Paris：46 – 48.

2011 年相关报告中明确表示，减少免税项目，拓宽税基可以使增值税更加有效和中性，并且是可以替代提高增值税税率的有效方式。[①]

（二）OECD 成员增值税免税项目比较

根据 OECD 相关资料，[②] OECD 把成员最常使用的免税项目称为“常见免税项目”，主要包括：邮政服务，伤残人员运输，医院和医疗保健，人体血液、组织和器官，牙科护理，慈善工作，教育，非营利组织的非商业活动，体育服务，文化服务（广播和电视播放除外），保险和再保险，不动产租赁，金融服务，投注、彩票、赌博，土地和建筑物出租，某些基金募集活动等。这些项目大多属于人民基本生活必需的商品和服务。OECD 的大多数成员基本上对上述项目给予免税，但是，由于各国实际情况不同，有的成员免税项目多于“常见免税项目”，有的则对“常见免税项目”中的某些项目征税，由此导致各成员的免税范围存在一定的差异。此外，一个国家的免税项目在另一些国家适用低税率或零税率的情况也不乏存在。

1. “常见免税项目”之外的免税项目

在开征增值税的 35 个 OECD 成员中，奥地利、爱沙尼亚、德国和卢森堡 4 个成员实行的免税项目基本上是限于“常见免税项目”范围之内，其余 31 个成员都对“常见免税项目”之外的其他一些项目实行了免税。例如，比利时对律师提供的法律服务免税；加拿大对法律援助、摆渡、路桥通行费以及子女和个人照顾服务免税；捷克对公共电视和广播免税；丹麦对旅客运输、葬礼、旅行社免税；芬兰对演员的演出、文学和艺术作品的版权、盲人进行的某些交易、公共墓地服务、自采的天然浆果免税；法国对名胜古迹的改良、修复和维护等免税；希腊和匈牙利都对非商业活动的公共广播和电视播放免税；冰岛对旅客运输、作家、作曲家、葬礼、与教堂有关的服务等免税；爱尔兰对公关部门提供的水等项目免税；意大利对出租车免税；日本对残疾人使用的某些设备，教材、学费等免税；韩国对某些公共交通、水和某些煤的供应、农林业因某些目的使用的矿物油、葬礼、图书、报纸、杂志、播放服务以及农产品、海产品和林产品的供应免税；墨西哥对金银币、出售使用过的动产等免税；荷兰对作曲家、作家和记者的某些服务等免税；新西兰对精

---

① European Commission：Report on the future of VAT-Towards a simpler，more robust and efficient VAT system tailored to the single market.

② OECD（2014），Consumption Tax Trends 2014：VAT/GST and Excise Rates，Trends and Policy Issues，OECD Publishing，Paris：69 – 72.

炼的纯金属等免税；挪威对收藏用的邮票和硬币等免税；葡萄牙对农业免税；瑞士对某些二手货物免税；英国对某些豪华医院护理免税；等等。

2. 对“常见免税项目”中的某些项目征税

在开征增值税的35个OECD成员中，绝大多数成员都对“常见免税项目”中的某些项目不免税，而是征税。例如，澳大利亚对国内邮政服务、体育服务、文化服务（宗教服务除外，适用零税率）、保险和再保险（医疗保险除外，适用零税率）、赌博、某些土地和建筑物供应征税；奥地利对出租私人住房征税；智利对非指定公共机构提供的邮政服务、非教育部举办的艺术展览和表演获得的所得、不符合某些条件的马戏团和体育活动获得的所得征税；捷克对某些文化服务、不是由非营利机构提供的体育服务、建筑土地和新建筑物供应以及某些建筑物出租征税；丹麦对戏剧、演唱会和电影征税；爱沙尼亚对某些不动产、某些金融服务、文化服务征税；芬兰对文化服务、某些情况下的商业建筑物出租征税；法国对出租某些不动产、使用没有残疾人专用设备的车辆且（或）司机没有相关许可证运送残疾人、休闲娱乐和体育服务、电影、演唱会和戏剧征税；希腊对不是“希腊邮政局”提供的邮政服务、某些文化服务、营利机构提供的医院和医疗护理、营利机构提供的慈善工作和体育服务、新建筑物供应、出租某些不动产征税；匈牙利对建筑土地、新建筑物供应、某些文化服务、某些体育服务征税；爱尔兰对出租商用不动产、土地和建筑物供应、休闲娱乐和体育服务征税；意大利对土地供应和出租，某些商用建筑物的供应，对贫困、老龄以及艾滋病人群之外的人提供的医疗护理征税；日本对邮政服务、建筑物供应、除非营利机构之外的其他机构提供的文化和体育服务、企业出租不动产征税；韩国对商用建筑物的供应和出租、商业性质的文化服务、授权俱乐部中的赌博征税；墨西哥对邮政服务、保险服务（人寿和农业保险除外）、伤残人员运输、私人医院和医疗护理、体育服务、某些金融服务、电影票、某些土地和建筑物供应、某些资金募集活动征税；荷兰对文化活动（适用低税率），某些不动产出租和供应，使用体育设施，休闲娱乐和体育服务，电影、演唱会和戏剧入场费，体育活动，博物馆和动物园征税；新西兰对人体血液、组织和器官，医院和医疗护理，伤残人员运输，牙医护理，慈善工作，某些基金募集活动，教育，非营利机构的非商业活动（无条件捐赠除外），文化体育活动，保险和再保险（人寿保险和再保险除外），某些不动产出租，投注、彩票、赌博，某些土地和建筑物供应征税；挪威对邮政服务，体育比赛、博物馆、影院和游乐场入场费，某些商业建筑物出租征税；波兰对建筑土地和建筑物供应征税；斯洛伐克对某些建筑，某些不动产出租和供应，以及非营利机构之外的其他机构提供的培训、教育、体育和文化活动征税；斯洛文尼亚对新建筑物，文化和体育活动入场费，营利机构提供的培训、教育、体育和文化活动，某些建筑物出租征税；西班牙对某些文化服务、出租商用建筑物，建筑用地，新建筑物供应征税；瑞典对邮政服务、大多数文化服务、某些商用建筑物出租征税；瑞士对某些停车场、某些银行服务、假肢和整形外科征税；土耳其对私人教育、私人文化和体育服务、私人医院和医疗护理、私人牙医护理、人体血液、伤残人员运输、邮政服务、商用建筑物销售、广播电视播放、金融公司提供的金融服务等征税；英国对出售符合条件的新的商用建筑物、某些新的房屋、游戏机以及授权俱乐部中的某些赌博征税。

第二节 世界主要国家增值税留抵退税制度比较

增值税留抵退税是世界主要国家普遍实行的制度。从 G20 成员和欧盟成员情况看，除中国和不征收增值税的美国之外的 40 个国家中，只有阿根廷、巴西和土耳其 3 个国家一般不允许纳税人增值税期末留抵退税，其余 37 个国家均允许纳税人增值税期末留抵退税。综合来看，这些国家增值税留抵退税制度主要具有以下特征。

一、部分国家对留抵退税没有限制条件，部分国家则规定了严格的限制条件

实行增值税留抵退税的国家普遍规定，如果纳税人在增值税纳税期限内可抵扣的进项税额大于销项税额，则产生了进项税额留抵，可以有两种选择：一是向税务机关提交增值税纳税申报表或（和）退税申请表申请退税；二是结转期末进项税额留抵，用于抵销以后纳税期间的增值税销项税额，或者，用期末进项税额留抵抵销当期的其他税款或罚款。部分国家对纳税人申请留抵退税没有任何限制，部分国家却规定了比较严格的限制条件，主要包括以下五个。

（一）可退税金额超过一定限额方可获得退税

有的国家规定，只有纳税人可退税额超过一定的限额，才能退税，如果没有超过规定的限额，则只能用于抵销以后纳税期间的销项税额。例如，匈牙利规定，按年度提交增值税申报表的纳税人，如果可退税额不超过5万匈牙利福林，只能用于抵销以后纳税期间的销项税额；如果可退税额超过5万匈牙利福林，可以申请退税。按季度提交增值税申报表的纳税人，如果可退税额不超过25万匈牙利福林，只能用于抵销以后纳税期间的销项税额；如果可退税额超过25万匈牙利福林，可以申请退税；按月提交增值税申报表的纳税人，如果可退税额不超过100万匈牙利福林，则只能用于抵销以后纳税期间的销项税额；如果可退税额超过100万匈牙利福林，可以申请退税。法国规定，纳税人可退税额小于150欧元，只能用于抵销以后纳税期间的销项税额；可退税额大于150欧元，才能申请退税。罗马尼亚规定，纳税人在纳税期间的可退税额小于5000罗马尼亚列伊，只能用于抵销以后纳税期间的销项税额；可退税额大于5000罗马尼亚列伊，才能申请退税。

（二）根据纳税人相关交易的特性确定是否退税

有的国家根据纳税人生产经营过程中购进货物和劳务适用的税率、出口规模等因素来确定是否给予退税。例如，意大利规定，符合下列条件之一的纳税人，可以按年度或季度申请退税：一是购进货物和劳务适用的增值税税率平均值超过销售的货物和劳务适用的增值税税率平均值10个百分点以上；二是出口、共同体内供应或国际服务销售额占纳税人总销售额25%以上；三是购买或进口折旧性资产或为研发（R&D）活动购买货物和劳务产生的增值税税额。如果纳税人不能满足上述条件以及其他相关条件，留抵税额则只能用于抵销下一纳税期间的销项税额。韩国规定，产生增值税留抵税额的四种情况：一是纳税人销售零税率产品；二是固定资产投资；三是购买季节性产品或储备原材料；四是销售价格低于购买价格。

（三）通过事前税务审计方可获得退税

有的国家规定，在某些特定情况下，纳税人的退税申请必须在通过税务审计之后，方可获得退税。例如，希腊规定，在某些特定情况下，根据财政部执行的风险分析方法，退税前要对纳税人进行税务审计。从2017年7月1日起，对已经获取经营资格认证书或简易程序许可证的纳税人，以及从事出口或欧盟内部货物流通的纳税人，在一定条件下，可以不需要增值税审计就进行退税。俄罗斯规定，税务机关必须对纳税人在纳税申报表中填写的留抵税额进行审查，如果税务机关确认数额准确，将退还到纳税人的银行账户或计入贷方金额用于抵销其他联邦税额。印度尼西亚规定，税务机关在纳税人提出退税申请之后要进行审计，以确保退税的有效性。税务审计必须在申请退税之日起的一年内完成。符合合规纳税人或低风险纳税人标准的纳税人可以通过税务检查加快退税流程。澳大利亚规定，退税前需要执行审查程序，如果企业有隐瞒收入的嫌疑，则可以暂时不对其退税。

（四）可退税金额必须首先用于抵销以后期间的销项税额，余额方可退税

斯洛伐克规定，纳税人的可退税金额必须留待下一纳税期间抵扣，抵扣之后尚有余额，由税务机关在提交下期增值税申报表之日起的30日内退还给纳税人。保加利亚规定，纳税人的可退税金额必须先用于抵扣以后两个月的销项税额，如果之后仍有留抵税额，则可以在提交下一次增值税申请表后的30日之内得到退税。拉脱维亚规定，纳税人的可退税金额首先用于抵扣以后征期的销项税额，如果纳税人在纳税年度终了时仍有留抵税额，可以在当年最后一个月的增值税纳税申报表中提出退税申请，税务机关审核通过后10日内将可退税额退还至纳税人银行账户。

（五）纳税人必须提供银行担保，方可获得退税

德国规定，在某些特殊情况下，税务机关会要求纳税人提供银行担保，即储蓄存款作为条件进行退税。意大利规定，从2015年起，如果纳税人申请的退税金额超过3万欧元，在下列特殊情况下，需要提供银行担保：一是开展业务活动不足两年的公司申请的退税；二是过去两年增值税申报表中申报的税额被税务机关进行纳税评估的纳税人申请的退税；三是没有提供退税相关证明或自我申报证明的纳税人申请的退税；四是纳税人在经营活动最后一年申请的退税。

二、多数国家对纳税人申请退税的时间进行了严格规定

（一）根据可退税金额大小等情况确定申请退税的时间

有的国家对纳税人申请退税的时间进行了限制，要求纳税人根据可退税额的大小在月末、季末或年末申请退税。例如，法国规定，纳税人可退税额小于150欧元，只能用于抵销以后纳税期间的销项税额；纳税人可退税额大于150欧元小于760欧元，可以在年度结束时申请退税；纳税人可退税额大于760欧元，可以在月末或季度末申请退税。

（二）区分一般情况和特殊情况确定申请退税的时间

西班牙规定，纳税人申请退税有两种程序：①一般程序。在此程序下，

纳税人只能在本年度的最后一次增值税申报中（按月或按季度）申请退税。②特殊程序。在此程序下，纳税人可申请列入每月的增值税退税统计名单。该名单中的纳税人可以在每月的增值税申报中申请退税。印度尼西亚规定，一般而言，纳税人应在年底提出退税申请。某些特殊情况下，纳税人可以按月提出退税申请。西班牙规定，一般情况下，纳税人只能在本纳税年度的最后一次增值税申报（按月或季度）中申请退税；特殊情况下，纳税人可以在每月增值税申报中申请退税。

三、各国对退税期限进行了严格规定

（一）各国都有退税期限的相关规定

多数国家退税期限为30~40日，其余国家退税期限较短或较长。从G20成员和欧盟成员情况看，大多数成员规定的退税期限都30~40日。欧盟成员国除了法国、拉脱维亚、马耳他和罗马尼亚之外，其他成员国都采用这个期限。如英国、韩国、捷克、保加利亚、克罗地亚、匈牙利、斯洛伐克规定，正常情况下，税务机关应自收到纳税人退税申请的30日之内进行退税。G20中的其他部分成员也采用该期限。例如，印度尼西亚规定，税务审计确认退税有效，纳税人可以在税务审计评估函之日起的一个月内得到退税。墨西哥规定，税务机关应当自接到纳税人退税申请起40个工作日完成退税。

在G20成员和欧盟成员中，爱沙尼亚、西班牙、马耳他、波兰、罗马尼亚等国家的退税期限较长，最长达到6个月。爱沙尼亚规定，退税在留抵退税额产生之日起的60日之内进行。但是，如果税务机关有理由进一步核实退税相关情况，这一期限可以延长至120天。西班牙规定，税务机关应在纳税人提出退税申请后的6个月内对纳税人是否有权获得退税进行审核并退税。马耳他规定，税务机关应当自纳税人申报结束当天起5个月内完成退税。波兰规定，退税期限通常为纳税人提交增值税申报表之后的60日之内，如果纳税人没有任何应税行为，退税时间为提交增值税申报表之后的180日之内。罗马尼亚规定，原则上，退税在45~90日之内办理完成，实际上的退税时间会更长。

G20成员中的国家和欧盟成员中，斯洛文尼亚、拉脱维亚、南非等少数国家的退税期限较短，最短为10日。例如，斯洛文尼亚规定，一般情况下，在纳税人提交增值税申报表之后的21日内退还税款。拉脱维亚规定，在纳税人提交增值税申报表之后的10日内退还税款。南非规定，在税务机关收到纳税人增值税申报表之日起的 21 日内退税。

（二）部分国家有延长退税期限的相关规定

部分国家规定，如果税务机关要对退税进行税务审计，则可以延长退税期限。例如，爱沙尼亚规定，一般情况下，在退税额产生之日起的 60 日之内应完成退税。但是，如果税务机关有理由进一步核实退税相关情况，这一期限可以延长至 120 日。克罗地亚规定，一般情况下，纳税人可以在提交增值税申报之后的 30 日之内获得退税。但是，在税务审计的情况下，退税期限延长为自税务审计开始之日起的 90 日内。匈牙利规定，合规程度高的可信纳税人将在 30 日之内获得退税。明显不遵守税法相关规定的高风险纳税人将在 75 日之内获得退税。拉脱维亚规定，如果纳税人有下列任何情形的，税务机关可在书面通知纳税人的情况下，延迟给予退税：一是税务机关决定对纳税人进行税务审计，验证交易的真实性，获取必要的信息。退税时间将会延迟到审计结束税务机关做出退税决定之后。二是纳税人不能提供资料证明申请退税中涉及零税率的部分交易的真实性。退税时间将会延迟到纳税人提交其他资料证明出口或者适用零税率的交易的真实性之后。三是多缴纳的税款必须扣除与坏账相关的税款。退税时间将会延迟到纳税人将这部分与坏账相关的税款扣除之后。

（三）部分国家有缩短退税期限的相关规定

部分国家规定，如果纳税人符合相关条件，可以缩短其退税期限。例如，波兰规定，退税期限通常为纳税人提交增值税申报表之后的 60 日之内，如果纳税人没有任何应税行为，退税时间为提交增值税申报表之后的 180 日之内。如果满足下列条件，退税时间可分别缩短为 25 日内或 60 日内：一是纳税人提交有效申请；二是涉及进项税额的发票或其他凭证，可证明纳税人已经缴纳了增值税税款或担保金。如果满足下列条件，退税时间可缩短至 25 日内：一是纳税人缴纳的相关增值税税款是从银行账户上转移入库到税务机关；二是纳税人的滞纳税款不超过 2 万兹罗提，且近两年之内纳税人的税款均已及时入库；三是纳税人注册登记为增值税纳税人的时间满一年，且上个申报期转移过来的退税金额不超过 3000 兹罗提。匈牙利规定，合规程度高的可信纳税人将在 30 日之内获得退税。明显不遵守税法相关规定的高风险纳税人将在 75 日之内获得退税。既不是可信纳税人，也不是高风险纳税人的其他纳税人，一般情况下将在 75 日之内获得退税，但是，在上述纳税人于填报增值税申报表之前已经缴纳了供应商发票中记录的进项税额，并在增值税申报表中注明了这一事实的情况下，如果可退税额超过 100 万匈牙利福林，税务机关必须在45日之内退还；如果可退税金额不超过100万匈牙利福林，则必须在30日之内退还。韩国规定，一般情况下，留抵税额在纳税人提出退税申请后30日内退还。如果纳税人满足下列条件，为了减轻纳税人的财务负担，纳税人可以在提交申请之日起15日内得到退税：一是纳税人销售零税率货物和劳务；二是纳税人刚刚成立；三是纳税人因新建、取得、增加或扩建其经营设施而产生的进项税额。

四、多数国家对延迟退税不支付相关利息

从G20成员和欧盟成员的情况看，在延迟退税的情况下，多数国家不向纳税人支付相关利息，只有英国、新加坡、马耳他、斯洛文尼亚、罗马尼亚、印度尼西亚和南非等部分国家要支付利息。英国规定，如果英国税务海关总署未按时退税，需要支付给纳税人相当于留抵税额5%的利息。新加坡规定，任何未按期完成的退税应当按照基本放贷利率向纳税人支付利息。马耳他规定，税务机关应当自纳税人申报结束当天起5个月内完成退税。逾期未退，税务机关应向纳税人支付每月0.75%的利息，不到一个月的按一个月计算，计息期按应退税当天至实际退税当天计算。斯洛文尼亚规定，如果延迟退税，税务机关每日要向纳税人支付应退税额0.0247%的利息。印度尼西亚规定，如果延迟退税，税务机关需要每月给纳税人支付相当于应退税额2%的利息。罗马尼亚规定，如果退税办理超过规定的期限，税务机关要给纳税人支付相应的利息。南非规定，税务机关要就延迟退税向纳税人支付利息。如果纳税人未提供银行账户详细信息、所提供的申请不完整或在任何重大方面存在缺陷或正在进行退税调查，则税务机关无须支付利息。

五、部分国家采取特别措施防止纳税人骗取退税

（一）对因申报错误获得退税的纳税人进行处罚

斯洛伐克规定，如果纳税人申报表有误，并据此获得退税，税务机关将对其进行处罚，每月的最高罚款额为多退税额的1.3%。

（二）要求纳税人提供退税的相关证明材料

葡萄牙规定，一般而言，纳税人申请退税，除了提交电子版的增值税纳税申报表之外，还需要提供购买方汇总名单和销售方汇总名单等附件。拉脱维亚规定，申请退税的纳税人必须提供相关资料证明申请退税中涉及零税率

的部分交易的真实性。

（三）要求纳税人缴纳保证金

英国规定，如果纳税人存在退税风险，英国税务海关总署将对纳税人发出要求其提供担保的通知，即，如果纳税人存在未缴纳增值税、被起诉以及被处罚等情况，则必须在纳税人支付相当于6个月增值税额的保证金之后，或在被评估认为不存在退税风险后，才予以退税。

第三节　数字平台的增值税征收责任

2019年3月20日—22日，在澳大利亚墨尔本举行的第5届全球增值税论坛通过了OECD发布的《数字平台对在线销售征收增值税/货物和劳务税的作用》[①]，来自包括区域性和国际组织在内的100多个辖区的代表就数字平台承担并缴纳在线销售的增值税/货物和劳务税，数据共享以及改进税务机关和数字平台的合作等一系列新措施达成一致。《数字平台对在线销售征收增值税/货物和劳务税的作用》提出由数字平台承担并缴纳跨境B2C在线数字交易（包括数字产品和服务交易，下同）和低价值货物交易的增值税/货物和劳务税，在大大提高跨境B2C在线交易和低价值货物交易增值税/货物和劳务税缴纳合规水平，以及降低税务机关征收管理成本和风险方面具有重大意义。

一、数字平台增值税征收责任产生的背景

近年来，跨境电子商务的迅猛发展使各国税收制度和征收管理面临严峻挑战，尤其是如何对跨境B2C数字交易和低价值货物交易征收增值税/货物和劳务税更是各国迫切需要解决并达成共识的问题。因此，OECD、欧盟以及部分国家近年来致力于研究并采取相关措施。OECD在BEPS第1项行动计划中提出，由数字平台对进口低价值货物征收增值税/货物和劳务税是可选择的方

① OECD：OECD（2019），The Role of Digital Platforms in the Collection of VAT/GST on Online Sales，OECD，Paris. www. oecd. org/tax/consumption/the-role-of-digital-platforms-in-the-collection-05-vat-gst-on-onlin-sales. pdf.

案之一，但是没有提出由数字平台征收跨境数字交易的增值税/货物和劳务税。欧盟计划自2021年1月1日起，由数字平台负责对非欧盟的网络供应商在平台销售的货物、数字产品和服务代扣代缴增值税/货物和劳务税。部分国家已经开始实行由数字平台征收并缴纳在线数字交易和低价值货物的增值税/货物和劳务税。

（一）OECD提出的相关措施

OECD提出的相关措施主要体现在BEPS第1项行动计划和OECD发布的《国际增值税/货物和劳务税指南》两个文件中。BEPS第1项行动计划《应对数字经济的税收挑战》认为，经济数字化的发展和深化给跨境电子商务增值税/货物和劳务税征收管理带来了严峻的挑战和风险，主要表现在两个方面：一是对进口低价值货物免征增值税，不仅导致进口国供应商与非居民供应商之间的不公平竞争，而且减少了进口国增值税/货物和劳务税收入；二是无法采取传统的征收管理方式对跨境B2C数字交易征收增值税/货物和劳务税，使消费地所在管辖区增值税/货物和劳务税收入流失。

为了解决上述问题，BEPS第1项行动计划按照《国际增值税/货物和劳务税指南》确立的原则及跨境B2C数字交易征税措施提出了以下建议：一是对于进口低价值货物增值税的征收，BEPS第1项行动计划引用了OECD《低值货物进口报告》的4种征收模式，即：传统征收模式、买方征收模式、卖方征收模式、中介征收模式。中介征收模式包括邮政运营商、快递运营商、电子商务平台、金融中介。在上述4种征收模式中，传统征收模式是指低价值货物进口时由海关对其征收增值税/货物和劳务税，由于进口的低价值货物量大且增值税收入相对少，导致海关的征税成本过高，因此，后3种模式被认为是更为有效的替代办法。二是对于B2C跨境数字交易增值税/货物和劳务税的征收，BEPS第1项行动计划建议，可以要求非居民供应商在征税地进行纳税登记并承担增值税缴税义务。如果一国以登记为基础对非居民供应商征收税款，建议该国建立简化的登记和遵从体系，以降低非居民供应商的遵从负担。简化的登记和遵从体系与传统的体系相互独立，纳税人的权利和义务也不尽相同，例如，简化的体系无须进行进项抵扣和完整申报等。对于B2C跨境数字交易增值税/货物和劳务税的征收，BEPS第1项行动计划没有提出由数字平台对其征收增值税/货物和劳务税的建议。

（二）欧盟提出的相关措施

2017年12月欧洲经济及财政部长理事会（ECOFIN）通过了《应对数字经济利润征税的挑战》，并通过了新的增值税改革方案。这一改革方案的重点就是全面解决跨境 B2C 货物与服务交易征收增值税的相关问题。与跨境数字交易和低价值货物交易有关的增值税/货物和劳务税政策是，自 2021 年 1 月 1 日起，取消从非欧盟成员进口到欧盟单价低于 22 欧元的货物免征进口增值税的优惠政策；数字平台负责对非欧盟的网络供应商在平台销售的货物和数字产品和服务代扣代缴增值税/货物和劳务税，从非欧盟成员进口到欧盟的货物通过电子商务平台销售的，若销售价格不高于 150 欧元，由平台负责代扣代缴增值税。

（三）部分国家采取的相关措施

为适应跨境电子商务的发展，澳大利亚、白俄罗斯、印度、以色列、韩国、新西兰、挪威、俄罗斯、新加坡、南非、土耳其等国家已经采取由数字平台征收并缴纳在线数字交易和低价值货物的增值税。澳大利亚的相关做法最具代表性。近年来，为应对经济数字化的挑战，澳大利亚政府已经对相关税法进行了修订，明确对跨境数字交易和进口低价值货物征收货物和劳务税（以下简称 GST）。一是自 2017 年 7 月 1 日起，向澳大利亚居民消费者在线销售电影、音乐、应用程序、游戏和电子书、赌博服务等数字产品和服务，必须在澳大利亚缴纳 GST。二是自 2018 年 7 月 1 日起，境外供应商向澳大利亚消费者销售诸如服装、电子产品和化妆品等价值不高于 1000 澳元的低价值货物（烟草或含酒精饮料除外），由供应商或视同供应商的数字平台在澳大利亚缴纳 GST。境外供应商向澳大利亚消费者销售超过 1000 澳元的货物，由海关征收进口环节 GST。三是需要注册、收取和缴纳 GST 的企业包括：销售数字产品、服务或低价值货物的商家；经营应用软件或网站等在线数字平台的运行商，该在线数字平台允许商家销售数字产品、服务或低价值货物；帮助将低价值商品运到澳大利亚的转运方。但是，只有一个实体需要在销售时收取 GST，具体规定是，如果商家通过在线数字平台销售数字产品、服务或低价值货物，通常是平台运营商而非商家负责缴纳 GST；只有当在线数字平台运营商或商家不协助将货物运送到澳大利亚，转运方才负责缴纳 GST。在上述新规定实施之前，澳大利亚税务局与可能受低价值货物新政策影响的 5000 个海外数字平台和低价值供应商以及世界前 100 名低价值货物供应商沟通，要求相关数字平台和供应商在澳大利亚进行注册，并使用第三方数据（如银行数据）、财务数据、所在国政府信息交换、同行举报等其他措施促进其遵从。目前，该新规得以顺利实施。

二、OECD研究制定《数字平台对在线销售征收增值税/货物和劳务税的作用》相关工作情况介绍

基于大量跨境B2C数字交易和低价值货物交易是通过数字平台实现，数字平台有征收基础，以及欧盟和部分国家已经采取相关措施，数字平台征收增值税有实践经验，OECD财政事务委员会第9工作组（以下简称OECD第9工作组）近年来一直致力于研究数字平台在跨境B2C数字交易和低价值货物交易征收增值税中的作用，力求就数字平台在跨境B2C数字交易和低价值货物交易征收增值税中应该发挥的作用以及相关措施在国际社会达成共识，并制定《数字平台对在线销售征收增值税/货物和劳务税的作用》，使之成为各国在确定跨境B2C数字交易和低价值货物交易增值税征收方式时应当共同遵循的规则和指南。OECD第9工作组研究制定《数字平台对在线销售征收增值税/货物和劳务税的作用》的重要时点和内容如下。

（一）2017年12月提出数字平台的4种责任

2017年12月，OECD第9工作组在数字经济会议上提出，对线上销售征收增值税，数字平台可承担4种责任：一是完全责任，即视同供应商，对通过其进行的在线交易收取缴纳增值税；二是代收代缴责任，即代收代缴供应商的增值税税款，不视同为供应商；三是连带责任，与供应商一起承担缴纳增值税的责任；四是分享信息，自发或根据要求提供涉税信息。从政府政策规制的角度看，平台的税收责任制度只有完全责任、代收代缴责任和连带责任三种，分享信息的责任属于税法上的协助义务范畴，一般不做强制性要求，但立法规定或企业自愿的除外。

（二）2018年2月就数字平台增值税责任问题达成共识

2018年2月，OECD第9工作组在巴黎召开会议讨论数字平台增值税责任问题，达成以下共识：一是并没有“万能的方法”解决所有的问题；二是应该研究一系列可能的措施与方法，并由各国税务机关确定采用哪一些才能达到其政策目标；三是对于平台责任，未来将主要侧重于完全责任；四是完全责任应当重点关注于数字服务和低价值货物；五是发挥平台的其他作用，如信息分享；六是需要开发政策执行的有效工具。

（三）2018年9月着重强调数字平台的完全责任制度

2018年9月底，OECD第9工作组完成了《数字平台对在线销售征收增值税/货物和劳务税的作用》初稿。该报告将上述4种责任进行了重新划分，

着重强调完全责任制度（Full VAT/GST Liability Regime），删除了代收代缴责任制度，并将其他责任统一并称为“其他责任制度”。报告还指出，税务机关可能考虑将一些办法作为完全责任制度的替代办法，或作为对不属于完全责任制度范围的供应品征收增值税的补充，或作为向完全赔偿责任制度演进的过渡性措施。这些替代办法主要包括：一是数字平台在促成网上销售的增值税的征收和缴纳方面的作用，而不免除相关供应商的增值税责任；二是数字平台与平台内供应商（underlying supplier）共同承担增值税的连带责任。

（四）2019 年 3 月发布最终报告

2019 年 3 月，第 5 届全球增值税论坛通过了 OECD 发布的《数字平台对在线销售征收增值税/货物和劳务税的作用》。最终报告强调，跨境货物销售的 2/3 是通过数字平台进行的，确保数字平台承担相关增值税纳税义务和数据共享责任，将大大降低税务机关的征收成本和通过数字平台经营的数百万家小型交易商的遵从成本。

三、《数字平台对在线销售征收增值税/货物和劳务税的作用》的主要内容

《数字平台对在线销售征收增值税/货物和劳务税的作用》共 4 章，分别是，第 1 章：数字交易对增值税/货物和劳务税征收的挑战以及数字平台在应对这些挑战中的作用；第 2 章：数字平台作为对在线销售征收增值税/货物和劳务税的责任人（平台增值税/货物和劳务税责任制度）；第 3 章：数字平台在支持在线销售增值税/货物和劳务税征收中的其他作用；第 4 章：确保在线销售增值税/货物和劳务税征收效率和有效性的保障措施。《数字平台对在线销售征收增值税/货物和劳务税的作用》的主要内容如下。

（一）数字平台的完全责任制度

数字平台作为法定指定供应商（statutorily designated supplier），需要承担缴纳增值税的完全责任。完全责任的主要目标是为了通过让数量有限的数字平台代表大量的在线供应商缴纳税款，从而降低征收成本。数字平台被视为向消费者提供应税供应的供应商，真正的供应商则不需要履行纳税义务。从供应商与数字平台的关系来看，可能被认为是适用增值税 B2B 交易，或者不在增值税征税范围或适用零税率，无论采用什么样的方式，供应商都应当允许抵扣其发生的增值税。

承担完全责任的数字平台，取决于平台的功能，通过两个条件来判定：

一是有足够且准确的信息，能够判断增值税处理是否准确；二是有收取增值税的有效方法。选择承担完全责任的数字平台，须遵循以下原则：一是因数字平台的业务模式多种多样，应基于数字平台的典型功能，而非平台类型或其业务模式来判定；二是若供应链中多个数字平台满足完全责任的条件，税务机关可以选择最接近消费者的平台；三是对技术和商业发展情况进行定期审查，以确保选择方法的效率和效力；四是提供清晰和容易获取的信息，最好是在线的；五是与商业界协商对于设计和有效运作一套完整的赔偿责任制度至关重要。

在完全责任制度下，数字平台被视同法律指定的增值税的供应商。在此制度下，数字平台仅承担增值税缴纳的责任，但不承担相关供应商的任何其他责任，如产品责任等。对于通过平台进行在线销售的增值税的评估、征收和解缴，数字平台是完全、唯一的责任人。数字平台应当将税款以符合该税收管辖区的增值税法例的方式缴纳给税务机关。具体方案如图 6－1 所示。

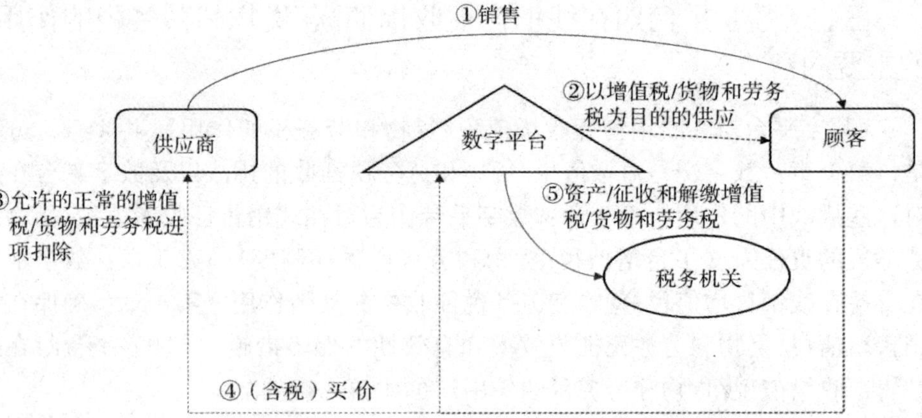

图 6－1　数字平台在线缴纳增值税/货物和劳务税方案

注：数字顺序仅为标志，并非用于表示时间顺序上的具体步骤时间。

完全责任制度可以从以下六个方面全面加以认识和把握：

1. 判断承担完全责任的数字平台的标准

判定承担完全责任的数字平台的标准，即判断数字平台能否满足“有足够且准确的信息，能够判断增值税处理是否准确以及有收取增值税的有效方法”两项条件。总的来看，目前有以下三种可行方案：

（1）符合构成要件的肯定性判断规则。例如，具有操控或设定交易条款，如定价、支付条款、交付条件等，直接或间接参与支付流程、交付流程，提供售后服务等功能的平台，应承担完全判断。

（2）不符合构成要件的否定性判断规则。例如，对于仅传输内容、仅处理付款、仅宣传折扣优惠或仅作为点击型平台转移至供应商网站等功能的平台，不应承担完全责任。

（3）附加条件的判断规则。例如，税务机关可以附加条款以免除数字平台的完全责任义务，避免数字平台和供应商都不需要缴纳增值税的风险。典型的附条件条款包括：①数字平台并没有表明其是供应商，而只是供应商与消费者之间的透明存在；②数字平台与其供应商达成协议，确定由供应商征收和缴纳增值税。

上述三种判断规则在具体实施中可以综合适用。

2. 完全责任制度的具体适用范围

原则上，完全责任制度主要面向不在税收辖区的供应商。对于跨境服务或无形资产而言，完全责任制度主要适用于介入境外供应商远程数字供给的数字平台。

3. 实行完全责任制度所需的相关信息

数字平台在完全责任模式下所需信息宜包括：一是平台内供应商的身份。除非数字平台具有相反的信息，否则可以推定平台内供应商是企业。二是供应的性质，以确定适用的征税地点规则；确定供应是否属于完全责任制度的范围（例如，数字平台承担的全部责任义务仅适用于特定类型的服务/货物）；并确定适用的增值税税率、货物和劳务税税率以及关税税率。三是购买方的状态，以判断税收管辖区，以及/或是否适用于本征收机制。四是购买方住所/地点，以确定税收地点和/或适用的征收制度有关。五是平台内供应商的所在地，以防征收机制仅适用于境外供应商提供的供应。六是供应的价值，用于评估增值税合规目的的适当税基，以及从海关的角度确定商品是否低于最低限额（商品的海关价值可能与供应品的价格不同）。七是销售金额，以确定是否达到起征额。八是增值税义务产生的时间，即征税时间。除上述内容外，数字平台征收和缴纳在线销售货物进口增值税所需的信息还将包括进口国以及销售时货物所在的国家，以确定该货非国内供应（如果完全责任制度不适用于国内供应）。

4. 完全责任制度的征税时点

由于认定征税时点的通常规则，可能会在完全责任制度下为数字平台带来显著的复杂性，因此，需要对征税时点作出具体的定义。实际上，完全责任制度要求数字平台计算通过其平台销售供应品的增值税，然而数字平台又不是实际的平台内供应商，因此，数字平台可能并不总是拥有根据标准规则确定征税时点所需的所有信息（例如，实际供应的时间，履行或交付的时间，供应商收到付款的时间等）。该问题的实际解决方案是将征税点定义为平台内供应商或数字平台代表平台内供应商确认付款时。确认付款并不一定意味着供应商已经收到货款，而是支付已经被供应商或数字平台接受/授权（数字平台直接参与支付流程）。值得注意的是，进口低价值货物的征税点一般参照确认付款的时间确定，这一时间点通常是在货物运输或货物抵达边境之前的时间。这种方法将在线销售的进口货物供应品的增值税的征收从边境（目前是一般做法）转移到了在线销售，从而限制或取消海关当局参与这些低价值货物增值税征收的需要。

5. 完全责任制度下的征收支付流程

对于在完全责任制度下通过数字平台征收和缴纳增值税的实际过程，可以考虑一系列可能的情况。主要区别在于两种情形：一是消费者向平台支付含增值税的价款；二是与消费者直接向平台内供应商支付同样含税的价款。如果消费者通过数字平台向平台内供应商支付包含增值税的购买价款，则数字平台原则上将增值税的那部分支付给税务管辖区内的税务机关，再把余额（销售价格减去任何费用和佣金）给平台内供应商。如果消费者直接向平台内供应商支付包含增值税的购买价款，则数字平台需要从供应商处收取增值税（以及任何费用和佣金）。在后一种情况下需要注意避免产生连锁效应，即避免增值税用于数字平台从平台内供应商处收回增值税的金额同时被应用正常的增值税规则数字平台为平台内供应商提供的服务收取的佣金和/或费用。

6. 单独评估低价值货物的责任适用

进口低价值货物时，由收货人（海关申报可以以第三方的代表人名义，也可以以第三方自己的名义）支付关税和增值税。在传统征收模式下，由海关在进口时，即在边境进行纳税评估。数字平台完全责任制度下，税务机关和海关应免除相关纳税人在边境支付进口货物的增值税义务，以及进口货物应该附带必要文件，如数字平台的有效增值税纳税登记号，以证明其属于完全责任范围，从而由海关快速通道放行。此外，海关领域一系列的发展，可能将进一步为数字平台完全责任提供便利：推进电子数据的交换标准；在国家机构间引入合作框架，共同应对跨境电子商务带来的安全风险；简化审批流程。

（二）数字平台在支持在线销售增值税/货物和劳务税征收中的其他作用

1. 信息分享义务

税务机关可以规定数字平台定期、按要求或自发向税务机关提供信息，供税务机关进行交叉比对，发现平台内不合规供应商。这不仅强调数据收集，更重要的是如何使用这些信息数据。在收取信息时，应考虑三点因素：一是税务机关要求提供的数据是否有助于税款的高效征收、是否有相应的人力和技术对收集的数据进行处理，以确保更好地征税和执法。二是此类数据是否已经通过其他方式或由其他机关进行收集，以免对数字平台造成太大的负担。三是数字平台是否有相应的数据？要求此类数据是否合理？

在确定有关范围和实践时，是否应考虑提供信息的义务是独立适用的责任制度还是作为其他责任的补充？如果该义务作为一项独立的措施应用，则可以面向所有的可获取相应信息的数字平台。除数字平台外，还可应用于具有以下功能的平台：促成交易（如在线市场）；可使消费者与供应商身份互换（transfer buyers to sellers，点击型平台）；同意在论坛或媒介上列出和推广商品；有偿进行推广商品的展示；处理付款。如果该义务与其他措施协同作用，则应将其应用限制于其他措施未曾涵盖的交易。

而对于交流信息的类型，应包括：正常商业活动进程中的信息，以及与增值税合规相关度高的信息。如供应的性质、供应的日期、供应的价值、供应商的标识（包括税号）、增值税金额和税率、货运代理、履约公司、消费者位置、用于确定消费者位置的信息、发给消费者的发票或其他文件。

2. 对平台内供应商进行教育

应当说，向纳税人提供易得且易理解的税收指导，对于实现纳税人的高度合规有很大价值。目前，在一些对入境数字服务征税和实行简易注册及征收机制的国家（地区），已经看到了益处。许多数字平台已经对供应商就其纳税义务等提供了指导，并设立论坛供分享讨论包括税收在内的监管问题。

税务机关主动与数字平台开展合作，向平台内供应商提供相关的指导信息，对税务机关自身来说是十分有益的。可能的教育宣传措施包括：提供和宣传税收指引、直接告知纳税义务的变化、组织网络研讨会和税务机关通过平台的论坛社区提供建议。

3. 与税务机关之间签署正式的合作协议

近期，英国在“税务或海关——数字平台”之间开展了协议合作，效果明显。事实上，税务机关可以与数字平台签署合作合规协议，这类协议是多方面的，其包含一系列方法和措施，确保数字平台实现线上销售的税收合规最大化。当然，这些协议是基于合作合规模式的概念，平台与税务机关之间建立一个基于信任与合作的关系。

但是，尽管此类协议是自愿的，但仍会包含法定义务，比如信息交流的义务。从政府层面，此类协议面向社会公开也会有好处，因为可以增加行政透明度，提升公众对于税务机关的信心。从企业层面，此类做法也有利于提高企业信誉和影响力。特别是，当数字平台没有义务代收代缴增值税/货物和劳务税时，正式合作便凸显出其独特的价值。税务机关也可考虑同数字平台签订正式合作协议（协议合作模式），以此作为数字平台责任制度实施之前的中间步骤。

4. 自愿充当税收中介

OECD 指引指出“允许供应商委派第三方代表其执行某些程序，如报税，可以进一步提升外国供应商的合规水平，特别是面临多个辖区税收义务的中小企业”。如果一个管辖区允许这样做，那么当平台负责征缴增值税/货物和劳务税时，可以利用第三方代表其行事。目前，一些税收管辖区域已经允许这种规定，包括消费者购买时的增值税和关税的支付由平台或第三方代理。

从适用范围看，税务机关可以将这种规定作为其他责任义务的补充，将其应用于其他义务未能涵盖的交易。自愿中介模式同合作模式一样，可以将这种规定逐步演化为具体责任义务的中间步骤。同时，扩大该措施的适用范围，可能会进一步提升征税效率。

（三）确保在线销售增值税/货物和劳务税征收效率和有效性的保障措施

1. 连带责任

若数字平台已被税务机关告知在线供应商存在特定不合规风险，或者数字平台已知供应商本应进行增值税登记却未进行增值税登记，则存在严重风险。如果平台继续促进或未阻止此类不合规供应商的线上销售和增值税欺诈行为，那么将引发连带责任。

总的来看，目前有一些税收管辖区希望引入平台的连带责任。现有一些证明亦表明，实行连带责任以后，数字平台更有动力去确保供应商遵从其增值税纳税义务。当供应商不遵从其纳税义务时，在一定情况下，数字平台将承担连带责任。不过，从域外立法实践看，连带责任同时存在两种扩展型方法。换言之，就是“加强版”的连带责任规则。

（1）对未来未申报的增值税承担责任。一般税务机关发现供应商的不遵从行为，并告知数字平台，如果在规定的时间内供应商仍未遵守相关规定，或者数字平台未将其移出平台，则数字平台将对供应商未来应该缴纳的税款承担连带责任。如果多个供应商身份属于同一供应商，税务机关也会将相关信息告知平台。同时，此方法允许善意的供应商在规定时间内改正。这一方法并不要求数字平台有主观故意。

（2）对过去未申报的增值税承担责任。当平台知道或应该知道供应商应该注册为增值税纳税人，但是尚未注册的时候，平台应对其过去应缴但未缴的税款承担连带责任。因此，数字平台需要采取适当的办法确定供应商的增值税注册信息以判断其是否注册。

2. 监控供应商通过仓库或履约公司（fulfilment houses）进行的交易

目前仓库与履约公司（第三方公司代境外供应商负责处理货物）对在线交易提供了便利。因此，可以对仓库与履约公司加强监控，如尽职性调查，或交易材料记录要求。但是，仓库与履约公司可能无法确定货物的价值。同时，由于其在供应中的具体参与方式不同，在实操中也可能存在各样的问题。

3. 关注未通过交易平台的在线交易

税务机关应该确保不同的经济主体与商业模式适用同样的处理。因此，税务机关可以考虑引入简易注册制度。同时，也可以考虑“允许境外供应商指定第三方代其完成相关纳税义务中的程序，如提交申报表”。

4. 加强境内税务机关与海关之间的沟通与合作

此举不仅是为了征收税款，同时，也是为了给境内外供应商提供中立与公平的经营环境。双方的合作可以通过 IT 系统进行数据交互、分享信息、协调审计工作（包括基于系统以及基于账户的审计）。加强合作时，可以考虑：相互合作是某一税收管辖区内的国内事项；采用统一的方式，既可促进系统的搭建，也可促进更深层的合作；加强税务、海关的 IT 系统数据交互；通过加强国际合作强化税务与海关的沟通与配合。

5. 巩固乃至扩展国际合作与信息交换

目前，已有的合作机制包括：OECD 与欧洲理事会于 1988 年联合制定并经 2010 年议定书修订的税务行政互助公约；OECD 税收协定范本；税收信息交换协定范本中包含的两个税收信息交换协定范本。与此同时，世界海关组织（WCO）已经制定了系统的信息交换工具，根据这些工具，海关监管机关开始通过双边/多边协定的方式进行信息交换。

6. 通过风险分析协助提高遵从度

通过风险分析可以对供应链中的各主体进行分析，如供应商、承运人、进口人、履行公司等。目前，OECD 已制定了《高级分析以加强税收管理》《不断变化的税收合规环境以及审计流程》等指引。

7. 对滥用保持警惕

以上措施仅是目前全球各国实施的最大化遵从程度的补充措施，需要警惕滥用。

四、数字平台增值税征收完全责任制度的利弊分析

（一）完全责任制度的正面效应

1. 能够提高规范平台上交易的增值税征收效率

通过利用有限数量的、规范的数字平台来代表大量在线供应商缴纳增值税，可以降低税务机关征收管理成本和风险，还可大大提高 B2C 跨境服务交易和低值货物交易缴纳增值税的合规水平。

2. 各国政策协调有利于减轻征纳成本

由于通过规范平台交易的进口低值货物不再需要在边境征收增值税，有助于减少海关在税收领域的资源配置，使海关能够更加关注保障健康和国家安全等关键任务。

（二）完全责任制度的负面效应

1. 与税收中性和税收公平原则相悖

完全责任制度把符合条件的数字平台确定为具有完全责任的增值税纳税人，混淆了纳税人与第三方之间的角色，将本应由纳税人承担的纳税义务，转嫁给了撮合交易的第三方平台，将导致境外平台与境内平台相比处于竞争劣势、大中型供应商将本应承担的纳税义务转嫁给第三方平台、税收成为影响平台企业经营决策的主要因素等不良后果，不符合已经达成广泛共识的税收中性原则和税收公平原则，不利于全球范围内数字经济的创新发展。

2. 造成国家间法律冲突

完全责任制度是针对境外数字平台企业的监管措施，一方面，这些数字平台企业在服务和低值货物进口国没有常设机构，属于典型的非居民企业；另一方面，从增值税原理看，不管是销售方作为纳税人，还是在逆向征税机制下进口方作为纳税人，非居民的平台企业都不能直接作为纳税人来对待。这种要求非居民平台企业为平台内供应商履行完全的增值税纳税义务，显然是一种“长臂管辖”的滥用，将产生不同国家间的法律冲突，特别是不同国家对数据安全和数据保护等方面的法律规定差异较大，更加容易导致这种冲突，还有可能异化成非关税贸易壁垒，造成国际间的税收争端甚至外交纠纷。在国际税收合作越来越普遍的情况下，不充分利用国际合作机制，而直接应

用“长臂管辖”不合时宜。

3. 会加大平台逆向选择风险

线上线下融合、经济数字化已成为数字经济的发展趋势。越来越多的供应商，同时在多个平台经营甚至同时在线上线下经营，既利用平台进行营销，也通过自建网站等其他在线方式营销，一个平台往往只是供应商多个销售渠道中的一个。由于交易在不同平台之间、线上线下之间的转换成本极低，加上消费者对价格的高度敏感性，只要平台之间、线上线下之间在税收征管力度上存在差异，就会导致跨境进口销售业务从规范的平台转移到不规范的平台甚至回归到线下，从而产生明显的逆向淘汰效果。

4. 政策初衷难以实现

引入完全责任制度，其目的是堵塞税收漏洞、促进公平竞争。跨境贸易的形式多种多样，既有 B2B，也有 B2C；既有低价值货物，也有非低价值货物和服务；既有线上，也有线下；既有通过规范平台的，也有自建网站或通过不规范平台的。完全责任模式制度主要针对的是跨境 B2C 在线数字交易和低价值货物交易，这必然会造成完全责任制度下的交易与其他跨境交易以及国内交易之间不同的税收政策和监管措施，从而产生不公平竞争。现实中，已有一些国家对跨境 B2C 交易和境内交易，在平台信息提供和税收豁免政策上有所区别，这不由得让人担心。由于前述的逆向淘汰风险，大量跨境贸易将转向不规范的平台或自建网站等其他渠道，甚至回归到传统的线下交易，从而游离于实际监管之外，从长远看，堵塞税收漏洞和增加财政收入的目标将难以取得理想效果。

第四节　世界增值税改革发展评述

近年来，世界主要国家增值税制度改革的重点从提高增值税标准税率转向进行更加全面和综合性的改革。从 2018 年看，世界增值税改革发展最显著的特点表现为：增值税在世界范围内持续推广、绝大多数发达国家标准税率基本保持稳定、调整和完善增值税优惠政策、实施应对经济数字化的增值税改革、强化打击增值税欺诈的措施。

一、增值税在世界范围内持续推广，但是出现了取消增值税的新变化

增值税在世界范围内持续推广是半个多世纪以来税收领域最重要的发展趋势之一。截至2018年，全世界大约有168个国家实行了增值税，增值税收入成为这些国家重要的税收来源（如图6-2所示）。

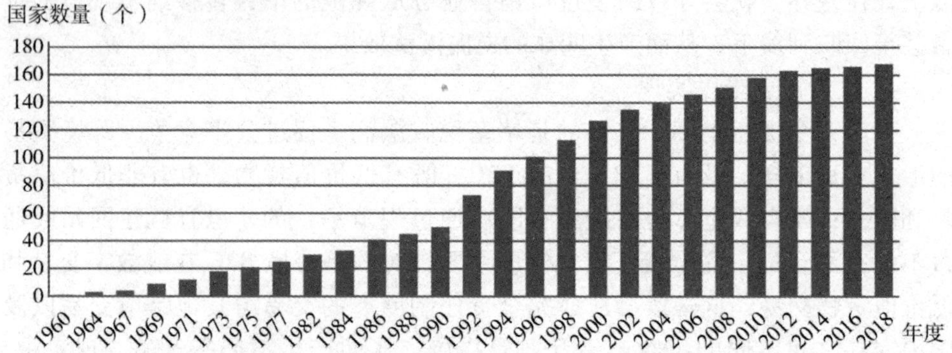

图6-2　增值税发展趋势：1960—2018年开征增值税的国家数量

资料来源：OECD. Consumption Tax Trends 2018：VAT/GST and Excise Rates，Trends and Policy Issues [M]. Paris：OECD Publishing，2018.

从2018年的情况看，虽然增值税在世界范围内持续推广的总体趋势未变，但是也出现了取消增值税的新变化。一方面，仍有部分国家在不断加入实行增值税的行列。新开征增值税的国家主要包括属于海湾合作委员会（GCC）的沙特阿拉伯和阿拉伯联合酋长国，此外，利比里亚、安哥拉等国也于2018年提出了在2019年开征增值税的计划。另一方面，一些已开征增值税的国家，例如马来西亚、赞比亚废止了增值税制度。马来西亚在2018年5月赢得大选的执政联盟——希望联盟极力主张取消货物和劳务税（GST）以降低居民生活成本，在其力推下，马来西亚自2018年9月1日起废止了从2015年开始实施的GST制度，恢复征收原销售税和服务税（SST）。在赞比亚，增值税退税金额在近几年显著飙升，其占增值税总收入的比重由2014年的25.8%提高到2016年的49.8%。赞比亚政府迫于增加财政收入和应对增值税退税问题的双重压力，于2018年9月宣布将取消增值税，代之以零售环节销售税（零售税）。这些国家取消增值税的原因值得关注和思考。

二、主要国家标准税率达到高位并趋于稳定，其他国家标准税率有升有降

以具有代表性的 OECD 成员为例，其增值税标准税率的发展变化可以划分为五个阶段（如图 6－3 所示）：一是 20 世纪 70 年代中期至 80 年代中期，成员标准税率呈稳步上升趋势。二是 20 世纪 80 年代中期至 90 年代初期，成员标准税率呈现一定程度的下滑趋势。三是 20 世纪 90 年代初期至 2008 年国际金融危机前，成员标准税率总体呈上升趋势，其中，2000—2008 年稳中有降。四是 2009—2015 年，为保障金融危机后的财政收入，绝大多数成员提高或多次提高了标准税率，成员标准税率平均值达到历史最高水平 19.3%，有 10 个成员的标准税率超过 22%。五是 2016—2018 年，随着世界经济形势的进一步好转，标准税率不断上升的趋势不复存在，成员标准税率趋于稳定。这一方面是随着经济形势的好转，绝大多数成员已不再将提高标准税率作为增加税收收入的手段；另一方面也反映出许多国家的标准税率已经达到了较高水平，没有继续提升的空间。2018 年，OECD 大多数成员标准税率保持不变，意大利等由于种种原因推迟了提高标准税率的计划，瑞士根据本国实际情况降低了标准税率。OECD 成员标准税率平均值在 2018 年仍然保持在 19.3%，与 2017 年基本持平。

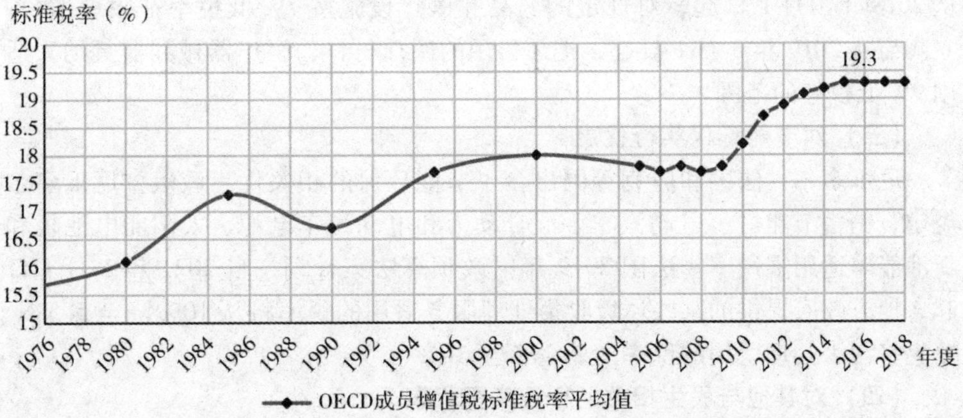

图 6－3　OECD 成员增值税标准税率发展趋势

资料来源：OECD. Consumption Tax Trends 2018：VAT/GST and Excise Rates，Trends and Policy Issues [M]. Paris：OECD Publishing，2018.

从其他发展中国家2018年的情况看，有的国家提高了标准税率，有的国家则降低了标准税率。提高标准税率的国家包括：黎巴嫩（从10%提高到11%）、南非（从14%提高到15%）、莱索托（从14%提高到15%）和委内瑞拉（从12%提高到16%）。降低标准税率的国家包括：列支敦士登（从8%降至7.7%）等。此外，乌克兰、斯里兰卡、哥伦比亚等国均提出了降低增值税税率的计划。

三、进一步完善促进行业发展、节能环保等优惠政策仍是政策调整的重点

（一）对旅游住宿业实行优惠

奥地利、摩尔多瓦、罗马尼亚等国对旅游住宿等行业给予税收优惠。奥地利从2018年11月1日起，将住宿服务适用的税率从13%降至10%。摩尔多瓦从2018年10月1日起将旅馆和饭店服务适用的税率从20%的标准税率降为10%。罗马尼亚规定旅馆业的住宿服务、饭馆的餐饮服务（不包括除啤酒以外的酒精饮料的供应）以及公园门票、体育设施使用费等旅游相关服务适用5%的低税率。

（二）对药品和医疗器械实行优惠

乌克兰和立陶宛针对药品和医疗器械给予或计划给予税收优惠。乌克兰从2018年1月1日起，对规定的药品和医疗设施按7%低税率征收增值税。立陶宛从2019年3月1日起，把牙科用的医疗材料、医疗器械和器具纳入适用9%低税率的范围。

（三）对节能环保实行优惠

厄瓜多尔、法国和捷克等国出台了节能环保的相关优惠政策。厄瓜多尔规定，销售节能灯、电动汽车、混合动力和电动汽车电池、太阳能电池板和新渔船等适用零税率。法国2019年财政预算法案计划，自2021年1月1日起，地方政府提供的某些垃圾收集处理服务适用的税率将从10%降至5.5%。捷克将污水处理适用的税率由21%降至10%。

（四）对其他与民生相关的行业实行优惠

捷克将本国杂志和报纸适用的税率为10%（低税率）。拉脱维亚将蔬菜、水果和各种莓类适用的税率由21%（标准税率）降至5%（低税率）。土耳其将海底隧道过路费的税率从18%（标准税率）降至8%（低税率）。加纳对金融服务和房地产开发商的不动产实行免税，等等。

（五）扩大享受免税的中小企业范围

2018年，克罗地亚、菲律宾、摩尔多瓦、埃塞俄比亚、罗马尼亚、马耳他、匈牙利等国不同程度地提高或计划提高登记或征收起点。例如，克罗地亚从2018年1月1日起，将增值税登记起点从年营业额23万克罗地亚库纳提高至30万克罗地亚库纳；摩尔多瓦从2018年1月1日起，将增值税登记起点从连续12个月营业额（不含增值税免税项目的销售额）60万列伊提高至120万列伊等。

值得一提的是，在部分国家把低税率或免税作为重要优惠政策工具、扩大低税率或免税的适用范围的同时，也有少数国家为了保持增值税中性，扩大了标准税率的适用范围或者提高了低税率。比如，爱尔兰从2019年1月1日起，将适用9%低税率的增值税应税项目，除体育设施、报刊以外，都改按13.5%低税率征收增值税。塔吉克斯坦从2019年1月1日起，取消5%的低税率，对原适用5%税率的建筑工程、公共餐饮、教育服务等改按18%标准税率征税。此外，希腊于2018年12月31日取消了适用于部分岛屿的低税率。

四、制定完善应对经济数字化的制度和征管措施成为新焦点

（一）制定完善应对经济数字化的增值税制度

2018年，欧盟以及阿根廷、澳大利亚、冰岛、瑞士等国完善了应对经济数字化的增值税制度，主要体现在以下三个方面：

一是制定跨境B2C数字交易的增值税制度。例如，阿根廷规定，自2018年6月27日起，非居民供应商提供数字服务的增值税由最终消费者承担，税款由支付代理商代缴，即：使用信用卡支付的，由信用卡发行商代缴；使用借记卡等其他方式支付的，由提供支付服务的居民中间商代缴；若数字服务款项的支付未经居民中间商的，则最终消费者负有直接纳税的义务。二是对电子出版物和纸质出版物实行相同的税率。欧盟2018年新修订的欧盟增值税指令（2018/1713号）对2016年发布的增值税指令（2016/112号）作出修改，允许对电子书、报、刊等电子出版物等同于传统纸质出版物，按低税率征收增值税。在此之前，电子出版物适用标准税率，而纸质出版物适用低税率。冰岛规定，自2018年7月1日起，对报刊的电子销售和订阅按11%低税率征收增值税。三是对进口低价值货物不再免税。澳大利亚规定，自2018年7月1日起，对外国供应商向澳大利亚最终消费者销售的价值不超过1000澳元的低价值货物开始征收10%的货物和劳务税。年度低价值货物销售额超过

7.5 万澳元的非居民供应商必须在澳大利亚进行 GST 登记并缴纳 GST。如果低价值货物是通过数字平台进口的，则数字平台将被视为供应商，负责收取并缴纳 GST。

（二）完善跨境 B2C 在线服务交易和低价值货物交易的征管措施

近年来，跨境电子商务的迅猛发展使各国税收制度和征收管理面临严峻挑战，尤其是如何对跨境 B2C 在线服务（含数字产品，下同）交易和低价值货物交易征收增值税更是各国迫切需要解决并达成共识的问题。有鉴于此，OECD 近年来致力于相关研究并采取了措施。

一是 OECD 主推数字平台增值税完全责任模式。OECD 第 9 工作组在 2018 年 9 月底形成的报告——《数字平台对在线销售征收增值税/货物和劳务税的作用》中，着重强调并主推数字平台增值税完全责任模式（以下简称完全责任模式）。完全责任模式中，数字平台被认定为法定供应商，需要承担跨境在线交易（主要是跨境 B2C 在线服务交易和低价值货物交易）缴纳增值税的完全责任，对通过平台进行的上述交易的增值税的评估、征收和解缴，数字平台是完全、唯一的责任人，应当按照相关税收管辖区的增值税法律法规向其主管税务机关缴纳增值税税款。承担完全责任的数字平台需要满足两个条件：有足够且准确的信息判断增值税缴纳事宜是否准确；有收取增值税的有效方法。二是澳大利亚正式采用完全责任模式。自 2018 年 7 月 1 日起，向澳大利亚销售低价值货物的年度销售额超过 7.5 万澳元的境外数字平台，必须在澳大利亚进行 GST 登记并缴纳 GST，在平台上经营的商家则无需进行 GST 登记。在交易发生时，数字平台对其平台上的商家代扣 10% 的 GST，并按季度向澳大利亚税务局申报缴纳税款。

（三）税务机关与数字平台达成协助增值税征管的协议

2018 年，英国皇家税务海关总署（HMRC）与亚马逊、易贝、Fruugo 三家数字平台签订协助增值税征管的协议。协议规定，数字平台负有三项义务：一是提供平台内国内外供应商的经营信息。考虑到不同平台收集供应商信息的内容、详略程度存在差异，HMRC 允许各平台结合实际自主确定信息上报内容，但这些信息必须足够 HMRC 用以“识别某一供应商”“计算一段时间内某一供应商在英国的销售量与销售价值”以及“直接联系到某一供应商”。二是在确保自身税收遵从的同时，引导供应商遵从增值税法并提供合规审查信息。三是及时处理未能依法缴纳增值税的供应商。对于具体做法，HMRC 提出三种建议：第一，在供应商注册时，数字平台应要求注册供应商提供增值税注册税号；第二，若供应商已注册，但存在税收不遵从的潜在风险，数字平台须在确认此情形的30日内直接联系该供应商；第三，如果供应商未按英国增值税法缴纳税款，数字平台须禁止该供应商通过英国数字平台的销售行为并通知其补缴税款，或在封锁供应商账户30日内注销其账户。

五、强化打击增值税欺诈措施依然是征管重心

（一）增值税税款流失问题依然严峻

减少增值税流失是当前世界各国面临的主要挑战之一。研究表明，2016年，欧盟28个成员由于逃避税和税收欺诈造成增值税流失在1471亿欧元左右，占增值税应纳税总额的12.3%。[①] Carroll等（2018）的研究表明，2017—2018年度，英国的增值税流失约为133亿英镑，占其增值税应纳税总额的9.6%。[②] 2018年，澳大利亚增值税流失约为53亿澳元，占比为7.9%。[③]造成增值税流失的因素很多，除采取合法但是违背立法原则的避税手段、通过非法手段逃避缴纳税款以外，增值税欺诈也是增值税流失的重要原因之一。

（二）推行逆向征收机制和分割支付机制

为了有效应对增值税欺诈行为，世界主要国家对国内交易采用逆向征收机制和分割支付机制征收增值税。

一是逆向征收机制。逆向征收是将纳税义务从供应商转移到消费者，即，需要进行进项税额扣除的企业消费者在纳税申报时应同时申报所购买的产品或服务需承担的销项税额。逆向征收可以防止交易方取得消费者货款中所包含的增值税税款但尚未向税务部门解缴税款时突然消失，或纳税人申请进项税额扣除但所对应的增值税销项税额尚未缴纳入库的情况。对于可能存在欺诈行为的国内B2B交易，逆向征收机制是应对“消失的贸易商”欺诈行为的有效方法之一。

目前，逆向征收机制在OECD成员得到了广泛应用。一方面，在OECD

---

① European Commission. Study and Reports on the VAT Gap in the EU-28 Member States：2018 Final Report [EB/OL].（2018-09-11）[2019-02-12]. https：//ec. europa. eu/taxation_customs/sites/taxation/files/2018_vat_gap_report_en. pdf.

② Carroll W，T Delgado，K Booth. Preliminary estimate of the VAT gap for 2017-18 [EB/OL].（2018-10-29）[2019-02-12]. https：//assets. publishing. service. gov. uk/government/uploads/system/uploads/attachment_data/file/750846/est-vat-gap-2018. pdf.

③ Australian Taxation Office. Measuring the gap [EB/OL].（2018-10-26）[2019-02-12]. https：//www. ato. gov. au/About-ATO/Research-and-statistics/In-detail/Tax-gap/Goods-and-services-tax-gap/?page=2.

成员中的23个欧盟国家得到了较大范围的应用，主要包括：提供二氧化碳排放证书（拉脱维亚和立陶宛除外）；废料和废物（比利时、卢森堡和英国除外）；建筑工程（爱沙尼亚、卢森堡、波兰和英国除外）；黄金供应（14个国家）；笔记本电脑、芯片、手机等电子设备销售（11个国家）；向应税经销商销售燃气或电力等（7个国家）。另一方面，一些其他OECD成员也使用逆向征收机制，但应用的范围要小得多。例如，澳大利亚（新住宅供应），加拿大（非居民不动产供应和各省之间的部分供应），智利（大米供应、建筑工程、废物和某些动植物），以色列（金属碎片），墨西哥（废物、部分由个人提供的商品等），挪威（提供二氧化碳排放津贴和投资黄金），土耳其（部分由非纳税人提供的商品）。冰岛和瑞士等尚未实施这种机制。

二是分割支付机制。分割支付机制，又称预扣税机制，是减少增值税欺诈和不遵从的另一种方法。在这种机制下，供应商按照正常规则向客户收取其国内供应的增值税，但客户（或部分客户）支付的增值税直接汇入税务机关账户，而非供应商账户。通常，分割支付需要银行、信用卡公司、在线支付服务提供商等金融和（或）支付中介机构的合作，这些中介机构将客户支付的总金额分为“商品价款”和“增值税税款”两部分，并将后者汇至税务机关账户。在实践中，这种制度具有与逆向征收机制相似的效果，因为它同样可以消除供应商收取增值税税款后不向税务机关缴纳税款的可能性。

目前，部分国家针对特定情况采用了分割支付机制。例如，意大利对向公共机构提供货物和服务的情况采用了分割支付机制；韩国对黄金、铜和铁的供应采用了分割支付机制；在波兰，客户可以选择将增值税支付到供应商的“增值税账户”；土耳其要求特定行业的客户将其购买货物或劳务支付的款项中包含的增值税直接缴纳到税务机关，这些行业包括建筑、废金属、玻璃、塑料和纸张、咨询、监督和审计服务、机械、设备和其他固定资产的维护和维修服务等。

（三）要求纳税人报送交易信息

在过去的20年里，大部分OECD成员都强化了纳税人的申报义务。自2000年以来，除加拿大、爱沙尼亚、芬兰和土耳其外，几乎所有OECD成员都引入了交易信息报告制度。其中，智利、法国等13个国家规定了此类报告的具体格式；9个国家使用了OECD税收管理论坛确定的标准税务审计文件（SAF-T）格式。使用SAF-T可以使税务相关数据以标准化的电子格式从纳税人转移到税务机关。此外，各国也越来越注重对B2C环境中现金交易的监测，奥地利、比利时等13个OECD成员已经开始要求纳税人使用电子收银机。

（四）强化国际税收征管协作

一是从国际层面看。《多边税收征管互助公约》为缔约国提供了评估和征收税款尤其是打击逃避税方面的各种形式的征管合作。因此，签署《多边税收征管互助公约》被认为是加强国际税收征管合作最有效的途径。截至2018年11月，共有126个管辖区加入了该公约。二是从区域层面看。欧盟在加强成员国税收征管协作方面也取得了进展。欧盟于2018年通过了一项加强欧盟内部征管合作的提案，旨在强化成员国税务当局和执法机构共享信息的交流和分析，并完善各国税务机关的欧盟反欺诈专家网络，以加强增值税欺诈信息交换。此外，欧盟于2018年2月与挪威签署了增值税征管合作协议，旨在建立欧盟成员国与挪威之间的税收征管合作框架，打击增值税欺诈行为和追索骗税款。

第七章　特别消费税

特别消费税是在转让或交易环节以特定消费品或消费行为（服务）为课税对象的税种，有时称选择性消费税，通常简称消费税。

本章主要根据不同国家和地区消费税的实践情况，通过梳理消费税的征税模式、征收范围、税率和征收环节，以及 2018 年世界消费税的主要变化，归纳和反映消费税的主要特点和发展趋势。

第一节 概 述

一、消费税的含义

不同场合，消费税一词有着不同的含义，而有的税种不称作消费税，其性质却是消费税，譬如酒税、烟税。为了规范地梳理和比较国际上消费税的实践状况，有必要明确消费税一词的含义。

消费税有狭义和广义之分。狭义上的消费税（Excise Duties）是在转让或交易环节以特定消费品或消费行为（服务）为课税对象而征收的一种税，通常称为特别消费税或选择性消费税；广义上的消费税（Consumption Taxes）是指在转让或交易环节以消费品或消费行为为课税对象而征收的各种间接税，通常又称普通消费税或一般消费税，它不仅包括征收范围较广的增值税、货物和劳务税、销售税等间接税，也包括狭义上的消费税。OECD 在其相关税收文献中通常在这种意义上使用消费税一词①，有的国家所称的消费税甚至就是指对货物和劳务普遍征收的增值税，如日本的消费税。本章讨论狭义上的消费税，故章名为特别消费税，但行文中统一简称消费税。

消费税是世界上最古老的税种之一。历史上，对特定消费品征收特别消费税早于普遍意义上的消费税。

在古罗马帝国时代，随着农业和手工业的发展，对商品课征的税如盐税、酒税、矿产品税等开始出现，这些税都属于消费税。

封建社会中后期，随着商品经济的不断发展，消费税税源随之扩大，各国政府开始区分必需品和奢侈品，对必需品适用低税率，对奢侈品适用高税率。

在 18 世纪中叶西方工业革命之后，随着商品经济的快速发展，可征税源大量增加，消费税成为主体税种，各国开始选择那些需要限制消费的特定商品作为征税对象（主要是奢侈品、对人体或生态环境有害的产品），强化了消

① 如 OECD 发布的《消费税趋势：增值税/货物和劳务税和特定消费税的税率、趋势和管理问题》（Consumption Tax Trends：VAT/GST and Excise Rates，Trends and Administration Issues）。

费税的调节功能。

第二次世界大战以后，随着增值税的普及，逐步形成了增值税（销售税）普遍征收和特别消费税选择征收的现代双层间接税制度。消费税的财政主体地位让位于增值税（但仍具有重要的财政意义），但调节功能特别是环保目标更为突出。

二、消费税征税模式

从不同国家和地区的消费税实践看，消费税征税模式可以分为以下 4 种类型。

（一）独立综合型（A 型）

独立综合型（A 型），即独立征收消费税，对所有征税对象统一制定税法，综合设置一个税种，然后以列举税目的形式明确规定哪些消费品或者消费行为属于征收范围。如比利时、智利、爱沙尼亚、冰岛、爱尔兰、卢森堡等国。

（二）独立分设型（B 型）

独立分设型（B 型），即性质上独立征收消费税，但对各个征税对象分别制定税法，对每一类应税消费品或者消费行为独立设置一个税种，名称上并不叫消费税，而是按征税对象命名，如对酒征收酒税，对卷烟征收烟税，等等。奥地利、丹麦、法国、德国、希腊、日本、墨西哥等国家采取这种征税模式。

（三）嵌入型（C 型）

嵌入型（C 型），在增值税、销售税等广泛征收的税种中，通过高税率来体现对特定项目的消费税性质。这种类型主要体现在历史上征收的产品税、（传统）销售税中的高税率项目。随着增值税的普及，一些实行不规范增值税制度的国家，其适用的高税率的项目，就属于这种类型。例如，巴西联邦政府征收的工业产品税，性质上类似于增值税，进项允许抵扣，但税率从 0 ~ 300% 不等，其中对烟、酒、奢侈品适用高税率，具有典型的嵌入型消费税性质。又如，2017 年 7 月 1 日印度开征的增值税性质的货物和劳务税，对烟、酒以及奢侈品等项目适用 28% 高税率（标准税率为 18%），同时征收“补偿税”，都具有嵌入型消费税性质。不过，从历史发展看，随着增值税的日益普及和规范，这种嵌入型消费税征收模式日渐减少，增值税等对货物和劳务普遍征收的税种，税率趋向简化，更多地体现税收中性，而将其适用高税率的项目从增值税中分离出来，单独征收消费税，更多地体现特殊调节和补充财政收入的功能。例如，埃及原实行增值税型销售税，但税率有1.2%、2.9%、5%、10%、25%、30%、45%等多档，其中，10%属于常用税率，应税项目较多，具有标准税率性质，而适用25%、30%、45%的应税项目，则具有嵌入型消费税性质。2016年9月8日，埃及实施增值税改革，实行比较规范的增值税代替原销售税，标准税率为13%（2017年7月1日提高至14%），另征一档5%的低税率，原适用20%、30%的项目另征消费税。安哥拉是征收增值税型的“消费税”（consumption tax/imposto do consumo），标准税率为10%，有2%、5%两档低税率，另有20%、60%两档高税率，适用于税法附录二的列名项目，具有特别消费税性质。在IMF的支持下，安哥拉政府计划于2019年实施增值税改革，开征增值税代替原消费税，计划实行14%的单一税率，原适用20%、60%项目另征（特别）消费税。

（四）复合型（D型）

复合型（D型），即上述三种模式不同程度并存的模式，逻辑上可以包括三种复合型形态：①在开征独立综合型消费税的基础上，又对部分品目单独开征独立分设型消费税种的“A+B型”。如韩国既对珠宝、首饰、枪支等多种产品和夜总会、赛马、赌博等特定服务场所征收独立综合型消费税，又对烟、酒、燃油等单独征收烟税、酒税、燃油税等税种。②在一般性税种中存在嵌入型消费税项目，同时又开征有独立的消费税的“A+C”型或“B+C型”。如中国营改增以前，对娱乐业按20%高税率征收营业税，就属于嵌入型消费税，同时开征有独立综合型消费税，因此具有“A+C型”特征。③上述三种情况同时并存的全复合型（A+B+C型）。

鉴于嵌入型消费税的情况既不规范又日趋势减少，因此，本章主要讨论A、B两种独立型和A+B复合型的消费税情况。

三、消费税的作用

（一）消费税的调节作用

随着商品经济的快速发展，可征税源大量增多后，各国开始根据不同的目的有选择性地对特定消费品和消费行为征税，消费税的调节功能日益突出。消费税的这种调节能力主要表现在三个方面：一是限制消费，通过对不鼓励消费的产品和行为征税，发挥“寓禁于征”的作用，如对烟、酒征税，以限制这类损害人们健康的产品的消费需求；二是调节收入分配，通过对奢侈品、高档商品征税，提高高收入阶层的税负水平；三是调节消费品和消费行为的经济外部性，将其外部成本内在化，如对污染产品征税，使产品的污染成本内在化，有利于减少污染，保护环境。

（二）消费税的财政地位

从消费税占税收总收入的比重看，到第二次世界大战时，消费税几乎一直是多数发达国家税收收入中占比最大的税种，成为政府财政收入最重要的支柱。1940 年，在发达国家税收收入中，消费税所占比重平均为 59%，是占绝对地位的第一大税种，而个人所得税、公司所得税和社会保障税[①]三项收入总共才占 24%。[②] 但是，第二次世界大战后，发达国家随着个人所得税和社会保障税在税收总收入中的比重不断提高，消费税所占的比重明显下降。1965 年，OECD 成员消费税收入占各国税收总收入的平均比重下降到了约 14%。到了 20 世纪 70 年代，随着多数发达国家步法、德等国后尘，纷纷开征税基广泛的增值税，增值税占税收总收入的比重持续上升，从而使消费税在税收总收入中的比重继续显著下降（见图 7－1）。

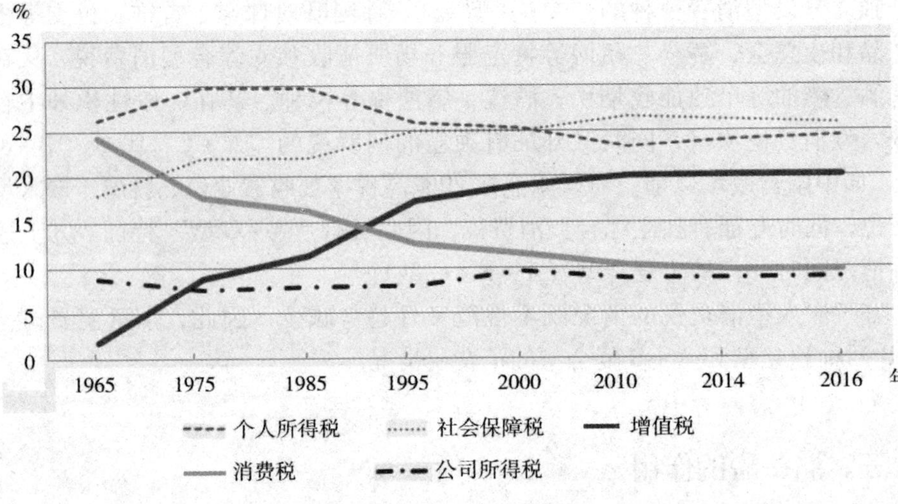

图 7－1　OECD 成员主要税种收入结构变化

资料来源：OECD：Consumption Tax Trends 2018.

虽然消费税已不是发达国家的主体税种，但仍具有重要的财政地位。

① 关于社会保障税、费，各国的称谓并不统一，为了便于叙述，在本文中通称为“社会保障税”。

② 肯·梅塞．二十一世纪税收及其未来［J］．税收译丛，2000（2）．

第二节　消费税的征收范围

消费税的具体征收范围，不同国家存在较大的差异，这与消费税的功能定位有关。

依据征收范围大小，国际上通常将消费税分为有限型、中间型和延伸型三种类型。一些国家征收范围较小，主要限于烟草制品、酒精制品、石油资源类制品和机动车辆等传统商品，称之为有限型消费税。一些国家除了对上述传统商品征收特别消费税外，还对食物制品、奢侈消费品等征收消费税，征税范围较广，称之为中间型特别消费税。还有一些国家除了将上述两种类型所含商品和服务项目纳入征收范围外，还将一些生产、生活资料纳入征收范围，称之为延伸型特别消费税①。

从不同国家和地区的消费税实践看，消费税的征收范围可以分为八大类（详见附录7－1）：一是烟草产品；二是酒类产品；三是矿物能源产品；四是机动交通工具；五是奢侈品；六是污染产品；七是特定服务；八是其他产品。

一、烟草产品

烟草产品包括卷烟、雪茄以及包括烟草在内的各种烟草制品。烟草产品是征收消费税最为普遍的品目，世界上多数国家都对烟草产品征收消费税。

对烟草征收消费税的主要目的有两个：一是筹集财政收入。烟草消费面广量大，需求价格弹性小，税源比较稳定，而且烟草厂家数量较少，易于监控管理，因此是政府取得财政收入比较理想的征税对象。二是引导减少和抑制烟草消费。烟草消费有害人体健康已形成社会共识。对烟草课以重税是世界卫生组织积极推广的主要控烟措施之一。虽然征税是否能够有效抑制烟草消费在社会上仍存在争议，但根据世界卫生组织的调研，认为征税能有效减少烟草产品需求。其实，是否有利于控烟的争议并不妨碍对烟草产品课征高

---

① 借鉴国外先进经验完善我国消费税制［EB/OL］. http：//www.cenews.com.cn/sylm/jsxw/201312/t20131203_752290.htm.

税成为站在道德制高点的理由，使烟草产品成为增税阻力较少的品目之一。这在很大程度上可以解释为什么烟草消费税征收那么普遍，而且税负可以很高，如墨西哥卷烟的税率高达 160%。基于同样的原因，2008 年国际金融危机以来，许多国家财政出现困难，提高烟草消费税税率成为许多国家的政策选择。

二、酒类产品

酒类产品包括白酒、葡萄酒、啤酒、其他酒和酒精饮料，有的国家也对非酒精饮料征收消费税。酒类产品与烟草产品具有类似的"适合"征税的品质，因此，对酒类产品征收消费税也很普遍，税负也比较高。

酒消费税的一个重要特点是多数国家按酒精度征税，酒精度越高，税负越重。这与抑制过度的酒类产品消费的目的一致。从各国实践看，酒消费税多数国家实行从量定额征税，只有少数国家实行从价定率征税，如墨西哥。

三、能源产品

能源产品消费税主要对包括燃油、煤、天然气等在内的矿物能源产品征收，鉴于矿物能源是发电的重要来源，因此，许多国家特别是欧盟国家也对电力征收消费税。

能源产品是重要的生产资料，也是日常生活不可或缺的必需品，使用广泛，因此，能源产品消费税传统上就具有重要的财政意义，开征也相当普及。自从环境污染问题受到社会关注以后，矿物能源作为重要的污染源，能源产品消费税的环保因素日益凸显，成为现代税制绿化的先锋（详见"第九章 资源和环境税"）。

此外，从各国实践看，大多数国家的能源产品消费税实行从量定额征税，只有少数国家实行从价定率征税。如在 OECD 成员中，对汽油和柴油只有墨西哥 1 个国家从价计征。此外，多数国家对用于交通的燃油消费税税负要高于其他用途燃油的税负，如 OECD 成员中，除希腊、匈牙利、以色列、荷兰以外，其他成员用于家庭供热的柴油税负都低于交通用的柴油。

四、机动交通工具

机动交通工具包括机动车、船、飞机等。虽然游艇、私人飞机等有时作为奢侈品也被纳入消费税的征税范围（如希腊），征收消费税最常见的机动交通工具是各种机动车（汽车）。

同能源产品类似，机动车也是消费税的传统应税品目，其传统的征税目的也主要是为了财政收入。但机动车是消耗燃油的主要载体，其尾气污染和二氧化碳排放是造成现代城市环境问题和气候变化的重要因素。因此，越来越多的国家考虑按照环保因素来设计和调整机动车消费税（详见“第九章 资源和环境税”）。

五、奢侈品

对奢侈品征收消费税，不仅可以增加财政收入，而且，奢侈品的消费人群主要是高收入阶层，对其征税一般不会影响普通居民的正常生活，反而可以引导适度消费，减少铺张浪费，达到间接调节收入分配的目的。因此，奢侈品是消费税的重要征收对象。不过，从各国开征情况看，奢侈品征税没有烟、酒、能源和机动车四类项目那样普及，而且，相对而言，发展中国家要比发达国家开征的更多。一方面，因为奢侈品是一个相对的概念，也是一个动态的概念。随着经济的发展和生活水平的提高，新的高档消费品不断出现，而一些原来是奢侈品的则会逐渐变为日常消费品。如在经济发展水平较低时，现代家用电器都是梦寐以求的奢侈品。另一方面，对奢侈品征税存在一个普遍性的难题：奢侈消费品与普通消费品的界线很难客观界定，若简单地规定价格标准，则不仅在标准的上下区域存在不公平，而且在实际操作上很容易产生征管漏洞，因而影响征收范围的拓展。

从开征有奢侈品消费税的国家来看，比较常见的应税项目主要有：豪华机动交通工具（如豪华汽车、游艇、私人飞机等），贵金属（金、银品具），珠宝、化妆品及其他高档生活用品（如高档手表、裘皮大衣）等。如韩国，对首饰（不包括工业用钻石和未经加工的原矿石），珍珠、玳瑁壳、珊瑚、琥珀、象牙及其产品，贵重金属产品，高档照相机及其附件，高档手表，高档皮毛及其制品（不包括兔皮和未经加工的皮毛），高档地毯和家具，价值超过200 万韩元（高档家具为 500 万韩元/件或 800 万韩元/套）的部分，征收

20%的特别消费税①。

六、污染产品

污染产品税对各种污染产品征收，其性质属于消费税，是现代消费税体现环保目的的“绿化”表现。从各国实践看，许多国家开征了与环境保护相关的消费税，将对环境有害的高污染、高资源消耗的消费品和消费行为纳入消费税征税范围。根据OECD的环境税收数据库资料的整理，OECD成员和其他一些国家对污染产品征税已相当普遍，比较常见的纳入征税范围的污染产品除上面提到的能源产品和机动车外，主要还包括包装物、农业投入物（主要指农药和化肥）、轮胎、电池、电子产品、润滑油等几大类（详见“第九章 资源和环境税”）。

七、特定服务

不同国家依据国情和经济社会发展水平，选择对不同消费行为（服务）征收特别消费税，比较常见的征税项目有娱乐服务、广告服务、游戏和赌博或博彩等。如英国的赌博税、航空旅客税；美国对投注、航空运输征税；丹麦的特别保险税、航空旅客运输税；印度尼西亚的广告税、旅游税、娱乐税；菲律宾的赛马税；南非游戏税；等等。韩国对赛马场、老虎机经营场所、高尔夫球场、赌场、自行车赛场、酒吧、客栈等征收消费税。

八、其他产品

有一些国家受历史传统因素或者其他因素影响还对其他产品征税。例如，挪威对糖、巧克力、扑克牌、录像带、电视、无线电广播和电视装置、飞机元器件等征税；美国对疫苗、娱乐设备、钓具、弓箭、轻武器和弹药、通信服务、外国保险公司保费、海港维护、水路运输、私人慈善基金会、黑肺病福利信托等征税；法国对矿物水、糖、葡萄糖制品、火柴、打火机、包装饮料、电视服务等征税；马来西亚对所有糖类饮料、醋、玩具、游戏设备和运

---

① 韩国财政部，Guide to Korean Taxation 2017，http：//english. mosf. go. kr/pf/selectTbPolicyFocusList. do.

动器材、空调机、冰箱、冷却设备、电器、电器设备、电视广播接收机等征税；南非对手机、自动贩卖机、化妆品、电视接收器、计算机、音响设备、照相器材、手表、轻武器等征税；等等。随着生活水平的提高，一些不利于身体健康的食品，如高糖食品、高盐食品等开始纳入一些国家消费税的征收范围。

九、2018 年消费税征收范围的变化

各国的消费税具体征收范围差异很大，因此其政策调整也因国而异。下面是收集到的资料中反映消费税征收范围的一些主要变化。

（一）乌克兰提高豪华汽车税起征标准

2018 年 1 月 1 日，乌克兰豪华汽车税（tax on luxury vehicles）起征标准从平均市价的 120 万格里夫纳提高至 1396125 格里夫纳（约 4.2 万欧元），即平均市价达到标准且使用年限不超过 5 年的机动车车主需要按年缴纳 1.5 万格里夫纳（约 750 欧元）的豪华汽车税。平均市价和应税豪华汽车目录由经济发展和贸易部公布。

（二）摩尔多瓦调整消费税征收范围

2017 年 12 月 29 日，摩尔多瓦官方公报公布 2017 年第 288 号法律，规定从 2018 年 1 月 1 日起，调整消费税征收范围：取消咖啡、电子设备和珠宝税目；对皮衣征收消费税；对价格超过 150 万列伊的豪华小汽车征收消费税，包括按已使用年限和发动机功率设置税率征收的消费税和按进口价格的 2% 征收的消费税。

（三）土耳其扩大消费税征收范围

2017 年 11 月 28 日，土耳其议会通过第 7061 号法律，并于 12 月 5 日在第 30261 号官方公报公布。该法规定，自 2018 年 1 月 1 日起，将无醇啤酒和水果苏打水纳入特别消费税（special consumption tax）征收范围，税率为 20%；自该法律通过并在官方公报正式公布之日起，将卷烟纸纳入特别消费税征收范围，税率为 65.25%，同时，最低固定税额为每张 0.0994 里拉。

（四）塞尔维亚对咖啡征税

2016 年 12 月 28 日，塞尔维亚议会通过消费税修正案，并于次日在第 108 号法律公报公布。修正案提出计划在 2017—2020 年逐步提高烟草制品消费税税率，并规定从 2018 年 1 月 1 日起将咖啡纳入消费税征收范围。

（五）阿塞拜疆对能量饮料、电子烟油等征收消费税

2018 年 12 月 20 日，阿塞拜疆总统签署颁布修订税收法典的第 1356 - VQD 号法律，规定从 2019 年 1 月 1 日起，将能量饮料、公共汽车和电子烟油等纳入消费税征收范围。

第三节　消费税税率

从世界范围看，不管是发达国家还是发展中国家，消费税的税率都可划分为两种类型：从量定额与从价定率。前者按照商品的重量、体积、长度、数量等单位税额来征收，后者按照商品价格的一定百分率征收，有些商品（如烟草产品）则同时适用上述两种税率。

由于消费税征税对象的选择性和多样性，消费税的税率档次就不能同一般的增值税一样，对所有商品或劳务采用单一或少数几个税率。消费税税率的多样性是政府利用消费税调节消费多重目标的重要保证。各国消费税税率不尽相同，但确定税率高低的总体原则是，对生态环境和人体健康危害越大的产品或消费行为，适用的消费税率越高。

一、烟草产品消费税税率

与其他应税品目相比，烟草消费税还有一个很重要的特点，即许多国家（如 OECD 的大部分成员）对卷烟既从量定额征税，又实行从价定率征税。

（一）OECD 成员烟草消费税税率

OECD 成员都对烟草产品征收消费税，作为主要细目的卷烟雪茄和烟丝，其适用税率见表 7 - 1。

表 7－1　　OECD 成员烟草产品消费税税率比较①

（截至 2018 年 1 月 1 日）

国家	卷烟		雪茄		烟丝	
	美元/1000 支	税率（%）	美元/1000 支	税率（%）	美元/1000 克	税率（%）
澳大利亚②	405.31	0.00		0.00	506.66	0.00
奥地利③	65.17	37.50	0.00	13.00	0.00	56.00
比利时	72.58	40.04	0.00	10.00	47.58	31.50
加拿大④	82.92	0.00			103.65	0.00
智利	71.41	30.00	0.00	52.60	0.00	59.70
捷克	62.42	27.00	73.11	—	95.60	—
丹麦	179.17	1.00	75.76	10.00	119.47	0.00
爱沙尼亚	78.09	30.00	169.66	10.00	86.34	0.00
芬兰⑤	60.39	52.00	11.24	34.00	40.73	52.00
法国	54.78	49.70	21.35	23.00	75.84	37.74
德国	110.34	21.69	15.73	1.47	54.48	14.76
希腊	92.70	26.00	0.00	35.00	191.01	0.00
匈牙利	57.20	25.00	0.00	14.00	51.01	0.00
冰岛	229.85	0.00	27300.00 克朗/千克	0.00	255.57	0.00
爱尔兰	347.24	9.04	335.24 欧元/千克	0.00	376.79	0.00
以色列	109.72	270.00	0.00	90.00	126.12	0.00
意大利	21.75	59.10	0.00	23.00	0.00	58.50
日本⑥	109.15	0.00	109.15	0.00	109.15	0.00
韩国	128.64	64.64	294800 韩元/千克	0.00	91.28	0.00

---

① 从价税基为零售价，标注 P 的为批发价。

② 澳大利亚：对卷烟或者雪茄（每支中烟草含量不超过 0.8 克）征收单位税额 0.53096 澳元/支。其他烟草制品征收单位税额 663.72 澳元/千克。

③ 奥地利：对雪茄采用复合计征，即税率为 13%（税基为零售价），单位税额为至少 100 欧元/千支。

④ 加拿大：对雪茄另加征 0.08434 加元/支或销售价格的 82%（较高者）。此外，对所有烟草制品征收烟草税。

⑤ 芬兰：税率/税额如下：卷烟纸 60%（税基是零售价）；吸用烟草 48%（税基是零售价），46.5 欧元/千克；卷烟最低单位税额 235.50 欧元/1000 支；细切烟草单位税额 143.50 欧元/千克。

⑥ 日本：表中税率包含国家烟草税、县级烟草税和市级烟草税。2018 年 10 月 1 日起，税率为 13244 日元/千支（卷烟和雪茄）或日元/千克（烟丝）。

续表

国家	卷烟		雪茄		烟丝	
	美元/1000 支	税率（%）	美元/1000 支	税率（%）	美元/1000 克	税率（%）
拉脱维亚	75.28	20.00	82.02	—	74.16	—
立陶宛	62.92	25.00	37.08	—	67.69	—
卢森堡	20.22	46.65	0.00	10.00	17.81	33.15
墨西哥	18.55	40.28	0.35 比索/0.75 克	160/30.4	0.35 比索/0.75 克	160/30.4
荷兰	194.90	5.00	0.00	6.00	119.83	0.00
新西兰		0.00		0.00		0.00
挪威	313.18	0.00	313.18	0.00	313.18	0.00
波兰	54.70	31.41	103.97	—	37.38	31.41
葡萄牙	106.62	15.00	0.00	25.00	89.89	15.00
斯洛伐克	69.44	23.00	79.90	—	83.03	0.00
斯洛文尼亚	80.13	22.61	0.00	6.30	46.62	37.00
西班牙	27.08	51.00	0.00	15.80	24.72	41.50
瑞典	180.12	1.00	159.06	0.00	220.35	0.00
瑞士	119.52	25.00	5.66	1.00	38.38	25.00
土耳其	66.55	65.25	66.55	40.00	66.55	65.25
英国①	242.94	16.50	303.04	0.00	238.13	0.00
美国②	135.00		—	—	—	—

资源来源：Consumption Tax Trends 2018：VAT/GST and Excise Rates，Trends and Administration Issues OECD 2018.

从表 7－1 可以看出，OECD 成员间烟草产品消费税税率差异较大。如每 1000 支卷烟的定额税率，澳大利亚高达 405.31 美元（从价税率为 0），冰岛为 229.85 美元（从价税率为 0），意大利则为 21.75 美元（但从价税率高达

① 英国：对其他吸用烟草和嚼烟适用特定单位税额 119.13 英镑/千克。

② 美国：州烟草税比较广泛。联邦和州烟草税单位税额平均值是 135.00 美元/1000 支。联邦特定烟草消费税单位税额如下：小型卷烟（每 1000 支重量不超过 3 磅）单位税额 50.33 美元/1000 支；大型卷烟 105.69 美元/1000 支；小型雪茄（每 1000 支重量不超过 3 磅）单位税额 50.33 美元/1000 支；大型雪茄（每 1000 支出厂价不超过 402.6 美元）税率为 52.75%（税基为出厂价）；自卷烟草单位税额 24.78 美元/磅。某些州对烟草采用从价定率计征。

59.1%)。从价税率最高的是土耳其，为65.25%（定额税率为每1000支66.55美元)。从计征方式看，大部分OECD成员对卷烟、雪茄以及烟丝采用从价、从量复合计征方式。

（二）欧盟烟草产品消费税税率

欧盟成员对烟草产品也同时实行从价、从量复合税率征收消费税，而且，欧盟将烟草产品消费税纳入协调机制，即规定了消费税税率的最低标准。卷烟最低消费税标准为不得低于：从量部分，1000支卷烟征税不低于90欧元；从价部分，不低于加权平均零售价格的60%。[①]

其他烟草制品消费税最低标准，见表7-2。[②]

表7-2 欧盟其他烟草制品消费税最低税率标准

产品类别	最低税率标准[③]
细切烟草	加权平均零售价格×48%，或者60欧元/千克
雪茄和小雪茄	零售价格的5%或者12欧元/千克，或者12欧元/千克
其他类型的烟草	零售价格的20%或者22欧元/千克

其他烟草制品消费税的计税方式与卷烟略有不同。欧盟成员国可以选择特定征收部分，或者从价征收部分，或是选择二者中的较高者。

（三）韩国烟草产品消费税

卷烟是韩国中央政府征收的“独立综合型消费税”——个人消费税的税目之一，2018年税率为每包（20支）594韩元。此外，由地方政府对烟草产品征收“烟草消费税”（tobacco consumption tax)，2018年税率见表7-3[④]。

表7-3 韩国（地方）烟草消费税税率

烟草产品类型	税率
卷烟	1007韩元/包（20支）
雪茄	103韩元/克
烟丝	36韩元/克

①② https://ec.europa.eu/taxation_customs/business/excise-duties-alcohol-tobacco-energy/excise-duties-tobacco/excise-duties-cigarettes_en.

③ 2020年，该最低税率标准将逐渐上升到50%，或者60欧元千克。

④ 韩国财经部，Guide to Korean Taxation 2018。

续表

烟草产品类型	税率
烟斗烟	36 韩元/克
嚼烟	364 韩元/克
鼻烟	26 韩元/克
电子烟	628 韩元/毫升

二、酒类产品消费税税率

酒类产品品种多，不同国家存在不同的分类并适用不同的税率。从总体看，酒类产品消费税税率多数区分啤酒、葡萄酒、白酒（烈性酒）和其他酒设计税率，以从量定额计征占多数，但也有一些国家实行从价定率征收，如韩国、墨西哥等。

（一）OECD 成员啤酒消费税税率

啤酒是大众化消费的产品，单位价值和税率都比较低。税率设计有的国家考虑酒精度，对小型啤酒厂有一定的优惠，见表 7－4。

表 7－4　　OECD 成员啤酒消费税税率①

（截至 2018 年 1 月 1 日）

国家	美元/100 升纯酒精	小型独立酿酒厂		低度啤酒②（美元/100 升）	累进税率③
		年产量（100 升）	税额（美元）		
澳大利亚	④				是
奥地利	5.62	0～50000	3.37～5.06	—	否
比利时	5.63	0～200000	4.90～5.55	—	否

① 表中“＊”表示“基于生产水平获得不同程度的税收减免”。

② 低度啤酒是指酒精浓度≤2.8%。

③ 随着酒精浓度不同是否采用累进税率。

④ 澳大利亚：对于酒精含量≤1.15% 的啤酒不征收消费税。从 2016 年 2 月 1 日起，对于酒精含量 >1.15% 的啤酒，相关消费税的税额规定如下：①对于啤酒容量≤48 升的独立包装瓶，酒精含量≤3%，单位税额为 41.08 澳元/升；酒精含量 >3%，单位税额为 47.85 澳元/升。②对于啤酒容量 >48 升的独立包装瓶，酒精含量≤3%，单位税额为 8.21 澳元/升；3% <酒精含量≤3.5%，单位税额为 25.73 澳元/升；酒精含量 >3.5%，单位税额为 33.70 澳元/升。消费税税率每年 2 月和 8 月随通货膨胀指数进行调整。个体啤酒厂每一个财政年度将得到其因销售啤酒所缴纳的相关消费税 60% 的返还，但上限不超过 30000 澳元。

续表

国家	美元/100 升纯酒精	小型独立酿酒厂		低度啤酒（美元/100 升）	累进税率
		年产量（100 升）	税额（美元）		
加拿大	①				是
智利	②				否
捷克	3. 42	0 ~ 200000	1. 71 ~ 3. 08	—	否
丹麦	8. 49	0 ~ 200000	基于产量及酒精含量而定	0. 00	否
爱沙尼亚	19. 01	≤6000	9. 51	—	否
芬兰③	39. 94	0 ~ 100000	19. 98 ~ 35. 96	8. 88	否
法国	8. 34	≤200000	4. 17	4. 16	否
德国	2. 21	0 ~ 40000	1. 24 ~ 1. 85	—	否
希腊	14. 04	≤200000	7. 02	—	否
匈牙利	5. 90	< 20000	2. 95		否
冰岛	④	—	—	④	是
爱尔兰	25. 34	≤20000	50% 退税	⑤	是

---

① 加拿大：针对所有纯酒精含量 > 2. 5% 的啤酒和麦芽酒，单位税额为 31. 22 加元/100 升；1. 2% < 纯酒精含量≤2. 5%，单位税额为 15. 61 加元/100 升；纯酒精含量≤1. 2%，单位税额为 2. 591 加元/100 升。另外，对于加拿大啤酒生产商每年最初出产的 7500000 升啤酒，适用如下单位税额：1）对于最初出产的 200000 升啤酒，纯酒精含量 > 2. 5%，单位税额为 3. 122 加元/100 升；1. 2% < 纯酒精含量≤2. 5%，单位税额为 1. 561 加元/100 升；纯酒精含量≤1. 2%，单位税额为 0. 2591 加元/100 升；2）对于其次出产的 300000 升啤酒，纯酒精含量 > 2. 5%，单位税额为 6. 244 加元/100 升；1. 2% < 纯酒精含量≤2. 5%，单位税额为 3. 122 加元/100 升；纯酒精含量≤1. 2%，单位税额为 0. 5182 加元/100 升；3）对于之后出产的 1000000 升啤酒，纯酒精含量 > 2. 5%，单位税额为 12. 488 加元/100 升；1. 2% < 纯酒精含量≤2. 5%，单位税额为 6. 244 加元/100 升；纯酒精含量≤1. 2%，单位税额为 1. 0364 加元/100 升；4）对于之后出产的 3500000 升啤酒，纯酒精含量 > 2. 5%，单位税额为 21. 854 加元/100 升；1. 2% < 纯酒精含量≤2. 5%，单位税额为 10. 927 加元/100 升；纯酒精含量≤1. 2%，单位税额为 1. 8137 加元/100 升；5）对于之后出产的 2500000 升啤酒，纯酒精含量 > 2. 5%，单位税额为 26. 537 加元/100 升；1. 2% < 纯酒精含量≤2. 5%，单位税额为 13. 269 加元/100 升；纯酒精含量≤1. 2%，单位税额为 2. 2024 加元/100 升。

② 智利：以从价 20. 5% 的税率征税。

③ 芬兰：对酒精含量 < 0. 5% 的啤酒不征收消费税。

④ 冰岛：（每升酒精含量 - 2. 25）×112 冰岛克朗/升。因此，每升酒精含量≤2. 25% 的啤酒免税。

⑤ 爱尔兰：酒精浓度≤1. 2%，不征收消费税；1. 2% < 酒精含量≤2. 8%，单位税额为 11. 27 欧元/100 升。

续表

国家	美元/100 升纯酒精	小型独立酿酒厂		低度啤酒（美元/100 升）	累进税率
		年产量（100 升）	税额（美元）		
以色列	64.17	—	—	①	否
意大利	8.48	—	—	②	否
日本	③			—	否
韩国④	72%			72%	否
拉脱维亚	5.06	≤10000	2.53		否
立陶宛	7.99	—	—	—	否
卢森堡	2.22	0 ~ 200000	1.10 ~ 1.26	—	否
墨西哥	26.5%			—	是
荷兰	⑤	—	—	—	是
新西兰	20.61			⑥	否
挪威	⑦			⑦	是
波兰	5.15		基于销售量确定税收减免	—	否
葡萄牙	⑧	0 ~ 200000	减半征税	⑧	是
斯洛伐克	3.59	≤200000	2.98	—	否
斯洛文尼亚	13.60	20000	6.80	—	否

① 以色列：酒精浓度<2%，不征收消费税；单位税额为433 新谢克尔/100 升（随着居民消费价格指数每年的变化而更新）。

② 意大利：对酒精含量≤0.5%的啤酒不征收消费税。

③ 日本：单位税额为22000 日元/100 升。对于年产量不超过1300000 升的小酒厂，在取得营业执照的第一个5 年期内，允许每年首个200000 升啤酒按照18700 日元/100 升征税。

④ 韩国：税基为啤酒生产价格，同时附带征收教育税（酒税的30%）。

⑤ 荷兰：酒精浓度<15%，单位额为8.83 ~ 37.96 欧元/100 升；酒精浓度≥15%，单位税额为47.48 欧元/100 升。对于小酒厂（年产量不超过20000000 升），酒精浓度<15%，单位税额为8.83 ~ 35.11 欧元/100 升；酒精浓度≥15%，单位税额为43.92 欧元/100 升。

⑥ 新西兰：酒精浓度>2.5%，单位税额为27.870 新西兰元/升；1.15%<酒精浓度≤2.5%，单位税额为41.797 新西兰元/升；酒精浓度<1.15%，不征收消费税。

⑦ 挪威：酒精浓度≤4.7%，单位税额为0 ~ 2129 克朗/100 升；酒精浓度>4.7%，单位税额为476 克朗/100 升。

⑧ 葡萄牙：1）0.5%<酒精浓度≤1.2%，单位税额为8.34 欧元/100 升；2）1.2<酒精浓度≤2.8%，单位税额为10.44 欧元/100 升；3）2.8%<酒精浓度≤4.4%，单位税额为16.70 欧元/100 升；4）4.4%<酒精浓度≤5.2%，单位税额为20.89 欧元/100 升；5）5.2%<酒精浓度≤6%，单位税额为25.06 欧元/100 升；6）酒精浓度>6%，单位税额为29.30 欧元/100 升。

续表

国家	美元/100 升纯酒精	小型独立酿酒厂		低度啤酒（美元/100 升）	累进税率
		年产量（100 升）	税额（美元）		
西班牙	①	—	—	①	是
瑞典	23.63	—	—	—	否
瑞士	②		基于产量确定税收减免	②	是
土耳其	63%（≥1.35）	—	—	—	否
英国	24.46		基于产量确定税收减免	10.79	否
美国	③			—	否

资源来源：Consumption Tax Trends 2018：VAT/GST and Excise Rates，Trends and Administration Issues OECD 2018.

从表 7－4 可以看出：

（1）OECD 成员啤酒单位税额差异较大。从每 100 升中每度纯酒精的单位税额来看，从 2 美元左右（卢森堡和德国）到超过 60 美元（以色列）。

（2）绝大多数 OECD 成员对低度啤酒（酒精度≤2.8%）不征税或者征收较少的税，其中单位税额较高的是英国（10.79 美元/100 升）和芬兰（8.88 美元/100 升）。

（3）依据酒精度的不同采用累进税率的国家有澳大利亚、加拿大、冰岛、墨西哥、荷兰、挪威、葡萄牙、西班牙和瑞士。

（4）对于小型啤酒厂，按照年产量不同设置不同单位税额，其中芬兰征税较重，最高单位税额达到 35.96 美元，卢森堡单位税额较低，最低单位税额为 1.10 美元。

（二）OECD 成员葡萄酒消费税税率

葡萄酒的税率设计主要考虑是否含汽以及酒精度的高低（见表 7－5）。

---

① 西班牙：酒精浓度＜1.2%，不征收消费税；酒精浓度≤19%，单位税额为 2.75～13.56 欧元/100 升；酒精浓度＞19%，单位税额为 0.91 欧元/100 升。

② 瑞士：酒精浓度≤14.1%，单位税额为 16.88～25.32 瑞士法郎/100 升。酒精浓度＞14.1%，单位税额为 33.76 瑞士法郎/100 升。

③ 美国：联邦政府和州政府征收啤酒消费税的平均单位税额为 22 美元/100 升（其中，联邦征收的单位税额为 18 美元/桶，1 桶＝31 加仑＝1.173500 升）。对于年产量少于 200 万桶的国内小酒厂，允许首 6 万桶按照 7 美元/桶征收联邦消费税。

表 7-5　　OECD 成员葡萄酒消费税税率

（截至 2018 年 1 月 1 日）　　单位：美元/100 升

国家	含汽葡萄酒	高度无汽葡萄酒①	低度无汽葡萄酒②
澳大利亚	③		
奥地利	112.36	0.00	0.00
比利时	288.40	84.17	26.87
加拿大	48.46	48.46	④
智利	不详	不详	不详
捷克	100.04	0.00	0.00
丹麦	226.27	175.91	80.91
爱沙尼亚	166.09	166.09	94.84
芬兰	430.34	430.34	⑤
法国⑥	10.51	4.25	4.25
德国⑦	152.81	0.00	0.00
希腊	22.47	22.47	22.47
匈牙利	59.97	0.00	0.00
冰岛	⑧		
爱尔兰	954.70	477.35	159.07
以色列	不详	0.00	0.00
意大利	0.00	0.00	0.00
日本	71.31	71.31	71.31
韩国	⑨		

① 指酒精浓度≥8.5%的无汽葡萄酒。

② 指酒精浓度<8.5%的无汽葡萄酒。

③ 澳大利亚：对葡萄酒征收葡萄酒平衡税，税率为 29%，税基为最后批发价格（不含增值税）。符合资格的生产商每个财政年度可以得到上限不超过 500000 澳元的葡萄酒平衡税返还。

④ 加拿大：酒精浓度>7%，单位税额为 0.63 加元/升；酒精浓度≤7%，单位税额为 0.0209～0.301 加元/升。

⑤ 芬兰：对于低度葡萄酒按照如下单位税额征收：1.2%<酒精含量≤2.8%，24 欧元/100 升；2.8%<酒精含量≤5.5%，187 欧元/100 升；5.5%<酒精含量≤8%，268 欧元/100 升。

⑥ 法国：对苹果酒、梨酒、蜂蜜酒、轻气葡萄汁适用低税率。

⑦ 德国：低度（酒精含量<6%）含汽葡萄酒适用单位税额 51 欧元/100 升。含酒精的半成品适用如下单位税额：15%<酒精含量≤22%，153 欧元/100 升；酒精含量介于 2%～15%的葡萄酒，102 欧元/100 升；酒精含量介于 2%～15%的含汽葡萄酒，136 欧元/100 升。

⑧ 冰岛：（每升酒精含量-2.25）×108.95 冰岛克朗/升。

⑨ 韩国：对葡萄酒征收 30%的酒税，税基为生产或者进口价格，同时附带征收教育税（酒税的 10%），上述税率与葡萄酒含汽与否以及酒精浓度无关。

续表

国家	含汽葡萄酒	高度无汽葡萄酒	低度无汽葡萄酒
拉脱维亚	87.64	87.64	—
立陶宛	185.02	185.02	73.55
卢森堡	0.00	0.00	0.00
墨西哥	26.5%/30%	26.5%/30%	26.5%
荷兰	99.21	99.21	49.71
新西兰	不详	不详	不详
挪威	716.81	716.81	不详
波兰	41.80	41.80	41.80
葡萄牙	0.00	0.00	0.00
斯洛伐克	89.49	0.00	0.00
斯洛文尼亚	0.00	0.00	0.00
西班牙	0.00	0.00	0.00
瑞典	298.61	298.61	0.00
瑞士	0.00	0.00	0.00
土耳其	1228.36		181.82
英国	474.00	370.06	114.01
美国	116.00	47.00	不详

资源来源：OECD：Consumption Tax Trends 2018：VAT/GST and Excise Rates，Trends and Administration Issues OECD 2018.

从表7－5可以看出：

（1）OECD成员葡萄酒单位税率差异较大。以无汽葡萄酒为例，从0美元/升（奥地利、捷克、德国、匈牙利、以色列、意大利、卢森堡、葡萄牙、斯洛伐克、斯洛文尼亚、西班牙和瑞士）到超过7美元/升（挪威）。含汽葡萄酒中，从0美元/升到超过12美元/升（土耳其）。

（2）实行从量定额计征的OECD成员，绝大多数国家对含汽葡萄酒征税的单位税额高于无汽葡萄酒。每100升含汽葡萄酒单位税额最高的是土耳其，达到1228.36美元，意大利、卢森堡、葡萄牙、斯洛文尼亚、西班牙和瑞士不对含汽葡萄酒征税。

（3）高度无汽葡萄酒（酒精浓度≥8.5%）单位税额高于或等于低度无汽葡萄酒（酒精浓度<8.5%）。

（4）无论葡萄酒含汽与否，均不征税的国家有5个：意大利、卢森堡、葡萄牙、斯洛文尼亚和西班牙。

（5）不考虑葡萄酒含汽与否以及酒精度高低，均征收同样单位税额的国家有希腊、日本和波兰。

（三）OECD 成员白酒消费税税率

对白酒（烈性酒）的税率设计更加注重酒精度的高低，OECD 成员折合成纯酒精的税率，见表 7－6。

表 7－6　　OECD 成员白酒消费税税率

国家	美元/100 升纯酒精	本币/100 升纯酒精
澳大利亚①	6187.02	8105.00
奥地利	1348.31	1200.00
比利时	3362.69	2992.79
加拿大	917.69	1193.00
智利	31.5%	31.5%
捷克	1218.47	28500.00
丹麦	2272.73	15000.00
爱沙尼亚	2817.98	2508.00
芬兰②	5376.40	4785.00
法国	1956.22	1373.56
德国③	1464.04	1303.00
希腊	2752.81	2450.00
匈牙利	1214.61	333385.00
冰岛	13798.91	1474000.00
爱尔兰	4783.15	4257.00
以色列④	2340.00	8424.00
意大利⑤	1160.13	1035.52

① 澳大利亚：烈性酒和其他应纳税酒精饮料（啤酒除外）的单位税额为 81.05 澳元/升，其中，白兰地适用较低单位税额 75.70 澳元/升。每年 2 月、8 月上述单位税额受通货膨胀因素影响可能会有所变化。

② 芬兰：随着酒精含量不同采用如下单位税额：1.2%≤酒精含量≤2.8%，880 欧元/100 升；酒精含量>2.8%，4785 欧元/100 升。

③ 德国：小型酿酒厂适用单位税额为 730 欧元/100 升或者 1022 欧元/100 升。

④ 以色列：复合计征——单位税额为 84.24 新谢克尔/升。

⑤ 意大利：对酒精含量超过 1.2% 的饮料征税。

续表

国家	美元/100 升纯酒精	本币/100 升纯酒精
日本①	—	2.5 万 ~ 4.0 万
韩国②	72%	72%
拉脱维亚	1629.21	1360.00
立陶宛	1870.83	1665.04
卢森堡	1169.83	1041.15
墨西哥	53%	53%
荷兰	1894.38	1686.00
新西兰③	—	278.70 ~ 5075.90
挪威	9165.66	75800.00
波兰	1508.99	5704.00
葡萄牙	1558.35	1386.93
斯洛伐克	1213.48	1080.00
斯洛文尼亚	1483.15	1320.00
西班牙	1026.16	913.28
瑞典	6031.46	51659.00
瑞士	2929.29	2900.00
土耳其	5052.91	18439.82
英国④	3684.62	2874.00
美国⑤	995.00	995.00

资源来源：OECD：Consumption Tax Trends 2018：VAT/GST and Excise Rates，Trends and Administration Issues OECD 2018.

① 日本：酒精含量为 40% 的威士忌和白兰地单位税额为 40000 日元/100 升；酒精含量为 37% 的烈性酒单位税额为 37000 日元/100 升；酒精含量为 25% 的 A 类、B 类日本烧酒单位税额为 25000 日元/100 升。

② 韩国：实行从价定率计征，税基为酒类价格。对威士忌、白兰地、普通蒸馏酒精、烈性甜酒、稀释性烧酒和蒸馏烧酒征收酒税税率为 72%，同时附带征收教育税（酒税的 30%）。

③ 新西兰：随着酒精含量不同采用如下单位税额：9% ≤酒精含量≤14%，2.9054 新西兰元/升；酒精含量 > 14%，52.916 新西兰元/升。

④ 英国：对所有酒精含量超过 22% 的酒精饮料均比照烈性酒征税，含有不同类型酒精的烈性酒混合物比照烈性酒征税。

⑤ 美国：联邦和州对酒精饮料征税的平均单位税额为 995 美元/100 升，其中联邦征收的单位税额为 13.50 美元/标准加仑。[1 标准加仑 = 1 美国加仑（酒精含量为 50%），1 美国加仑 = 3.785 升]

从表 7－6 可以看出：

（1）多数国家实行从量定额计征，只有智利、韩国、墨西哥三国实行从价定率计征。

（2）各国税率差异大。实行从量定额计征的国家中，每 100 升纯酒精单位税额最高的国家是冰岛，达到 13798.91 美元；最低的是加拿大 917.69 美元。

（3）芬兰、日本、新西兰和英国按酒精度高低设计税率，对高度酒适用更高的税率。

（四）欧盟酒类产品消费税税率

欧盟成员对酒类产品都按从量定额税率征收消费税，而且消费税纳入欧盟协调机制，即规定了最低税率标准（见表 7－7）。[①]

表 7－7　欧盟酒类产品消费税最低税率标准

产品	税率计算单位	最低税率
啤酒	每 100 升麦芽汁浓度	0.748 欧元
	每 100 升中每度纯酒精	1.87 欧元
葡萄酒（起泡酒和不起泡酒）	100 升	0 欧元
半成品（波特酒和雪莉酒）	100 升	45 欧元
烈性酒	100 升纯酒精	550 欧元

三、能源产品消费税税率

能源产品消费税主要对矿物能源包括对矿物油、煤、天然气等征收，有的国家还将电（特别是火力发电）纳入消费税征收范围。能源产品消费税多数国家实行从量定额征收，近些年来，能源产品消费税的税率设计日益重视环保因素。

（一）OECD 成员矿物油消费税税率

OECD 成员都对矿物油征收消费税，除墨西哥以外，都实行从量定额计征，见表 7－8。

① https：//ec. europa. eu/taxation_customs/business/excise-duties-alcohol-tobacco-energy/excise-duties-alcohol/excise-duties-alcoholic-beverages_en.

表7-8 OECD成员矿物油消费税税率比较

（2017年第4季度） 单位：美元/升

国家	94~96号无铅汽油	柴油	家用轻燃料油
澳大利亚	0.309	0.309	无相关资料
奥地利	0.556	0.462	
比利时	0.682	0.598	0.021
加拿大	0.196	0.149	0.000
智利	0.447	0.117	0.000
捷克	0.549	0.468	0.028
丹麦	0.696	0.474	0.371
爱沙尼亚	0.619	0.443	0.125
芬兰	0.785	0.504	0.258
法国	0.734	0.599	0.134
德国	0.738	0.530	0.069
希腊	0.789	0.462	0.316
匈牙利	0.447	0.410	0.410
冰岛	0.707	0.621	无相关资料
爱尔兰	0.663	0.540	0.115
以色列	0.838	0.803	0.803
意大利	0.821	0.696	0.454
日本[①]	0.505	0.311	0.025
韩国	0.692	0.468	0.064
拉脱维亚	0.492	0.384	0.064
立陶宛	0.488	0.371	0.024
卢森堡	0.521	0.378	0.011
墨西哥[②]	（从价）	（从价）	不适用
荷兰	0.886	0.561	0.561
新西兰	0.473	0.004	不适用

① 日本：表中的优质无铅汽油是指91号无铅汽油。

② 墨西哥：对94~96号优质无铅汽油、非商业用途汽车柴油及家庭用轻燃料油均不采用从量定额计征。

续表

国家	94~96号无铅汽油	柴油	家用轻燃料油
挪威	0.753	0.604	0.339
波兰	0.442	0.386	0.061
葡萄牙	0.735	0.525	0.391
斯洛伐克	0.597	0.415	不适用
斯洛文尼亚	0.636	0.554	0.250
西班牙	0.520	0.414	0.100
瑞典	0.722	0.670	0.479
瑞士	0.742	0.771	0.229
土耳其	0.652	0.492	0.312
英国	0.746	0.746	0.143
美国①	0.147	0.153	0.035

资源来源：International Energy Agency，Energy Prices and Taxes and European Commission Excise Duty Tables，Part II.

从表7－8可以看出，能源产品消费税税率各国差异较大。以无铅汽油为例，税率最高的国家是荷兰，为0.886美元/升；最低的是美国，为0.147美元/升。荷兰是美国的6倍多。由于矿物能源产品是重要污染物，因此，逐步提高税率和依据环保因素设计税率是现代能源消费税的重要特征（详见“第九章　资源和环境税”）。

（二）欧盟成员能源产品消费税税率

欧盟成员对矿物油、煤、天然气和电全面从量定额征收消费税。为了实现绿色环保目标，欧盟建立了能源产品消费税税率逐步调增机制。早在1997年就规定从1998年1月1日起设置能源产品消费税最低税率标准，并逐步提高该标准。现行标准见表7－9。②

---

① 美国：表中单位税额指的是联邦和州单位税额的平均值。

② https：//ec.europa.eu/taxation_customs/business/excise-duties-alcohol-tobacco-energy/excise-duties-energy/excise-duties-energy-tax-rates_en.

表 7－9　　欧盟能源产品消费税最低税率标准

能源种类	具体能源名称		税率
机动车燃料	含铅汽油		421 欧元/1000 升
	无铅汽油		359 欧元/1000 升
	柴油		330 欧元/1000 升
	煤油		330 欧元/1000 升
	液化石油气		125 欧元/千克
	天然气		2.6 欧元/千兆焦耳
商业或工业用汽车燃料	柴油		21 欧元/1000 升
	煤油		21 欧元/1000 升
	液化石油气		41 欧元/1000 升
	天然气		0.3 欧元/千兆焦耳
加热和电力燃料	柴油	商业用	21 欧元/1000 升
		非商业用	21 欧元/1000 升
	重燃油	商业用	15 欧元/千克
		非商业用	15 欧元/千克
	煤油	商业用	0 欧元/1000 升
		非商业用	0 欧元/1000 升
	液化石油气	商业用	0 欧元/千克
		非商业用	0 欧元/千克
	天然气	商业用	0.15 欧元/千兆焦耳
		非商业用	0.3 欧元/千兆焦耳
	煤和焦炭	商业用	0.15 欧元/千兆焦耳
		非商业用	0.3 欧元/千兆焦耳
	电力	商业用	0.5 欧元/兆瓦小时
		非商业用	1.0 欧元/兆瓦小时

四、汽车消费税税率

对机动交通工具征收消费税最普遍的是汽车（机动车）。从各国实践看，对汽车征税的名称多种多样，但从性质看，可以分为两类：一类是在汽车购置或首次注册时一次性征收的税，其性质属于消费税；另一类是在汽车使用环节按年重复收的税，其性质属于使用税。因此，判断汽车消费税，不能依据税种名称，而是依据其征收环节以及是否属于一次性征收。

汽车消费税税率设计比较复杂，有的从量计征，有的从价计征，税率设计，有的区分车型及大小，有的区分发动机功率或排气量的大小，有的根据二氧化碳排放量设计，有的则考虑驱动能源的不同，特别是电动车往往实行减免优惠。从OECD成员看，以上情况都不程度地存在（见表7－10）。

表7－10　　OECD成员汽车消费税税率比较

国家	税种名称	税率/税额	备注
澳大利亚	注册费		依据汽车重量设置
	豪华汽车税	33%	价格超过66311澳元（2018—2019财年）
奥地利	新车注册税	（二氧化碳排放量－90）/5	二氧化碳排放量低于250克/千米
		售价×32%＋（二氧化碳排放量－250）×20	二氧化碳排放量高于250克/千米，高出的部分按照20欧元每1克/千米计算
	注册费	119.80欧元/辆	另征不超过45欧元的手续费和20欧元的其他费用
比利时	投入使用税	61.50～4957.0欧元	依据发动机马力和车龄设置
加拿大	燃料消费税	1000加元	13升≤每100千米耗油＜14升
		2000加元	14升≤每100千米耗油＜15升
		3000加元	15升≤每100千米耗油＜16升
		4000加元	每100千米耗油≥16升
	汽车空调税	100加元/单位	
智利	注册费	定额	包括首次注册费、车辆牌照费、注册费和转让费
捷克	注册费	300克朗或500克朗	摩托车：依据气缸容量设置
		800克朗	其他车辆
丹麦	注册税（依据汽车价格累进）	105%～150%	私家车（价格超出82800丹麦克朗部分）
		0～50%	商用车（价格超出17500丹麦克朗部分）
爱沙尼亚	汽车注册费	130欧元	临时进口的汽车：335欧元
芬兰	汽车注册税	4.4%～50%	依据二氧化碳排放量累进
法国	注册牌照税	27～46欧元/马力； 0～2600欧元	依据发动机马力； 依据二氧化碳排放量的大小
德国	仅征收增值税		

续表

国家	税种名称	税率/税额	备注
希腊	注册税	5%～346%	乘用车，依据气缸容量和污染物排放设置
		5%～26%	卡车，依据气缸容量和卡车质量设置
		0～25%	摩托车，依据气缸容量
	公共汽车注册税		针对公共汽车，依据汽车座位数
	奢侈品税	10%～40%	税基为汽车应税价格
匈牙利	注册税	4.5万～40万福林	新乘用车，依据动力类型和气缸容量；混合动力、电动车减免优惠
		2万～23万福林	摩托车，依据气缸容量
		400%、600%、800%或者1200%	污染型汽车
冰岛	汽车消费税	0～65%	私家车，依据二氧化碳排放量设置
		13%	小型货车、小型特殊用途车、使用超过40年的车辆等
		30%	小型长途公交车、摩托车等
爱尔兰	注册税	14%～36%	依据二氧化碳排放量设置
		特殊税率	卡车、电动大篷车、新摩托车、商用汽车和复古汽车等
以色列	购置税	83%	重量不超过3500千克的私用和商用汽车
	商用汽车税	72%	重量超过3500千克的商用汽车
意大利	注册税	151欧元	汽车发动机马力<53千瓦
		3.5欧元/千瓦	汽车发动机马力>53千瓦
日本	汽车购置税	3%	商用和轻型车为2%；属县税
韩国	购置税	2%～7%	
	特别消费税	0～5%	依据气缸容量设置
拉脱维亚	注册税	0.43～7.11欧元/克二氧化碳	依据每公里排放的二氧化碳
卢森堡	注册税	按公式	考虑二氧化碳排放量、动力类型等因素
墨西哥	新车税	2%～17%	乘用车
荷兰	注册税	0～175欧元/克二氧化碳	依据二氧化碳排放量设置，柴油车加征
新西兰	首次注册费	291.08～462.30新西兰元	针对乘用汽油车，依据气缸容量、汽车类型以及注册期限（6个月/1年）设置
挪威	注册税	不详	依据汽车重量、发动机性能、二氧化碳和氮氧化物排放量或气缸容量设置
波兰	消费税	18.6%、3.1%	乘用车：依据发动机容量

续表

国家	税种名称		税率/税额	备注
葡萄牙	汽车消费税[①]		0.857～4.84 欧元	依据气缸容量
斯洛伐克	注册费		33～2997 欧元	依据发动机容量
			33 欧元	电动车
	车牌注册费		16.5 欧元/号	每个车牌号
斯洛文尼亚	汽车税	汽油车	0.5%～28%	乘用车、摩托车、露营车，依据二氧化碳排放量设置
		柴油车	1%～31%	
西班牙	汽车注册税		0～14.75%	依据二氧化碳排放量
瑞典	仅征收增值税			
瑞士	购置税		4%	电动车免税
土耳其	特别消费税		3%～145%	依据发动机容量、车型、座位、用途等
英国	汽车首次注册费		55.0 英镑	
美国	重型卡车征税		12%	重量超过 33000 磅的卡车
	油老虎税		1000～7700 美元	依据燃油效率征收

资料来源：依据"Consumption Tax Trends 2018"中"Table 4. A. 1. Taxes on sale and registration of motor vehicles"整理。

五、其他项目的消费税税率

（一）奢侈品税率

奢侈品消费税实行从价计征的为多。

希腊。2010 年开征奢侈品税，主要征收项目包括动物皮毛及制品（包括皮鞋、皮衣），真丝含量超过 10% 的地毯，珍珠、宝石、钻石，珠宝首饰，金银制品及其他贵金属制品，私用的飞机、水上飞机和直升机，高档手表及配件等。其中，私用的飞机、水上飞机和直升机税率为 20%，其他应税项目税率为 10%。[②]

韩国。除征收酒税等独立分设型消费税以外，还对 6 类产品和 3 类场所综合征收特别消费税，称"个人消费税"（Individual Consumption Tax）。[③] 其中，第二类产品，包括售价超过 200 万韩元的高档手表、高档地毯和高档皮

① 葡萄牙汽车消费税依据下列公式计算得出：气缸容量（毫升）×税额－固定减免额。

② http://ec.europa.eu/taxation_customs/tedb/taxDetails.html? id=1141/1483228800.

③ 韩国财经企划部，Guide to Korean Taxation2018，http://english.mosf.go.kr/.

包；第三类产品，售价超过500万韩元的皮衣及其他皮制品，珠宝（不包括工业用钻石和未经加工的原矿石）、珍珠、龟甲、珊瑚、琥珀、象牙及其制品，贵金属制品和高档家具（包括售价超过800万韩元的成套家具）。这两类产品都具有奢侈品性质，其适用税率为20%。

（二）韩国特定场所消费税

韩国对以下三类场所征收“个人消费税”：①

第一类场所。包括：赛马场，税率为每人1000韩元，投注中心为每人2000韩元；老虎机场所，税率为每人1万韩元；高尔夫球场，税率为每人1.2万韩元；赌场，韩国人税率为每人6.3万韩元，外国人为每人2000韩元；自行车、汽艇赛场，税率为每人400韩元，投注中心每人800韩元。

第二类场所。娱乐场所，税率为10%。

第三类场所。赌场，税率按年营业额累进：年营业额不超过500亿韩元的，免税；500亿～1000亿韩元的部分，税率为2%；超过1000亿韩元的部分，税率为4%。

六、2018年消费税税率的变化

消费税税率调整以烟、酒和能源产品最为频繁，机动车、奢侈品和特定服务的税率变化也不少，而且税率调整以提高为主。

（一）烟酒产品的税率变化

1. 尼日利亚分3年提高烟酒消费税税率

2018年3月11日，尼日利亚财政部长阿德奥逊（Kemi Adeosun）女士在首都阿布贾宣布，尼日利亚总统布哈里（Muhammadu Buhari）已批准修订烟酒消费税法，规定从2018年6月4日起分三年逐步提高烟酒消费税税率，新税率见表7－11。

2. 哥斯达黎加分次提高酒消费税税率

2017年4月25日，哥斯达黎加法律公报公布2017年第RES-DGH-033决议，规定从5月1日起，酒消费税税率平均提高0.55%。2017年7月26日，哥斯达黎加法律公报公布第RES-DGH-059-2017号决议，规定从8月1日起上调酒消费税税率。2018年1月31日，哥斯达黎加官方公报公布第RES-DGH-001-2018号决议，规定从2月1日起，将酒消费税税率平均提高1.19%。三

① 韩国财经企划部，Guide to Korean Taxation 2018，http：//english.mosf.go.kr/.

次调整的税率见表7－12。

表7－11　　尼日利亚上调烟酒消费税税率

税目	2018年	2019年	2020年
卷烟（N/支）	1.0	2.0	2.9
啤酒（K/Cl）	0.3	0.35	0.35
葡萄酒（K/Cl）	1.25	1.50	1.50
白酒（K/Cl）	1.50	1.75	2.00

注：N＝奈拉；K/Cl＝考包/厘升；1N＝100K。卷烟消费税原实行从价计征，税率为20%，新税率在20%从价率基础上，按上述从量税率加征。

表7－12　　哥斯达黎加酒消费税税率调整

酒精度	税率（科朗/毫升纯酒精）		
	2017－05－01	2017－08－01	2018－02－01
不超过15%	3.23	3.24	3.29
15%～30%	3.86	3.88	3.94
超过30%	4.49	4.51	4.58

3. 芬兰提高烟酒消费税税率

根据2017年12月议会通过的修订消费税法案规定，自2018年1月1日起两年内，平均提高各类烟草产品消费税税率约21%，具体分四步，即于2018年和2019年1月1日、7月1日按同等幅度上调；自2018年1月1日起，平均提高各类酒消费税税率约10%。

4. 爱沙尼亚提高酒和饮料消费税税率

2018年1月16日，爱沙尼亚议会通过消费税法修正案，降低酒和饮料消费税税率的提高幅度，规定自2018年2月1日起，啤酒、低度（不超过6%）葡萄酒和发酵饮料的消费税税率提高9%，其他酒提高5%。该提高幅度与2016年立法计划相比高了50%，主要原因是考虑到临国拉脱维亚的酒消费税税率较低。

5. 法国提高酒和饮料消费税税率

2018年1月10日，法国海关署发布通知，自2018年1月1日起，提高酒和饮料的消费税税率。新税率为：葡萄酒为每100升3.78欧元；含糖饮料为每 100 升 7.55 欧元，2018 年 7 月 1 日起改为按含糖量累进，即含糖量为每 100 升 1 千克的，税率为每 100 升 3 欧元，此后每 100 升含糖量每提高 1 千克，税额提高 0.5 欧元，当每 100 升含糖量超过 15 千克时，每 100 升含糖量每提高 1 千克，税额提高 2 欧元；等等。

6. 莫桑比克提高啤酒消费税税率

2018 年 1 月 1 日，莫桑比克新的消费税法典实施，规定自经营之日起，啤酒消费税税率为：第一年 20%；第二年 25%；第三年以后 30%。

7. 冰岛提高消费税和碳税税率

2017 年 12 月 30 日，冰岛议会通过 2018 年预算，规定 2018 年烟、酒、燃油等消费税税率（单位税额）根据物价水平原则上上调 2%，如卷烟从每包 481.4 克朗提高至每包 491.05 克朗；对化石燃料征收的碳税，税率提高 50%，如汽油从每升 5.5 克朗提高至每升 8.25 克朗。

8. 泽西岛提高烟酒和汽油消费税税率

2017 年 11 月 30 日，泽西岛议会通过 2018 年预算，规定酒税、无铅汽油税税率上调 2.5%；烟草产品税税率上调 7.5%，手卷烟税率上调 10%。

9. 新西兰提高烟草税

2017 年 1 月 1 日，新西兰烟草税税率提高 10%，2018 年、2019 年将继续提高 10%。新西兰计划逐步提高烟草税税率的目的是实现 2025 年成为“无烟国”。

10. 保加利亚调整卷烟消费税税率

2017 年 8 月 4 日，保加利亚法律公报公布《消费税和仓储法（修正）》，规定 2018 年 1 月 1 日卷烟消费税税率为：比例税率从 27% 降至 25%；定额税率（每千支税额）则至上调至 109 列弗。同时规定，电子烟中含烟草的，需按 152 列弗/千克的税率对所含烟草征收消费税。

11. 吉尔吉斯斯坦逐步提高烟草制品消费税税率

2017 年 4 月 28 日，吉尔吉斯斯坦总统签署 65 号法律，从 2018 年 1 月 1 日起至 2022 年，每年年初提高烟草制品消费税税率（见表 7 – 13）。

表 7-13　　吉尔吉斯斯坦烟草消费税税率调整

单位：索姆

税目	2018 年	2019 年	2020 年	2021 年	2022 年
卷烟（每千支）	1250	1500	1750	2000	2250
小雪茄（每千支）	920	1060	1220	1400	1610
雪茄（每包）	115	130	150	175	200
烟丝（每公斤）	460	530	610	700	800

（二）能源产品的税率变化

1. 哥斯达黎加两次提高燃油消费税税率

2017 年 10 月 30 日，哥斯达黎加官方公报公布第 40720 - H 号财政部令，规定自 2017 年 11 月 1 日起，燃油消费税税率在 2001 年第 8114 号法令确定的基础上平均上调 0.36%。2018 年 1 月 31 日，官方公报公布第 40858 - H 号财政部令，规定从 2018 年 2 月 1 日起，将燃油消费税税率平均提高 1.19%。两次调整的税率见表 7-14。

表 7-14　　哥斯达黎加提高燃油消费税税率

燃油类型	税率（科郎/升）		燃油类型	税率（科郎/升）	
	2017-11-01	2018-02-01		2017-11-01	2018-02-01
普通汽油	238.50	241.25	超级汽油	249.75	252.75
柴油	141.00	142.75	重型柴油	46.50	47.00
沥青	48.50	49.00	乳化沥青	36.25	36.75
锅炉燃油	23.00	23.25	喷气燃油	143.00	144.75
航空汽油	238.50	241.25	煤油	68.00	68.75
重石脑油	34.25	34.75	轻石脑油	34.25	34.75
LPG	48.50	49.00			

2. 芬兰提高燃油消费税（含碳税）税率

2018 年 1 月 19 日，芬兰税务局（VERO）发布消息，芬兰议会已通过政府修订消费税的建议，规定自 2018 年 1 月 1 日起，提高燃油消费税（含碳税）税率，平均上调 7%。芬兰能源（燃油）消费税包括能源含量税（energy content tax）和碳税两部分。碳税实际也是对应税能源从量定额征收，但其单位税额的确定是按能源的二氧化碳含量和每吨二氧化碳税额标准折算。这次调整将每吨二氧化碳税额标准从现行的58欧元提高至62欧元。

（三）机动车消费税税率的变化

土耳其提高机动车税税率。2017年11月28日，土耳其议会通过第7061号法律，并于12月5日在第30261号官方公报上进行公布。规定自2018年1月1日起，2017年12月31日以前登记的机动车，税率上浮15%；2018年1月1日以后登记的机动车，税率上浮幅度为15%～20%。

（四）奢侈品消费税税率的变化

1. 摩纳哥提高贵金属消费税税率

2018年3月2日，摩纳哥官方公报公布2月22日发布的第6810号皇家条例，规定从2018年1月1日起，贵金属消费税税率从10%提高至11%。

2. 尼日利亚将提高奢侈品增值税税率并另征消费税

2017年12月5日，尼日利亚参议院通过《中期财政收支规划（2018—2020）》，其中，2018年对奢侈品征收的增值税税率将从5%提高至15%，并对奢侈品另征消费税。

（五）特定服务和其他项目消费税税率的变化

土耳其统一特别通信税税率和提高赌博税税率。2017年11月28日，土耳其议会通过第7061号法律，并于12月5日在第30261号官方公报上进行公布。规定从2018年1月1日起，特别通信税（special communication tax）税率从现行的5%、15%和25%统一为7.5%；自该法律通过并在官方公报正式公布之日起，对来自博彩及类似赌博取得的收益征收的赌博税（taxation of games of chance）税率从10%提高至20%。

第四节 征税环节

从各国实践看，消费税的征收环节与应税项目有关，主要可以分为以下三种类型。

一、进口应税产品：进口环节征收

几乎所有国家和地区都在进口环节由进口商或其他进口者缴纳消费税，

有保税区等保税机制的，在进入保税区时可以暂不征税，但离开保税区进入国内市场时补征。

应税消费品在进口环节征税、出口环节退税是国际惯例，应税产品按零税率进入国际市场统一按消费地国的税制征税，有利于不同产地的产品在国际市场公平竞争。

二、提供应税服务：服务提供环节征收

由于服务的提供过程就是服务的消费过程，因此，应税服务的消费税都是在服务提供环节征收，但在具体操作上，分两种情况：一是对服务提供者征税；二是对服务的消费者征税。

（一）对服务提供者征税

多数国家规定由服务提供者缴纳各种消费税性质的服务税，计征依据以服务毛收入为主，有的服务项目允许有一定的支出扣除（如赌博税一般允许支付给赢方的部分可以扣除）。

例如，韩国省级征收的闲暇税，对赛马协会、国家体育促进会、地方汽车比赛团体和斗牛组织等娱乐性团体组织赛事取得的门票等收入征收，税率为10%。上述韩国娱乐场所征收10%，对年营业额超过500亿韩元的赌场征收2%和4%的个人消费税，也是对服务提供者（经营者）征收的。

（二）对服务的消费者征税，由经营者代收代缴

上述韩国对赛马场等第一类场所征收的个人消费税属于此种情况，日本也是这种类型的典型代表。日本由地方政府开征了4种具有消费税性质的特定服务税，即都道府县开征地方消费税、打猎税、高尔夫球场使用税和市町村开征矿泉浴税。

根据日本《税法总则——地方税（2012）》规定，地方消费税对餐馆、出租会场、饮食店、旅馆等场所的消费者或使用者按照其应税服务价格进行征收，税率为25%，由经营者代收；高尔夫球场使用税对高尔夫球场使用者按照高尔夫球场的使用次数进行征收，税率为每人次800日元，由高尔夫球场经营者代收；打猎税对在都道府县进行狩猎注册的个人按照狩猎人注册的狩猎方式进行征收，税率为每人次5500～16500日元不等；矿泉浴税则对矿泉浴池的沐浴者按照人次进行征收，税率为每人次110日元。[①]

---

① 日本财务省官方网站 http：//www. mof. go. jp/.

三、销售国内应税产品：生产环节征收为主，批发、零售环节为辅

销售国内生产的消费税应税产品，从收集到的资料来看，多数国家都是在生产环节对生产商征收，只有少数国家对少数应税品目在批发或零售环节征收。

（一）批发、零售环节征收

在批发、零售环节征收消费税有两种情况比较突出：一是机动车消费税（或注册税）；二是由地方政府征收的消费税。

1. 机动车消费税（注册税）

对机动车征税税种名称五花八门，但按性质大体上可以分为三类：一是在机动车交易或首次注册环节一次性征收的机动车税，这一类税收具有消费税性质，属于本章的研究范畴；二是在机动车拥有环节每年重复征收的机动车税，具有财产税或使用税性质；三是对机动车保险征收的税，属于一种保险服务税，但也是对机动车的一种征税。此外，对机动车燃油征税也与机动车的购买与使用直接相关，但这已不属于机动车税的范畴。

各国具有消费税性质的机动车税名称各异，主要可以分为三类：一是称机动车消费税，或者将机动车作为消费税的一个税目；二是称机动车购置税；三是称机动车注册税［对拥有和使用环节也有称机动车注册税的，两者的根本区别就在于是一次性征收还是按期限（通常按年）多次重复性征收。此外，也有的就笼统地称机动车税（如斯洛文尼亚、葡萄牙等）］、客车税（如荷兰）或者交通工具税（如西班牙）等，其性质则需根据其征收内容判定。当然，有时名称的错乱是由于语言间的不同翻译造成的。

一般从名称上就基本能反映出机动车消费税的征收环节：称消费税的以在生产环节征收的居多，如加拿大的机动车能效税、韩国的特别消费税等；称购置税和注册税的，通常都是在零售或首次注册环节征收，这样的国家不少，特别是欧盟成员。机动车由于其使用特性，各国都实行严格的注册管理，这也为税源控管提供了便利，使机动车交易税在零售或注册环节征收成为现实。购置税或者注册税，其纳税人原则上都是机动车的车主，但许多国家销售商也提供机动车注册服务，因此，由机动车销售商代扣代缴机动车消费税成为许多国家的选择。

2. 地方消费税

根据收集到的资料，下列国家由地方政府征收的消费税大多在批发、零售环节征收：

美国。州和地方政府征收的各种消费税。以肯塔基州为例，州汽油税主要对零售商（dealer）征收，液化石油气是在确认已用于机动车行驶时征收，但烟草产品则主要在批发环节对经销商（distributor）征收，零售环节分销商（Retail distributors）取得未征消费税的烟草产品也负有缴税义务。①

印度。州消费税在批发或零售环节征收，中央消费税在生产环节征收。

日本。地方烟税、轻油交易税在批发环节征收；航空燃油税对使用者征税，液化石油气则在加油站环节征收。

意大利。地区燃油税，对批发商和代理商征收。

法国。对塑料袋征收的污染税，在超市等零售场所征收。

韩国。有四个具有消费税性质的地方税种，即省级税的财产取得税、闲暇税，市县级的烟草消费税和汽车燃油税。闲暇税：如上述是对赛马等特定服务场所对经营者征收收。汽车燃料税：是对交通能源环境税的纳税人（即交通燃油的生产商）按其应纳交通能源环境税税额的36%附征地方燃油税，因此实际在生产环节征。财产取得税：对通过购买或者继承方式取得不动产、机动车、重型设备、树木、船舶、飞机、高尔夫会员资格、公寓成员、保健俱乐部会员者，按照取得时财产的申报价格缴纳财产取得税。税率一般为2%。但是对别墅、高尔夫球场、高档住宅、豪华轮船和高档娱乐场所等的取得，按照正常税率的5倍征收，即税率可以达10%。烟草消费税：对在其境内销售烟草产品的实行定额征收地方烟草税。

由此可以看出，消费税的征收环节与消费税的收入归属存在一定的关联性。不过，从消费税收入的具体归属看，消费税收入以归属中央为主（见专栏7－1：消费税的收入归属）。

3. 其他情形

澳大利亚。葡萄酒平衡税（Wine Equalisation Tax，WET）是澳大利亚2000年实施10%单一税率的增值型货物和劳务税（GST）时，为平衡税负对葡萄酒特别开征的。在GST开征以前，对葡萄酒征收销售税，税率为41%，销售税改GST以后，税率统一降为10%，为弥补税率差，葡萄酒平衡税税率为29%，并规定在最后一道批发环节征收。可见，澳大利亚葡萄酒平衡税与

---

① 肯塔基州税务局网站。

白酒、啤酒等其他酒类产品消费税有所不同，后者实行从量定额征收，但两者又具有替代关系，葡萄酒因征收平衡税因此不再另行征收酒消费税。

葡萄酒平衡税明确规定在批发的最后环节即对出售给零售商的批发商征税。因此葡萄酒税是零售商的成本之一，并由零售商转嫁给消费者。与 GST 不同，零售商承担的葡萄酒平衡税不能进项抵扣。如果零售商做了“批发”销售（即将销售给分销商），则该零售商有可能需要缴纳葡萄酒税，同时也可抵扣购进葡萄酒时承担的平衡税税额。葡萄酒出口免征平衡税。①

哈萨克斯坦：汽油、柴油分别在批发环节和零售环节分别征收消费税，批发环节税率为每升 4500 坚戈，零售环节为每升 500 坚戈。此外，税法规定，在零售环节销售罚没、无主、损坏或丢失消费税票的应税消费品的，应按规定税率征收消费税，如汽油、柴油需按每升 5000 坚戈征税。

（二）生产环节征收

其余多数情况都在生产环节征收。在生产环节征收，发展中国家与以欧盟为代表的发达国家存在一定的区别：发展中国家明确规定销售国内生产的应税产品，由生产商缴纳消费税，而发达国家虽然也主要在生产环节对生产商征收消费税，但其特别强调是在应税消费品第一次投放（release）消费市场时征税，与生产环节征税的差别在于，对于符合规定条件的，生产商运出或销售应税消费品可以暂停征收消费税，而将纳税义务由下一环节的税收监管仓库（tax warehouse keeper）业主、批发商或代理商缴纳。这里的符合规定条件，通常是指“监管”条件，即发达国家通常对烟、酒、能源产品等应税消费品的生产、运输、存储、销售实行特别税收监管制度，应税消费品在监管体系内的各纳税人之间转移不征收消费税，只有销售给监管体系外的企业或者个人时才算“第一次投放消费市场”而对“投放者”征收消费税。因此，在监管体系内的有特定资格的批发商甚至部分零售商都可能成为实际纳税人。监管方式各国不尽相同，有的采取消费税特别注册管理，有的采取特许经营管理，烟、酒等应税产品不少国家还实行消费税贴花制度（如美国、加拿大、英国、比利时等）。

虽然监管体系内应税产品的流转有免税的安排机制，但也会出现重复征税的现象，为此通常允许后一环节的纳税人对其购进应税产品的已纳税款予以抵扣，或者仅对其未缴纳的应税产品计征消费税。总之，纳税环节向批发

---

① http：//www. taxpayer. com. au/KnowledgeBase/10252/Small-Business-Tax-Super/Wine_equalisation_tax.

零售环节延伸会带来许多管理上的现实问题。

需要说明的是，多数国家对消费税都实行单环节征税，而且大多采取从量或从价两者中的一种计税方式征收，但对卷烟例外。许多国家对卷烟同时按从量和从价两种税率征税，如欧盟成员，都明确规定在从量征税的基础上，还按零售价的一定百分比征税，不过按零售价计征不一定就是在零售环节征税，而可以是在生产环节一并征税，如英国 2014 年对卷烟按每 1000 支 176.22 英镑从量征收的同时，按零售价的 16.5% 从价征税。这里的零售价通常是由进口商或生产商建议的卷烟零售价格，如果没有提供零售价，则按市场通行的最高零售价计征。①

（三）监管免税制度的评价

发达国家普遍实行的消费税监管免税制度，实际是在生产环节与批零环节征税两种选择的有条件折中。

社会分工日益细化和复杂，生产地和消费地分离的间距会越来越远，一个产品从生产到最终消费，已由一次交易（直销）完成变为多次交易（出厂销售—批发—二级批发……零售）完成。多环节税有利于税收收入及时、均匀实现，但传统的多环节周转税容易产生重复征税，通过抵扣机制克服重复征税的多环节征收的增值税得以迅速普及。对于单环节征收的消费税来说，则面临征税环节的选择。从理论上说，在消费地征税比在生产地征税更合理。一方面，消费地的消费者是消费税的实际承担者，其承担的税款归当地政府收入，与其享受公共服务容易直接相关联；另一方面，在生产地征税，实际占用了中间经销商的资金，因为他们需要垫付资金代最终消费者先行缴税，只有应税消费品最终出售给消费者，其垫付的资金才能得到收回。交易环节越多，意味着占用中间交易商资金（虽然可以由不同的交易商分段垫付）时间越长。特别是烟、酒、能源产品，消费税负都比较高，甚至超出产品成本本身，因此消费税垫付资金比例很高。如果生产商自己建立层层的销售渠道，就意味着自己垫付资金先交消费税。这也就是为什么发达国家允许应税消费品在监管体系内的流转交易可以不产生应税义务的意义所在。

但在零售环节征税，税源分散，征管成本高，难以管控，税款流失严重，特别是消费税税负高，偷逃税款的机会收益很高，容易诱发偷逃税，因此，在生产源头控管征税，又允许少数受监管的中间经销商免税参与流转，减少资金垫付，减少税收对交易的扭曲，是一个值得探索借鉴的方向。

---

① 欧盟 2014 年更新的数据库资料。

专栏7-1　消费税的收入归属

有一些国家的消费税收入归属于地方，归属方式有三种：一是财政收入分成方式；二是消费税收入分成方式；三是地方征收独立的消费税。

一、财政收入分成方式

财政收入分成方式，即不分税种，对财政收入按比例分成。这样的国家有两个：一是奥地利：各税种收入都按67.8:20.5:11.7的分成比例在联邦、州和地方政府之间分配。二是泰国，规定财政收入的25%归地方。

二、消费税收入分成方式

法国。各能源消费税收入在中央、大区和地方政府3级分享，分享方式不详。

西班牙。烟、能源消费税在中央、自治区政府和地方三级政府之间分享；酒消费税由中央和自治区两级政府分享。分享方式不详。

捷克。赌博税由中央与地方分享，分享比例：博彩7:3；赌博机：8:2。

斯洛文尼亚。赌博许可税由中央与地方分享，分享方式不详。

日本。总体是上区分国税与地税分别由中央和地方政府征收，但有的国税在收入用途上有部分甚至全部指定用于地方政府，主要包括：机动车重量税收入的3/4作为中央财政的一般性资金，其余的1/4作为道路建设特别财源让与市町村政府；本土汽油税收入作为道路建设和维护特别财源让与都道府县政府与市町村政府；汽油税收入的3/4作为中央财政的一般性资金，其余的1/4作为道路建设特别财源让与都道府县政府与市町村政府；航空燃料税收入的1/3作为中央财政的机场建设费，其余的2/3作为机场建设特别财源让与机场所在地的都道府县政府与市町村政府。此外，高尔夫球场税属于都道府县税，其收入的3/10作为都道府县财政的一般性资金，其余的7/10让与高尔夫球场所在的市町村政府。

印度尼西亚。烟草消费税的2%分给生产该应税烟草产品的省份，再按照不同地区烟草产品消费税对财政收入的贡献程度，按以下比例分配给不同层级政府：30%给获得消费税的省份，40%给获得消费税的行政区/市，30%给其他行政区/市。

葡萄牙。能源税收入有小部分专用于森林保护基金，其余在中央和地区分享，烟、酒消费税和机动车税全部由中央+地区分享，具体分享方式不详。

三、地方征收独立的消费税

地方征收独立的消费税，主要包括：比利时的机动车（首次）进入服务税；爱尔兰的塑料袋税（国税征）；意大利的地区燃油税、地方机动车税；西班牙、澳大利亚的博彩税、机动车税；日本的各种地方税（见下表）；韩国的财产转让税、闲暇税、烟草消费税和汽车燃油税；加拿大各省征收的烟、酒税和能源税；乌兹别克斯坦的地方燃油税；美国州和地方政府征收的各种烟、酒、能源产品消费税；澳大利亚各省征收的车辆税、博彩税；等等。

日本消费税税种情况

应税项目	消费税性质的税种
烟类产品（3 种）	国税：国税烟草税
	地税：地税烟草税、特别烟草税
酒类产品（1 种）	国税：酒税
能源类产品（5 种）	国税：汽油税、石油液化气税、航空燃料税、石油和煤炭税、本土汽油税
	地税：轻油交易税
机动车产品（3 种）	国税：机动车重量税
	地税：汽车税、汽车购置税
特定服务类（4 种）	地税：高尔夫球场地税、打猎税、地方消费税、矿泉浴税

资料来源：根据日本财务省官方网站（http：//www. mof. go. jp/）相关资料整理。

四、消费税收入归属的基本特点

消费税收入以中央税为主。

从收入归属地方政府的方式看，与不同政体下的财政体制密切相关，如美国、加拿大、印度等税权划分比较明确的国家，地方征税权较大，因此，地方直接参与烟、酒、能源产品、机动车等消费税重要税源的征收。

除了上述地方征税权较大的国家地方政府能够参与与国税共享消费税重要税源各自征税的税种以外，机动车和特定服务这两项与地方紧密相关的应税事项纳入地方税的相对较多。

纯粹由地方政府独自分享的地方消费税并不多见，而且一般都税源很小的应税项目，相比较而言，无论是收入分成还是税源分享，分享的税源一般都比较重要。

第五节 消费税的主要特征与发展趋势

一、征税模式：嵌入型消费税日趋减少

随着增值税的日益普及与规划，通过销售税、增值税等广泛征收的税种中的高税率项目来体现特别消费税性质的嵌入型消费税日趋减少，对货物和劳务全面征收规范的增值税和对特定货物和劳务征收消费税的双层结构已成为现代流转税制的重要特征。

二、征收范围：基本稳定但“绿化”特征凸显

随着世界经济飞速发展，各国征收特别消费税的目的已经从筹集税收收入，调节、引导消费，调节收入分配等传统目标向其他目标延伸，因此，其征税范围也随着目标的不同而有所调整。

近20年来，OECD成员特别消费税改革重点是在对传统应税消费品征收的同时引入综合绿色税收体系，征税范围逐步扩大到影响环境、资源节约的商品或者行为。特别是近10年来，环境问题越来越引起发达国家的重视，部分国家设置了相关税收，如煤炭税、煤气税、公路燃料税、电力税等，随后，征税范围扩大至废水处理、水污染和空气排放等领域，此举既节约了资源、保护了环境，又增加了财政收入，体现了限制能源消费、降低污染和保护环境的经济社会目标。

此外，为了调节收入分配，对某些非必需品，高消费、奢侈行为征收特别消费税或者具有特别消费税性质的税，如旅游税、航空旅客税、娱乐税、赛马税、赌博税等。①

---

① OECD. Consumption Tax Trends 2014：VAT/GST AND EXCISE RATES，TRENDS AND POLICY ISSUES，2014：112－113.

三、税率变化：调整频繁且上调趋势明显

从2018年世界消费税的主要变化中可以看出，烟草、酒和能源产品消费税税率的调整相当频繁，机动车、奢侈品和特定服务消费税税率的变化也较大，税率调整虽然有增有减，但上调的趋势明显占主导。

四、征收环节：以生产环节为主

在批发、零售环节征收的主要是税源易于控管的机动车税和接近消费市场的地方消费税；出于管理的需要，绝大多数都在生产环节征税，只有在特别监管体系内才允许征收环节部分后移，而且大多控制在批发环节。

附表 7－1　部分国家（地区）特别消费税征收范围比较

国家（地区）	征收模式	烟类	酒类	奢侈品	能源产品			机动车	污染产品	消费行为（特种服务）	其他应税项目
					燃油	煤	其他能源				
澳大利亚	A+B	√	√	豪华汽车税	√			注册费、豪华汽车税			
奥地利	B	烟税	酒税		矿物油税、（机动车）燃料税		能源税	新车注册税		娱乐	农村基金、社会捐助的艺术家基金、淀粉产品税、饮料税、牛奶超配额税等
比利时	A	√	√		√		天然气	投入使用税			苏打水、碳酸饮料、糖、含糖物
加拿大	A	√	√	化妆品	汽油、动力燃料			注册费、燃料消费税、汽车空调税			赌博利润汇出
智利	A	√	√		√						
捷克	A+B	√	√		√		天然气、电力、太阳辐射发电收费	注册费	氟氯碳税		

续表

国家（地区）	征收模式	烟类	酒类	奢侈品	能源产品			机动车	污染产品	消费行为（特种服务）	其他应税项目
					燃油	煤	其他能源				
丹麦	B	烟税	酒税		燃油税	煤炭税	天然气税、电力税	摩托车注册税、机动车牌照销售、注册税	杀虫剂和除草剂税、氟氯碳税、二氧化碳税、可充电镍镉电池税、硫黄税、氯化剂税、氮税、铅蓄电池税、矿物磷税、污水费、零售包装物税、垃圾税		大游艇注册税、香料和化妆品税、轮胎税、一次性餐具税、雪茄税、巧克力税、糖税、冰淇淋税、咖啡税、矿物水税、建筑证书税、纸张和纸箱税、饱和脂肪税、扑克牌税、火柴税、打火机税、电灯泡税、特定生长剂税、PVC 膜税、无线设备税、主要家用电器税、录像带税等
爱沙尼亚	A	√	√	皮草	√		电力		包装袋		
芬兰	A + B	√	酒税		燃料税		电力税	汽车注册税	废油税、含磷化肥税、某些饮料包装物税、肥料税		糖果税、食品税、药品税、黄油削价税、牛奶销售税、农产品均衡费、蛋白税、差价补偿税、牛奶配额费等
法国	B	烟税	酒税	金、银	国内消费税	国内煤炭消费税	国内天然气消费税	对注册证书征税	污染税：洗衣粉、洗涤剂、杀菌剂	电视服务税	糖制品、矿泉水、火柴、打火机等

续表

国家（地区）	征收模式	烟类	酒类	奢侈品	能源产品			机动车	污染产品	消费行为（特种服务）	其他应税项目
					燃油	煤	其他能源				
德国	B	烟税	酒税		矿物油税、电力税、能源税：对燃油、煤、天然气等能源征收					博彩税	咖啡税、糖税、茶叶税、电灯泡税、扑克牌税、盐税、火柴税、冰淇淋税、饮料税、醋酸税等
希腊	A+B	烟税	酒税		矿物油税			注册税、奢侈品税			棉花、糖税和其他产品税
匈牙利	A+B				石油税、环境石油税、公路基金石油税、柴油税		能源税	注册税			咖啡、林业基金税
冰岛	A	√	√		√			汽车消费税			
爱尔兰	A	√	√		碳氢油（含液化石油气）						
以色列	A	√			国内成品油			购置税			
意大利								注册税			
日本	B	烟税	酒税		汽油税、液化石油气税、航空燃料税、矿产品税、柴油税、电气税、电力资源开发促进税、石油和煤炭税等			汽车购置税		高尔夫球场利用税、入浴税	日用品税、糖税、扑克牌税、木材运送税等

续表

国家（地区）	征收模式	烟类	酒类	奢侈品	能源产品			机动车	污染产品	消费行为（特种服务）	其他应税项目
					燃油	煤	其他能源				
韩国	A+B	烟税	酒税	珠宝、首饰，贵重金属，豪华家具/地毯、皮具、手表、毛皮、照相机、香水、化妆品等	石油税、石油产品征收交通运输税、燃油税		天然气、电气税、煤油税	购置税、特别消费税		赛马场、老虎机经营场所、俱乐部、私人高尔夫球场、赌场、自行车赛场、夜总会、酒吧、客栈等	交通运输税、日用品税（国防税、教育税）①、纺织品税、纺织品，老虎机、游戏机，猎枪，高尔夫球具、投影电视、投影机、空调等
卢森堡	A	√	√		√						糖
墨西哥	B	烟税	酒税	奢侈品和奢侈服务税				新车税			产品和服务特别税
荷兰	A+B	√	√		汽油税、矿物油税、石油产品税			注册税	噪声污染税、空气污染税、核反应堆税、环境基础税、包装物税		糖税、软饮料税等

① 国防税是在酒税、日用品税基础上附加征收，教育税是在酒税、交通运输税基础上附加征收。

续表

国家（地区）	征收模式	烟类	酒类	奢侈品	能源产品			机动车	污染产品	消费行为（特种服务）	其他应税项目
					燃油	煤	其他能源				
新西兰	A+B	√	√		√、燃料消费税		能源税	首次注册费			炼糖、里程税、公路使用费、财政垄断利润
挪威	A+B	√	√	化妆品、贵重首饰	矿物油、汽油税、二氧化碳税		电能、天然气	注册税	包装物、杀虫剂		巧克力和糖果、糖、无线电广播和电视装置、记录装置、扑克牌，机动船，录像带，电视、飞机元器件等
波兰	A	√	√					消费税			其他
葡萄牙	A+B	√	√		√		电力①	汽车消费税		环境税：（蓄）电池、轮胎、金属包装物、玻璃、纸、塑料制品	电子产品（如电视机）
斯洛伐克	A	√	√		√	√	电力、天然气				
斯洛文尼亚	A	√	√		√	√	电能、天然气	汽车税			
西班牙	A	√	√		√		电力	汽车注册税			其他

① 葡萄牙自2014年起对电力消费开始征收特别消费税。

续表

国家（地区）	征收模式	烟类	酒类	奢侈品	能源产品			机动车	污染产品	消费行为（特种服务）	其他应税项目
					燃油	煤	其他能源				
瑞典	B	烟税	酒税		汽油和燃料税		电力税、能源消费税	未设置	废物税		软饮料税、录像机税
土耳其	A+B	√	√	宝石、皮大衣、水晶饰品	√		地方：电、气消费税	含飞机、船、游艇，机动车购置税、机动车购置附加税、汽车消费税		地方：广告税、娱乐税等	垄断商品生产税、糖税、家用电器，电视摄像机、录影机，枪支等
英国	B	烟税	酒税		碳氢油税					航空旅客税	赌博税
美国	A+B	烟税	酒税	奢侈品税	燃油税、发动机燃料税、船舶燃料和设备税等	煤炭吨位税，制造商消费税*①	压缩天然气等	对首次销售的重型卡车征税、油老虎税、汽车轮胎销售税	有害物质税、垃圾站处理税、臭氧损耗税、油溢责任税、高能耗汽车税、轮胎*	通信税、航空税、轮船客运税	糖税、疫苗伤害赔偿税、机场、航线、高速公路，地下存贮罐泄漏、公用事业钓具、电动船外机、弓箭、疫苗*
阿根廷	A+B	√+烟税	√	√	燃油和天然气税		汽油转让税	√		娱乐、移动电话和卫星电话服务	非酒精饮料、果汁、化学萃取物、体育用品及宇宙飞船

① 本行带*号的为制造商消费税的征收。

续表

国家（地区）	征收模式	烟类	酒类	奢侈品	能源产品			机动车	污染产品	消费行为（特种服务）	其他应税项目
					燃油	煤	其他能源				
保加利亚	A	√	√		√		工业用电力、天然气	√①（地方机动车税）	包装物、电池等：产品费	赌博税	咖啡
哥伦比亚	A+B	√	√	游船	国家燃油税			国家消费税		移动电话	农产品
哥斯达黎加	A+B	√	√+饮料税	香水	√			√		赌博税	电器、油漆、肥皂
印度	A+B	√	√	√	√		√	√			麻布袋、聚乙烯袋、充气饮料、大麻、麻醉药品
印度尼西亚	A+B	√	√	奢侈品销售税	燃油税			奢侈品销售税、船税；地方：机动车转让税（机动车年税）	橡胶	娱乐税、广告税、旅游税	电子数码产品、住房、皮衣、化学制品、药品
菲律宾	A+B	√	√	非必需品如珠宝、香水、游船等	√	√	其他非金属矿产品	√		娱乐税、赛马税	
马来西亚	A	√	√					汽车、摩托车			

① 机动车消费税于2010年1月1日起取消。

续表

国家（地区）	征收模式	烟类	酒类	奢侈品	能源产品			机动车	污染产品	消费行为（特种服务）	其他应税项目
					燃油	煤	其他能源				
新加坡	A+B	√	√		汽油税、柴油税		天然气	√+自行车			
孟加拉国	A									银行提供的服务	航空机票
俄罗斯	A+B	√	√		汽油		对出口天然气征税、矿产品税	√		博彩税	
南非	A+B	√	√	化妆品、手表、音响等	√		矿产品税	√	对聚乙烯袋征收环境税①		计算机、手机、照相器材、轻武器、概率型赌具、电视接收器、自动贩卖机
贝宁	A	√	√	香水、化妆品	石油、原油						饮料、小麦面粉
波黑	A	√	√		石油						日用品、软饮料、咖啡
文莱	A	√	√					√			
阿塞拜疆	A	√	√	运动游艇	石油		润滑油	轻便车		休闲娱乐	
玻利维亚	A	√	√		柴油、汽油及其他燃油			天然气汽车			瓶装水、瓶装饮料和其他发酵饮料

① 2004年6月1日起开征，虽然名为环境税，但是按消费税法开征。

续表

国家（地区）	征收模式	烟类	酒类	奢侈品	能源产品			机动车	污染产品	消费行为（特种服务）	其他应税项目
					燃油	煤	其他能源				
柬埔寨	A	√	√		柴油		刹车油、润滑油	摩托车及配件		国内和国际通信服务、娱乐	本国销售的国内和国际航空机票、碳酸和类似非酒精饮料、轮胎、内部管道
中国香港	B	√	√		飞机燃油、轻质柴油、汽油			私家车、的士、公共小巴及私家小巴、公共巴士、私家巴士、电单车、机动三轮车和客货车以外的货车及特别用途车辆		博彩税	飞机乘客离境税
中国澳门	A	√	√					汽车、摩托车			
中国台湾	A+B	烟税	酒税	法定特殊商品和服务税①	煤油、航空燃油、溶剂油、燃料油		液化石油气	汽车、机车和电动车辆	橡胶轮胎、水泥	√	饮料、平板玻璃、除湿机、音响组合、电烤箱、电唱机、录影机、录音机、电冰箱、彩色电视机及冷暖气机

① 通常称作奢侈品税，从2011年6月1日起开征。

注：(1) 表中“征收模式”列表示除机动车相关税收以外，对其他产品征收特别消费税所适用的征收类型，“A”表示综合型消费税制，下设不同税目，表中打“√”对应的项目和列举的具体品目表示属于该消费税征收范围；“B”表示分设型消费税制，一个征收品目就是一个税种，表中以“××税”表示；“A+B”表示复合型消费税制，即既有综合型消费税，又有分设型消费税；

(2) 表中“机动车”列，仅指机动车销售或者注册环节征收的消费税或者具有消费税性质的税或费，例如，注册税（费），是指一次性征收且其税率依据汽车重量、发动机马力、气缸容量或者一氧化碳、二氧化碳等污染物排放量为标准设置。机动车拥有和使用环节按季度、年度征收的税收，性质上不属于转让环节征收的消费税，如英国的“机动车消费税”。

资料来源：相关国家政府网站、http://www.ibfd.org/IBFD—Tax—Portal 中 Tax Research Platform 各国和地区税制介绍、OECD Revenue Statistics 2016 (1965—2014)；OECD（2016），Consumption Tax Trends 2016：VAT/GST AND EXCISE RATES，TRENDS AND POLICY ISSUES 中“Taxing vehicles”及《发展中国家消费税制比较及其启示》（《研究报告》2015 年第7 期）、《港澳台消费税制比较与借鉴》（《研究报告》2015 年第8 期）中相关数据归纳整理得出。

第四篇　财产和行为税

第八章　房地产税

房地产税（也称为不动产税）征收历史悠久，不少国家至今依然在征收房地产税。虽然各国在房地产税征收的实践、内容和形式上不尽相同，但是，作为现代意义上的房产税，各国普遍将其作为一种财产税，在保有环节对房地产或不动产经常性（一般是按年度）地征税。目前，房地产税的收入在各国政府的财政收入中已占有一定的比重。

现代意义上的房地产税主要具备以下三个主要特点：第一，征税对象是作为社会财富形态存在的不动产，包括土地、建筑物等；第二，在不动产的保有或持有期间征收；第三，按一定周期经常性征收，周期通常是一年。

本章所考察的房地产税，就是世界各国满足上述3个条件对不动产征收的税种。而对不动产在建设、交易、转让等环节征收的有关税收，比如不动产交易税、不动产增值税等，不作为本章的研究范围。另外，对企业（法人）拥有的不动产和个人拥有的不动产，各国征税的方式不尽相同。对企业征收的房地产税，不少国家允许企业在计算缴纳公司所得税时进行抵扣，本章主要考察针对个人拥有的不动产征收房地产税的情况。

第一节　房地产税概述

鉴于世界各国房地产税制的多样性和复杂性，为了便于研究，本章将世界上部分国家按照经济发展水平和特点进行分类研究，主要分为以下三类：第一类是发达经济体，以 OECD 为代表，由全球主要市场经济国家组成，被称为“富国俱乐部”，其国民生产总值占到全球的 2/3；第二类为新兴经济体，新兴经济体目前还没有一个准确的定义，通常指经济蓬勃发展的国家或地区，这些国家的人口和国土面积在全球占有重要份额，并且已经成为世界经济增长的主要动力之一，以金砖国家和部分发展中国家为代表；第三类为经济转型国家，经济转型国家主要是指经济社会从计划经济向市场经济转变的国家，尤其是指苏联解体后的中东欧国家。

一、OECD 成员征收房地产税的情况

OECD 是发达经济体的代表，目前共有 36 个成员，几乎包括了所有的经济发达国家。按照国际财税文献局（IBFD）的统计，目前，在 36 个成员中，有 34 个国家征收房地产税，具体情况见表 8－1。

表 8－1　　OECD 成员房地产税制情况（2018 年）

项目	国家
征收房地产税	澳大利亚、奥地利、比利时、加拿大、智利、捷克、丹麦、爱沙尼亚、芬兰、法国、德国、希腊、匈牙利、冰岛、爱尔兰、意大利、日本、韩国、拉脱维亚、立陶宛、卢森堡、墨西哥、荷兰、挪威、波兰、葡萄牙、斯洛伐克、斯洛文尼亚、西班牙、瑞典、瑞士、土耳其、英国、美国

资料来源：根据国际财税文献局数据库资料整理，www. ibfd. org。

尽管多数 OECD 成员征收房地产税，但是在 OECD 的税收收入统计资料中，各成员国并没有对房地产税收入单独统计，而是将其并入财产税一并统计。财产税收入具体包括以下收入：经常性的房地产税、经常性的净财富税、

遗产与赠与税、金融和资本交易税、其他非经常性的房地产税、其他经常性的净财富税[①]等收入。可以看到，OECD的财产税不仅包括经常性的房地产税和净财富税，也包括非经常性的房地产税和净财富税，以及遗产与赠与税和金融和资本交易税，已经超出了本章所研究的作为经常性财产税的房地产税的范畴。因此，OECD的财产税收入超出了本章所讨论的房地产税收入的范畴，只能作为一种参考。

近年来，OECD成员的财产税收入占税收总收入的比重情况见表8-2。[②]

从表8-2可以看出，OECD成员的财产税呈现出以下两个发展趋势：一是财产税收入占OECD成员税收总收入的平均比重在不断下降，从20世纪60年代中期的7.87%一路下滑，到20世纪80年代中期降至5.36%左右，之后一直保持在5.5%左右的水平；二是财产税收入在OECD成员之间的比重差异变大，从2017年的数据看，最高的超过了11%，有加拿大、韩国、英国和美国等，最低的不超过2%，有奥地利、捷克、爱沙尼亚、立陶宛、斯洛伐克和斯洛文尼亚等。

从总体上看，OECD成员的财产税收入对税收总收入的贡献非常有限，且呈现出不断下降的势头，据此可以推断作为财产税收入的一部分的房地产税收入，在OECD成员税收总收入的地位和作用也较为有限。

二、金砖国家和部分发展中国家征收房地产税的情况

新兴经济体的主要代表为金砖五国以及阿根廷、印度尼西亚、沙特阿拉伯等一些具有广泛代表性的发展中国家。为了便于研究，本章将金砖国家（除了中国以外的4个国家）和一些有广泛代表性的发展中国家作为研究对象，主要包括阿根廷、巴西、俄罗斯、印度、印度尼西亚、沙特阿拉伯、南非7个国家。

目前，在这7个新兴市场国家中，俄罗斯、印度、巴西、阿根廷、印度尼西亚和沙特阿拉伯征收房地产税，具体情况见表8-3。

---

① 净财富税是指按照一定周期（一般是每年）对一定资产（一般包括动产和不动产）减去有关负债后的余额征收的一种税，即财产的净值为课税对象的税。

② 虽然比利时、以色列和新西兰没有对个人征收房地产税，但由于OECD统计的财产税收入还包括其他种类的财产税，所以这3个国家也有财产税收入的数据。

表 8-2　OECD 成员财产税收入占税收总收入比重情况（1965—2017 年）

单位：%

国家	1965 年	1975 年	1985 年	1995 年	2000 年	2007 年	2008 年	2009 年	2010 年	2011 年	2012 年	2013 年	2014 年	2015 年	2016 年	2017 年
澳大利亚	11.46	8.85	7.83	8.80	8.77	8.96	8.26	9.61	9.37	8.66	8.72	9.45	10.22	10.71	10.80	—
奥地利	3.97	3.10	2.44	1.48	1.34	1.36	1.26	1.28	1.28	1.24	1.33	1.70	1.40	1.32	1.31	1.25
比利时	3.74	3.16	2.79	3.82	4.70	7.16	7.03	6.93	7.23	7.30	7.39	7.80	7.91	7.83	7.97	7.89
加拿大	14.27	9.47	9.33	10.66	9.52	10.63	11.52	12.15	12.34	11.97	11.88	11.90	11.75	11.79	11.97	11.90
智利	—	—	—	6.28	7.01	4.92	5.50	5.42	4.11	3.99	4.26	4.14	4.22	4.37	5.07	5.38
捷克	—	—	—	1.39	1.41	1.18	1.13	1.11	1.27	1.52	1.50	1.38	1.37	1.43	1.44	1.35
丹麦	8.12	6.17	4.35	3.57	3.33	3.90	4.25	4.06	4.13	4.21	3.91	3.93	3.75	4.16	4.04	3.96
爱沙尼亚	—	—	—	1.00	1.25	0.69	0.93	0.98	1.05	0.98	1.03	0.96	0.91	0.84	0.81	0.74
芬兰	3.96	1.93	2.72	2.22	2.43	2.60	2.57	2.57	2.73	2.58	2.77	2.93	3.02	3.28	3.22	3.56
法国	4.29	5.14	5.77	7.03	7.18	8.17	7.93	8.29	8.68	8.69	8.79	8.75	8.87	9.26	9.36	9.51
德国	5.81	3.86	3.02	2.77	2.28	2.50	2.35	2.29	2.33	2.39	2.45	2.51	2.61	2.75	2.83	2.73
希腊	9.66	9.65	2.70	4.05	6.10	5.32	5.46	6.10	5.17	7.36	7.62	8.90	8.04	8.40	8.11	8.12
匈牙利	—	—	—	1.22	1.73	2.00	2.15	2.09	3.08	3.09	3.18	3.39	3.37	3.30	2.82	2.84
冰岛	3.95	5.14	7.31	9.09	7.85	6.12	6.11	6.46	7.05	6.70	7.07	6.88	6.41	5.36	34.18	5.39
爱尔兰	15.13	9.70	3.99	4.47	5.71	7.99	6.24	5.30	5.27	6.07	6.37	7.15	7.64	6.46	6.03	5.62
以色列	—	—	—	9.87	8.99	9.66	10.05	10.35	10.73	10.74	10.06	10.04	10.03	10.62	10.33	9.96
意大利	7.21	3.29	2.52	5.65	4.64	4.86	4.29	6.19	4.83	5.26	6.16	6.21	6.65	6.51	6.58	6.04
日本	8.07	9.09	9.70	12.15	10.49	8.98	9.39	10.14	9.72	9.66	9.11	8.84	8.48	8.19	8.35	—
韩国	—	9.70	9.14	13.95	12.36	12.80	11.93	11.62	11.32	11.36	10.61	10.32	11.03	12.36	11.57	11.69
拉脱维亚	—	—	—	3.38	3.79	3.06	2.28	2.51	3.08	3.47	3.35	3.35	3.55	3.40	3.48	3.33

续表

国家	1965年	1975年	1985年	1995年	2000年	2007年	2008年	2009年	2010年	2011年	2012年	2013年	2014年	2015年	2016年	2017年
立陶宛	—	—	—	1.16	1.50	0.89	0.89	1.16	1.30	1.14	1.05	1.03	1.08	1.17	1.10	1.29
卢森堡	6.17	5.16	5.56	7.13	10.68	9.65	7.40	6.63	7.07	6.95	7.03	7.28	7.77	8.87	9.27	9.62
墨西哥	—	—	0.49	2.41	1.82	2.40	2.30	2.34	2.27	2.20	2.26	2.13	2.30	1.95	1.89	—
荷兰	4.38	2.39	3.47	4.21	5.27	4.69	4.25	3.97	3.85	3.43	3.04	3.39	3.86	3.83	3.96	4.00
新西兰	11.54	9.25	7.44	5.37	5.31	5.33	5.91	6.48	6.61	6.65	6.34	6.35	6.26	6.21	6.10	5.99
挪威	3.10	2.31	1.94	2.81	2.30	2.80	2.76	2.91	2.84	2.79	2.87	3.04	3.15	2.97	3.25	3.31
波兰	—	—	—	3.36	4.30	4.16	4.17	4.31	4.20	4.03	4.16	4.37	4.38	4.23	4.13	3.56
葡萄牙	4.97	2.50	1.90	3.17	3.68	4.09	3.76	3.63	3.54	3.42	3.30	3.29	3.59	3.72	3.70	4.02
斯洛伐克	—	—	—	1.42	1.82	1.33	1.26	1.45	1.46	1.42	1.53	1.46	1.40	1.32	1.32	1.29
斯洛文尼亚	—	—	—	1.42	1.74	1.58	1.55	1.60	1.66	1.63	1.71	1.76	1.71	1.71	1.73	1.77
西班牙	6.36	6.31	5.94	5.71	6.47	8.23	7.22	6.92	6.71	6.36	6.66	7.27	7.53	7.73	7.7	7.51
瑞典	1.78	1.11	2.34	2.71	3.42	2.44	2.32	2.37	2.40	2.35	2.39	2.55	2.50	2.42	2.38	2.25
瑞士	9.86	8.02	9.33	8.09	9.64	8.02	7.60	7.62	7.58	7.26	6.79	6.91	7.12	7.21	7.26	7.14
土耳其	10.53	6.86	4.58	3.05	3.16	3.75	3.63	3.63	4.06	4.06	4.22	4.64	4.87	4.87	4.83	4.51
英国	14.54	12.71	11.97	10.03	11.47	12.47	11.78	12.17	12.04	11.61	11.9	12.36	12.72	12.56	12.62	12.59
美国	15.88	13.95	10.66	11.18	10.18	11.44	12.02	14.09	13.14	12.43	12.05	11.27	10.97	10.79	11.07	15.40
OECD平均	7.87	6.35	5.36	5.17	5.38	5.45	5.26	5.46	5.43	5.42	5.41	5.54	5.62	5.66	5.66	5.62

资料来源：OECD：Revenue Statistics 1965—2017，https：//data. oecd. org/tax/tax-on-property. htm.

表 8-3　　　金砖国家和部分发展中国家房地产税制情况（2018 年）

项目	国家
征收房地产税	俄罗斯、印度、巴西、阿根廷、印度尼西亚、沙特阿拉伯

资料来源：根据国际财税文献局数据库资料整理，www.ibfd.org。

三、部分经济转型国家征收房地产税的情况

目前，转型国家经济发展较快，俄罗斯成为金砖国家，还有的国家，如波兰、捷克、爱沙尼亚、拉脱维亚、斯洛伐克、斯洛文尼亚和立陶宛等已经成为 OECD 成员。因此，本章另外选取了 8 个对房地产征税的东欧经济转型国家作为研究对象。具体情况见表 8-4。

表 8-4　　　部分经济转型国家房地产税制情况（2018 年）

项目	国家
征收房地产税	亚美尼亚、阿塞拜疆、白俄罗斯、保加利亚、克罗地亚、格鲁吉亚、罗马尼亚、乌克兰

资料来源：根据国际财税文献局数据库资料整理，www.ibfd.org。

第二节　房地产税税制要素比较

尽管世界上许多国家都在征收房地产税，但是各国关于房地产税制的安排不尽相同，差异较大。下面分别从税种名称、纳税人、税基、税率，以及税收优惠等具体税制要素进行比较分析。

一、税种名称

房地产税作为对房地产持有环节征收的税收，各国在实践中对其称谓不尽一致，征税的情况也具有较大差异。

（一）OECD 成员的情况

在对房地产征税的 34 个 OECD 成员中，关于房地产税的名称以及征税的

情况较为复杂，主要有以下四种情况。

1. 对房产和地产合并征收房地产税

大多数 OECD 成员对房产和土地合并征税，称为房地产税或市政税。主要包括奥地利、加拿大、芬兰、丹麦、德国、希腊、冰岛、爱尔兰、意大利、韩国、拉脱维亚、卢森堡、墨西哥、荷兰、挪威、波兰、葡萄牙、西班牙、瑞典、瑞士、英国、美国。

2. 对房产和地产分开单独征税

有部分 OECD 成员对房产和地产分开征税，有的分别征收房产税和土地税，有的只征收房产税或土地税。对地产征收土地税的国家包括澳大利亚、奥地利、捷克、爱沙尼亚、匈牙利、立陶宛、斯洛伐克、斯洛文尼亚、土耳其。对房产征收房产税的国家包括捷克、匈牙利（建筑税）、立陶宛、斯洛伐克、斯洛文尼亚、土耳其、英国。

3. 对房地产征收财产税或净财富税

有的 OECD 成员不单独对房地产征税，而是将房地产作为个人财产或财富的一部分征收财产税或者净财富税。征收财产税的国家包括比利时（不动产预扣税）、智利、丹麦、法国、希腊（不动产所有权税）、日本、韩国。净财富税是对纳税人拥有财产的净值征税，征收净财富税的国家包括法国（房地产财富税）、挪威、西班牙、瑞士。

4. 对房地产征收特定房地产税

有的 OECD 成员对特定房地产征税，比如，斯洛伐克对公寓征收公寓税，英国在 2018 年对价值超过 50 万英镑的住宅征收豪宅税等。具体情况见表 8－5。

表 8－5　　OECD 成员房地产税的名称（2018 年）

国家	税种名称
澳大利亚	土地税
奥地利	房地产税
	土地税
比利时	不动产预扣税
加拿大	房地产税
智利	财产税
捷克	房产税
	土地税

续表

国家	税种名称
丹麦	城市房地产税
	特定商业用途城市房地产税
	国家财产税
爱沙尼亚	土地税
芬兰	房地产税
法国	房地产财富税
	财产税
	居民税
德国	房地产税
希腊	不动产所有权税
	地方房地产税
匈牙利	建筑税
	土地税
冰岛	房地产税
爱尔兰	房地产税
意大利	市政税
日本	财产税
韩国	财产税
	综合房地产持有税
拉脱维亚	房地产税
立陶宛	房产税
	土地税
卢森堡	房地产税
墨西哥	房地产税
荷兰	房地产税
挪威	国家净财富税
	城市净财富税
	房地产税
波兰	房地产税
葡萄牙	城市房地产税

续表

国家	税种名称
斯洛伐克	土地税
	房产税
	公寓税
斯洛文尼亚	土地税
	房产税
西班牙	净财富税
	房地产税
瑞典	国家房地产税
	城市房地产税
瑞士	净财富税
	房地产税
土耳其	房产税
	土地税
英国	商业房地产税
	房产税
	豪宅税
美国	房地产税

资料来源：根据国际财税文献局数据库资料整理，www. ibfd. org。

从表 8－5 可以看出，在对房地产征税的 34 个 OECD 成员当中，对房地产征收的税种数量不一，有的仅征收一种房地产税，有的则征收多种房地产税。主要有以下三种情况：

一是对房地产仅征收一种房地产税。这样的国家有 18 个，分别是澳大利亚、加拿大、比利时、智利、爱沙尼亚、芬兰、德国、爱尔兰、日本、拉脱维亚、卢森堡、冰岛、意大利、墨西哥、荷兰、波兰、葡萄牙、美国。其中，对房屋和土地合并征收房地产税的国家占绝大多数，有加拿大等 13 个国家；仅征收土地税的国家有 2 个，分别是澳大利亚和爱沙尼亚；仅征收财产税的国家也有 3 个，分别是比利时、智利和日本。

在这些国家中，房地产税征收的对象不尽相同，多数国家以房产和地产为征税对象，个别国家仅对土地征税，还有个别国家不单独对房地产征税，而是将其作为纳税人财富的一部分统一征收财产税。

二是对房地产征收两种房地产税。这样的国家有 11 个，分别是：奥地利、捷克、希腊、匈牙利、韩国、立陶宛、斯洛文尼亚、西班牙、瑞典、瑞士、土耳其。这些国家中，有的对房产和土地分别征收房产税和土地税，包括捷克、匈牙利、立陶宛、土耳其、斯洛文尼亚 5 个国家；有的对房地产征收房地产税和财产税（或净财富税），包括奥地利、韩国、西班牙、瑞士 4 个国家；有的对房地产征收国家房地产税和地方房地产税，包括希腊和瑞典两个国家。

可以看到，虽然这些国家对房地产征收两种税收，但这些税种基本上都有不同的征税对象：一些国家对土地和房产分别征税；一些国家从房地产和财富两个角度分别征税；一些国家是从国内房地产和国外财产两个角度分别征税；还有国家是从中央政府和地方政府两个角度分别征税。

三是对房地产征收三种房地产税。这样的国家有 5 个，分别是：丹麦、法国、挪威、斯洛伐克、英国。这些国家征收的三种税，往往是在房地产税和财产税的基础上，或是再对房地产分类别进行征税，或是再按照中央和地方政府两个层面进行征税。其中，丹麦、斯洛文尼亚是对房地产按照房产和土地分类别征税，再征收国家财产税；法国是对财产分别征收房地产财富税和财产税，再征收房产税；挪威是对财产分别征收国家净财富税和城市净财富税，再征收房地产税；斯洛伐克是在分别征收房产税和土地税的基础上，再对公寓征收公寓税；英国是对房地产分别征收商业房地产税和居民房产税，再对达到一定金额的豪宅征收豪宅税。

可以看到，房地产作为财富的一种重要形式，有许多国家对其征税，有的甚至对其征收多个税种。

（二）金砖国家和部分发展中国家的情况

金砖国家和部分发展中国家对房地产征税的情况和税种的名称也不尽相同。

1. 对房产和地产合并征收房地产税

有的国家对房产和地产合并征税，称为房地产税。比如，巴西的城市房地产税，沙特阿拉伯的特殊房地产税，以及阿根廷和印度尼西亚的房地产税。

2. 对土地征收土地税

有的国家对土地征税，称为土地税。比如，俄罗斯、印度的土地税和巴西的联邦农村土地税。

3. 对房地产征收财产税或净财富税

有的国家将不动产作为财富的一种形式征税，称为财产税或净财富税。

比如，印度对房地产征收净财富税，阿根廷对房地产征收净财富税。

金砖国家和部分发展中国家征收房地产税的名称见表8－6。

表8－6　金砖国家和部分发展中国家征收房地产税的名称（2018年）

国家	税种名称
俄罗斯	房产税
	土地税
印度	净财富税
	土地税
	房产税
巴西	城市房地产税
	联邦农村土地税
阿根廷	净财富税
	房地产税
印度尼西亚	房地产税
沙特阿拉伯	特殊土地税

资料来源：根据国际财税文献局数据库资料整理，www. ibfd. org。

从表8－6可以看出，在6个新兴经济体国家中，有两个国家对不动产只征收1个税种，印度尼西亚只征收房地产税，沙特阿拉伯仅对投机性持有的待开发土地征收特殊土地税。有四个国家对不动产同时征收2个以上的税种。俄罗斯对房产和地产分别征税；印度在征收土地税、房产税的同时再征收净财富税；巴西是区分城市和农村的不同情况分别征收城市房地产税和联邦农村土地税；阿根廷同时征收净财富税和房地产税。

（三）经济转型国家的情况

本章考察的8个经济转型国家对房地产征税的情况和税收名称各不相同。

1. 对房产和地产合并征收房地产税

少数经济转型国家将房产和土地合并征收房地产税。比如，保加利亚和格鲁吉亚对建筑物和土地征收的房地产税。

2. 对房产和地产分开征税

多数经济转型国家将房产和土地分开征收房产税和土地税。比如，罗马尼亚和乌克兰征收的房产税和土地税。

3. 对房地产征收财产税和土地税

一些经济转型国家将房地产作为财产形式征收财产税。比如，亚美尼亚、阿塞拜疆和白俄罗斯征收的土地税和财产税。

4. 对房地产征收特定不动产税

例如，克罗地亚对乡村别墅征收的乡村别墅税，对公用土地征收的公共土地使用税。

在 8 个经济转型国家中，对房地产仅征收一种税的国家有 2 个，即保加利亚、格鲁吉亚。对房地产征收两种税的国家有 6 个，包括亚美尼亚、阿塞拜疆、白俄罗斯、克罗地亚、罗马尼亚和乌克兰。具体情况见表 8－7。

表 8－7　　8 个经济转型国家房地产税的名称（2018 年）

国家	税种名称
亚美尼亚	财产税
	土地税
阿塞拜疆	财产税
	土地税
白俄罗斯	财产税
	土地税
保加利亚	房地产税
克罗地亚	乡村别墅税
	公共土地使用税
格鲁吉亚	房地产税
罗马尼亚	房产税
	土地税
乌克兰	房产税
	土地税

资料来源：根据国际财税文献局数据库资料整理，www. ibfd. org。

二、纳税人

房地产税的纳税人就是房地产税的实际缴税人或税负人。一般而言，房地产税的纳税人就是房地产的所有人。但是在实践中，世界各国关于房地产税纳税人的规定也并不一致。

（一）OECD 成员的情况

在对房地产征税的34个OECD成员中，有22个国家仅以房地产的所有人为纳税人。但也有12个国家在以房地产所有人为纳税人的同时，也允许以房地产的受益人、使用人或承租人为纳税人，具体包括澳大利亚、捷克、智利、爱沙尼亚、法国、希腊、意大利、立陶宛、葡萄牙、斯洛伐克、土耳其、英国。其中，澳大利亚的土地税规定，在一些州纳税人为不动产的承租人；捷克规定，房产税的纳税人为房产的所有人或受益人，土地税的纳税人为土地的所有人或承租人；爱沙尼亚规定，土地税的纳税人为土地的所有人或使用人；法国规定，房产的所有人、承租人或其他人是房产税的纳税人；立陶宛规定，房产税的纳税人为房产的所有人，土地税的纳税人为土地的所有人或从国家租赁土地的承租人；葡萄牙规定，房地产的所有人或使用人为城市房地产税的纳税人；斯洛伐克和土耳其规定，土地和房产的所有人、管理人或受益人为房产税的纳税人；英国规定，房产的所有人或使用人为房产税的纳税人。具体情况见表8-8。

表8-8　　OECD成员房地产税的纳税人情况（2018年）

项目	国家
以房地产所有人为纳税人	澳大利亚、奥地利、比利时、加拿大、智利、捷克、丹麦、爱沙尼亚、芬兰、法国、德国、希腊、匈牙利、冰岛、爱尔兰、意大利、日本、韩国、拉脱维亚、立陶宛、卢森堡、墨西哥、荷兰、挪威、波兰、葡萄牙、斯洛伐克、斯洛文尼亚、西班牙、瑞典、瑞士、土耳其、英国、美国
允许以房地产的相关权利人为纳税人	澳大利亚、捷克、智利、爱沙尼亚、法国、希腊、意大利、立陶宛、葡萄牙、斯洛伐克、土耳其、英国

资料来源：根据国际财税文献局数据库资料整理，www. ibfd. org。

从表8-8可以看出，尽管34个OECD成员都将房地产的所有人视为房地产税的纳税人，但还是有部分国家规定除所有人之外的其他相关权利人也可以是房地产税的纳税人，也就是说是否拥有所有权并不是这些国家征收财产税的必要条件。

（二）金砖国家和部分发展中国家的情况

在上文所提到的6个对房地产征税的金砖国家和部分发展中国家中，俄罗斯将房产的所有人和使用人确认为房产税的纳税人，其他5个国家都是以应税房地产的所有人为纳税人。

（三）经济转型国家的情况

在对房地产征税的8个经济转型国家中，格鲁吉亚、罗马尼亚两个国家只以应税房地产的所有人为纳税人。另外6个国家以应税房地产的所有人为纳税人的同时，也允许以房地产的使用人、承租人或受益人为纳税人。具体是，亚美尼亚和阿塞拜疆的土地税是以所有人或使用人为纳税人；白俄罗斯的土地税是以所有人、承租人或使用人为纳税人；保加利亚的房地产税以所有人、使用人或受益人为纳税人；乌克兰的房产税以所有人为纳税人，而土地税的纳税人包括所有人的承租人。具体情况见表8-9。

表8-9　　8个经济转型国家房地产税的纳税人情况（2018年）

项目	国家
以房地产所有人为纳税人	亚美尼亚、阿塞拜疆、白俄罗斯、保加利亚、克罗地亚、格鲁吉亚、罗马尼亚、乌克兰
允许以房地产的相关权利人为纳税人	亚美尼亚、阿塞拜疆、白俄罗斯、保加利亚、克罗地亚、乌克兰

资料来源：根据国际财税文献局数据库资料整理，www.ibfd.org。

从表8-9可以看出，8个经济转型国家都将所有人作为房地产税的纳税人，但是也有部分国家同时将房地产的相关权利人作为纳税人，表明这些国家也并不将所有权作为征收房地产税的必要条件。

三、税基

从理论上讲，房地产税作为一种财产税，其课税对象（税基）应该是房地产的价格或价值。但是，在实践中，世界各国对房地产税的税基有不同的规定，主要有房地产的价格（价值）、面积、租金等几种形式。同时，以价格为税基的也有多种形式，主要包括房地产的评估价格、账面价格、地籍册价格、市场价格等。其中，评估价格，主要是指有关机构参考一定的因素对房地产价格进行评估得出的价格；账面价格，主要是指房地产的会计记账价格；地籍册价格，是各国房地产登记部门在房地产地籍册上登记的价格，一般是每隔数年（比如5年或10年）根据通货膨胀率等因素调整一次；市场价格，是房地产在市场上进行交易的价格。

（一）OECD成员的情况

在OECD成员中，大部分国家是用应税房地产的价格（价值）作为税基，还有一些国家单独或同时用房地产的面积作为税基，少数国家用房地产的租金作为税基。

1. 以房地产价格（价值）为税基的情况

以房地产价格（价值）为税基的国家有31个，具体是澳大利亚、奥地利、加拿大、智利、捷克、丹麦、爱沙尼亚、芬兰、法国、德国、希腊、匈牙利、冰岛、爱尔兰、意大利、日本、韩国、拉脱维亚、立陶宛、卢森堡、墨西哥、荷兰、挪威、葡萄牙、斯洛伐克、西班牙、瑞典、瑞士、土耳其、英国、美国。在这31个国家中，有的以房地产的评估价格为税基，包括澳大利亚、奥地利、加拿大、丹麦、爱沙尼亚、芬兰、法国、希腊、冰岛、爱尔兰、意大利、日本、韩国、立陶宛、卢森堡、墨西哥、荷兰、挪威、西班牙、瑞典、瑞士、英国、美国23个国家；有的以房地产的账面价格（合同价格或购买价格）为税基，包括捷克的土地税、德国的房地产税；有的以房地产的地籍册价格为税基，包括智利的财产税、意大利的市政税、拉脱维亚的房地产税、葡萄牙的城市房地产税、西班牙的房地产税、瑞士的房地产税；有的以房地产的市场价格为税基，包括匈牙利的建筑税和土地税、土耳其的房产税和土地税、立陶宛的房产税和土地税；有的国家以法律的形式确定税基，比如斯洛伐克的土地税以法律或建筑条例确定的土地价格为税基。

2. 以房地产面积作为税基的情况

以房地产面积作为税基的国家有5个，具体是：捷克、匈牙利、波兰、斯洛伐克和斯洛文尼亚。其中，捷克的房产税以建筑面积为税基，土地税可以由纳税人选择用购买价格或面积作为税基；匈牙利的建筑税和土地税允许纳税人选择面积或市场价格作为税基；波兰的房地产税规定只能以房产或土地的面积作为税基；斯洛伐克的房产税和公寓税以面积作为税基；斯洛文尼亚的土地税和房产税以面积作为税基。

3. 以房地产的租金（租赁价格）为税基的情况

以房地产的租金（租赁价格）为税基的有比利时、法国和英国三个国家。其中，比利时的不动产预扣税以土地注册处确定的不动产年租金作为税基；法国的财产税和居民税都是以房地产的评估租赁价格为税基；英国商业房地产税以评估的租金为税基。具体情况见表8－10。

表 8－10　　OECD 成员房地产税的税基（2018 年）

国家	税种名称	税基
澳大利亚	土地税	评估价格
奥地利	房地产税	评估价格
	土地税	评估价格
比利时	不动产预扣税	评估年租金
加拿大	房地产税	评估价格
智利	财产税	地籍册价格
捷克	房产税	建筑面积
	土地税	购买价格、建筑面积
丹麦	城市房地产税	土地的价格（不包括建筑物）
	特定商业用途城市房地产税	建筑物的价格（不包括土地）
	国家财产税	评估价格
爱沙尼亚	土地税	评估价格
芬兰	房地产税	评估价格
法国	房地产财富税	评估价格
	财产税	评估的租赁价格
	居民税	评估的租赁价格
德国	房地产税	账面价格
希腊	不动产所有权税	评估价格
	地方房地产税	评估价格
匈牙利	建筑税	面积或市场价格
	土地税	面积或市场价格
冰岛	房地产税	评估价格
爱尔兰	房地产税	评估价格
意大利	市政税	评估价格
日本	财产税	评估价格
韩国	财产税	评估价格
	综合房地产持有税	评估价格
拉脱维亚	房地产税	地籍册价格
立陶宛	房产税	市场平均价格或者重置价格
	土地税	市场平均价格或者个人评估价格
卢森堡	房地产税	评估价格
墨西哥	房地产税	评估价格

续表

国家	税种名称	税基
荷兰	房地产税	评估价格
挪威	国家净财富税	评估价格
	城市净财富税	评估价格
	房地产税	评估价格
波兰	房地产税	建筑物或土地的面积
葡萄牙	城市房地产税	登记价格
斯洛伐克	土地税	法律或建筑条例确定的土地价格
	房产税	占地面积
	公寓税	公寓的地板面积和非居住区域的面积
斯洛文尼亚	土地税	土地面积
	房产税	房产面积
西班牙	净财富税	评估价格
	房地产税	地籍册价格
瑞典	国家房地产税	评估价格
	城市房地产税	评估价格
瑞士	净财富税	评估价格
	房地产税	登记价格
土耳其	房产税	市场价格
	土地税	市场价格
英国	商业房地产税	商业地产的评估租金
	房产税	评估价格
	豪宅税	评估价格
美国	房地产税	评估价格

资料来源：根据国际财税文献局数据库资料整理，www. ibfd. org。

从表 8－10 可以看出，尽管大多数 OECD 成员以房地产的价格为税基，但是各国也根据自己的情况，规定可以按照房地产的面积或者租金征税，有的国家甚至赋予纳税人税基的选择权。

（二）金砖国家和部分发展中国家的情况

与 OECD 成员相似，金砖国家和部分发展中国家也基本上是以应税房地产的价格或者价值为税基，但也有以房地产租金为税基的情况。具体而言，俄罗斯的财产税和土地税、印度的净财富税和土地税、巴西的城市房地产税和联邦农村土地税都是以房地产的价格或评估价格为税基，而沙特阿拉伯以土地的市场价格为税基，只有印度的房地产税是以房地产的年租金为税基。具体情况见表 8－11。

表 8－11　　金砖国家和部分发展中国家房地产税的税基（2018 年）

国家	税种名称	税基
俄罗斯	房产税	库存价格
	土地税	地籍册价格
印度	净财富税	评估价格
	土地税	评估价格
	房产税	年租金
巴西	城市房地产税	市场价格
	联邦农村土地税	市场价格
阿根廷	净财富税	评估价格
	房地产税	评估价格
印度尼西亚	房地产税	评估价格
沙特阿拉伯	特殊土地税	市场价格

资料来源：根据国际财税文献局数据库资料整理，www. ibfd. org。

从表 8－11 可以看出，6 个新兴经济体国家，按照房地产的价格征税是房地产税的主流，但是也个别有按照房地产租金征税的制度安排。这也表明了房地产税制度的多样性和复杂性。

（三）经济转型国家的情况

征收房地产税的 8 个经济转型国家关于房地产税税基的规定比较复杂。不同的国家对房地产税基各不相同，即使同一国家的不同税种也有着不同的规定。

1. 以房地产价格（价值）为税基的情况

8 个经济转型国家都以房地产的价格为税基。其中，以房地产评估价格为税基的国家：白俄罗斯的财产税、保加利亚的房地产税、格鲁吉亚的房地产税、罗马尼亚的房产税、乌克兰的土地税；以房地产市场价格为税基的国家：亚美尼亚的财产税；以房地产账面价值为税基的国家：阿塞拜疆的财产税；以房地产地籍册价格为税基的国家：亚美尼亚的土地税、克罗地亚的公共土地使用税。

2. 以房地产的面积为税基的情况

以房地产的面积为税基的情况主要包括阿塞拜疆的土地税、白俄罗斯的土地税、克罗地亚的乡村别墅税、罗马尼亚的土地税、乌克兰的房产税。具体情况见表8－12。

表8－12　8个经济转型国家房地产税的税基（2018年）

国家	税种名称	税基
亚美尼亚	财产税	市场价格
	土地税	地籍册价格
阿塞拜疆	财产税	账面价格
	土地税	土地的面积
白俄罗斯	财产税	评估价格
	土地税	土地的面积
保加利亚	房地产税	评估价格
克罗地亚	乡村别墅税	使用面积
	公共土地使用税	地籍册价格
格鲁吉亚	房地产税	评估价格
罗马尼亚	房产税	评估价格
	土地税	土地面积
乌克兰	房产税	建筑面积
	土地税	评估价格或土地面积

资料来源：根据国际财税文献局数据库资料整理，www.ibfd.org。

从表8－12可以看出，8个经济转型国家的主流依然是将价格作为征收房地产税税基，同时，也有个别国家将面积作为房地产税的税基。另外，一些国家还允许纳税人参与房地产的价格评估，也允许其在价格和面积之间选择税基，反映出这些国家税收制度安排的灵活性。

四、税率

与税基相适应，国外房地产税的税率也多种多样，主要有比例税率、单位税额等形式。一般而言，以房地产价格为税基的，大多实行比例税率；以房地产面积为税基的，大多实行单位税额税率。另外，实行比例税率的国家，又分为累进税率和固定税率两种形式。

（一）OECD成员的情况

在34个征收房地产税的OECD成员中，绝大多数国家以房地产的价格作为税基，相应地，大多数国家也实行比例税率的形式，也有个别国家实行单位税额税率。

1. 实行比例税率的情况

部分国家的房地产税实行比例税率，包括奥地利、比利时、加拿大、捷克、德国、匈牙利、意大利、日本、荷兰、挪威、葡萄牙、冰岛、瑞典、土耳其、美国等。税率的水平大多在1%左右。例如，奥地利的土地税税率为1%，意大利的市政税税率为0.76%，瑞典的国家房产税税率为0.75%，日本的财产税税率为1.4%，土耳其的房产税建筑物的税率为0.2%，住宅的税率为0.1%。

2. 实行累进税率的情况

部分国家实行累进税率。例如，澳大利亚、智利、丹麦、爱沙尼亚、芬兰、法国、希腊、爱尔兰、韩国、拉脱维亚、立陶宛、卢森堡、墨西哥、西班牙、瑞士、英国等，税率为0.1%～3%。丹麦的城市房地产税，为1.6%～3.4%；爱沙尼亚的土地税，为0.1%～2.5%；墨西哥的房地产税，为0.05%～1.2%。但是，也有一些国家的税率较低的，例如，芬兰的房产税，为0.93%～2%；法国的房地产财富税，为0～1.5%；希腊的不动产所有权税，为0.1%～1%。

3. 实行单位税额的情况

部分国家按照房地产的面积征税。包括捷克的房产税和土地税、希腊的不动产所有权税、波兰的房地产税、斯洛伐克的房产税和公寓税、斯洛文尼亚的房产税和土地税等。在税额水平上，每个国家有较大的差异。具体情况见表8-13。

表8-13　OECD成员房地产税税率情况（2018年）

国家	税种名称	税率
澳大利亚	土地税	累进税率，各州0.2%～2.67%不等
奥地利	房地产税	联邦基准税率2%，乘以各州确定的系数最高为500%
	土地税	1%
比利时	不动产预扣税	佛兰芝地区为3.97%，瓦隆和布鲁塞尔地区为1.25%；实际税率可由地籍所在地政府提高25%～60%
加拿大	房地产税	各市不同，每平方英尺0.24683%～1.24871%不等

续表

国家	税种名称	税率
智利	财产税	累进税率，作为住宅的城市房地产的税率分别为0、0.98%、1.143%和1.2%，农村土地的税率为1%
捷克	房产税	从每平方米2捷克克朗到每平方米10捷克克朗不等，再乘以一个从1~5不等的系数，但是地方市政府可以调整
	土地税	按价格征税的，税率为0.25%或0.75%； 按建筑面积征税的，税率为每平方米2捷克克朗，其他情形为每平方米0.2捷克克朗，再乘以一个从1~5不等的系数
丹麦	城市房地产税	累进税率，1.6%~3.4%
	特定商业用途城市房地产税	不超过1%
	国家财产税	标准税率1%，超过3040000丹麦克朗部分3%
爱沙尼亚	土地税	累进税率，从0.1%~2.5%不等；对耕地和天然草地，在0.1%~2.0%区间变动
芬兰	房地产税	一般税率在0.93%~2%区间变动；永久住所，税率在0.41%~1%之间变动；对未建成的建筑工地征收2%~6%的税率，实际税率由市政府确定
法国	房地产财富税	累进税率，0~1.5%
	财产税	50%或80%乘以一定的系数
	居民税	政府确定的系数
德国	房地产税	联邦基准税率0.35%，乘以各州确定的系数，系数值从280%~810%不等，实际税率为0.98%~2.84%，平均税率约为1.9%
希腊	不动产所有权税	主要税通过与面积、使用情况、建筑物年限、位置和财产性质等有关的系数来计算，附加税为房地产总价值的0.1%~1%
	地方房地产税	累进税率，0.025%~0.035%
匈牙利	建筑税	税率最高为每平方米1100匈牙利福林，或者房产市场价格的3.6%
	土地税	税率最高为每平方米200匈牙利福林，或者土地市场价格的3%
冰岛	房地产税	各地不等
爱尔兰	房地产税	不超过1百万欧元为0.18%，1百万欧元以上的税率为0.25%
意大利	市政税	标准税率0.76%，各地最多可调整0.3%
日本	财产税	1.4%
韩国	财产税	土地为0.2%~4%，建筑物为0.25%~4%，住宅为0.1%~4%
	综合房地产持有税	住宅的税率为0.5%~2%；合并纳税的土地的税率为0.75%~2%；单独申报纳税的土地的税率为0.5%~0.7%
拉脱维亚	房地产税	私人住宅实行累进税率，从0.2%~0.6%不等；其他房地产标准税率为1.5%

续表

国家	税种名称	税率
立陶宛	房产税	累进税率，0.3% ~3%
	土地税	土地所有者税率0.01% ~4%不等，具体取决于土地的应税价值；租赁国家土地税率0.1% ~4%
卢森堡	房地产税	0.7% ~1%，再乘以从100% ~1000%不等的系数
墨西哥	房地产税	固定金额，加上累进税率0.05% ~1.2%
荷兰	房地产税	各地不同
挪威	国家净财富税	0.15%
	城市净财富税	0.7%
	房地产税	0.2% ~0.7%
波兰	房地产税	对不动产征收最高每平方米0.91 ~23.10波兰兹罗提不等，或者2%的建筑价值的房产税；自2018年1月1日起，拥有合计价格超过1000万波兰兹罗德的商业不动产的纳税人，将按照价值的0.035%的税率征税
葡萄牙	城市房地产税	一般为0.3% ~0.8%，在避税地注册登记企业的税率为7.5%
斯洛伐克	土地税	0.25%，税务部门可以调整
	房产税	每平方米0.033欧元
	公寓税	每平方米0.033欧元
斯洛文尼亚	土地税	各地不同
	房产税	各地不同
西班牙	净财富税	累进税率，0.2% ~2.5%
	房地产税	城市房地产的税率为0.4%；农村房地产的税率为0.3%
瑞典	国家房地产税	0.5%、1%
	城市房地产税	家庭取7812瑞典克朗与房地产评估价格的0.75%的较高者；出租物业取1337瑞典克朗与房地产评估价格的0.3%的较高者。新建住宅免缴房产税
瑞士	净财富税	累进税率，具体由各地方政府确定
	房地产税	除苏黎世州、施维茨州、格拉鲁斯州、楚格州、索洛图恩州、巴塞尔乡村州及阿尔高州以外，许多市级和州级机构也按市场价值征收年税率，税率为0.02% ~0.3%
土耳其	房产税	建筑物的税率为0.2%，住宅的税率为0.1%
	土地税	一般土地的税率为0.1%，空地和住宅用土地的税率为0.3%

续表

国家	税种名称	税率
英国	商业房地产税	自然人的税率是49.3%，小企业的税率为48.0%
	房产税	税率由地方政府决定
	豪宅税	累进税率。2018—2019年，住宅价格为50万～100万英镑，税额为3600英镑；100万～200万英镑，税额为7250英镑；200万～500万英镑，税额为24250英镑；500万～1000万英镑，税额为56550英镑；1000万～2000万英镑，税额为113400英镑，2000万英镑以上的部分，税额为226950英镑
美国	房地产税	由各州政府确定，税率为0.27%～2.35%不等

资料来源：根据国际财税文献局数据库资料整理，www.ibfd.org。

从表8－13可以看出，对房地产征收多个税种的国家，并不是只实行一种类型的税率，往往是不同的税种实行不同类型的税率形式。

4. 税率的确定

OECD成员中的房地产税税率的确定有多种形式，按照确定的主体可以分为三类：即中央政府确定、地方政府确定、中央和地方政府共同确定。一般而言，房地产税的税法由哪一级政府通过，税率就由该级政府确定。房地产税税率由中央和地方政府共同确定的情况，一般是由中央政府确定基准税率，地方政府可在此基础上确定一定的税率系数，两者的乘积为该地的房地产税税率。

在34个OECD成员中，大多数国家的房地产税税率由地方政府确定，如澳大利亚的土地税、加拿大的房地产税、爱沙尼亚的土地税、希腊的地方房地产税、挪威的房地产税、波兰的房地产税、瑞士的净财富税和房地产税、英国的房产税等。有一些国家的房地产税税率由中央政府确定，如奥地利的土地税、希腊的不动产所有权税、拉脱维亚的房地产税等。此外，还有一些国家的房地产税税率由中央和地方政府共同确定，如奥地利的房地产税、德国的房地产税、爱尔兰的房地产税等。

（二）金砖国家和部分发展中国家的情况

上文中所提到的金砖国家和部分发展中国家的房地产税率实行的都是比例税率。其中，实行累进税率的包括，俄罗斯的财产税、巴西的城市房地产税和联邦农村土地税。具体情况见表8－14。

表 8-14　　金砖国家和部分发展中国家房地产税税率情况（2018 年）

国家	税种名称	税率
俄罗斯	财产税	累进税率。房产的价格不超过 30 万俄罗斯卢布的部分，税率为 0.1%；房产价格为 30 万～50 万俄罗斯卢布的部分，税率为 0.1%～0.3%，房产价格超过 50 万俄罗斯卢布的部分，按照最高税率 2% 征税
	土地税	固定税率，农业和住宅用地的最高税率为 0.3%，其他用途的土地为 1.5%
印度	净财富税	固定税率 1%
	土地税	各州政府确定
	房产税	各州政府确定
巴西	城市房地产税	税率由市政府确定，各地差异很大，从 0.5%、1%、2%～3.5% 不等
	联邦农村土地税	依照土地的面积和使用率，从 0.03%～20% 不等
阿根廷	净财富税	2018 年税率为 1%
	房地产税	各地方政府确定，农村最高 1.2%，郊区最高 1.35%，市区 1.5%。在某些地区未改良的土地可能会以更高的税率征收土地税
印度尼西亚	房地产税	单一税率 0.5%
沙特阿拉伯	特殊土地税	单一税率 2.5%

资料来源：根据国际财税文献局数据库资料整理，www.ibfd.org。

（三）转型经济国家的情况

在 8 个经济转型国家中，所有的国家都实行比率税率，还有部分国家同时也实行定额税率。使用两种税率形式的有阿塞拜疆、白俄罗斯、罗马尼亚 3 个国家。从税率的性质看，经济转型国家实行固定税率（税额）和累进税率（税额）的情况都比较普遍。实行固定税率的有阿塞拜疆、白俄罗斯、罗马尼亚 3 个国家。实行累进税率的有保加利亚、格鲁吉亚 2 个国家。既实行固定税率又实行累进税率的国家为亚美尼亚。具体情况见表 8-15。

表 8-15　　8 个经济转型国家房地产税税率情况（2018 年）

国家	税种名称	税率
亚美尼亚	财产税	公用建筑和工业建筑：0.3%，停车场：0.2%，私人别墅和其他建筑实行累进税率，最高为 1%
	土地税	对于农业用地，以土地净值的 15% 征税；对于非农业用地，税率范围为地籍价值的 0.5%～1.0%

续表

国家	税种名称	税率
阿塞拜疆	财产税	1%
	土地税	农业用地，每单位0.06阿塞拜疆马纳特。其他用途，每100平方米2～20阿塞拜疆马纳特
白俄罗斯	财产税	个人房产税率0.1%，如果拥有两个或多个住宅，税率为0.2%；企业房产税率1%
	土地税	固定税率。税率根据土地的性质和地段有所不同
保加利亚	房地产税	累进税率，0.01%～0.45%
克罗地亚	乡村别墅税	每平方米5～15克罗地亚库纳
	公共土地使用税	税率由各地政府决定
格鲁吉亚	房地产税	企业房产税率不超过1%； 对于个人持有的房地产则实行累进税率。家庭年收入在4万～10万格鲁吉亚拉里的，税率从0.05%～0.2%不等；家庭年收入超过10万格鲁吉亚拉里的，税率从0.8%～1%不等。房地产用于商业用途的，不管其家庭年收入是多少，都要按照1%的税率缴税。土地按照地理位置和肥沃程度实行不同的税率
罗马尼亚	房产税	固定税率，住宅楼宇0.08%～0.2%，非住宅楼宇0.2%～1.3%，用于农业活动的建筑物0.4%
	土地税	固定税率
乌克兰	房产税	不得超过每平方米最低法定月薪的1.5%
	土地税	一般不超过3%，农业用地和综合用地最高不超过1%

资料来源：根据国际财税文献局数据库资料整理，www.ibfd.org。

五、税收优惠政策

与其他税种一样，为了使税制更加科学合理且符合本国的实际情况，征收房地产税的国家都在一定范围实行着一定形式的税收优惠政策。

（一）OECD成员的情况

OECD成员对房地产税实行的税收优惠政策主要有以下几种形式：税基优惠、税率优惠、税额优惠、征收优惠、其他优惠等。

1. 实行税基优惠的情况

税基优惠就是规定一定的扣除标准，即对房地产的计税价格减去一定的数额。在34个OECD成员中，实行税基优惠政策的国家主要有：澳大利亚（0～60万澳元）、奥地利（1.46万欧元）、智利、丹麦（特定商业用途城市房地产税5万丹麦克朗，国家财产税最高1200丹麦克朗）、法国（130万欧元）、希腊（30万欧元）、立陶宛（22万欧元）、挪威（148万挪威克朗）、瑞士（单身免税额最高12.5万欧元，夫妻最高25万欧元，对个人债务、抵押贷款、银行贷款和透支都允许在税前抵扣）、英国（50万英镑）。

2. 实行税率优惠的情况

税率优惠就是降低税率，即对房地产的税率按照一定的标准进行调减，从而降低纳税人的税负。实行这种优惠政策的国家主要有：爱沙尼亚对经济活动受限制的土地税率降低50%。意大利对高价值属性地籍分类的房地产实行0.4%的优惠税率。墨西哥的房地产税对房地产价值高于976444.71墨西哥比索的，可下降税率0~35%。

3. 实行税额优惠的情况

税额优惠就是对符合条件的纳税人直接减免一定数额的税负。实行这种优惠政策的国家主要有：法国的房地产财富税对纳税人的主要居所享受30%的折扣；所得税和房地产财富税的总负担超过纳税人上一年度总收入75%的部分将从房地产财富税中扣除。意大利对纳税人可减免200欧元。拉脱维亚规定对某些特定纳税人可以减免25%~90%幅度不等的税款。瑞士对每个抚养的儿童最高减免10万瑞士法郎的应纳税所得额。英国对单亲家庭减免25%的房产税。

4. 实行征收优惠的情况

征收优惠就是在税款缴纳的过程中，给予纳税人的一些便利和优惠，主要包括延迟缴纳、分次缴纳、一次性缴纳折扣等形式。实行这种优惠政策的国家主要有：墨西哥规定纳税人在每年1月底以前足额缴纳税款的，减免8%，在每年2月底之前足额缴纳税款的，减免5%。英国规定房产税可以分两次缴纳，也可以与纳税人达成协议改为按月缴纳。

5. 实行其他优惠的情况

其他优惠主要包括对符合条件的特定纳税人或特定情况的优惠。实行这种优惠政策的国家主要有：澳大利亚对纳税人的主要住所有特殊规定，对农业用地和林业用地有一定的豁免。奥地利对农林业财产、单户家庭住房、家庭唯一住房和出租住房实行一定的优惠政策。比利时对用于慈善活动的不动产免税。加拿大对正在大修的房产免税。捷克对公用建筑物和公用土地免税。丹麦对老年人持有的房地产减免一定数额的国家财产税。爱沙尼亚对外国使馆、宗教组织、市政府，以及某些条件下住宅楼下和周围的土地免税。芬兰对农用土地、森林、政府所有土地、军队所有土地免征房地产税。法国对新建建筑物免两年财产税。希腊对公共用途或环境保护的财产，未执行决定时解除征收的财产，以及未支付赔偿时被征收的财产免税。匈牙利对紧急住所、提供医疗保健服务的建筑物、放射性废物储存设施和农业建筑物免税。立陶宛对用于社会福利、位于墓地境内、用作个人创作活动工作室、用于从农业活动中获得收入、用于教育目的的不动产免征房产税，对残疾人、养老金领取者、未成年人、土地所得税总额不超 2 欧元的土地免征土地税。葡萄牙对纳税人的永久住宅免税。斯洛伐克对老年人或伤残人士的房屋免征房产税。瑞典对新建住宅给予 5 年（2012 年以后新建成的住宅 15 年）的免税期。土耳其对农业、部分工业和水产用建筑物和土地免征房产税和土地税。英国对学生拥有的住房免税，对低收入家庭拥有的住房最高可以全额退税。

另外，还有一些国家规定，纳税人的房地产用于商业用途的，允许其缴纳的房地产税抵扣所得税。实行这种优惠政策的国家主要有奥地利、智利、丹麦、德国、匈牙利、韩国、拉脱维亚、挪威、西班牙、瑞典、土耳其。具体情况见表 8－16。

表 8－16　　OECD 成员的房地产税优惠政策情况（2018 年）

国家	税种名称	免税额	税收优惠政策
澳大利亚	土地税	0～60 万澳元不等	对纳税人的主要住所有特殊规定，对农业用地和林业用地有一定的豁免
奥地利	房地产税	—	对农林业财产、单户家庭住房、家庭唯一住房和出租住房实行一定的优惠政策；用于商业用途的，可以抵扣所得税
	土地税	1.46 万欧元	—
比利时	不动产预扣税	—	用于慈善活动的不动产免税
加拿大	房地产税	—	温哥华对正在大修的房产免税
智利	财产税	有一定的限额	对农民和出租自有房产的人，其支付的房地产税可以抵扣经营所得税，但是仅能抵扣来源于智利的所得
捷克	房产税	—	以下情况免征房产税：拦河坝、供水系统、下水道、能源系统和公共街道；国有或市有、教堂、政党、学校、博物馆、画廊、图书馆、健康和社会组织、文化遗址等建筑物；公共交通和生态建设建筑物；残疾人拥有和使用的住宅；生物能源代替煤炭供热的建筑物 5 年免税
	土地税	—	以下情况免征土地税：国有或市有土地；教堂、政党、学校、博物馆和美术馆、图书馆和国家档案馆、卫生和社会机构、公园、自然保护区和其他用于公共事业的用地；重新复垦的土地免税 5 年；新种植森林免税 25 年；公共交通用地。农业用地（耕地、葡萄园、啤酒花地、果园和永久草地）是否免税由所在市政府决定

续表

国家	税种名称	免税额	税收优惠政策
丹麦	城市房地产税	—	用于商业用途的，可以抵扣所得税
	特定商业用途城市房地产税	5 万丹麦克朗	用于商业用途的，可以抵扣所得税
	国家财产税	最高免税额为 1200 丹麦克朗	对老年人拥有的房地产有一定的优惠政策
爱沙尼亚	土地税	—	土地用于特定经济活动的，税率降低 50%；外国使馆，宗教组织，市政府，以及某些条件下住宅楼下和周围的土地免税
芬兰	房地产税	—	农用土地、森林、政府所有土地、军队所有土地免税
法国	房地产财富税	130 万欧元	主要住所可折扣 30%；对商业资产、森林价值的 3/4、长期租赁的农业产权部分或全部免税；所得税和房地产财富税的总负担超过纳税人上一年度总收入 75% 的部分将从房地产财富税中扣除
	财产税	—	国有的用于公共服务的房地产、宗教建筑、国外使领馆、农用建筑物，以及农舍免税；新建建筑免税 2 年；对特定的福利项目建筑物，免税期限为 10～25 年；临时豁免适用于种植木材的土地（30 年）；由于洪水、冰雹、火灾等造成的作物损失和由于流行病引起的牲畜损失可减免税收
	居民税	—	对特定的科学或教育公共机构、低收入人群、外国外交官、驻法国的国际机构（比如 OECD、UNESCO）的高级职员实行一定的减免税政策；纳税人的主要住所，2018 年 30% 折扣，2019 年 60% 折扣，2020 年免税
德国	房地产税	—	房地产用于贸易或者出租并取得收入的，所缴纳的房地产税可以从所得税中扣除
希腊	不动产所有权税	30 万欧元	对公共用途或环境保护的财产，未执行决定时解除征收的财产，以及未支付赔偿时被征收的财产免税；从 2020 年 1 月 1 日起，若税额不超过 700 欧元，且希腊达到中期预算目标，可减税 30%（最高为 70 欧元）
	地方房地产税	—	—
匈牙利	房产税	—	紧急住所、提供医疗保健服务的建筑物、放射性废物储存设施和农业建筑物适用免税政策
	土地税	—	受建筑禁令限制的土地（限于其面积的 50%）、用于农业目的的土地、与工厂接壤的保护区

续表

国家	税种名称	免税额	税收优惠政策
冰岛	房地产税	—	—
爱尔兰	房地产税	—	计算商业利润时，房地产税可以作为费用扣除；以下情况免税：新建但未售出的房产或未建成的房产，经批准住房机构拥有的房产，以及慈善机构使用或被永久丧失行为能力的个人占用的某些财产
意大利	市政税	—	主要住所免税，高价值属性地籍分类税率可降至0.4%，税额可扣除200欧元
日本	财产税	—	—
韩国	财产税		—
	综合房地产持有税	—	可抵扣所得税
拉脱维亚	房地产税	—	对某些特定纳税人可以减免25%、50%、70%或90%幅度不等的税款，减免额不超过国际协定规定最高限额；对禁止从事商业活动的自然保护区和区内用于自然保护的建筑物的土地，民族文化纪念的有关财产，休闲娱乐场所、体育场馆、广场和教堂，新栽种森林的土地（40年以下）免税；用于商业用途，其房地产税可以抵扣所得税
立陶宛	房产税	22万欧元	对于有3岁以上未满18周岁子女的家庭、未满18周岁的残疾儿童或有需要长期照顾的残疾子女，免税额增加30%；用于社会福利、位于墓地境内、用作个人创作活动工作室、用于从农业活动中获得收入、用于教育目的的不动产免税
	土地税	—	残疾人、养老金领取者、未成年人及土地所得税总额不超2欧元的免税
卢森堡	房地产税	—	—
墨西哥	房地产税	—	地方政府、外国使领馆和国际组织的房地产免税；纳税人在生态保护区从事农业、畜牧业、林业或牧场生产的，减免80%；位于地方政府设置的特别行政区内的房地产，且建筑物的面积不超过的土地面积10%的，减免30%的税款；纳税人在每年1月底之前足额缴纳税款的，减免8%；纳税人在每年2月底之前足额缴纳税款的，减免5%；房地产价值高于976444.71墨西哥比索的，税率可下降0～35%
荷兰	房地产税	—	—

续表

国家	税种名称	免税额	税收优惠政策
挪威	国家净财富税	148 万挪威克朗	—
	城市净财富税	148 万挪威克朗	—
	房地产税	—	房地产税可在公司所得税前扣除；国家拥有的土地，国家公园自然保护区免税
波兰	房地产税	—	—
葡萄牙	城市房地产税	—	复原的城市建筑，3 年免征。用于旅游，7 年免征。公共地下停车场免征 7 年。以下住宅全部或部分免税：作为纳税人的永久居所的住宅；历史性的建筑；按照葡萄牙法律成立的投资基金或养老基金持有的房地产；房地产公司持有的房地产；公立学校所有的公共企业持有的房地产
斯洛伐克	土地税	—	对地方政府持有的土地，教堂、大学和其他高等教育机构，以及老年人或伤残人士所有的房屋免征土地税和房产税；土地税可在公司所得税前扣除
	房产税	—	
	公寓税	—	—
斯洛文尼亚	土地税	—	—
	房产税	—	—
西班牙	净财富税	每个纳税人有 70 万欧元的免税额	纳税人负担的净财富税和所得税合计不能超过应税所得的 60%，否则会相应地减少其净财富税应缴税款
	房地产税	—	房地产税可以在所得税中抵扣
瑞典	国家房地产税	—	国家房地产税可以在所得税中抵扣
	城市房地产税	—	2005—2011 年新建的住宅，免税期 5 年；2012 年以后新建的住宅，免税期 15 年
瑞士	净财富税	—	—
	房地产税	单身的免税额最高至 12.5 万瑞士法郎，夫妻的免税额最高至 25 万瑞士法郎；每个抚养儿童的免税额最高至 10 万瑞士法郎	个人的债务、抵押贷款、银行贷款和透支都可以在税前抵扣
土耳其	房产税	—	农业用建筑免征房产税。旅游业、工业等行业用建筑免征 5 年。房产税可以抵扣所得税
	土地税	—	农业用建筑免征土地税。旅游业、部分工业等行业用建筑免征 5 年。土地税可以抵扣所得税

续表

国家	税种名称	免税额	税收优惠政策
英国	商业房地产税	—	—
	房产税	—	单亲家庭可以享受25%的税收减免；不经常住人的住房，比如第二住所可以享受50%的税收减免；一些住房，比如学生拥有的住房免税。低收入家庭可以享受退税政策，地方政府最高可以退税100%
	豪宅税	50万英镑	慈善机构拥有的应税住宅且用于慈善用途，以及其他国家规定的用途的免税
美国	房地产税	—	—

资料来源：根据国际财税文献局数据库资料整理，www. ibfd. org。

（二）金砖国家和部分发展中国家的情况

金砖国家和部分发展中国家对房地产税的优惠政策主要有税基优惠、征收优惠和其他优惠等几种形式。

1. 实行税基优惠的情况

印度的净财富税规定，纳税人可以享受税收扣除额为300万印度卢比。阿根廷的净财富税规定，2016年纳税人可以享受的扣除额为80万阿根廷比索；2017年的扣除额为95万阿根廷比索；2018年的扣除额为105万阿根廷比索。印度尼西亚的房地产税规定，2014年纳税人享受的扣除额为1200万印尼盾。

2. 实行征收优惠的情况

俄罗斯规定房地产税可以在一年分次缴纳，例如土地税可以分季预缴。

3. 实行其他优惠的情况

印度规定纳税人通过信托或以慈善、宗教为目的的法人持有的任何财产，官邸和法定的传家宝，个人的唯一住房免征净财富税；巴西规定私人建筑物向公众开放的（如博物馆、公园或花园的私人区域）免征城市房地产税，对纳税人开发的一定面积的土地免征联邦农村土地使用税。印度尼西亚的房地产税规定，军人和退休公职人员拥有、控制或使用的房地产，且其唯一的收入来源就是工资或退休金的免税；另外，低收入者个人拥有、管理或使用的房地产，也可以享有一定的优惠。具体情况见表8－17。

表 8-17　金砖国家和部分发展中国家房地产税税收优惠情况（2018 年）

国家	税种名称	免税额	税收优惠政策
俄罗斯	财产税	—	—
	土地税	—	宗教组织，用于国防、海关和安全目的的土地，在经济特区经营的公司、以及在没有支付对价或租赁协议下拥有固定期限土地的公司，免税。土地税可公司所得税前扣除
印度	净财富税	300 万印度卢比	纳税人通过信托或以慈善、宗教等为目的的法人持有的任何财产，官邸和法定的传家宝，个人的唯一住房，免税
	土地税	—	—
	房产税	—	—
巴西	城市房地产税	—	私人拥有的建筑物向公众开放的（比如，博物馆、公园或花园的私人区域）免税
	联邦农村土地税	—	农村土地由拥有者（无城市资产）和其他人共同开发的，在不超过限额内，免税。 农村土地由生产协会或者合作社（无其他资产）开发的，在不超过限额内，免税。 特殊地区的土地，在不超过限额内，免税
阿根廷	净财富税	2016 年纳税人可以享受的扣除额为 80 万阿根廷比索；2017 年的扣除额为 95 万阿根廷比索；2018 年的扣除额为 105 万阿根廷比索	—
	房地产税	—	—
印度尼西亚	房地产税	纳税人享受的扣除额为 1200 万印尼盾	军人和退休公职人员拥有、控制或使用的房地产，且其唯一的收入来源就是工资或退休金的免税；另外，低收入者个人拥有、管理或使用的房地产，也可以享有一定的减免
沙特阿拉伯	特殊土地税	—	—

资料来源：根据国际财税文献局数据库资料整理，www.ibfd.org。

（三）经济转型国家的情况

8 个经济转型国家对房地产税实行的优惠政策主要形式有税基优惠、税额优惠、征收优惠和其他优惠等。

1. 实行税基优惠的情况

乌克兰规定，公寓的免税为 60 平方米，房屋为 120 平方米，既拥有公寓又拥有房屋的为 180 平方米。

2. 实行税额优惠的情况

保加利亚的房产税规定，个人的主要住房，税额减免 50%；残疾人的住房，税额减免 75%。

3. 实行征收优惠情况

阿塞拜疆允许纳税人的税款可以分两次缴纳。保加利亚规定，纳税人可以分两次缴纳税款。

4. 实行其他优惠的情况

白俄罗斯规定，私人公寓，退休人员、军事人员、内政部门人员、因公殉职或失踪的国家安全委员会人员的住房免缴房产税；私人土地有一定的优惠政策。罗马尼亚对退化的和被污染的土地免税。具体情况见表 8－18。

表 8－18　　　经济转型国家房地产税税收优惠政策情况（2018 年）

国家	税种名称	免税额	税收优惠政策
亚美尼亚	财产税	—	国家政府、中央银行、地方政府的房产免税。历史和文化建筑物免税
	土地税	—	—
阿塞拜疆	财产税	—	30 平方米以下的个人住房免税
	土地税	—	两次征收税款
白俄罗斯	房产税	—	私人公寓免税；退休人员、军事人员、内政部门人员、因公殉职或失踪的国家安全委员会的人员的住房免税，但是用于商业目的的住房除外
	土地税	—	私人土地和非营利组织的土地有一定的优惠政策
保加利亚	房地产税	—	注册的宗教机构免税。能源评级为 BCD 的建筑最多可免 10 年的房地产税。个人的主要居所，税负减免 50%。残疾人的房地产，税负减免 75%
克罗地亚	乡村别墅税	—	—
	公共土地使用税	—	—
格鲁吉亚	房地产税	—	家庭年收入低于 4 万格鲁吉亚拉里的免征房地产税。用以开发石油和天然气资源的地产、慈善机构或医疗服务机构租赁的地产、位于自由工业区的地产等免税
罗马尼亚	房产税	—	—
	土地税	—	退化的或者被污染的土地免税

续表

国家	税种名称	免税额	税收优惠政策
乌克兰	房产税	公寓为 60 平方米建筑面积，独栋房子为 120 平方米建筑面积。拥有多处独栋房子和公寓的，免税建筑面积为 180 平方米	注册的宗教组织
	土地税	—	—

资料来源：根据国际财税文献局数据库资料整理，www. ibfd. org。

第三节　房地产税征收管理

国外对房地产税税制的多样性，也决定了各国对房地产税征收管理的复杂性。下面从征管、房地产评估等几个方面进行比较。

一、房地产税的征管情况

（一）收入的归属

由于房地产有很强的地域属性，因此绝大多数国家的房地产税属于地方政府财政收入，仅有个别国家的房地产税属于中央政府。在征收房地产税的 34 个 OECD 成员当中，共征收 55 种不同的房地产税。其中，收入属于地方政府的房地产税有 50 个，只有 5 个税收属于中央政府，具体是丹麦的国家财产税、法国的房地产财富税、希腊的不动产所有权税、挪威的国家净财富税、瑞典的国家房地产税。除了这几种税，其他国家的房地产税收入都属于地方政府。

在征收房地产税的 6 个金砖国家和部分发展中国家中，共征收 11 种不同的房地产税。其中，属于地方政府的房地产税有 7 种；属于中央政府的房地产税有 3 种，即巴西的联邦农村土地税、阿根廷的净财富税和沙特阿拉伯的特殊土地税；既属于中央政府又属于地方政府的房地产税有 1 种，即印度尼西亚的房地产税。

在征收房地产税的 8 个经济转型国家中，共征收 14 种不同的房地产税。

其中，属于地方政府收入的房地产税有 9 种，属于中央政府财政收入的房地产税有 5 种，具体是亚美尼亚的财产税和土地税、白俄罗斯的财产税和土地税、乌克兰的土地税。

（二）征管机构

与税收收入归属相适应，各国的房地产税属于地方政府收入的，一般由地方政府负责征收，而属于中央政府收入的，一般由中央政府负责征收。但是，在实践中也有例外的情况。例如，智利的财产税，收入属于地方市政府，但是由中央政府有关部门负责征收管理；爱沙尼亚的土地税，收入属于地方政府，税款由国家税收和海关局负责征收；俄罗斯的财产税收入属于地方政府，但是由联邦政府管理。

二、房地产价格的评估

房地产税价格的评估，是决定税负水平的基础性因素，各国都非常重视，在实践中，也呈现出各自不同的特点。下面主要从评估主体、评估方法等几个方面进行分析。

（一）评估主体

房地产价格的评估制度，不仅直接影响评估的公正性、真实性和权威性，也影响评估结果的纳税遵从度。因此，一些国家甚至用法律来规范评估行为，比如加拿大、卢森堡、荷兰等国。各国关于评估主体的规定，主要有以下三种。

1. 由政府机构进行评估

爱沙尼亚由政府对土地进行估值；法国由地方土地登记部门对房地产进行估值；冰岛由政府部门对房地产进行估值；日本由地方政府对房地产进行估值；荷兰由市政府对房地产进行估值；斯洛伐克由地方政府对土地进行估值；巴西由地方税务部门对城市房地产进行估值，由联邦收入局对农村土地进行估值；白俄罗斯由政府部门对房地产进行估值；克罗地亚由税务部门对土地进行估值；乌克兰由税务部门对土地进行估值。

2. 由专业人士或权威人士进行评估

墨西哥规定由权威人士对房地产进行估价，并可以根据通货膨胀率进行调整；印度还任命有专职的评估官员对房地产进行估值。

3. 由纳税人、专业评估机构和政府部门共同进行评估

英国规定，房地产的价格先由纳税人自己或者聘请专业人士评估，报

HMRC 的地区评估办公室审核，该部门对纳税人评估的价格有异议或是发现错误的，可要求纳税人补缴税款甚至罚款。如果纳税人认为房地产的价格发生变动的，可向 HMRC 提交新的评估价格，请求进行预申报核查，并由 HMRC 核实计税价格，一般情况下，HMRC 会认可专业评估机构的评估价格。

以上几种评估主体各有优劣。政府机构作为评估主体，固然能够维护政府的利益，但也有忽视纳税人正当权益的风险；专业评估机构作为评估主体，一方面有着第三方、中立、权威的优势，另一方面也容易发生被收买的风险；政府、专业评估机构和纳税人共同作为评估主体，能够兼顾各方面的利益，但是也容易产生效率方面的问题。因此，选择哪一种评估主体，还需要根据各国的实际情况决定。

（二）评估对象

房地产税的评估对象一般是土地、地上建筑物或附属物，但是也有以房地产的租金为评估对象。在实践中，征收土地税的国家一般仅对土地价格征税，也就仅对土地估值。例如，澳大利亚的土地税、丹麦的城市房地产税、爱沙尼亚的土地税、俄罗斯的土地税、立陶宛的土地税等，这些税收的税基为土地的价格，只需对土地估值。

有的国家单独对房产进行估值，例如，丹麦的特定商业用途城市房地产税、立陶宛的房产税等，这些税收的税基为不包括土地的建筑物的价格，只需要对建筑物估值。

有的国家统一对房产和地产进行估值，例如，奥地利的房地产税、加拿大的房地产税、芬兰的房地产税、法国的房地产财富税、冰岛的房地产税、日本的财产税、墨西哥的房地产税、巴西的城市房地产税等。

也有的国家对房地产的租金进行估值，例如，法国的财产税和居民税、印度的房产税，这些税种都是以房地产的租金为税基，由有关部门评估确定房地产的合理租金价格。

（三）评估方法

虽然各国都有各自不同的房地产估值方法。但是，评估的结果一般要低于房地产的市场价格。

智利规定，房地产估值价格的涨幅不能超过上次价格的 10%；如果房地产价格的实际涨幅较大，可以通过逐年提高估值的方式达到实际估值的水平。丹麦的国家财产税规定，房地产的计税价格是以下三个价格中最低的一个：一是当前税务年度 10 月 1 日的评估价格；二是 2001 年 1 月 1 日的评估价格的 105%；三是 2002 年 1 月 1 日的评估价格。墨西哥的房地产价格可以根据通货膨胀率进行调整。挪威净财富税法规定，居民的住房的评估价格要低于市场价格，其房地产税法规定，评估价一般为市场价格的20%～50%。葡萄牙房地产税规定，房地产的计税价格要参考通货膨胀率和房地产的特点进行调整，使调整后的计税价格大致为市场价格的80%～90%。印度尼西亚的房地产税规定，应税房地产的评估值按照公平市场价格的一定比例确定，林业种植园和采矿用地的比率为40%，其他类型的土地和建筑物价格超过10亿印尼盾的比率为40%，其他类型的土地和建筑物价格低于10亿印尼盾的比率为20%。

（四）评估周期

各国关于房地产价格评估周期的规定各不相同。例如，智利规定对房地产估值每5年一次。挪威净财富税规定，不动产的价值至少每10年评估一次。葡萄牙房地产税规定，房地产的计税价格每3年调整一次。西班牙的房地产税规定，房地产的应税价格每8年根据市场价格调整一次。英国的商业房地产税规定，商业房地产租金的估值，每5年评估一次。巴西的城市房地产税和联邦农村土地税每年评估一次。

三、房地产税的征收

房地产税的征收管理难度较大，为了便于管理，各国也采取了一些措施，降低征管成本，提高纳税人的遵从度。

（一）允许分多次缴纳税款

房地产税作为财产税，属于经常性征收的税种，一般情况下都是按照年度一次性征收。但是，世界各国在实践中也都根据本国的实际情况，采取了比较灵活的征收管理办法。

捷克的土地税规定，农业用地的土地税可以平均分成两份，在每年8月30日前和11月30日前缴纳；其他类型土地的土地税可以平均分成4份，在一年内缴纳；但是税款不超过5000捷克克朗的，必须在每年5月底之前一次性缴纳。爱沙尼亚的土地税规定，税款可以分两次在每年的3月31日和10月1日前缴纳；法国的财产税规定，纳税人可以一次性缴纳税款，也可以选择按月缴纳相当于上一年税额10%的税款；法国的居民税规定，纳税人可以按月缴纳税款；英国的房产税规定，税款每年分两次缴纳，即每年4月1日和10月1日之前；俄罗斯的财产税规定，财产税在一年内分两次缴纳，具体税额由税务部门确定并在缴税前30天通知纳税人；俄罗斯的土地税规定，纳税人可以分4次预缴税款；阿塞拜疆的财产税规定，纳税人要将税款分成两份，分别在每年8月15日和11月15日之前缴纳；保加利亚的房地产税规定，纳税人可以将税款平均分成两份，分别在每年3月1日至6月30日和7月1日至10月31日两个时间段缴纳。阿根廷的净财富税规定，纳税人要在每年的6月、8月、10月、12月，以及次年的2月缴纳预付税款，每次预付税款的金额为上一年度财产的评估税额的20%。

（二）缴款优惠措施

一些国家对一次性缴纳税款给予了一定的优惠。例如，墨西哥的房地产税规定，纳税人在每年1月之前足额缴纳税款的，税额减免8%，2月之前减免5%；保加利亚的房地产税规定，纳税人在4月30日之前一次性足额缴纳税款可享受5%的优惠。

还有一些国家采取措施避免税负大幅提高。例如，立陶宛的土地税规定，土地的市场价格上升较快的，为了避免税负短期内大幅度上升，可实行5年的过渡期安排，每年税负最多提高20%。

（三）惩处措施

除了鼓励依法缴税的优惠政策，一些国家也规定了惩处措施，确保房地产税的管理实效。比如，爱尔兰对逾期未付的房地产税收取利率为8%的利息；逾期申报的，加收相当于当年个人所得税税负10%以下的附加费。

第四节 2018年房地产税发展的国际趋势

通过对OECD成员、金砖国家以及经济转型国家房地产税制的比较可以看出，2018年国际上对房地产征税有着以下几个特点及发展趋势。

一、房地产税作为周期性税收具有稳定性

房地产税目前仍然是世界上许多国家征收的税种。如前文所述，OECD的绝大多数成员都在征收房地产税。在其36个成员中，开征房地产税的国家有34个，包括美国、英国、法国、德国、日本等当今主要的发达国家，占90%以上。而作为新兴经济体代表的7个国家，只有南非没有征收房地产税。经济转型国家大多数也在征收房地产税。所以，在世界范围内，征收房地产税

还是一个比较普遍的现象。

由于房地产有很强的地域属性，因此世界各国的房地产税收绝大多属于地方政府财政收入，在征收房地产税的34个OECD成员当中，共征收各种房地产税55种，其中收入属于地方政府的房地产税有50种。在征收房地产税的6个金砖国家和部分发展中国家中，共征收各种房地产税11种，其中属于地方政府的房地产税有7种。在征收房地产税的8个经济转型国家中，共征收房地产税14种，其中，属于地方政府收入的房地产税有9种。从世界各国的发展趋势看，房地产税主要属于地方税。

房产税作为周期性的税收具有稳定性的优点，一方面其与经济的波动关联度不大，另一方面由于税基的不可移动，避税行为较少。同时，因为高收入人群拥有较多的房产，所以房产税还具有调节收入的作用。但是，即使房产税具有以上的优点，其收入占比依然不高。近年来，OECD成员的财产税收入占税收总收入的比重有超过半数的成员已经下降至5%以下。

二、财政分权的体制抑制房产税收入上升

房产税收入减少有多种原因，在财政分权的体制下，也会使财产税保持一个较低的收入占比。由于财产税主要由地方政府征收，这意味着其只能筹集到较少的收入，但是在征收成本上却较高，尤其要面对地区间的税收竞争，以及在选民政治背景下所产生的政治敏感性问题。因此，不少国家将通过税制改革及财政收入分配的重新安排来实现中央政府提高财产税的比重，并使之成为地方税收重要来源的目标。

由于房地产税的征收管理难度较大，因此为了降低征管成本，提高纳税人的遵从度，世界各国均采取了一定的措施。有些国家允许分多次缴纳税款，以减轻纳税人的负担。例如，法国的房产税允许纳税人按月缴纳税款；英国的房产税允许税款每年分两次缴纳；保加利亚的房地产税允许纳税人将税款平均分成两份分两次缴纳。有些国家对一次性缴纳税款给予了一定的优惠。例如，保加利亚的房地产税规定，如果纳税人在每年4月30日之前一次性足额缴纳税款，可以享受应纳税额5%的减免。

除了给予优惠或分次缴纳降低纳税人负担以外，为了加强征收管理，一些国家还出台了相应的惩处规定。例如，爱尔兰对逾期未付的房地产税收取利率为8%的利息；逾期申报的，加收相当于当年个人所得税税负10%以下的附加费。虽然房产税的收入规模并不大，但是征收管理的成本较高，加强

征收管理才能落实征税。

三、房地产税税种呈整合趋势

近年来，征收房地产税的部分国家对已开征税种进行整合，包括对现有税种的征税范围变化，合并部分税种以及取消不合理的房地产税税种。

在征收房地产税的 34 个 OECD 成员当中，房地产税税种由 57 种减少至 55 种。例如，斯洛文尼亚取消了财产税，现对自然人和法人征收土地税和房产税。爱尔兰取消了财产税，目前对个人仅征收房地产税。意大利取消对个人拥有的海外房产财产税的征收，目前对个人仅征收市政税。法国表示，住宅税将逐步淘汰，2018 年的“金融法”对纳税人的主要住所实行了减税，2018 年折扣为 30%，2019 年折扣为 60%，2020 年折扣为 100%，从而实现全额免税。从 2014 年 1 月 1 日起，希腊引入新的不动产所有权税以取代国家房地产税。匈牙利将房产税更名为建筑税，不动产上的广告牌也纳入征税范围。在金砖国家和部分发展中国家征收房地产税的 6 个国家中，房地产税税种有 11 种，其中，印度从单独的房产税变更为同时征收土地税、房产税和净财富税。征收房地产税的 8 个经济转型国家税种数量没有发生变化，但部分国家扩大了纳税人范围，例如，阿塞拜疆新增了实际使用人作为纳税人。

四、纳税人主要是房地产所有人

房地产税收作为一种财产税，财产的所有人也就是房地产的所有人自然就成为房地产税的纳税人。各国在房地产税制的设计上，也基本上遵循着这一原则。因此，世界上绝大多数国家都将房地产的所有人确定为纳税人。

但同时，也有一些国家将房地产税的课税对象从所有权扩大到了使用权、收益权，对房地产的承租人、使用人或受益人征税。例如，澳大利亚的土地税、智利的房地产税、捷克的土地税和房产税、爱沙尼亚的土地税、法国的居民税、希腊的不动产所有权税和地方房地产税、意大利的市政税、立陶宛的土地税、葡萄牙的城市房地产税、斯洛伐克的土地税和房产税、土耳其的房产税和土地税、英国的房产税、亚美尼亚的土地税、白俄罗斯的土地税、保加利亚的房地产税、克罗地亚的公共土地使用税、阿塞拜疆的土地税和财产税、乌克兰的土地税等。

因此，从房地产税的征收管理看，房地产所有人是较为适合的纳税主体。

但是，并不代表着没有产权的个人无法构成房地产税的纳税人。从世界各国的实践看，承租人、使用人或受益人同样可以成为房地产税的纳税人。

五、税基以房地产的评估价格为主

房地产存续的时间很长，且物理形态变化不大，在征税时如何确定其计税价格，是征收房地产税需要面临和解决的一个问题。有的国家按照房地产的价格征税，有的按照房地产的面积征税，还有的按照房地产的租金征税，但是大多数国家还是以评估值征税。

例如，在OECD成员中，有澳大利亚、加拿大、日本、荷兰、美国等23个国家按照房地产的评估值征税；智利、拉脱维亚、葡萄牙等国家是按照房地产的账面价格或地籍册价格征税；波兰是按照房地产的面积征税；还有的国家同时按照评估价格、账面价格（往往是两者当中较低的）征税，比如意大利、西班牙和瑞士。法国的财产税和居民税，英国的商业房地产税则是按照租金价格征税。在金砖国家中，巴西是按照评估价格征税，印度的房产税则是按照租金收入征税。在转型国家中，阿塞拜疆是按照账面价格征税，保加利亚则是按照评估价格征税。

评估价格是介于购置价格和市场价格之间的价格，有利于缓和房地产市场价格上涨或下降带来的压力，是房地产税确定税基的主要形式。

六、房地产税普遍实行低税率

房地产的价值比较高，是人们财产的重要组成部分，一般也在个人财产中占有较大的份额。房地产税税率的高低，直接关乎政府和个人之间的利益分配。在实践中，各国实行的税率普遍不高。大部分国家的税率在1%左右。

例如，奥地利的房地产税，最高税率就是1%；丹麦的城市房地产税的税率为1.6%～3.4%，特定商业用途城市房地产税的税率不超过1%，国家财产税的税率为1%～3%。日本的财产税税率为1.4%。挪威的净财富税税率为0.15%和0.7%，房地产税的税率为0.2%～0.7%。立陶宛、保加利亚等的税率甚至低至0.01%。这反映了各国对房地产税负水平的一个审慎的态度。

七、给予个人或其主要居所一定的税收优惠

世界上征收房地产税的国家，其税收优惠政策的形式多样，但是，一般对于个人或个人的主要居所给予一定的税收优惠。

多数国家规定纳税人的主要住所免税。例如，澳大利亚的土地税、意大利的市政税、葡萄牙的城市房地产税，对纳税人的主要住所免税，保加利亚对个人的主要居所减免税负 50%。

有的国家直接规定房产税的免税额。例如，法国净财富税的免税额为 130 万欧元；希腊国家房地产税的免税额为 30 万欧元；挪威国家净财富税的免税额为 148 万挪威克朗；瑞士房地产税的免税额单身最高至 12.5 万瑞士法郎，家庭的免税额翻倍。

有的国家按照纳税人家庭年收入确定税率。比如，格鲁吉亚对家庭年收入低于 4 万格鲁吉亚拉里的，免征房地产税，年收入为 4 万～10 万格鲁吉亚拉里的，税率为 0.05%～0.2%，年收入超过 10 万格鲁吉亚拉里的，税率为 0.8%～1%。

有的国家对特定人群有税收优惠，主要包括残疾人、老人、低收入人群等。例如，捷克房产税对残疾人拥有和使用的住宅免税；法国居民税对低收入人群实行一定的减免税政策；爱尔兰房地产税对永久丧失行为能力的个人占用的某些财产免税；斯洛伐克对老年人或伤残人士所有的房屋免征土地税和房产税。

还有一些国家按照家庭抚养的儿童的数量，给予一定的税收优惠。例如，瑞士房地产税规定，家庭每抚养 1 个儿童最高享受 10 万瑞士法郎的免税额。立陶宛房地产税规定，对于有 3 岁以上未满 18 周岁子女的家庭、未满 18 周岁的残疾儿童或有需要长期照顾的残疾子女的，免税额增加 30%。

因此，从世界各国的发展趋势、及社会公平的角度看，即使这些国家征收了房地产税，也需要照顾到个人或其家庭的税收负担，给予一定的税收优惠。

第九章　资源和环境税

工业化革命极大地提高了人类生产力水平，使世界经济得到了前所未有的发展，社会福利得到了极大提高。但随着人口的大幅增加和平均生活水平的提高，人类对自然资源的需求越来越大，在技术的进步和市场利益的驱动下，人类影响自然的程度急剧加深，资源耗竭、生态破坏、环境污染、气候失衡等资源和环境问题日益成为人类发展共同面临的问题。资源和环境问题的加剧，促使人类进行反思，推动了寻求人类与环境相协调的理论和实践的发展，拓宽了包括税收理论在内的经济理论的研究视野，也促进了保护资源和环境的绿色经济、绿色税收实践的发展。反映在世界税制的历史发展进程中，资源和环境税日益成为税收制度的重要组成部分。

本章主要内容包括：资源税、环境税的分类；资源税、消费税与环境税的关系；各国资源税、环境税征收现状；2018 年世界资源和环境税的主要变化；资源税和环境税发展的基本特点与趋势。

第一节　资源和环境税概况

资源和环境税，并不是一个严谨的学术概念，也不是一个具体的税种，它只是强调有利于资源和环境保护的各种税收的泛称。但为了反映、比较世界上资源和环境税的发展现状和最新动态，有必要从资源税和环境税两个角度对其含义作一界定。

一、资源税的含义

资源税有广义和狭义之分。广义的资源税（Resource Tax）是对以自然资源为征税对象的各种税收的统称，包括资源开采环节征收的资源开采税（如中国的资源税）、资源产品加工销售环节征收的资源产品消费税（如对煤等能源产品征收的消费税）和资源收益实现环节征收的资源收益税（如澳大利亚的资源租赁税）。狭义的资源税（Resource Tax）仅指资源开采税，有的国家就称开采税（Severance Tax 或 Mining Tax）。本章主要考察狭义的资源税，即资源开采税（以下简称资源税）。

二、环境税的含义

环境税一词使用广泛，不同人不同场合使用的含义也不尽相同。有时指一个具体的税种（Environmental Tax），而具体内容则可能大相径庭，如美国联邦征收的“环境税”是对公司年应税所得超过规定标准的部分按 0.12% 的税率征收，其性质相当于一种特别所得税，只是其资金专项用于环保，作为环保基金的资金来源；安圭拉的“环境税”（Environmental Levy）是对企业和家庭按电费的 5% 征收，其性质属于电力消费税；等等。但通常是对与环境保护目的相关的各种税收的泛称（Environmental Taxes），如《美国国内收入法典》第 38 章章名就是“环境税”，内含汽油税（Tax on Petroleum）、特定化学品税（Tax on Certain Chemicals）、臭氧消耗物质税（Ozone-Depleting Chemicals）等具有环保意义的税种。各国语种的同义词、近义词（如生态税、绿色税、污染税等）和不同的翻译，更增加了名称的复杂性。也就是说，按税种实际使用的名称很难对“环境税”范畴进行规范和比较，相对现实可行的是按征收的内容进行归类，并在广义和狭义两个层面界定其含义：

广义的环境税是对以环境保护为目的开征的各个税种的总称，按内容主要包括以下四类：

一是对排放污染物行为征收的各种排污税，或称污染税，包括对二氧化碳排放征收的二氧化碳税（虽然二氧化碳是否属于污染物尚存在争议）。具体又可以根据污染的种类进一步细分。

二是对污染产品和资源产品征收的各种产品税，如对煤、燃油等矿物能源的征税，对机动车的征税，对纸、筷子、木制家具等林木资源产品的征税，等等。其性质属于特别消费税。

三是对自然资源开采征收的资源税。

四是具有环保意义的其他税收，包括按环境影响程度设计税率的其他税种（如在使用环节征收的按百公里碳排放水平设置税率的机动车税）和收入专项用于环保目的的各种税收（如上述美国联邦征收的“环境税”）。

狭义的环境税仅指上述第一类的排污税。

三、若干相关概念及关系

在现实中，有不少与资源税、环境税相关的概念，这些概念在理论上既有联系，又有区别，在实践中经常相互混用。这些混用有时会引起认识上的困惑，如税与费的关系，资源税、消费税与环境税的关系，等等。因此，这里略作说明。

（一）税与费

税与费在理论上是有区别的。但在实践中，不少政府收费项目实际具有税收性质。而且，在不同国家和地区，同样的征收方式，有的称税，有的则称费。因此，在国际比较中，税费的区分是一个难题，在资源和环境方面征收的税费尤为突出。因此，本章对税费不作区分，一并讨论。

（二）环境税与环境税收

“税”和“税收”在一定程度上是同义的，但不同语境中又有所差别：“税”多指具体的税种，如增值税、所得税等；“税收”则不仅指税种本身，而且可以指税种的相关措施，如税收优惠，也可以指税收范畴的各个方面，如税收原则、税收弹性等，有时指税收收入。在环境税收领域，本章将按下列意义来使用“税”与“税收”两个概念：“税”指具体的税种，或由相同性质的税种构成的税类；而“税收”则不仅包括各种“税”，还包括有关的税收措施。即“环境税”是指具体的以环保为目的的各种税，而“环境税收”则包括各种“环境税”和各种环境税收措施（如所得税中的有利于环保的措施等）。

（三）绿色税收与环境税收

绿色税收（Green Taxation），如今是一个相当流行的概念。它的提出，是与自然环境恶化密切相关的。20 世纪五六十年代严重的污染危机，引起了人们对环保工作的重视，一些深具环保特点的经济概念，诸如，绿色国民生产总值、绿色会计、绿色税收、绿色产品等，被相继提出和使用。这些“绿色”概念，不仅从一个侧面反映了人们对环境保护的日益重视，更重要的是，将环境资源的消耗与补偿纳入经济范畴，从而扩展了经济理论的研究领域，也促进了税收理论的发展。但作为概念，绿色税收实际只是环境税收的一种形象说法：绿色是环保的象征。

（四）资源税、消费税与环境税的关系

资源税是对自然资源的开采征税，其理论依据除国有资源体现所有者权益（具有权益金/绝对地租性质）、稀缺资源的机会成本和管理要求（具有许可费性质）以及调节资源禀赋差异维护市场公平（具有级差地租性质）等以外，更重要的是，自然资源具有经济价值和环境价值双重属性[①]，即表现为经济上的直接有用功能和环境上的生态服务功能。自然资源的经济价值一般可以通过市场机制得到反映和补偿，但其环境价值，则具有典型的经济外部性，一般不能通过市场机制得到反映和补偿。校正自然资源环境价值外部性是现代资源税开征的根本依据。

这里的消费税是指特别消费税，它是对特定货物和劳务征收的一种间接税。在对货物和劳务普遍征收一般消费税（如增值税、销售税等）的基础上，再对部分货物和劳务征收特定消费税，是现代流转税制的一个基本特征。消费税既是政府筹集财政收入的重要税种，又承载着重要的调节功能。消费税征收范围比较广泛，但与资源税、环境税密切相关的主要指对污染产品和资源产品征收的消费税。虽然对以能源产品为代表的污染产品和资源产品征收

---

① 森林、草原等可再生资源具有直接的环境功能和价值，而煤、石油等不可再生资源，虽然不直接具有环境价值，但其开采会破坏附近的植被和生态环境，而且有些植被与有些矿产具有关联偏好，如贵州百里的杜鹃花与下面的煤层有关，因此其开采存在外部性的环境成本。

消费税传统上主要基于财政收入的考虑，但现代消费税日益以校正资源产品和污染产品环境外部成本为依据，以减少污染，保护环境。

如前所述，环境税是以环境保护为目的而开征的各种税收，其征收依据是弥补环境价值外部性的市场缺陷，是在尊重市场配置资源起决定性作用的基础上发挥政府调节作用的有效体现。

可见，资源税、消费税和环境税，其征收环节不同，征收依据也存在差异。虽然就环保功能角度看，其核心都是校正环境价值的经济外部性，但校正外部性的侧重点有所不同：资源税校正的是资源开采所造成的环境外部成本，消费税和环境税（排污税）是校正产品使用所造成的环境外部成本。而且，排污税是直接校正，准确但管理难度大；消费税是间接校正，比较模糊但便于源泉控管。同时，由于资源产品的多样性和资源属性的多重性，又使上述三种税存在交叉，具有很大的关联性。

首先，有些资源产品如煤、水、林木等，无须经过复杂的加工，就可以直接成为消费品，从而既可以成为资源税的征收对象，也可以纳入消费税的征收范围，加上征管上的不同选择，有时征收环节甚至可以产生重叠，如煤开采税、取水税性质上是开采环节征收的资源税，但具体计征可以按煤、水的销售量甚至销售价格计征，这在性质上就相当于煤消费税和水消费税。

其次，有些资源产品，如煤、燃油等，作为重要化石能源产品，既具有重要的财政意义，因此是传统消费税的重要征收对象；又是突出的污染产品，因此是体现环保要求的现代消费税的重要征收对象。同时，煤、燃油的使用是空气污染（包括碳排放）的重要来源，因此，煤和燃油的使用是空气污染税（排污税）的征税重点。此时，能源产品消费税与能源使用的污染税，两者的差别还比较明显：前者按使用量（或价）征，后者按污染物排放量征。但有时污染税根据能源产品的污染程度折算直接对能源产品的使用量征收，此时在形态上已等同于能源消费税，但其税率设计的理念还存在差别：污染税的税负取决于污染程度。当消费税实施“绿化”调整，即能源产品消费税税率也考虑污染程度，甚至直接根据污染程度（如硫含量、碳含量等）设计税率（额）时，显然与按能源产品使用量计征的污染税，无论在形态上还是税率设计的理念上都已基本相同。不过，对能源产品按使用量直接征收污染税（或者消费税），与按污染物排放量征收污染税相比，还是存在差别的，前者只鼓励企业减少能源的消耗，而不利于企业致力于对污染物消除或回收利用的技术研究。

最后，从对价格的传递机制看，无论是资源税、消费税还是排污税，都具有间接税性质，其税负都将转化为价格的组成部分，从而起到减少污染、减少资源消耗的导向作用。因此，对于同属于资源税、消费税和污染税征收范畴的产品（如煤）来说，其税制和税率设计就需要综合考虑。

第二节　资源税

自然资源包括的范围很广，如矿产资源、土地资源、动植物资源、水资源、太阳能资源以及空气等。矿产资源又可分为能源矿产、金属矿产、非金属矿产、水气矿产及其他呈固体、气体或液体状态的矿产资源等。再细分，能源矿产又包括煤、石油、天然气、铀等。加上资源禀赋的差异，不同国家和地区，资源税的征收范围差异很大。

一、征收范围

根据对 OECD 环境税数据库、IBFD 国别税制动态资料和部分国家政府网站的检索，资源税的主要征收范围包括矿产资源、水资源、沙石资源、林木资源和动物资源，相应开征的资源税费情况整理见表 9－1。

表 9－1　　部分国家资源税（费）开征简况

国家	矿产资源	水资源	沙石资源	林木资源	动物资源
阿尔巴尼亚	矿产开采费（1994）				渔业养殖税（1993）
比利时		地下水税*（1997）			
奥地利				树木保护费（1995）*	狩猎和捕鱼费（1995）
波黑		水保护费（1998）	沙石开采费（1998）	森林费（2002）	
保加利亚			沙石开采费（1997）	森林资源费（1999）	捕鱼费（1982）；狩猎费（1998）
加拿大	资源税（开采许可费）*（1997）			林木砍伐税*（1953）	狩猎费*（1950）

续表

国家	矿产资源	水资源	沙石资源	林木资源	动物资源
智利	采矿特别税（2005）；地下热能开采许可费（2000）				
克罗地亚	矿产开采费（1959）	水使用许可费（1991）	沙石开采费（1996）	林权转让费（1997）；森林贡献费（1993）	捕鱼费（1996）；狩猎租金（1995）
塞浦路斯			采石费（1990）		
捷克	矿产开采费（1992）；矿区使用费（1991）	地下水开采费（1980）；地热勘探许可费（1991）；流域管理费（1962）			
丹麦		水量税（1994）；水费（1950）	原材料税（2006）		捕鱼狩猎许可费（1950）
以色列	石油天然气资源税（1991）；开采税	采水费（1959）	采石场恢复税		
拉脱维亚	矿产资源税	采水费（1995）	材料开采费（1995）		
立陶宛	矿产开采费（1991）	采水费（1991）		森林砍伐费（1991）	狩猎场地使用费
卢森堡		（采）水税			
黑山		采水费（1995）	沙石开采费（1996）	森林费（2002）	
荷兰		采水税（1995）			
波兰	矿产资源税（2012）	采水费（1990）		森林砍伐费（1990）	渔猎许可费（1990）
塞尔维亚		采水费（1991）	沙石开采费（1991）	树木砍伐费（1991）	捕鱼许可费（1994）
西班牙		水税*			
瑞典	开采费（1999）		沙石税（1996）		狩猎费（1995）
美国	资源开采税*			森林砍伐税*	捕鱼税*
新西兰	能源资源税				

续表

国家	矿产资源	水资源	沙石资源	林木资源	动物资源
哥伦比亚	开采权益金（1994）；油气资源税（1991）			野生资源开发费（1974）；森林费（1982）	
爱沙尼亚	开采费（1991）	取水费（1991）			捕鱼费（1993）；狩猎权费（2003）

注：（1）自然资源包括土地资源，但土地同时具有财产（不动产）属性，因此，本表未包括对土地资源征收的税（费）。

（2）括号中的数字为开征年份，未标明的表示开征年份不详。

（3）带 * 号的，表示为地方政府征收。

（4）美国多数州都对矿产资源开采征收资源税，开征的范围不一。

资料来源：根据 OECD 数据库并参考国际财税文献局相关动态信息资料和部分国家政府网站资料整理。

资源税的征收范围比较稳定。在收集到的有限的资料中，2018 年法国开始征收石油、地热开采税。法国《2017 年财政法（修正案）》规定，自 2018 年 1 月 1 日起开征石油勘探税（tax on oil exploration）、地热勘探税（tax on geothermal exploration）。两者皆按年按百平方千米实施定额征收：第一期许可期内，石油勘探税税率为每年每平方千米 5 欧元（第二、三期将分别提高至 10 欧元和 30 欧元）；地热勘探新税税率为每年每平方千米 2 欧元（第二、三期将分别提高至 2 欧元和 12 欧元）。

此外，罗马尼亚对资源开采企业加征特别所得税。2017 年 2 月 7 日，罗马尼亚议会通过 2017 年预算案，规定从 2018 年 1 月 1 日起，对资源开采企业按 20% 税率加征特别所得税（罗马尼亚公司所得税普通税率为 16%）。

二、税率

不同资源，资源税税率的设计也不尽相同。

（一）矿产资源税税率

与其他资源相比，对矿产资源开采征收税（费）的国家相对较多。由于各国矿产资源禀赋差异很大，因此矿产资源税（费）的征收范围差异也很大，名称也很不相同，在征收方式上，有按面积征收、按开采量征收，也有从价征收，见表 9－2。

表 9－2　　部分国家矿产资源税（费）征收范围与税率

国家	征收名称	开征年度	征收范围	税基	税率		备注
					本币	欧元（€）	
智利	开采权费	1982/2001	金属、非金属矿产，盐等勘探/开采权	面积	0.02～0.033 UTM/公顷		UTM：税收单位
	矿产开采特别税	2005/2010		售价		0.5%～14%	用于创新基金
捷克	矿产开采费	1992/2011		矿产品市价		≤10%	25%专用
	矿区使用费	1991			100～1000	3.63～36.31 €/公顷	
爱沙尼亚	矿产开采费	1991/2015	沙石、油、煤等	从量		0.27～2.06 €/吨	50%专用
以色列	开采费	1950/2010	采矿许可权	每份	6840.0	1427.1 €/年	—
			磷矿权益金	开采量	0.05USD	0.0415 €/吨	
波兰	矿产开采税	2012	铜	从量	4149	991.34 €/吨	—
			银		510	121.86 €/KG	
美国*	开采税（新墨西哥州）	不详	地下煤	从量	0.55	0.4142 €/吨	100%专用
			金属矿、非金属矿、木材	从价		0.125%～0.5%	
阿尔巴尼亚	矿产开采费	1994	4类矿产	从量	100	82.27 €/平方米	—
			开采许可	定额	3000～10000	1907～6358 €	
			权益金	市价	2%	2%	
布隆迪	资源税		贵金属、宝石	从价	2%		
克罗地亚	开采费	1959/2003	油气、其他矿产	毛收入		2.6%，5%	专用
立陶宛	矿物开采费	1991//2006	琥珀、石膏、泥煤、各种沙石等	从量		泥煤：0.29 €/吨	—
哥伦比亚	石油天然气资源税	1991/2003	石油天然气	售价，按产量分档		2%～16%	—
	开采权益金	/2012	煤、金属、非金属矿产，盐	从价		5%，3%～12%	—
新西兰	能源资源税	1976	煤		2.0	1.25 €/吨	
			（南方岛屿）褐煤		1.5	0.9376 €/吨	
			天然气		0.45	0.2814 €/吨	
赞比亚	矿产权盗金		铜、贵金属、其他	从价	6%		

注："/2003"等表示修订年份，"//"表示已经过多次修订；本币一栏：各国本币税额单位从略，符号"—"表示本币即为欧元（€）；带＊号的，表示为地方政府征收。

资料来源：根据 OECD 数据库并参考国际财税文献局相关动态信息资料和部分国家政府网站资料整理。

（二）水资源税税率

对水资源的开采征税包括地表水、地下水和地热。水资源税（费）以开采量从量征收的为多，有些国家区分用途差别征税（如波兰）。以色列水资源极其紧缺，因此还根据开采季节以及是否超标开采规定不同的税率（见表9－3）。

表9－3　　　　部分国家水资源税（费）征收范围与税率

国家	征收名称	开征年度	征收范围		税基	税率		备注
						本币	欧元（€）	
比利时	地下水税*	1997	地下水开采		使用量	≥0.0603	≥0.0603 €/立方米	
丹麦	水量税		饮用			0.67	0.09 €/立方米	
			其他			5.46	0.7333 €/立方米	
	水费					6.13	0.8232 €/立方米	
捷克	地热勘探许可费		地热勘探		面积	2000	72.6225 €/km^2 年	
	地下开采水开采费		饮用水		采水量	2.0	0.0726 €/立方米	
			其他			3.0	0.1089 €/立方米	
以色列	采水税	1959	非冬季、不超量开采		家用量	2.08	0.4388 €/立方米	
					其他用量	0.379	0.0791 €/立方米	
			冬季开采或超量开采			2.93	0.6111 €/立方米	
			集中开采			1.78	0.3712	
波兰	取水费	1990	地下水	家用	用量×系数	0.067	0.016 €/立方米	系数根据水质和地区而不同
				食用医用		0.096	0.0229 €/立方米	
				其他		0.114	0.0272 €/立方米	
			地表水	家用		0.04	0.0096 €/立方米	
				其他		0.056	0.0134 €/立方米	

注：为简化统一，本币单位一律不具体表示，下同。

资料来源：根据OECD数据库并参考国际财税文献局相关动态信息资料和部分国家政府网站资料整理。

（三）沙石资源税税率

沙石资源税（费）主要对河床上的沙砾开采和特殊地表层的泥土（如黏土）和石方的开采征收，一般实行从量征收，但以色列的采石场恢复税实行从价征收（见表9－4）。

表 9－4　　部分国家沙石资源税（费）征收范围与税率

国家	征收名称	开征年度	征收范围	税基	税率		备注
					本币	欧元（€）	
丹麦	原材料税	2006			5/立方米	0.6715 €/立方米	
爱沙尼亚	矿产开采费	1991/2015	沙石、油、煤等	从量	0.27～2.06	0.27～2.06 €/吨	50%专用
以色列	采石场恢复税	1973/1978		从价		0.1%～0.6%	采石场恢复基金
保加利亚	开采费	1997	黏土矿和采石场		0.1～0.3/立方米	0.05～0.15 €/立方米	
			砂砾		0.05 ～ 0.15/立方米	0.03～0.08 €/立方米	
立陶宛	矿物开采费	1991//2006	琥珀、石膏、泥煤、各种沙石等	从量	0.4～1.0	泥煤：0.12～0.29 €/吨	—

注："/2003"等表示修订年份，"//"表示已经过多次修订。

资料来源：根据 OECD 数据库并参考国际财税文献局相关动态信息资料和部分国家政府网站资料整理。

（四）林木资源（生物资源）税税率

对生物资源征税以林木采伐最为常见，有的还对草坪征税（如波兰）。采伐林木，有的按所采伐林木的价值从价征收，有的区分林木的类型从量征收（见表 9－5）。

表 9－5　　部分国家林木资源税（费）征收范围与税率

国家	征收名称	开征年度	征收范围		税基	税率		备注
						本币	欧元（€）	
奥地利	林木保护费*		直径 >40cm 的树木		砍伐量	1090	1090 €/棵	维也纳
加拿大	林木税*		砍伐树木		收益额		10%	哥伦比亚
	砍伐税*		砍伐树木	针叶林	砍伐量	30	21.93 €/立方米	阿尔伯塔
				阔叶林		10	7.31 €/立方米	
波兰	树林砍伐费	1990	灌木		面积	249.8	59.68 €/平方米	
			花坪		面积	493.3	117.9 €/平方米	
			草坪		面积	57.44	13.72 €/平方米	
			树木		树干周长	13.52～4370.24	3.22～1041.4 €/厘米	
	改变林地用途费	1990	林地		林地预计年产值		普通林：10%；保护林：15%	

续表

国家	征收名称	开征年度	征收范围	税基	税率		备注
					本币	欧元（€）	
捷克	林地占用费		经济林	1.4×收益		2%	k：2~5
			保护林	k×收益		2%	
美国*	开采税（新墨西哥州）	不详	地下煤	从量	0.55	0.4146€/吨	100%专用
			金属矿、非金属矿、木材	从价		0.125%~0.5%	

注：“/2003”等表示修订年份，“//”表示已经过多次修订，带*号的，表示为地方政府征收。

资料来源：根据OECD数据库并参考国际财税文献局相关动态信息资料和部分国家政府网站资料整理。

（五）资源税税率的变化

限于资料，2018年资源税税率的变化主要如下。

1. 乌兹别克斯坦提高水资源使用税税率

2018年1月8日，乌兹别克斯坦国家税务委员会（State Tax Committee）根据2017年12月29日第ПП-3454号令的规定，明确了自2018年1月1日起适用的多个税种适用的税率，其中，水资源使用税税率全面提高：地表水税率从每立方米85.4乌兹别克斯坦索姆提高至每立米98.2乌兹别克斯坦索姆；地下水税率从每立方米108.5乌兹别克斯坦索姆提高至每立方米124.8乌兹别克斯坦索姆，其他特殊行业的水资源使用税税率率相应上调。水资源使用税是对使用水资源的单位和个人实行从量定额征收，对发电、公用事业和生产饮料（不包括酒）的企业适用特别税率。

2. 玻利维亚提高石油产品特别税

2016年12月23日，玻利维亚税务局发布10-0038-16号决议，规定对汽油、柴油、润滑油、液化天然气等石油产品征收的特别税税率从每升7.17玻利维亚诺（约1.04美元）提高至每升7.42玻利维亚诺（约1.07美元）。

3. 俄罗斯实施石油税制改革，提高石油开采资源税税率

俄罗斯从2014年开始提出石油税制改革，2018年7月24日国家杜马（议会）最终三读通过石油税制改革法令。2018年8月4日，俄罗斯官方公报公布该法令，从2019年1月1日起实施。主要内容包括：2019年1月1日起，将提高石油开采资源税税率和对供应国内市场的炼油厂实施消费税退税。此外，石油和石油产品的出口税（export duty）税率从2019年起每年降低5%，即2019年1月1日从现行的30%降至25%，直至2024年1月1日取消。

三、税收优惠

由于各国资源禀赋的差异，资源税不仅征收的范围和税率（额）差异较大，征税的名称也不一，税收优惠也是五花八门。下面以美国阿拉斯加州和科罗拉多州为例进行说明。

阿拉斯加州开征的油气产品税有多项抵免优惠，主要包括：①资本支出抵免。石油和天然气公司可按合格资本支出的20%获得税收抵免。合格资本支出包括钻井设备，基础设施和一些勘探成本。②小油气公司成长抵免。符合条件的两类小油气公司，在2016年底以前或投产前9年内，每年最多抵免1200万美元。③勘探支出抵免。符合条件的勘探支出抵免比例原为20%或40%，2008年以后提高至30%或40%。④库克湾移动钻井平台抵免。给第一批在库克海湾地区参加海上勘探井钻探的3家公司提供生产税抵免等。

科罗拉多州的开采税，主要优惠有：①开采税抵免。油气公司可按缴纳财产税（不含设备的部分）的87.5%抵免开采税。②低产井免征开采税。日均产量不超过15桶油或90000立方英尺气的“低产井”（Stripper Wells）开采的油气免征开采税。③按地方贡献抵免开采税。企业对当地政府的符合条件的贡献额可能抵免开采税，但不超过开采税的50%。④小容量井开采税税率优惠。年毛收入低于30万美元的小井（Low-Volume Wells）开采的油气按2%~4%优惠税率征收开采税。⑤地下煤开采税减半。地下煤炭适用的开采税税率减半。⑥褐煤开采税税率优惠。褐煤开采税率比其他煤炭要低。⑦小煤矿开采税的减免。每季度开采的前30万吨煤免征开采税。⑧新油页岩设施开采税减免。油页岩开采税减免幅度，从批量开采后180天起第1年的75%至第三年的25%。⑨低量页岩油生产开采税免除。每天生产的前1.5万吨或1万桶页岩油（以较高者为准）免征开采税等。

第三节 环境税

20世纪五六十年代严重的污染问题引起了经济发达国家政府的高度重视，主要以减少污染为目的的环境税陆续出现。在经济发达国家，特别是欧盟成员，为解决环境问题，实现可持续发展，已经历了一个从零散的、个别的环境税的开征到提出全面“绿化税制”（Greening Tax System）的过程。“绿化税制”就是使整个税制体现环保要求。

目前在国外，特别是OECD成员等经济发达国家，开征环境税比较普遍，开征的税种五花八门。但从性质上各国开征的环境税主要可以分为两大类：排污税和污染产品税。排污税是对排污行为征收的税，通常又称污染税。污染产品税对各种污染产品征收，其性质属于消费税，是现代消费税体现环保目的的“绿化”表现。污染产品种类繁多，从各国征收实践看，征税比较常见的有能源产品、机动车、包装物、农业投入物（主要指农药和化肥）、轮胎、电池、电子产品等几大类。

一、排污税的主要类型

从各国实践看，对排污行为征收的税种，具体名目繁多。根据排放污染物的不同，主要有四大类：一是对废气排放征收的空气污染税；二是对污水排放征收的水污染税；三是对固体废弃物（垃圾）排放征收的垃圾税；四是对噪声排放征收的噪声税。

从征收范围的设置方式来看，则大体可以分为两种类型（见表9－6）：一种是对各种污染物的排放综合征收，征收范围虽然不同国家、不同时期会有调整，但总体上包括多种污染物，在名称上，往往表现为“综合污染税”“污染税”以及具有税收性质的费类名称，如“排污费”“排放费”等类似的名称，由于向大气排放的污染物种类繁多，因此，对各种大气污染物综合征收的如“空气污染税”“空气污染费”等也具有综合污染税性质。另一种是对具体的污染物单独征收，通常以某种具体污染物的名称命名。比较常见的主要有：对二氧化硫（SO_2）排放征收的二氧化硫税；对氮氧化物（NO_x）排放征收的氮氧化物税；对二氧化碳（CO_2）排放征收的二氧化碳税；对污水排放征收的水污染税；对固体废弃物（垃圾）排放征收的垃圾税；对噪声排放征收的噪声税。一些国家也对挥发性有机物（Volatile Organic Compound，VOC）的排放征收挥发性有机物税，如斯洛文尼亚、列支敦士登、瑞士等。

表 9-6 排污税的分类

税基＼污染物	废气排放	污水排放	固体废弃物排放	噪声排放
综合征收	综合污染税			
	空气污染税	—	—	—
单项征收	SO_2 税；NO_x 税；CO_2 税；VOC 税；ODS 税	水污染税	垃圾税	噪声税

二、不同类型的排污税开征情况

（一）综合污染税

从 OECD 环境税收数据的情况来看，对多种污染物综合征收污染税的国家并不多，比较典型的有法国征收的“综合污染税”：最早于 1999 年 1 月 1 日根据《1999 年财政法》开征，征收范围包括大气污染物、垃圾和废油产品，按实际排放量实行从量定额征收。此后征收范围扩大至矿物颗粒（natural mineral grains）、含磷洗衣粉、农药和塑料袋（农药 2008 年又被取消）。法国污染税由纳税人自行计算并向关税和消费税部门申报缴纳，属中央税，由中央政府立法，收入也归中央政府支配。匈牙利 2001 年对不同污染源根据复杂的公式开征“空气污染税”（2009 年修订）。中国 2018 年 1 月 1 日开征的环境保护税（代替原排污费）也属于此类。

但征收具有税收性质的“综合污染费”的国家不少，例如，澳大利亚由州级政府征收的“环境保护费”，以首都区为例，2011 年开征，征收范围包括 SO_2、NO_x 在内的各种空气污染物和水污染物等。加拿大由各省政府征收的“排放费”，以哥伦比亚省为例，1992 年开征，征收范围也涉及空气污染物和水污染物等。更多的国家是综合征收“空气污染费”，如韩国（1983/2010 年修订）、波兰（1990/2014）、爱沙尼亚（1991/2015）、立陶宛（1991/1999）、黑山（1997/2000）、捷克（2013）等国家都开征了“空气污染费”。

（二）二氧化硫（SO_2）税和氮氧化物（NO_x）税

除上述开征综合型污染税（费）的国家基本上都对 SO_2 和 NO_x 征收以外，还有一些国家单独开征了 SO_2 税和 NO_x 税，包括日本（称“污染税”，1974 年开征/2007 年修订）、丹麦（1998 年开征/2009 年修订）、瑞典（1991 年开征），以及瑞士和列支敦士登（皆称“燃料硫含量调节税”，1998 年开征）等。

SO_2 是造成酸雨的主要污染物，对人类危害较大。因此，挪威、日本早在

20 世纪 70 年代初就开征了 SO_2 税。美国当时也曾提出征收 SO_2 税议案，但最终未获通过，而是改为了 SO_2 排污权交易。从征收内容看，有按 SO_2 排放量征收的，也有按含硫量的不同直接对含硫能源产品征税的。

NO_x 税是对氮氧化物的排放征收的污染税。单独征收 NO_x 税的丹麦（2008 年开征/2011 年修订）、挪威（2007 年开征/2015 年修订）和瑞典（1992 年开征/2008 年修订）三个国家，都是按 NO_x 的排放量征税的。

（三）二氧化碳（CO_2）税

开征 CO_2 税的主要目的是减少以 CO_2 为代表的温室气体的排放。CO_2 税最初是 20 世纪 90 年代在一些北欧国家首先出现的，芬兰在 1990 年开征 CO_2 税，通常被认为是最早实行 CO_2 税的国家。其后，丹麦、挪威、瑞典、意大利、瑞士、荷兰、英国和波兰等国相继开征了 CO_2 税（税种实际名称各异），目前已经或者曾经开征 CO_2 税的国家和地区还包括：美国圆石市（2007 年开征，称“气候行动计划税”）；冰岛（2009）；哥伦比亚（2008）；日本（2011，称地球温暖化对策税）；斯洛文尼亚（1997/2011）；新西兰（2013，称“温室气体税”）；等等。从趋势看，世界上开征 CO_2 税的国家和地区在不断增加，税率也逐步提高。

1. 南非提出并最终通过《2018 年碳税法案》。南非几经反复，最终于 2018 年 11 月 20 日由财政部长向国民议会提交《2018 年碳税法案》，并于 2019 年 2 月 19 日获国民议会通过。法案规定，从 2019 年 6 月 1 日起开征 CO_2 税，初始税率为每吨 CO_2 当量 120 兰特，并规定了不少减免税优惠，因此实际税率将在每吨 CO_2 当量 6～48 兰特。

2. 冰岛提高 CO_2 税税率：2017 年 12 月 30 日，冰岛议会通过 2018 年预算，规定 2018 年对化石燃料征收的 CO_2 税，税率平均提高约 50%，如汽油从每升 5.5 克朗提高至 8.25 克朗。

3. 加拿大不列颠哥伦比亚省提高 CO_2 税税率：加拿大不列颠哥伦比亚省政府已宣布从 2018 年 4 月 1 日起 4 年内逐步提高 CO_2 税税率，即此后 4 年每年每吨 CO_2 排放适用的税率 5 加元/吨 CO_2，至 2021 年将提高至每吨 CO_2 征收 50 加元。CO_2 税开征于 2008 年，2018 年 4 月 1 日起 CO_2 税税率为 35 加元/吨 CO_2。

4. 法国实施清洁能源计划。法国 2018 年财政法实行清洁能源计划，采用新的税收措施和政府补贴，鼓励家庭节约能源，鼓励车主使用更环保的车辆。主要措施包括：对使用高能效供暖系统的家庭和报废旧的汽油或柴油动力车，更新使用包括混合动力和电动汽车等更清洁车型的车主给予财政补贴。同时，根据《2015年能源转型法》的规定，2018年将 CO_2 税税率从每吨 CO_2 30.50欧元提高到每吨 CO_2 44.60欧元。《2015年能源转型法》于2015年7月22日获议会通过。根据这一法律，将逐步提高 CO_2 税税率，直到2030年达到100欧元/吨 CO_2。

5. 斐济开征环境和气候适应税并扩大起征标准适用范围。从2017年8月1日起，斐济对特许经营的酒店、饭馆、旅游船运等特定服务按服务收入（不含增值税）的10%征收"环境和气候适应税"（Environment and Climate Adaptation Levy）。2018年7月13日，斐济《2018年环境和气候适应税（预算修订）法》［Environment and Climate Adaptation Levy（Budget Amendment）Act 2018］生效。规定从2018年8月1日起，环境和气候适应税对所有达到起征标准（threshold）的纳税人征收，起征标准为各项应税服务的年总营业额达到125万斐济元。

但 CO_2 税的出台往往充满艰辛和争议，即使开征以后，反对声有的依然不断。如澳大利亚虽然2012年7月1日新开征了过渡性的 CO_2 税，但新上台的联盟党政府按竞选承诺，已通过立法自2014年7月1日起取消了 CO_2 税。

（四）水污染税

污水排放、废物的抛弃都会引起水污染。但水污染物更多地来自污水，包括工业污水、生活污水和农业污水。因此，许多国家和地区对污水排放征收名称不一的水污染税或水污染费。

水污染税（费）主要有三种征收方式：一是按污水排放量定额征收。排放量有的按体积（通常为立方米），如卢森堡的水税、克罗地亚的污水费等；有的按重量（通常为吨），如芬兰的市污处理费。二是按污水中的污染物含量定额征收。由于污水中污染物种类和浓度各异，对水的污染程度自然也不同，因此，有的国家针对污水中的不同污染因子分别按污染物的含量定额征税，如丹麦的污水税，加拿大哥伦比亚省的排放费等。其征收特点是，每种污染物一般都规定相应的单位征收额，税（费）率结构和污染物的确定都比较复杂。三是按污水排放的标准单位——污染单位（Pollution Unit，PU或称污染当量）征收。纳税人的污水排放量根据其污染浓度折换成标准污染单位后按规定税（费）额计算纳税，如澳大利亚首都区的环境保护费、比利时弗兰德地区的水污染税、荷兰的水污染税等。这种污染程度的折算，有的通过不同污染物的污染系数确定，如加拿大魁北克省的污水排放费。

（五）垃圾税

垃圾是现代城市的主要污染物之一，因此，垃圾税已成为重要的环境税种。其中，不少国家和地区对垃圾填埋征收填埋税，如丹麦、芬兰、爱尔兰等；许多国家的地方政府征收垃圾收集处置费，费率（额）各地不一，特别是对家庭垃圾，而且家庭垃圾适用的费率（额）一般比企业垃圾的要低；有的国家按垃圾处置方式的不同，对填埋垃圾和焚烧垃圾分别征税，一般焚烧的垃圾税率（额）较低，如奥地利、比利时等。部分国家和地区对有毒性、腐蚀性、反射性或者传染性等危险垃圾，除适用特别的垃圾处置标准和更严格的管理规定以外，往往征收特别的危险垃圾税（费），如匈牙利的有毒垃圾税、波兰的放射性垃圾税、瑞典的核垃圾清减和存储税、美国一些州的危险垃圾税（费）等。

垃圾税通常按垃圾排放量（处置量）从量定额征税，而且，征收定额存在逐步上调的趋势，例如，英国从1996年10月1日起对垃圾填埋场的处置垃圾从量征收垃圾填埋税（Landfill tax），标准税率为7英镑/吨，对无害垃圾（惰性垃圾 inert waste）按2英镑/吨的优惠税率征税。此后税率不断提高，见表9－7。

表9－7　　英国垃圾填埋税税率的变化　　单位：英镑/吨

生效日期	标准税率	优惠税率
1996－10－01	7.00	2.00
1999－04－01	10.00	2.00
2000－04－01	11.00	2.00
2001－04－01	12.00	2.00
2002－04－01	13.00	2.00
2003－04－01	14.00	2.00
2004－04－01	15.00	2.00
2005－04－01	18.00	2.00
2006－04－01	21.00	2.00
2007－04－01	24.00	2.00
2008－04－01	32.00	2.50
2009－04－01	40.00	2.50
2010－04－01	48.00	2.50
2011－04－01	56.00	2.50

续表

生效日期	标准税率	优惠税率
2012－04－01	64.00	2.50
2013－04－01	72.00	2.50
2014－04－01	80.00	2.50
2015－04－01	82.60	2.60
2016－04－01	84.40	2.65
2017－04－01	86.10	2.70
2018－04－01	88.95	2.80
2019－04－01	91.35	2.90
2020－04－01	94.15	3.00

资料来源：https：//www.gov.uk/government/publications/excise-notice-lft1-a-general-guide-to-landfill-tax/excise-notice-lft1-a-general-guide-to-landfill-tax.

有个别国家和地区采用其他计征方式，如斯洛文尼亚的填埋税按污染单位征收，匈牙利的有毒垃圾税按复杂的公式计征，意大利的环境保护和安全税、美国华盛顿州的固体垃圾税等按垃圾收费一定比例附征。

此外，垃圾税（费）专款专用性质明显，许多国家都100%专项用于垃圾处置和治理。

（六）噪声税

噪声污染是指排放的音量超过人或动物的承受能力，从而妨碍人或动物的正常生活的一种现象。在环境管理中往往通过规定环境噪声标准来衡量，因此噪声税主要对超过规定标准的音量排放征收。

噪声税（费）征收比较常见的是对起降飞机噪声征收，但征收方式差异较大，有的按飞机重量征，如法国的综合环境税；有的按飞机发动机型号征，如瑞典的飞机降落噪声费；有的按复杂的公式征，如澳大利亚的航空噪声税、匈牙利的降低噪声税；有的按噪声污染单位征，如荷兰的航空噪声税等。

一些国家还对其他噪声征税，如匈牙利的降低噪声税，除对机场起降的飞机噪声征税外，还对噪声超标的企业和道路运输征税；保加利亚的噪声污染超标费则原则上对所有超标噪声按超标分贝征收。

此外，一些国家对航空公司按乘客人数征收航空乘客税等类似税收，不仅是航空服务税负的一种体现，而且所征收的资金，有的也用于噪声污染的治理。

三、排污税中的优惠措施

各国的排污税通常对以下两种情况给予税收优惠：

一是对污染治理投资优惠，如白俄罗斯对排污征收的生态（环保）税，就规定进行再生能源投资和治污设施投资的可以减免生态税。

二是对低污染产品或行为优惠，如爱尔兰对矿物油（如汽油、煤油、天然气、固体燃料等）征收碳税，税率为20欧元/吨 CO_2。同时规定，生物燃油免征碳税，含生物燃油的燃料，按其含量比例减免碳税。

此外，基于协调污染税与排污权交易的关系，通常规定通过排污权交易取得的排污免污染税。欧盟国家通过碳排放交易系统购买的碳排放量往往规定免征碳税，如爱尔兰就规定通过欧盟碳排放交易系统购入的矿物油免征 CO_2 税。

四、国外排污税的主要特点

1. 从名称看

具体名称多样，税费难分，有的称税，有的称费，但明显具有税收的性质。

2. 从开征时间看

20世纪70年代有少数国家开始征收，但多数开征于20世纪90年代，而且开征的国家在不断增加，鉴于对气候变化的担忧，开征碳税的国家增加更为明显。

3. 从征收方式看

多数按污染物排放量实行从量定额征收的，但也有按投入物的使用量计征。

4. 从税率看

各国差异也较大，以 SO_2 税为例，黑山最低为4欧元/吨 SO_2；意大利最高，为106欧元/吨 SO_2，相差50多倍。

5. 从发展看

不少国家开征以后，都经过修改和完善。从修改内容看，主要体现在两个方面：一是调整税率，主要是上调税额；二是扩大征收范围。

6. 从收入使用看

专向用于环保的特征比较明显。

五、污染产品税

如前所述，污染产品税的性质属于特别消费税。从现代消费税制的发展看，以节约资源和减少污染为目标的环保因素已成为消费税政策调整的重要内容。这种以环保为目的的政策调整被通俗地称为税制的“绿化”（Greening）调整。消费税的绿化调整以 OECD 成员为代表的发达国家特别是欧盟成员最为典型，并取得了良好的环保效果。发达国家的消费税“绿化”调整主要表现在以下方面：

（一）矿物能源产品消费税的环保特征日益明显

矿物能源产品是消费税的传统征税品目，其征税目的主要是出于筹集财政收入，但从实际效果看也具有促进节能减排的作用。而现代能源产品消费税，其环保目的更加明显，对节能减排也更具有促进意义。这种环保因素的调整主要包括（以汽油消费税为例，见表 9－8）以下 5 类。

表 9－8　　**欧盟成员汽油消费税单位税额比较**　　单位：欧元/升

国家	2018 年		2016 年	2012 年	2008 年	说明[1]
	含铅汽油	无铅汽油	无铅汽油	无铅汽油	无铅汽油	
欧盟[2]	0.421	0.359	0.359	0.359	0.359	最低税率标准
奥地利	0.554	0.482	0.482	0.482	0.442	S≤10 毫克/千克
比利时	0.667835	0.6001587	0.6191026	0.61357	0.59687	低含硫
丹麦	0.7422509	0.6256958	0.61135	0.58732	0.54742	含 CO_2 税
芬兰	0.7025 *	0.7025	0.6813	0.65040	0.627	含 CO_2 税
法国	0.7156	0.6829	0.6412	0.6069	0.6069	
德国	0.721	0.6545	0.6545	0.6545	0.6545	S≤10 毫克/千克
希腊	0.681	0.700	0.670	0.670	0.349	

① “S”指含硫量；“Oct.”指辛烷值。表中反映低档税率（额）。

② 欧盟税额为 2003 年 10 月 27 日通过的指令中规定的于 2004 年 1 月 1 日起实施的最低税额标准（此前为 0.287 欧元/升）。

续表

国家	2018 年		2016 年	2012 年	2008 年	说明
	含铅汽油	无铅汽油	无铅汽油	无铅汽油	无铅汽油	
爱尔兰	0.58771	0.58771	0.58771	0.58771	0.44268	
意大利	0.7284	0.7284	0.7284	0.7042	0.564	农用：0.345058
卢森堡	0.51666 *	0.46209	0.46209	0.46209	0.4620946	S≤10 毫克/千克
荷兰	0.87724	0.78773	0.7699	0.73048	0.68897	
葡萄牙	0.76594	0.64258	0.9711	0.58442	0.58295	
西班牙	0.50579	0.50392	0.42469	0.42469	0.35969	Oct. <98
瑞典	0.7366893	0.4550535	0.48211	0.42798	0.39809	含 CO_2 税
英国①	0.7596713	0.6505534	0.67415	0.67415	0.72202	
保加利亚	0.4243788 *	0.3630228	0.36302	0.36302	0.35024	
捷克	0.5321172 *	0.4983505	0.47253	0.51612	0.42995	
爱沙尼亚	0.563	0.563	0.465	0.42277	0.35918	
塞浦路斯	0.421	0.429	0.479	0.359	0.29866	
拉脱维亚	0.594 *	0.476	0.436	0.40750	0.32386	
立陶宛	0.57924	0.43443	0.43443	0.43443	0.32322	
匈牙利	0.3797486 *	0.3797486	0.38363	0.41868	0.41166	油价高于 50 美元/桶
马耳他	0.67818 *	0.54938	0.54938	0.46939	0.40438	
波兰	0.4257407 *	0.909735	0.39318	0.37982	0.43714	
罗马尼亚	0.5020234	0.4374252	0.46093	0.35959	0.32729	
斯洛文尼亚	0.49009 *	0.54677	0.54759	0.50242	0.359	
斯洛伐克	*	0.514	0.55052	0.55052	0.45839	含生物质汽油

注："*"指境内含铅汽油已禁止销售或不再销售。

资料来源：欧盟网站（http：//europa. eu/index_en. htm）。

① 英国无铅汽油消费税单位税额从 2008 年的 0.5035 英镑/升（按 2007 年 10 月 1 日汇率计算约合 0.77202 欧元/升）提高到 2012 年为 0.5795 英镑/升（按 2012 年 10 月 1 日汇率计算约合 0.67415 欧元/升）。故欧元反映的单位税额的下降是由于英镑贬值所致。余者类同。

1. 征税区分含铅汽油与无铅汽油

鼓励使用无铅汽油，提高含铅汽油的消费税税率。多数欧盟成员采用对含铅汽油征高税政策，并收到了较好的效果。

2. 逐步提高污染型能源产品的消费税率

欧盟成员建立了燃油消费税税率逐步调增机制。这也是欧盟成员燃油消费税税负走高的内在原因。欧盟早在1997年就规定从1998年1月1日起设置燃油消费税最低税率标准，并逐步提高该标准，2003年通过的消费税指令规定自2004年1月1日起无铅汽油的消费税最低税率标准由原来的0.287欧元/升提高到0.359欧元/升。从而促进成员国逐步提高燃油的消费税税率。如英国就对燃油消费税的税率每年进行上调。燃油高税负自然有利于促进节能，而一个不断提高能源消费税税率标准的调增机制，更有利于事先形成节能的导向。

3. 税率设计或调整时考虑污染因素

比利时、芬兰、卢森堡、葡萄牙等国的重油消费税征收都考虑重油的含硫量因素。因此，这种消费税实际上已具有SO_2税的性质。

4. 对能源另征能源税或能源消费附加税

在原有消费税基础上，对能源另征能源税或能源消费附加税，比利时的消费税就分基础消费税和消费附加税即能源税。

5. 取消不符合环保要求的税收优惠，对清洁能源减税

德国对利用可再生能源发电就给予免征生态税优惠。

（二）机动车消费税的环保特征日益明显

同能源产品类似，机动车也是消费税的传统应税品目，其传统的征税目的也主要是为了财政收入。但机动车是消耗燃油的主要载体，其尾气污染和二氧化碳排放是造成现代城市环境问题和气候变化的重要因素。因此，越来越多的国家考虑按照环保因素来设计和调整机动车消费税，这种绿化调整主要有以下两方面。

1. 按照机动车的环保标准设计税率，对污染程度高的机动车征高税

按照机动车排气量分档征税是采用比较普遍的具有一定环保意义的政策安排，而更直接的用作征税依据的环保标准有能效标准、排污标准和二氧化碳排放标准。根据OECD的统计，2018年，其36个成员，超过3/4国家（29个）根据各种环保标准设置差别税率，其中15个国家按照一氧化碳、二氧化碳、氮氧化物等污染物排放标准差别征税。[①] 以爱尔兰机动车消费税（机动车

① OECD：Consumption Tax Trends 2018，www.oecd.org.

注册税）为例，爱尔兰机动车注册税对机动车购置者在注册环节征收，税率根据每千米二氧化碳排放标准的不同递增（见表9-9）。

表9-9 爱尔兰机动车注册税税率

每千米二氧化碳排放量（克）	税率①
不超过80	14%或280欧元
80~100	15%或300欧元
100~110	16%或320欧元
110~120	17%或340欧元
120~130	18%或360欧元
130~140	19%或380欧元
140~155	23%或460欧元
155~170	27%或540欧元
170~190	30%或600欧元
190~225	34%或680欧元
超过225	36%或720欧元

资料来源：http：//ec. europa. eu/taxation_customs/tedb/taxDetails. html？id=642/1514764800.

2. 对环保型机动车给予减免优惠

对环保型机动车给予减免优惠，包括对电动车、使用清洁能源机动车以及能效高、污染少的机动车等，实施消费税减免或退税。在OECD成员中，有16个国家采取了这方面的措施。

（三）越来越多的污染产品纳入消费税征收范围

许多国家开征了与环境保护相关的消费税，将对环境有害的高污染、高资源消耗的消费品和消费行为纳入消费税征税范围。根据OECD的环境税收数据库资料的整理，OECD成员和其他一些国家对污染产品征税已相当普遍，纳入征税范围比较常见的污染产品包括能源产品、机动车、包装物、农业投入物、轮胎、电池、电子产品、润滑油等几大类（见表9-10）。

① 取两者较高者。

表 9－10　　　　OECD 成员及其他国家污染产品征税简表

国家（地区）	能源产品	机动车		包装物	农药化肥	轮胎	电池	电子产品	其他
澳大利亚	☆	☆＊、☆	☆＊		△				
奥地利	☆S′	☆	☆				△		
比利时	☆S′		☆	△	#☆＊	△	△	△	
加拿大	△、☆、☆＊	☆＊、△＊	△＊、☆	△＊、☆＊	＊	△＊、☆＊	☆＊	△＊、☆	△＊
智利	☆		☆						
捷克	☆		△、☆						
丹麦	☆	☆	☆	☆	☆	☆	☆、△	☆	☆
爱沙尼亚	☆	#☆	☆	☆	#△	△			△、☆
芬兰	☆	☆C′	☆C′	△	#△	△			△、☆
法国	△、☆	☆C′	☆C′						
德国	☆		△、☆						
希腊	☆		☆						
匈牙利			☆	△		△	△	△	△
冰岛	☆	☆C′	☆C′	△			△		△
爱尔兰	☆C′	☆C′	☆C′						
以色列	☆	☆	☆	☆	☆				△辐射
日本	☆	☆	☆						
韩国	☆＊、☆	☆	△、☆	#△、△		#△	#△、△	#△	△
卢森堡	☆S′		☆C′						
墨西哥	☆	☆	☆＊、☆						△＊
荷兰	☆C′	☆C′	☆	☆	#☆				
新西兰	☆		☆						
挪威	☆	☆C′	☆E′	☆	☆				☆
波兰	☆			#☆、△		△	△		
葡萄牙							△	△	△
斯洛伐克	☆		☆						
斯洛文尼亚	☆	☆C′		☆				☆	☆
西班牙	☆	☆C′	☆C′						

续表

国家（地区）	能源产品	机动车		包装物	农药化肥	轮胎	电池	电子产品	其他
瑞典	☆		☆C′	△	#☆、☆		△		☆
瑞士	☆	☆ *	☆C′、☆E′	△			△		
土耳其	☆S′	☆、△	☆						
英国									
美国	☆ *	☆ *、☆	△、☆	△ *		△ *、☆ *		△、☆ *	☆ *
阿尔巴尼亚	☆	☆	☆	☆					
波黑	☆、△	☆	△						
保加利亚	☆、△	☆、△	☆			△	△		△
克罗地亚	☆	△、☆		△	△	△	△		
塞浦路斯	☆	☆							
拉脱维亚	☆	☆	△	△		△	△		△

注：“☆”表示征税；“△”表示具有税收性质的费；“*”表示属于地方政府；E′、C′或S′表示税率设计考虑排污量、碳排放量或含硫量等因素。

资料来源：根据OECD环境税数据库资料整理。

（四）污染产品消费税中的优惠措施

消费税的环保优惠主要反映在对污染产品征收消费税时对环保型产品的减免安排，比较普遍和典型的是机动车消费税（机动车注册税）的优惠措施。传统上，通常按机动车的型号、排气量等的不同规定不同的消费税税率，从而在一定程度上反映低排放、低污染机动车征低税甚至免税。如匈牙利机动车注册税的税率设计依据机动车的环保分类设计，对规定的绿色机动车（环保型机动车）免征。如今，越来越多的国家，对机动车消费税开始考虑按机动车的碳排放水平设计税率，高排放的实行高税率，低排放的实行低税率，甚至免征。例如，南非对新购置机动车就是按照机动车每百公里二氧化碳排放水平征收机动车排放税（性质上属于机动车消费税），2016年4月1日起，其税率为每百公里克二氧化碳征收100～140兰特；又如，拉脱维亚的小汽车和摩托车（注册）税，从2009年1月1日起改按每公里二氧化碳排量水平征税，即对每公里二氧化碳排量水平在120～350克的机动车，在购置（注册）环节征收0.43～7.11欧元的注册税；再如，斯洛文尼亚，根据机动车的马力和二氧化碳排放水平在机动车首次注册时征收机动车（注册）税：税率为0.5% ~31%，此外，对2500CC以上机动车，征收8% ~16%的机动车特别税。圭亚纳规定，从2017年2月1日起对混合动力机动车、电动机动车、垃圾清运车、生物燃油车等绿色机动车免征消费税。

燃油油消费税税率的设计也越来越考虑不同油品的污染因素，如多数国家对无铅汽油征低税，另如一些国家对燃油消费税考虑含硫量因素，含硫量低税率也低。不过，燃油消费税一般侧重于对交通运输用油征消费税，而对农用等免征，如南非规定农业、渔业和矿业用柴油可以申请柴油消费税退税。此外，越南对塑料袋征收消费税性质的环境税，同时规定被认证为环保型塑料袋免征环境税。

除开征资源和环境税以外，促进环保还存在另一方面的税收政策选择，即对有利于环保的行为实施税收优惠，以补偿环保效益的正外部性，体现“环保者受益原则”。环境税收优惠政策，除上述提及的各种环境税所规定的优惠政策（环境税的优惠政策）以外；还包括其他税种所采取的鼓励环保的优惠政策（鼓励环保的税收政策），见专栏9－1。

专栏9－1　鼓励环保的税收政策

鼓励环保的税收政策最常见的是公司所得税，在其他一些税种中也有所体现。

一、公司所得税优惠

主要体现在环保设备和资产的加速折旧、环保投资扣除或抵免优惠、鼓励对环保事业的慈善捐赠等方面。

（一）环保设备、环保资产加速折旧

许多国家对环保设备和具有环保功能的资本性资产予以加速折旧。例如，自2015年5月12日起，澳大利亚环保活动、污染和垃圾处置、矿产勘探等发生的支出可以100%在发生当年进行税前扣除；环保活动、矿产开采等资本性支出，则实行加速折旧。又如，马来西亚对环保设备、垃圾回收设备等实行加速折旧。荷兰也规定，有利于环保的资产实行加速折旧，2011年起，改善环保投资形成的设施，加速折旧不超过投资成本的75%（原为100%）。波黑则对环保设备按折旧率33.33%实行加速折旧。

（二）环保投资扣除或抵免

实行这类政策的国家比较多，如比利时对环保研发投资、节能投资实行投资优惠扣除：2016年、2017年，按投资额的一次性税前13.5%扣除；也可以选择按环保研发投资的折旧的20.5%分次进行投资扣除，不足扣除的可以往后无限期结转。环保研发投资，也可以选择投资抵免，即按上述计算的投资扣除乘以33.99%给予可退税抵免。

哥伦比亚规定，对控制和改善环境的投资，可以100%税前扣除，但最高不超过扣除前净所得的20%。

卢森堡规定，环保、节能投资，15万欧元的部分，抵免9%；超过15万欧元的部分，抵免4%。计算时不包括不动产、无形资产和机动车。

荷兰规定，符合环境目录要求的新的改善环境的资产投资（每项资产最低投资额是每年2500欧元），依据财政部的资产分类，可以按投资额的36%、27%和13.5%在公司所得税前扣除，但最高不超过2500万欧元。

英国规定，目录内的绿色产品和技术，包括节能设备、环保设备、抵排放机动车等可以一次性性税前扣除。

斐济规定，从2016年8月1日起，对电动汽车充电站建设投资给予7年免征所得税优惠，优惠条件为最低资本性投资达到300万斐济元，2017年8月1日起该最低投资标准降至50万斐济元，2018年8月1日起再降至10万斐济元。

（三）环保捐赠扣除

不少国家鼓励对环保事业的慈善捐赠。如佛得角规定给从事环保企业的捐赠允许按130%比例在公司所得税前扣除；哥伦比亚规定给从事生态环保事业的单位的慈善捐赠允许限额内扣除；克罗地亚规定以环保、科教文卫等为目的的慈善捐赠允许在上一年收入的2%的限额内扣除；约旦规定为环保捐赠的，可在应税所得25%内可扣除；黑山规定为环保等的慈善捐赠，可在总收入的3.5%以内扣除；等等。

（四）其他优惠措施

如波黑规定企业可以提取税前扣除的环保准备金，但最高不超过准备金提取前应税所得的30%，准备金总额不能超过注册资本。

蒙古规定转让减污技术和设备实现的收益免公司所得税。

巴拿马规定2018年起按规定在环保局进行注册的林业种植免征所得税。

乌克兰规定在2017年1月1日至2021年12月31日对符合条件的生物燃料生产商和批发商免征公司所得税。

以色列2017年通过立法实施税收优惠鼓励家庭光伏发电，规定自2017起家庭光伏发电实现的所得，不超过98000新谢克尔的部分免征公司所得税。

二、其他税种优惠

（一）增值税优惠

虽然增值税的中性特征决定了其并不适宜过多地实施税收优惠，但仍有一些国家对环保设备和产品给予增值税优惠。如哥伦比亚规定环保监控设备和材料免征增值税；丹麦则规定企业缴纳的环境税（能源税）符合条件的可以部分抵免增值税。乌克兰第2245－VIII号法律规定，在2018年12月31日以前，对进口和销售电动小汽车免征增值税。哥斯达黎加2017年第19.744号法案规定，电动车根据其到岸价格的不同按不同比例（见下表）减免增值税、消费税和关税；电动车电池和发动机配件免征增值税和消费税；生产和组装电动车的企业免征增值税。

哥斯达黎加电动车税收优惠

到岸价（美元）	增值税	消费税	关税
不超过3万	100%	100%	100%
3万~4.5万	50%	75%	100%
4.5万~6万	0	50%	100%
超过6万	0	0	0

（二）不动产税优惠：鼓励绿色建筑

阿塞拜疆规定，环保的设施免征财产税。葡萄牙规定，市政府可以决定节能不动产最高可以减征15%的财产税；根据森林管理计划在林区内的用于保护林区的不动产则免征财产税；等等。

（三）机动车税的优惠措施

与购置、注册环节征收的机动车消费税类似，在机动车使用环节按年征收的机动车税，税率设计也越来越多地考虑环境因素，如英国按每百公里二氧化碳排放水平设计税率。也有不少国家对纯电动车、混合电动小汽车、零排放机动车等免征机动车税。例如，哥斯达黎加2017年第19.744号法案，除规定实施增值税、消费税税收优惠政策以鼓励使用电动车以外，还规定对电动车自进口后5年内享受不同比例的持有环节电动车税：第1年免100%；第2年免80%；第3年免60%；第4年免40%；第5年免20%。

又如，卢森堡2018年预算采取税收优惠鼓励环保汽车：对个人私用的混合动力汽车，若每公里二氧化碳排放量不超过50克的，给予2500欧元的税收扣除；对投资于电动汽车的公司，若达到零排放或使用氢燃料电池的，给予一定的税收抵免。

三、环境税收优惠政策的特点

虽然各国鼓励环保的税收优惠措施也比较零散，但从上述的初步梳理也可以看出两个比较突出的特征：一是许多国家都很重视通过投资扣除、抵免和加速折旧等政策鼓励环保研发和投资；二是一些传统税种的“绿化”特征明显，特别是消费税、机动车税和不动产税，其税率设计和优惠安排越来越重视环保因素，特别是机动车税（包括消费税性质的注册税和在使用环节征收的机动车税），越来越多的国家开始按机动车的二氧化碳排放水平设计税率，高排放高税率、低排放低税率甚至给予免税。此外，通过税收优惠鼓励节能环保的绿色建筑的发展也是一个日益受到关注的领域。

第四节　资源和环境税的基本特点与变化趋势

从上述主要国家资源税和环境保护税的征收情况和近些年的变化来看，具有以下四个方面的特点和发展趋势。

一、从零散的税种开征到体系化发展

从历史看，资源和环境税的发展经历了以下三个阶段：

一是在普通税收中存在“无意识的环境税收措施”阶段。在环保问题不

受重视，税收还没有被有意识地作为一种实现环保目标的调控手段的时期，税收的某些措施实际上对环境保护已具有一定的促进作用。如将某些污染项目纳入消费税征收范围（虽然其实际开征目的是主要是为了财政收入等其他目的）等。

二是有针对性地开征某些环境税阶段。这一阶段主要始于20世纪五六十年代。由于多次发生严重的污染事故，使工业化较早的经济发达国家开始重视环境问题，纷纷着手制定治理污染、保护环境的法规，同时开始有意识地运用税收手段，主要是开征各种污染税，如二氧化硫税、氮氧化物税、垃圾税等。

三是系统、全面地开征资源和环境税阶段。这一阶段开始于20世纪90年代。随着人们对环保认识的提高，环保措施开始从注重“末端治理”转向“全程防治”。与此相适应，以欧盟为代表的西方经济发达国家，开始从不同的角度设计开征有利于资源节约和环境保护的税种，主要体现在20世纪90年代出现了一大批资源税和环境税（这从上述各表中的开征时间可以得到佐证），不仅开征相关的资源税和环境税的国家越来越多，就单个国家来说，资源和环境税也呈现出体系化发展的态势：资源税开征的范围越来越广，逐步覆盖矿产资源、生物资源、水资源等各种自然资源；越来越多的污染行为（包括空气污染、固体垃圾污染、水污染和噪声污染等）和环境有害型产品（包括污染型产品和资源消耗型产品，如农药、化肥、包装物、轮胎、电池、各种电子产品和一次性消费税等）开始纳入环境税征收范围，资源和环境税已基本覆盖资源开采、产品消费和排污行为三大环节。

二、传统税制“绿化”趋势明显

税收发展开始从简单地征收污染税转向全面、系统地调整税制，以体现税收的整体环保要求，即所谓的“绿化税制”。原有税制的“绿化”调整，从内容看，主要包括两个方面：一是取消原有税制中不符合环保要求，不利于可持续发展的规定，如取消对煤等污染能源的税收优惠等；二是对原有税种采取新的有利于环保的税收措施。上述污染产品税三个方面的变化都是“税制绿化”的重要体现。

三、资源和环境税的作用日益提高

这不仅表现在减少污染、保护资源和环境方面已体现出良好的调控效果。由于对含铅汽油征收高消费税，目前欧盟成员的无铅汽油的使用已占绝大多数。而且，资源和环境税收入占有一定的财政地位。2016 年，OECD 成员与资源环境相关的税收收入占 GDP 的比重加权平均为 1.63%，该比重超过 3% 的有塞尔维亚（4.48%）、丹麦（4%）、斯洛文尼亚（3.95%）、拉脱维亚（3.82%）、意大利（3.54%）、荷兰（3.48%）、土耳其（3.28%）和芬兰（3.12%）8 个国家。[①] 另根据 2016 年 4 月 22 日欧盟发布的《欧盟环境税》，2014 年欧盟成员环境税收入额为 3436 亿欧元，比 2004 年的 2820 亿欧元增加 616 亿欧元，但环境税收入占税收总收入（含社会保障税）的比重 2014 年为 6.3%，比 2004 年的 6.8% 略低。在所有欧盟成员中，对环境税收入贡献最大的都是能源税收入。

四、资源和环境税收入的专款专用特点明显

从前述各表的备注栏可以看出，多数国家开征的多数资源和环境税方面的税种，其收入都是专款用于环保的。例如，法国 95% 以上的环境税都是专款专用的。

① http：//www.oecd.org/env/tools-evaluation/environmentaltaxation.htm.

参考文献

[1] PwC. Worldwide Tax Summaries（2018/2019），Corporate Taxes 2018/19，https：//www. pwc. com/gx/en/tax/corporate-tax/worldwide-tax-summaries/pwc-worldwide-tax-summaries-corporate-taxes－2018－19. pdf.

[2] OECD. Revenue Statistics 2018［M］. OECD Publishing，Paris，2018.

[3] OECD. Taxing Wages 2018［M］. OECD Publishing，Paris. 2018.

[4] ISSA. Ten global challenges for social security 2016［M］. Geneva：Switzerland，2016：52－57.

[5] ISSA. National Pension Service Republic of Korea One-stop service through four social insurance information systems［M］. Geneva：Switzerland，2018.

[6] IBFD. Tax Research Platform［EB/OL］. https：//research. ibfd. org.

[7] OECD. social-security-contributions［EB/OL］. https：//data. oecd. org/tax/social-security-contributions. htm#indicator-chart.

[8] OECD. Employee/ Employer/ Self-Employed social security contribution rates［EB/OL］. https：//stats. oecd. org/Index. aspx？ QueryId＝68380.

[9] OECD. OECD tax database explanatory annex，part III. social security contributions（Document updated May 2018）［EB/OL］. http：//www. oecd. org/ctp/tax-policy/social-security-contributions-explanatory-annex. pdf.

[10] OECD. Taxing Wages：2016—2017 Associated paper：Non-Tax Compulsory Payments［EB/OL］. http：//www. oecd. org/tax/tax-policy/non-tax-compulsory-payments. pdf.

[11] ISSA. Social Security Country Profiles［EB/OL］. https：//www. issa. int/en/country-details？ countryId＝DE&regionId＝EUR&filtered＝false.

[12] International Social Security Agreements［EB/OL］. https：// www. dss. gov. au/about-the-department/international/international-social-security-agreements/international-organisations.

[13] OECD. Consumption Tax Trends 2018：VAT/GST and Excise Rates，Trends and Policy Issues［M］. Paris：OECD Publishing，2018.

[14] EY worldwide Worldwide VAT，GST and Sales Tax Guide 2019.

[15] IBFD. United Arab Emirates-Q&A on VAT introduction published [EB/OL]. (2016 - 05 - 12) [2019 - 02 - 12]. https: //research. ibfd. org/#/doc? url = /document/tns_2016 - 05 - 12_ae_1.
[16] IBFD. Liberia; Economic Community of West African States-Value Added Tax system proposed [EB/OL]. (2018 - 05 - 31) [2019 - 02 - 12]. https: //research. ibfd. org/#/doc? url = /document/tns_2018 - 05 - 31_lr_1.
[17] IBFD . Malaysia-Budget for2019-indirect taxation, [EB/OL]. (2018 - 11 - 02) [2019 - 02 - 12]. https: //research. ibfd. org/#/doc? url = /document/tns_2018 - 11 - 02_my_5.
[18] OECD: The Role of Digital platforms in the Collection of VAT/GST on Online Sales, March 2019.
[19] Consumption Tax Trends: VAT/GST and Excise Rates, Trends and Administration Issues（OECD 2008—2018 年各版本）。
[20] 中国国务院新闻办公室．关于中美经贸摩擦的事实与中方立场 [M]. 北京：人民出版社，2018.
[21] 田志伟，王钰．BEPS 多边公约 7 月生效：遏制跨国避税的重要一步 [N]. 中国税务报，2018 - 05 - 23.
[22] 孙钢．对美国税改的阶段性评价 [J]. 财政科学，2018 (8).
[23] 国家税务总局税科所．美国税改半年：在争议声中实施 [N]. 中国税务报，2018 - 07 - 10.
[24] 何振华，周敏行，陈鑫，等．美国税改 2.0 版本公布：具体措施有三项 [N]. 中国税务报，2018 - 08 - 14.
[25] 何振华，陶旭，汪涛，等．BEPS 公约即将实施：税收政策多边协调时代到来 [N]. 中国税务报，2018 - 06 - 12.
[26] 国家税务总局税收科学研究所．“美国税改法案 2.0 版”简介及评析 [R]. 国外税收要参，2019 - 01 - 10.
[27] 谢勇才．星星之火，何以燎原——论社会保障国际合作的兴起与发展 [J]. 华中农业大学学报（社会科学版），2018 (2).
[28] 陈琍．跨境服务贸易增值税制度的国际借鉴及启示 [J]. 税务研究，2016 (7).
[29] 龚辉文．每日税讯（2018）[G/OL]. 微信公众号：闲文税语.
[30] 龚辉文．消费税征收范围的国际比较与启示 [J]. 涉外税务，2010 (5).
[31] 国家税务总局税收科学研究所课题组．消费税征收环节及收入归属的国

际比较研究和借鉴［J］. 国际税收，2015（5）.
［32］国家税务总局税收科学研究所课题组. 基于可持续发展的中国消费税制度改革［J］. 环境经济，2010（5）.
［33］阿里研究院. 平台增值税责任问题研究报告［R］，2018－10－26.
［34］中国中央政府门户网站，http：//www. gov. cn.
［35］中国商务部网站，http：//www. mofcom. gov. cn.
［36］中国财政部部网站，http：//www. mof. gov. cn.
［37］中国国家税务总局网站，http：//www. chinatax. gov. cn.
［38］美国白宫网站，http：//uscode. house. gov.
［39］美国财政部网站，https：//www. treasury. gov.
［40］美国众议院网站，https：//www. house. gov/.
［41］美国贸易代表办公室网站，https：//www. ustr. gov.
［42］经济合作与发展组织网站，http：//www. oecd. org.
［43］联合国网站，http：//www. un. org.
［44］英国皇家税务海关总署网站，http：//www. hmrc. gov. uk.
［45］欧盟数据库，http//ec. europa. eu/taxation_customs/tedb/taxSearch. html2.
［46］国际财税文献局网站，http：//www. ibfd. org，中各国和地区税制介绍。
［47］国际货币基金组织网站，www. elibrary. imf. org.